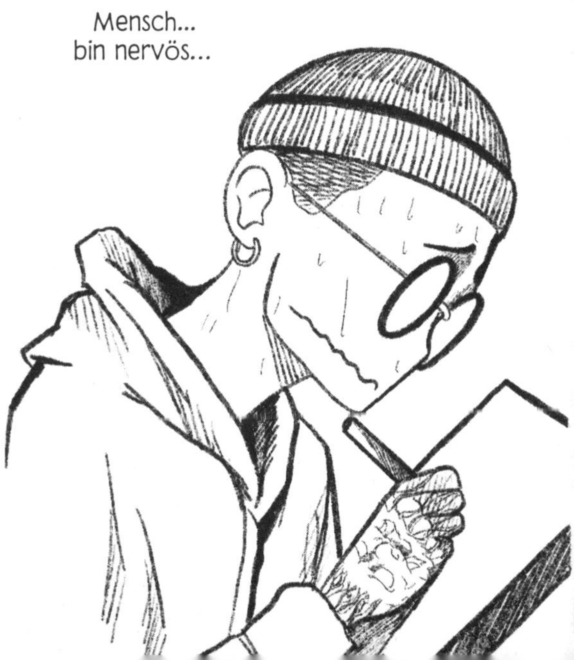
Mensch...
bin nervös...

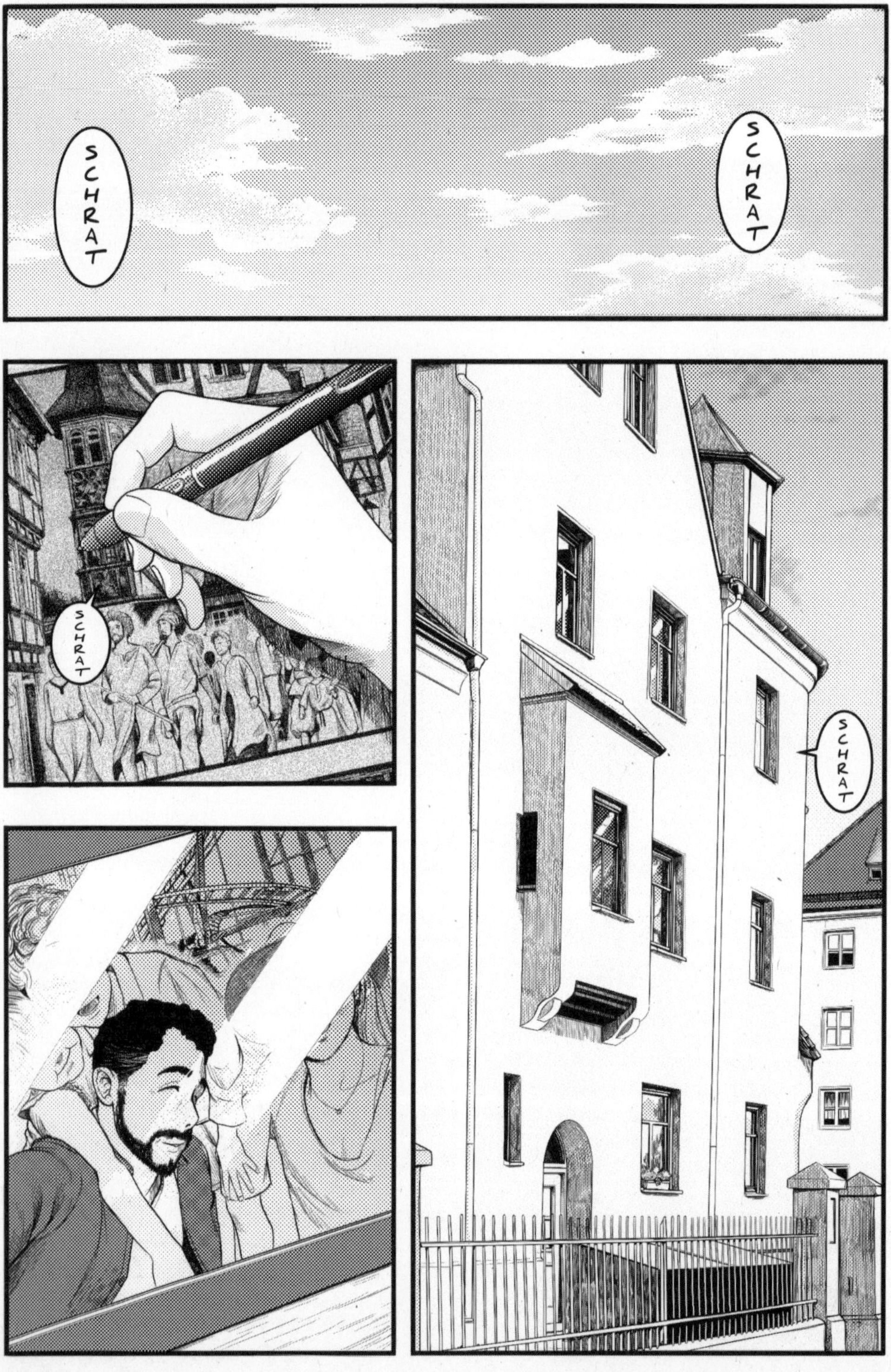
SCHRAT
SCHRAT
SCHRAT
SCHRAT

Crossing x Borders.

Dominik Jell

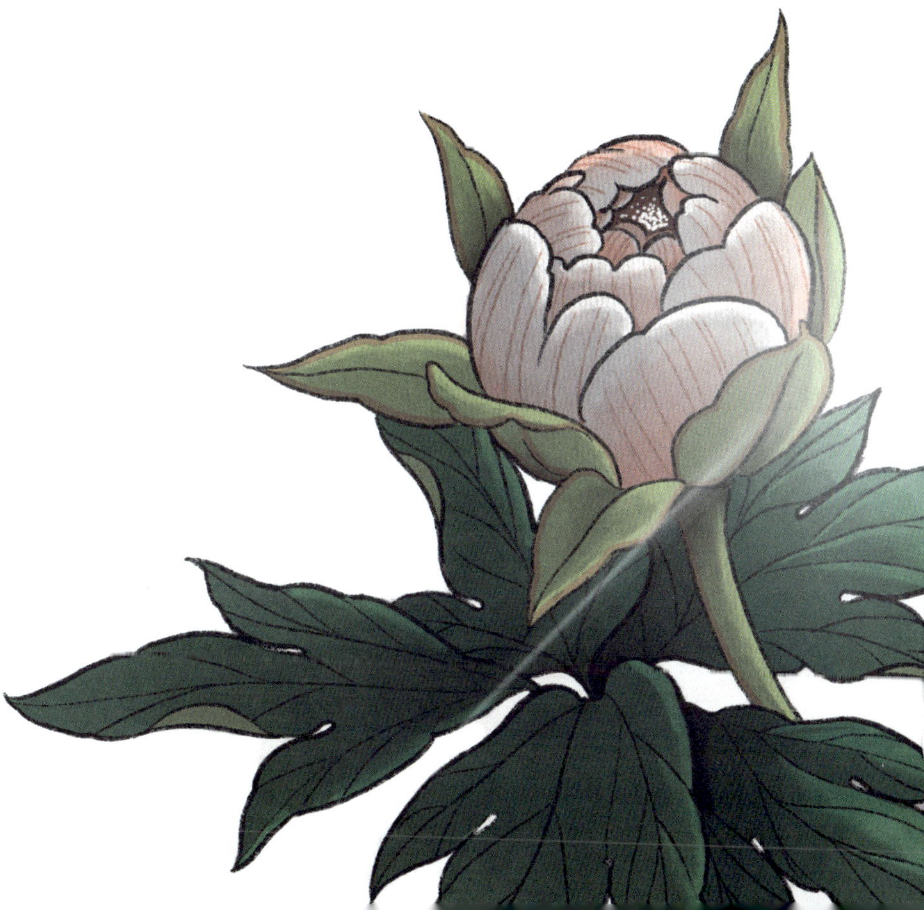

INHALT

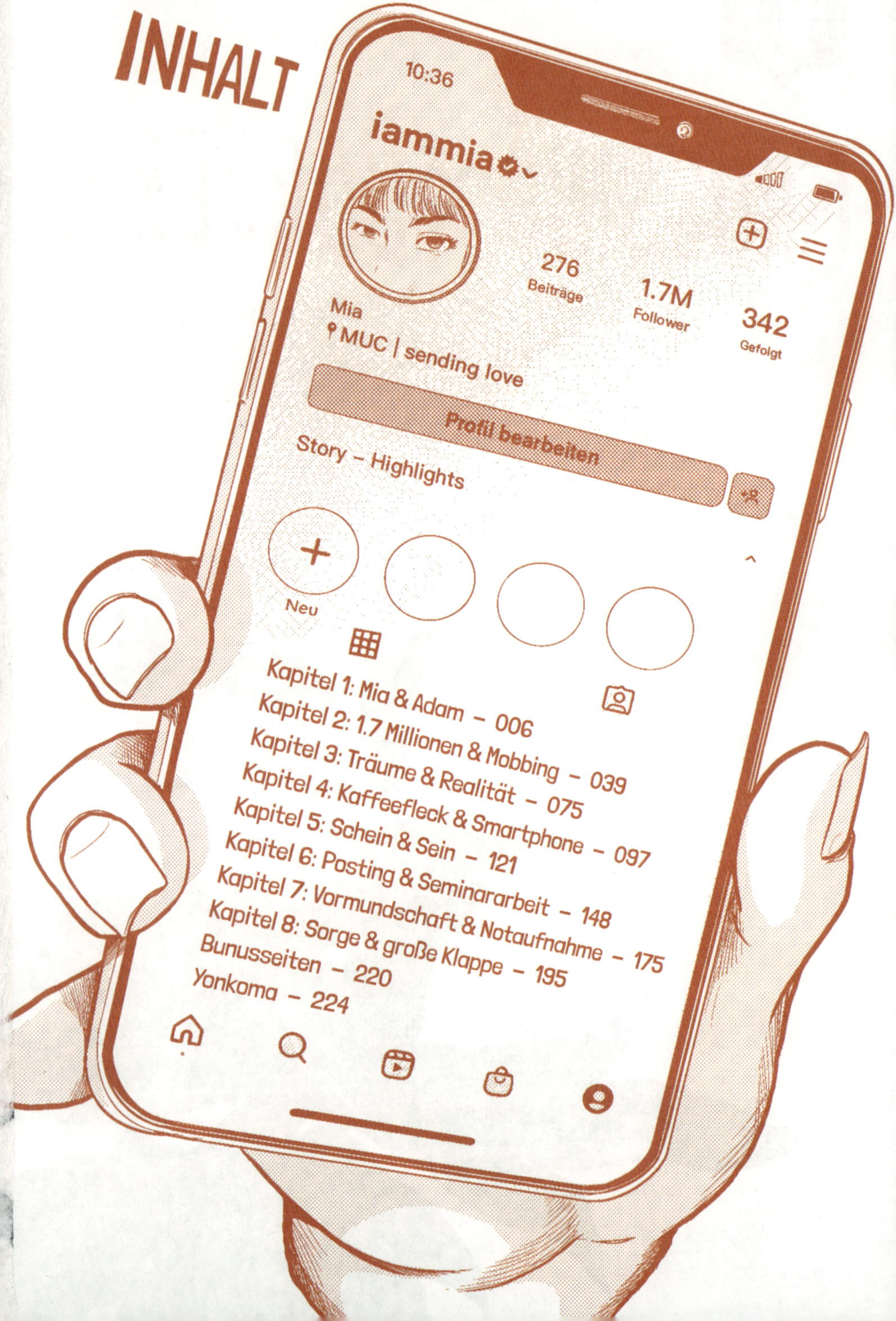
10:36
iammia
276
Beiträge
1.7M
Follower
342
Gefolgt
Mia
MUC | sending love
Profil bearbeiten
Story – Highlights
Neu

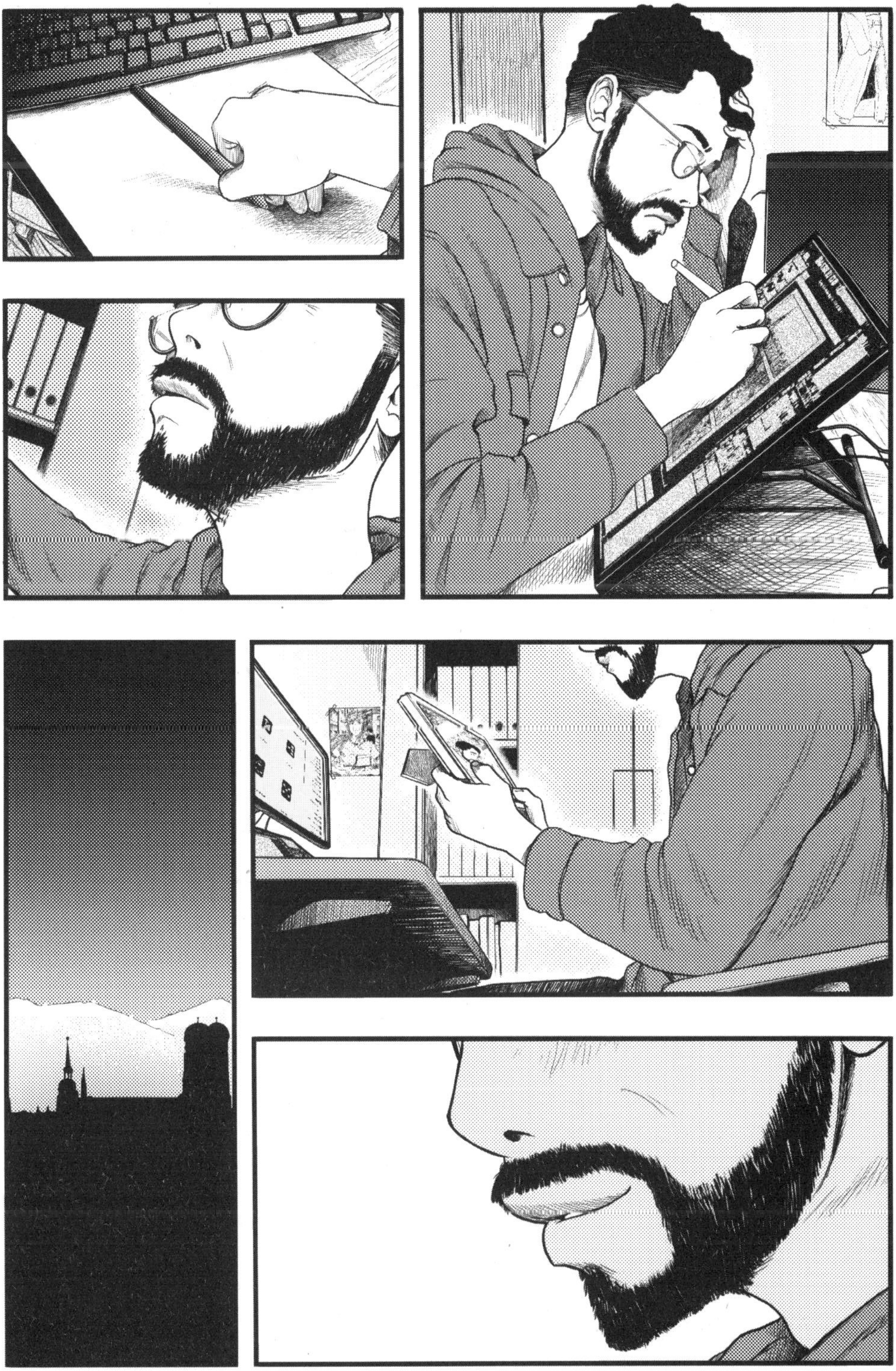

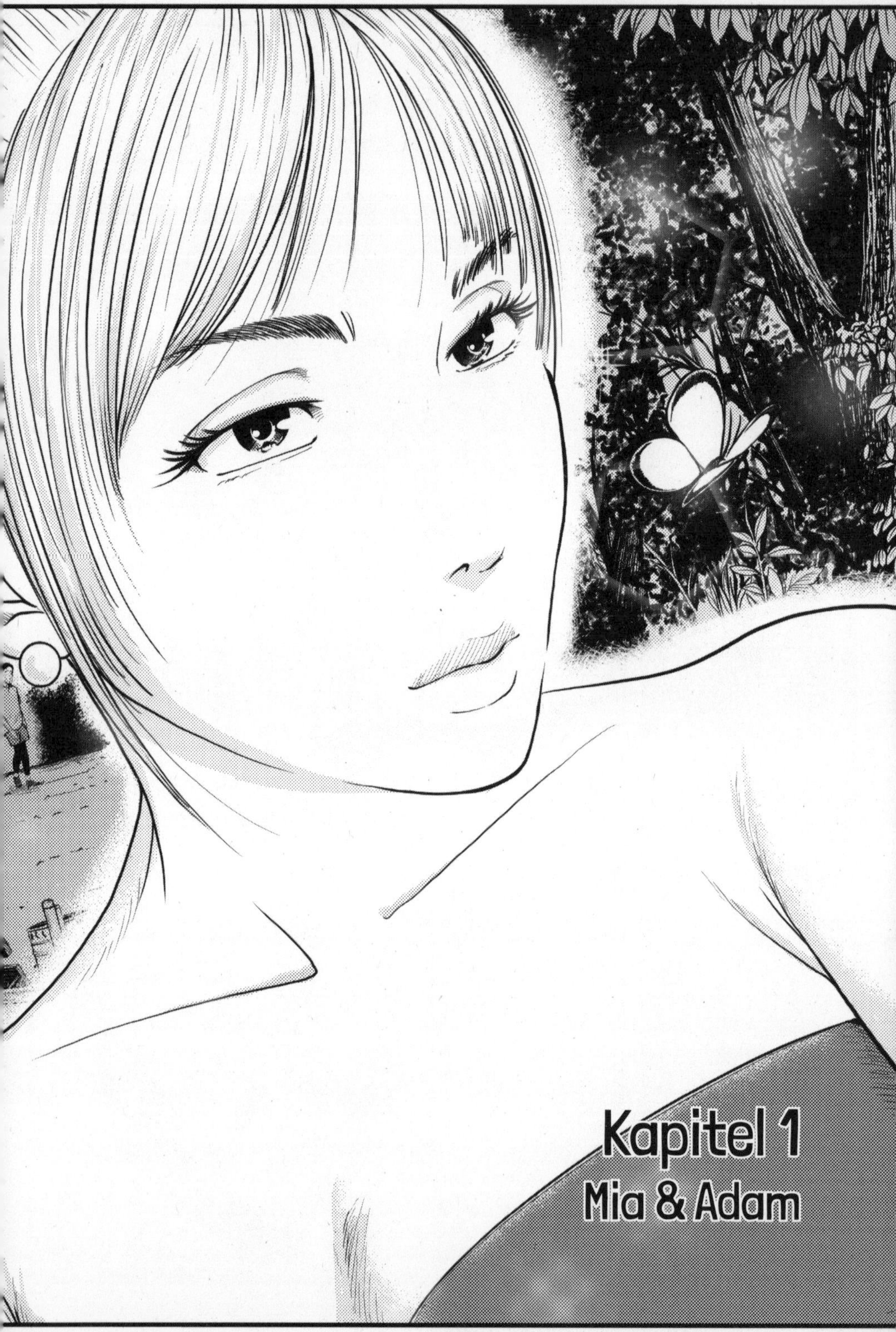
Kapitel 1
Mia & Adam

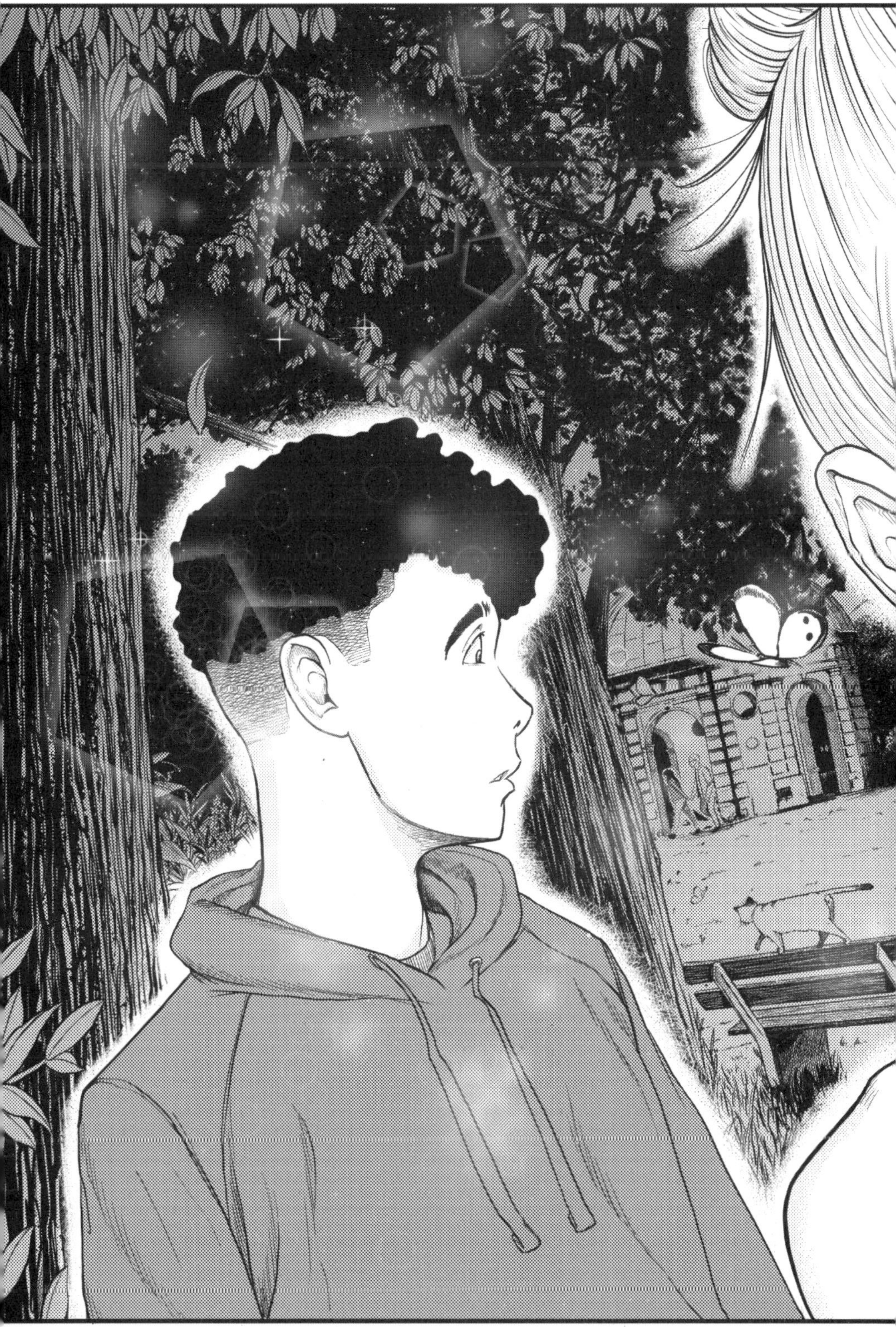

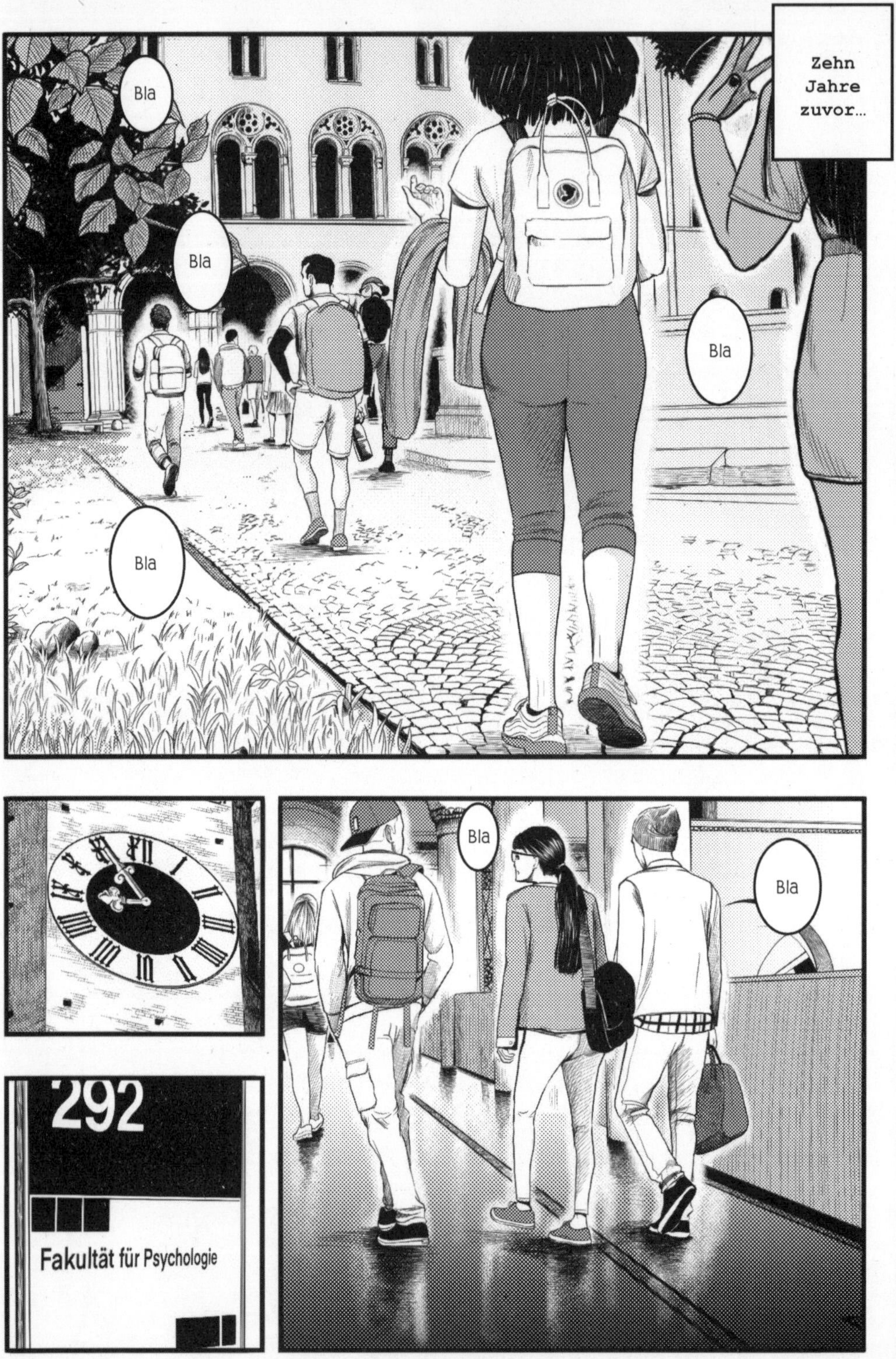
Zehn Jahre zuvor…
Bla
Bla
Bla
Bla
292
Fakultät für Psychologie
Bla
Bla

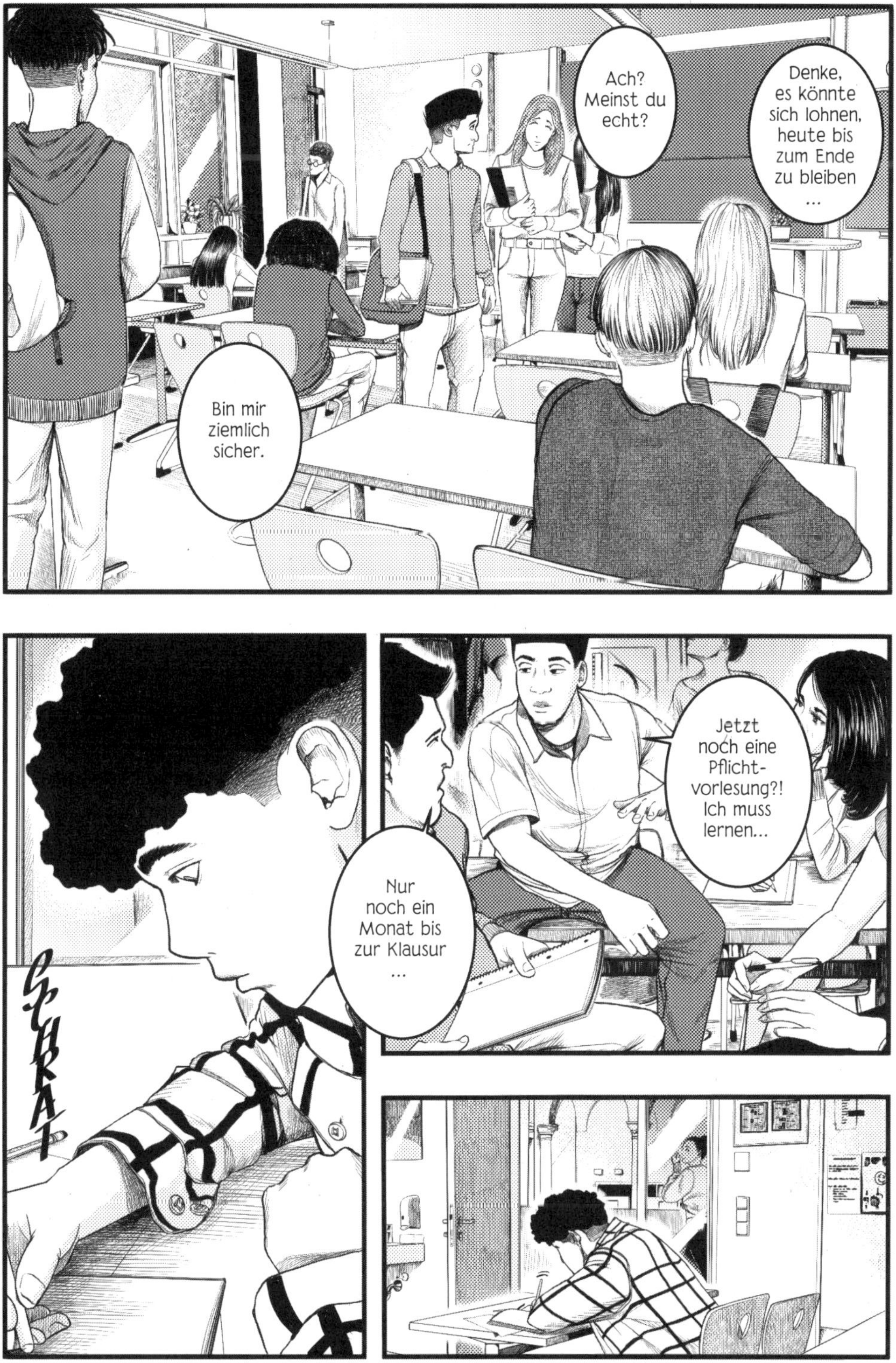
Denke, es könnte sich lohnen, heute bis zum Ende zu bleiben ...
Ach? Meinst du echt?
Bin mir ziemlich sicher.
SCHRAT
Nur noch ein Monat bis zur Klausur ...
Jetzt noch eine Pflicht-vorlesung?! Ich muss lernen...

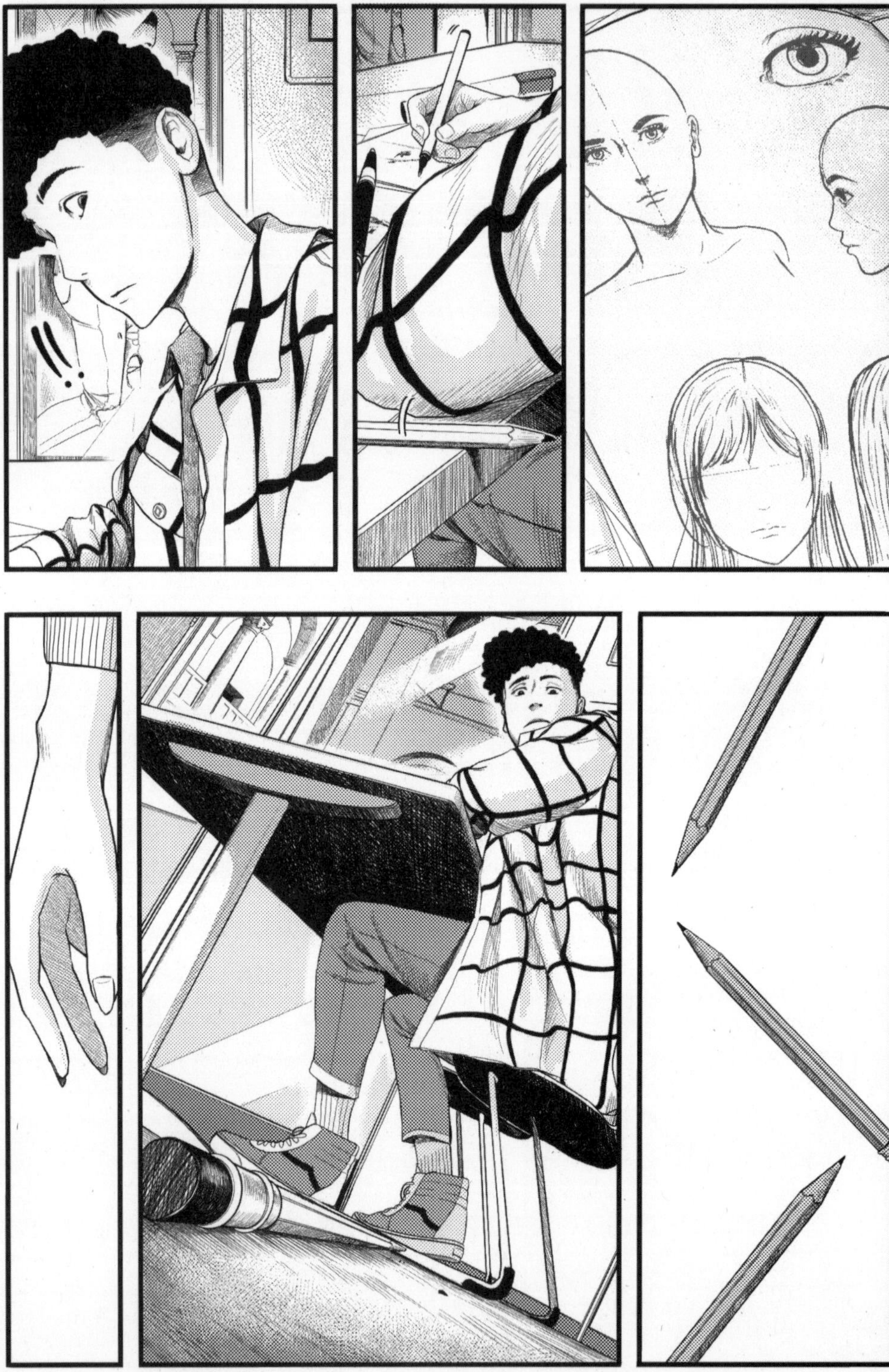

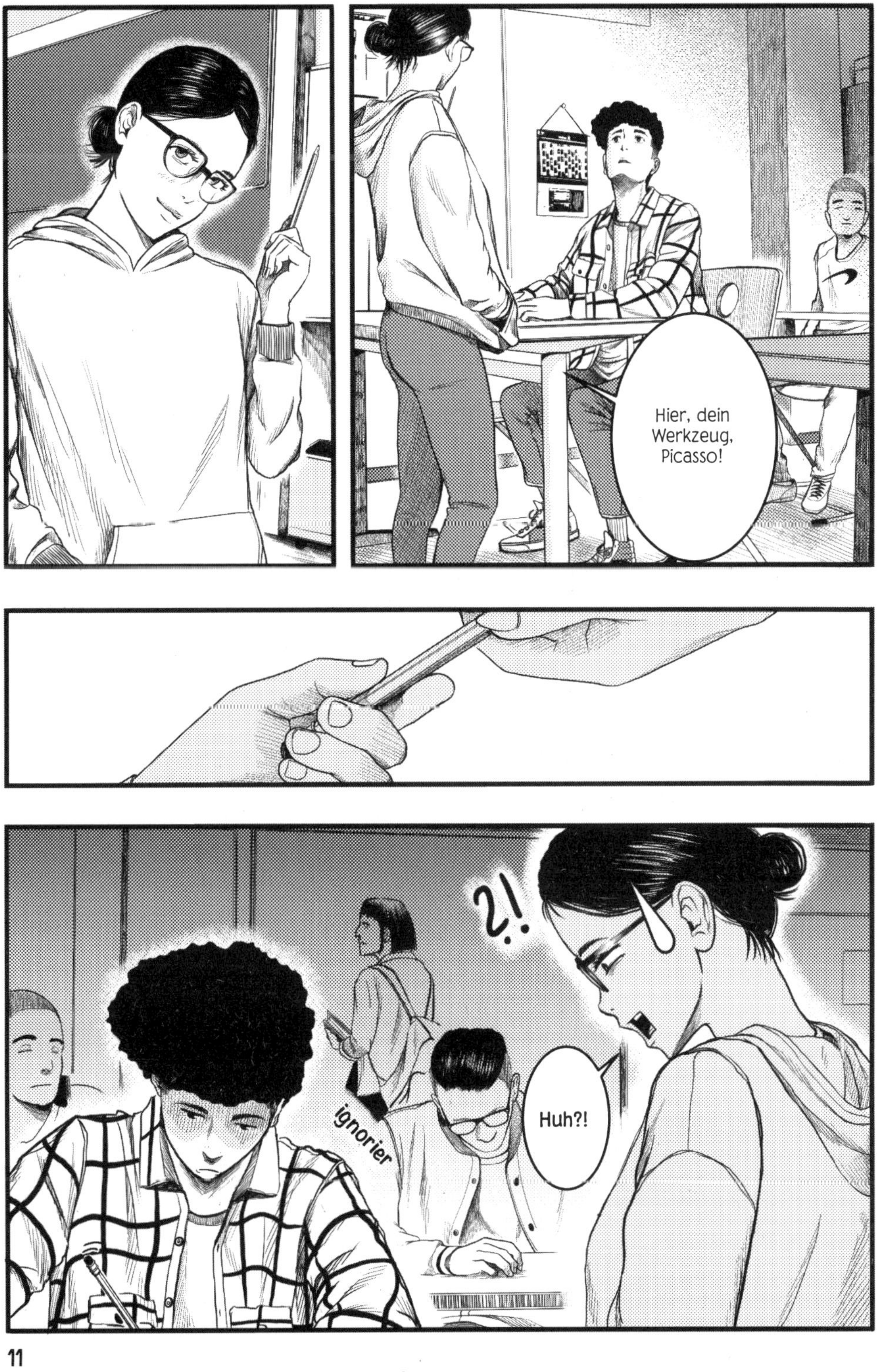

Hier, dein Werkzeug, Picasso!
?!
Huh?!
ignorier

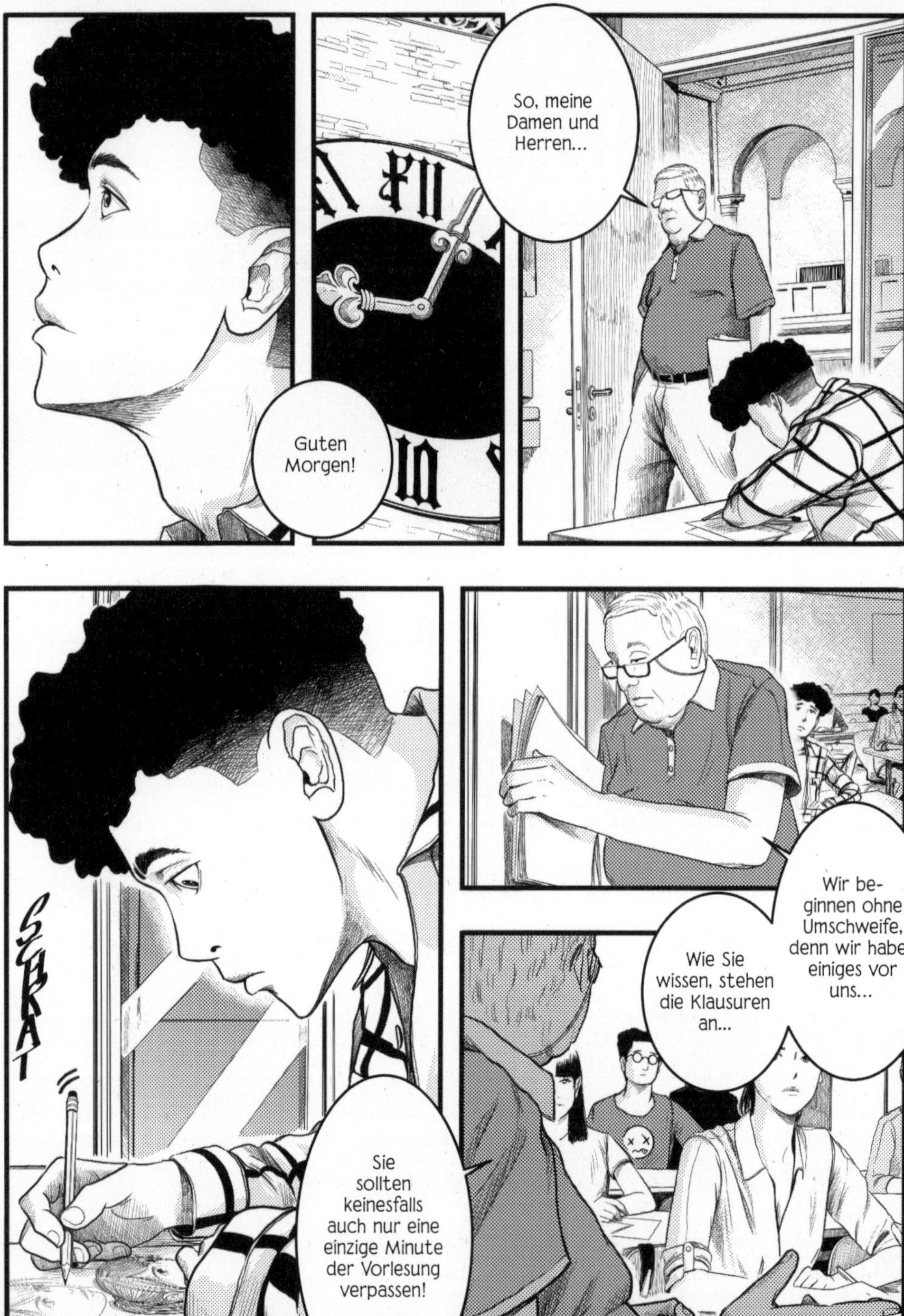
Guten Morgen!
So, meine Damen und Herren...
Wir beginnen ohne Umschweife, denn wir haben einiges vor uns...
Wie Sie wissen, stehen die Klausuren an...
SCHRAT
Sie sollten keinesfalls auch nur eine einzige Minute der Vorlesung verpassen!

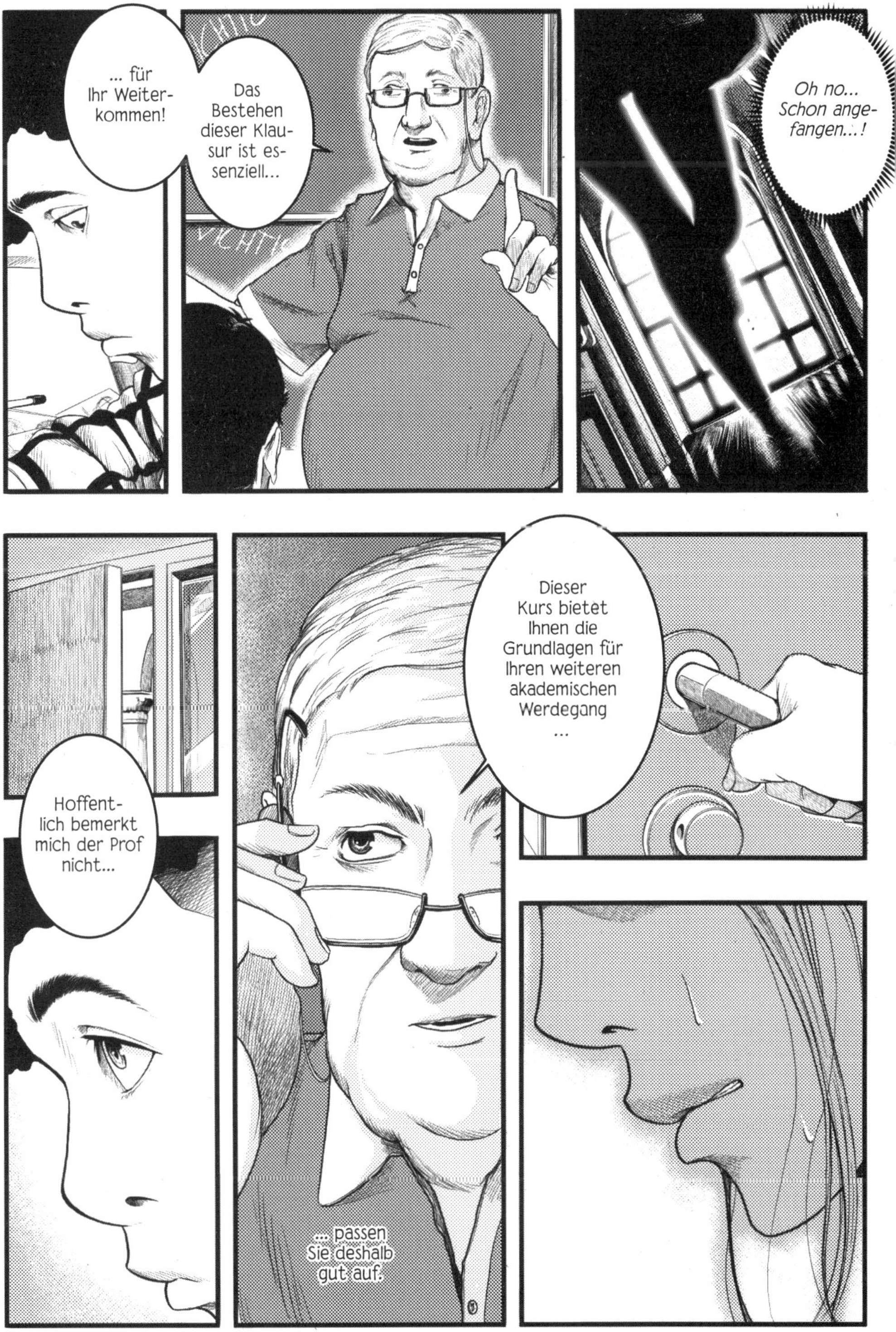
Das Bestehen dieser Klausur ist essenziell...
... für Ihr Weiterkommen!
Oh no... Schon angefangen...!
Hoffentlich bemerkt mich der Prof nicht...
Dieser Kurs bietet Ihnen die Grundlagen für Ihren weiteren akademischen Werdegang ...
... passen Sie deshalb gut auf.

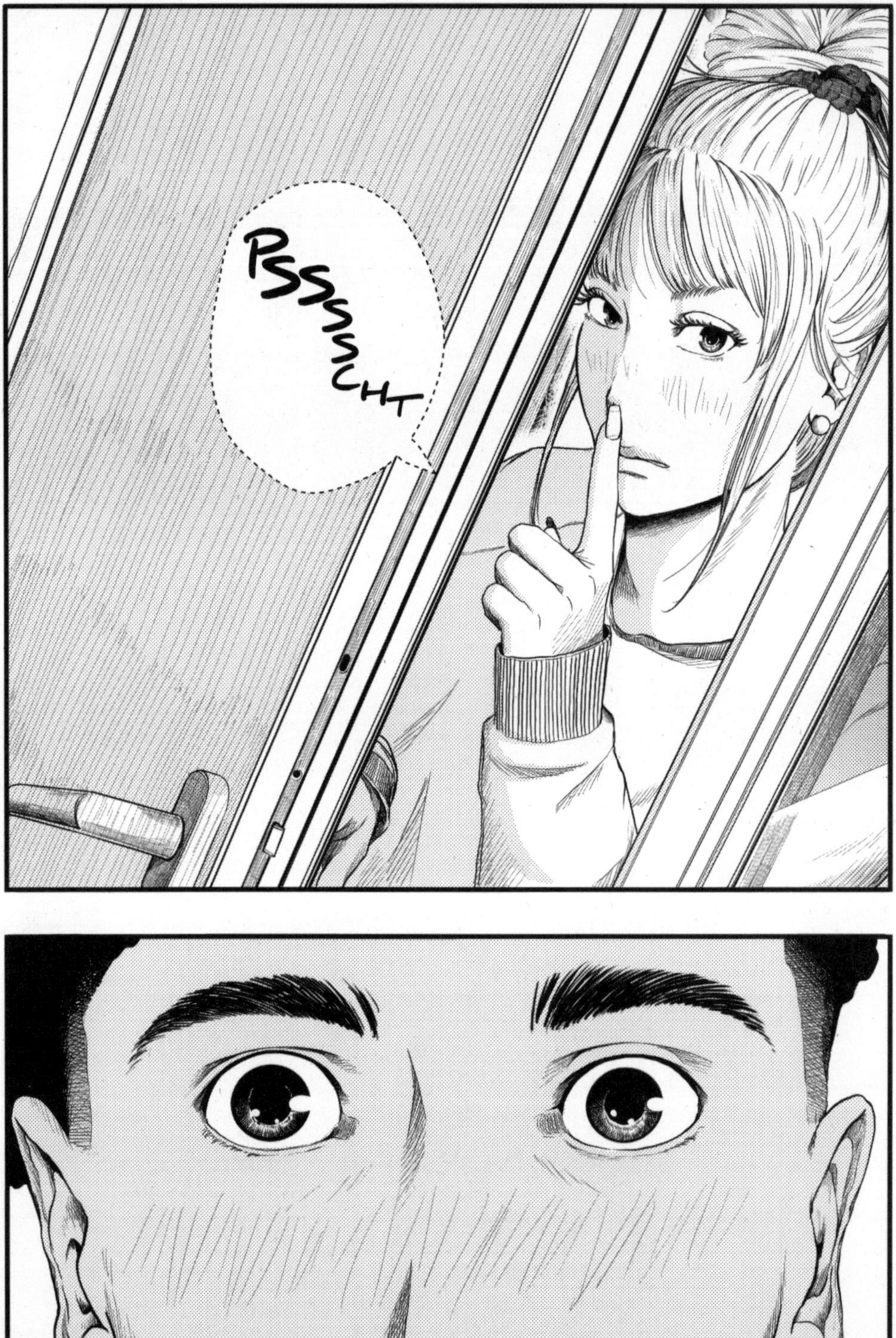
PSSSSCHT

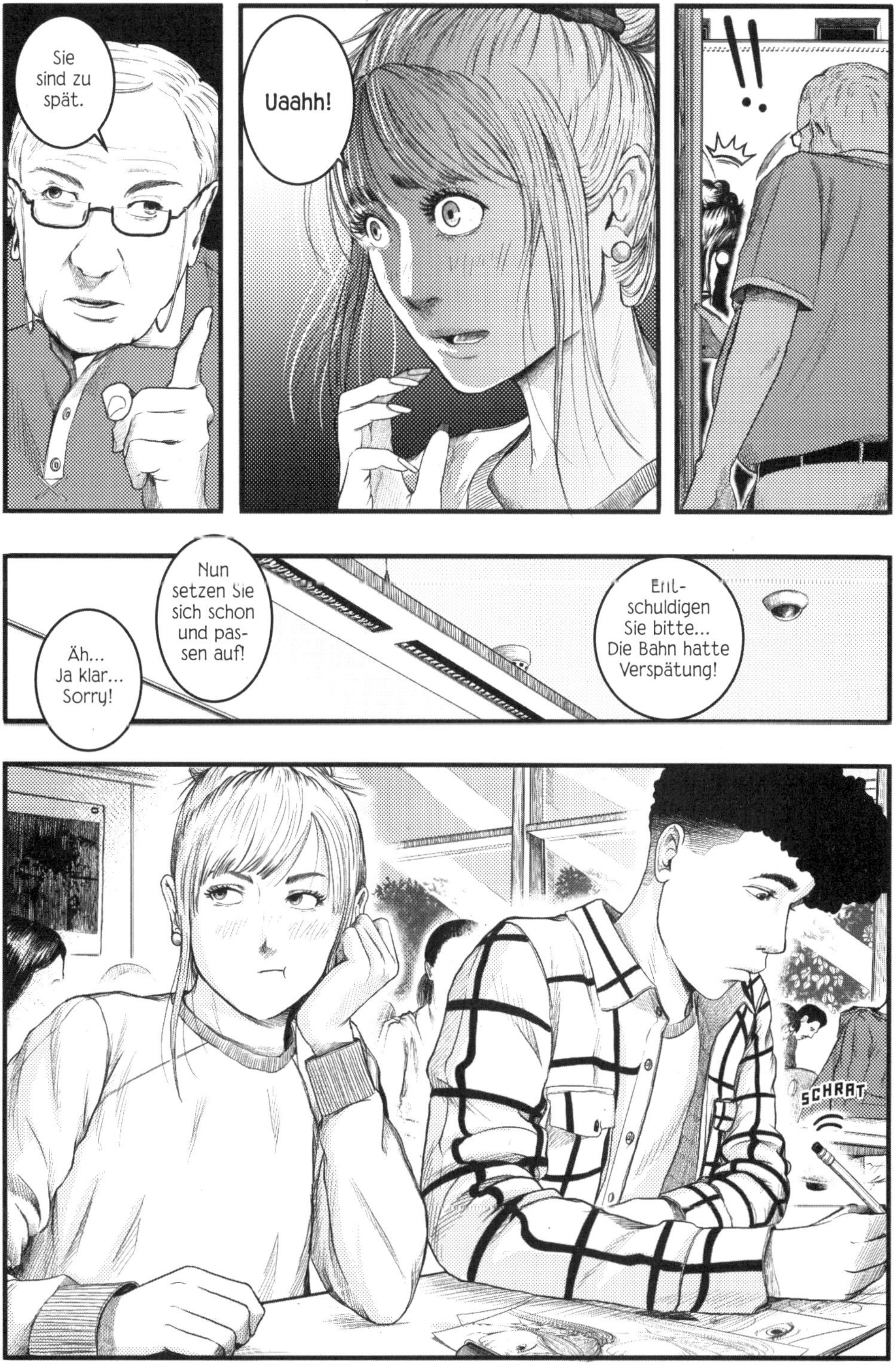
Sie sind zu spät.
Uaahh!
!!
Ent-schuldigen Sie bitte... Die Bahn hatte Verspätung!
Nun setzen Sie sich schon und passen auf!
Äh... Ja klar... Sorry!
SCHRAT

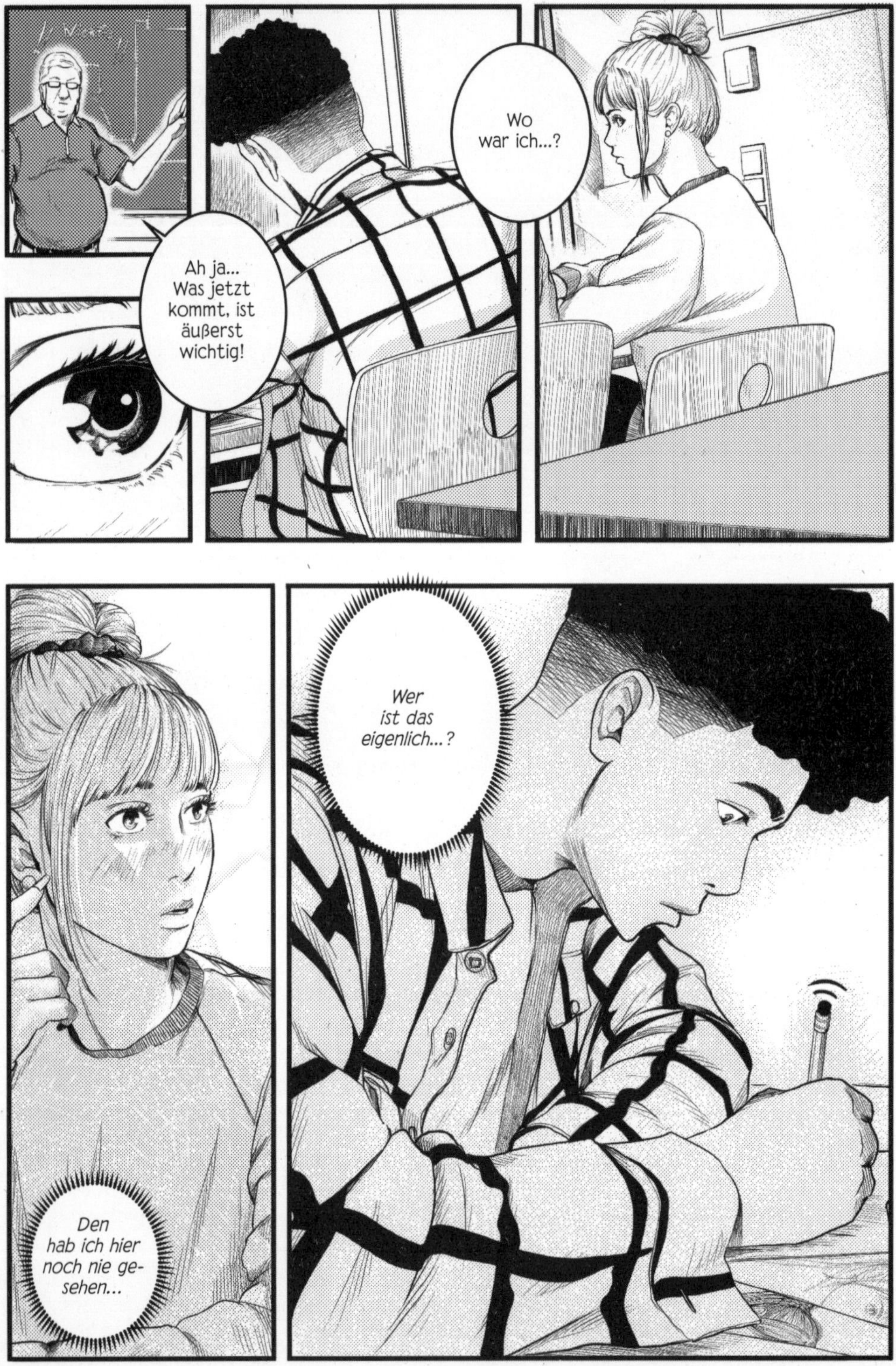
Ah ja... Was jetzt kommt, ist äußerst wichtig!
Wo war ich...?
Wer ist das eigenlich...?
Den hab ich hier noch nie gesehen...

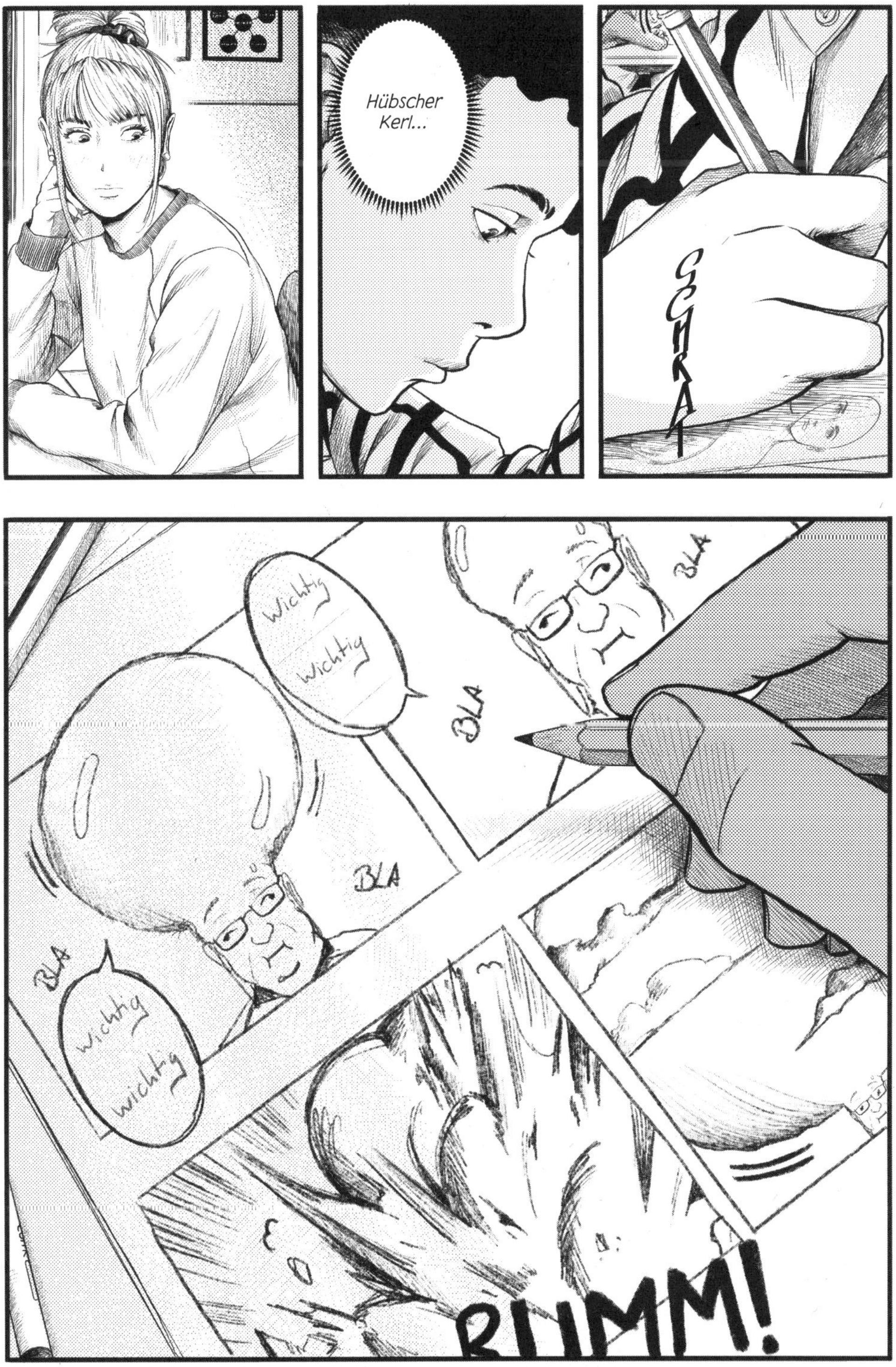
Hübscher Kerl...
GCHRAT
wichtig wichtig
BLA
BLA
BLA
BLA
wichtig wichtig
BUMM!

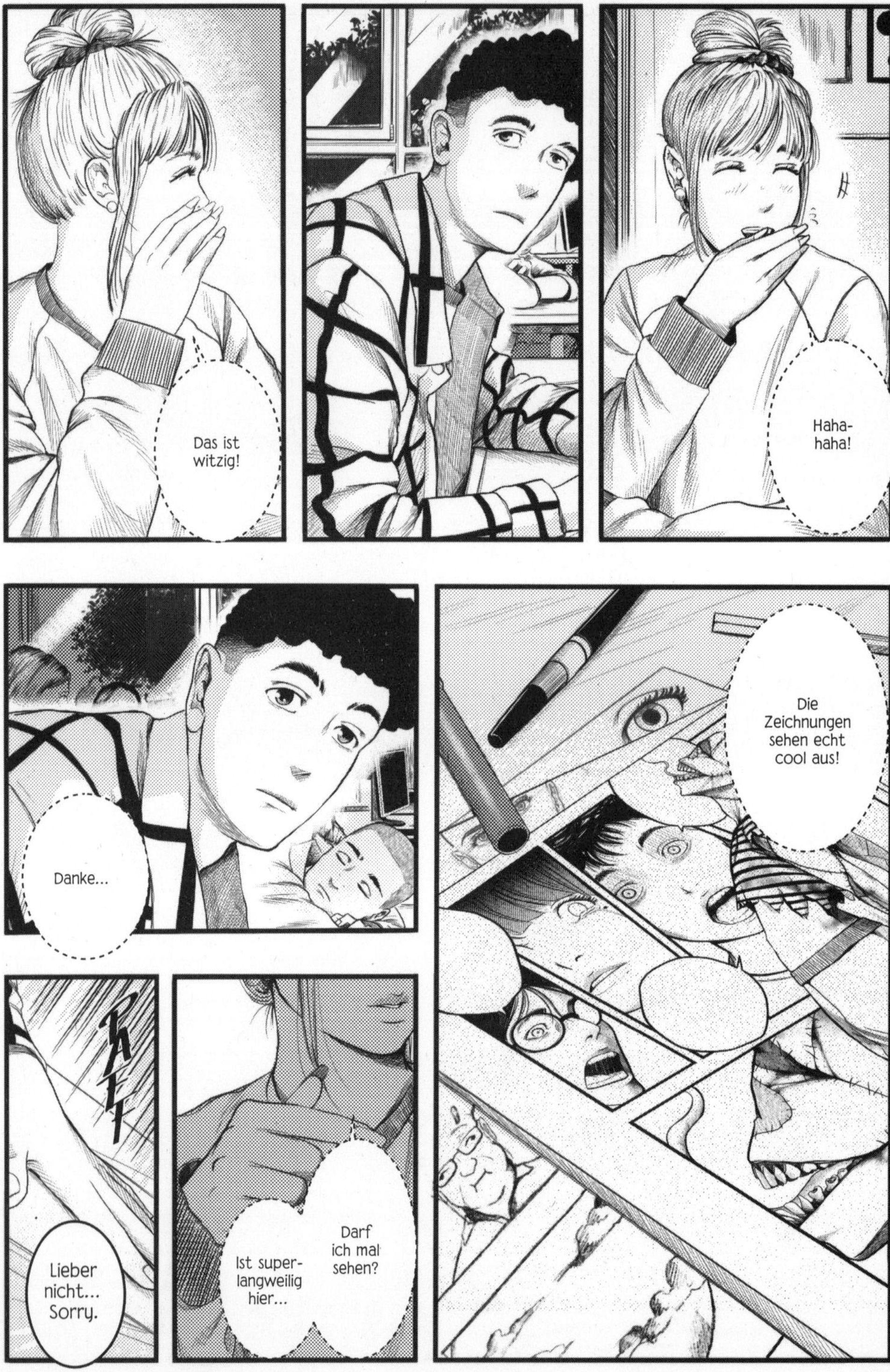
Haha-haha!
Das ist witzig!
Die Zeichnungen sehen echt cool aus!
Danke...
Darf ich mal sehen?
Ist superlangweilig hier...
Lieber nicht... Sorry.

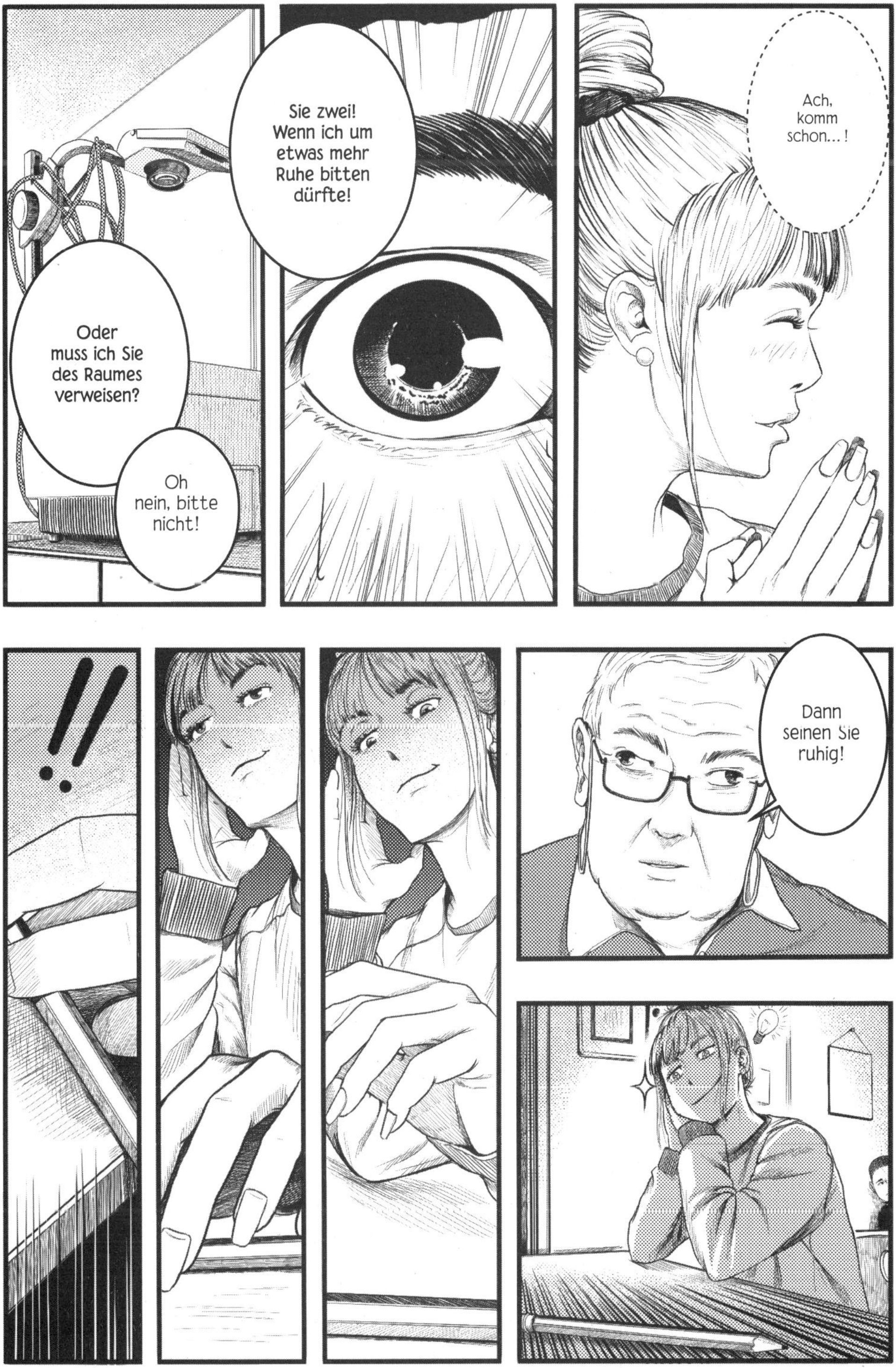
Sie zwei! Wenn ich um etwas mehr Ruhe bitten dürfte!
Oder muss ich Sie des Raumes verweisen?
Oh nein, bitte nicht!
Ach, komm schon... !
!!
Dann seinen Sie ruhig!

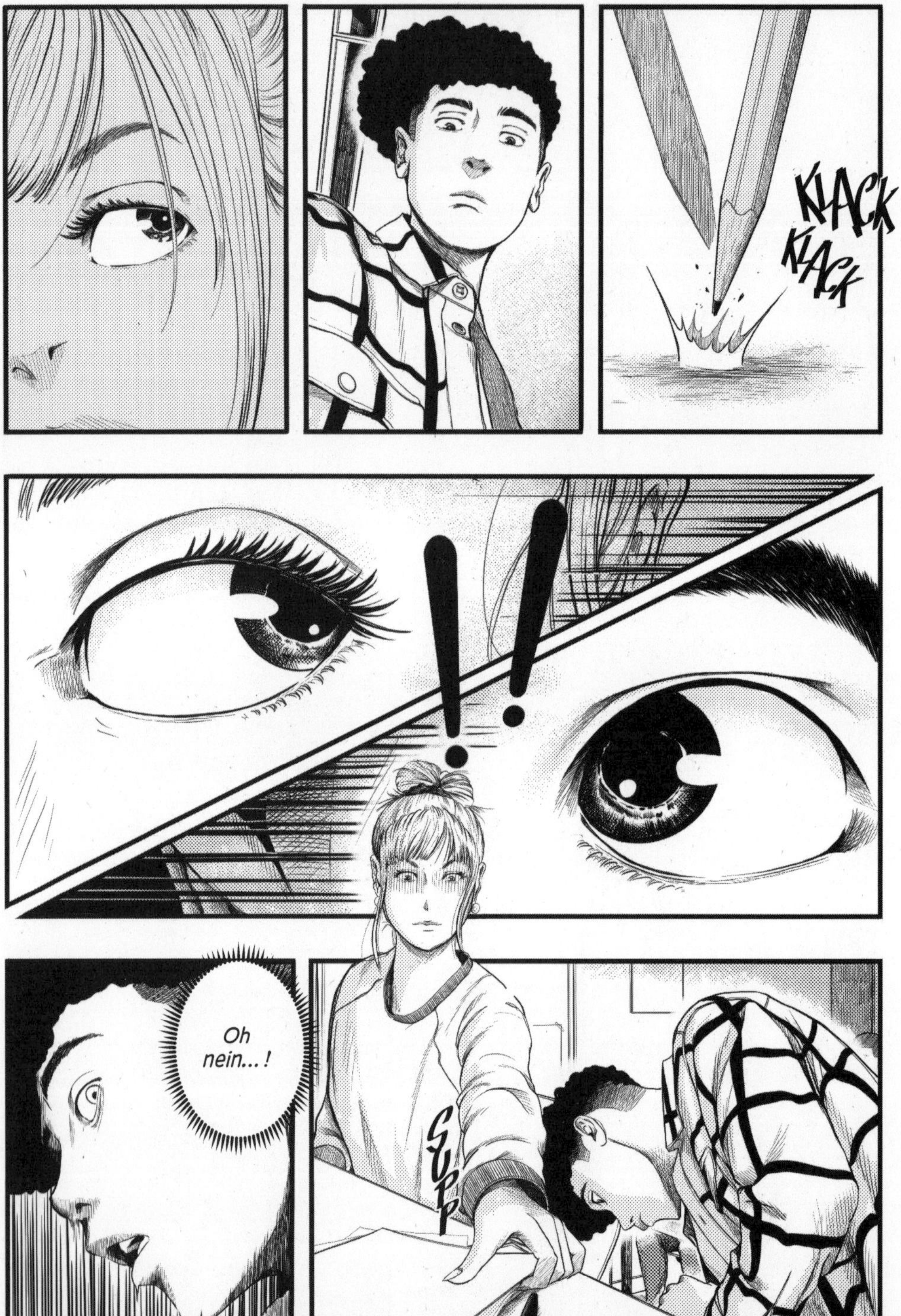
KLACK
KLACK
!!
Oh nein...!
SUPP

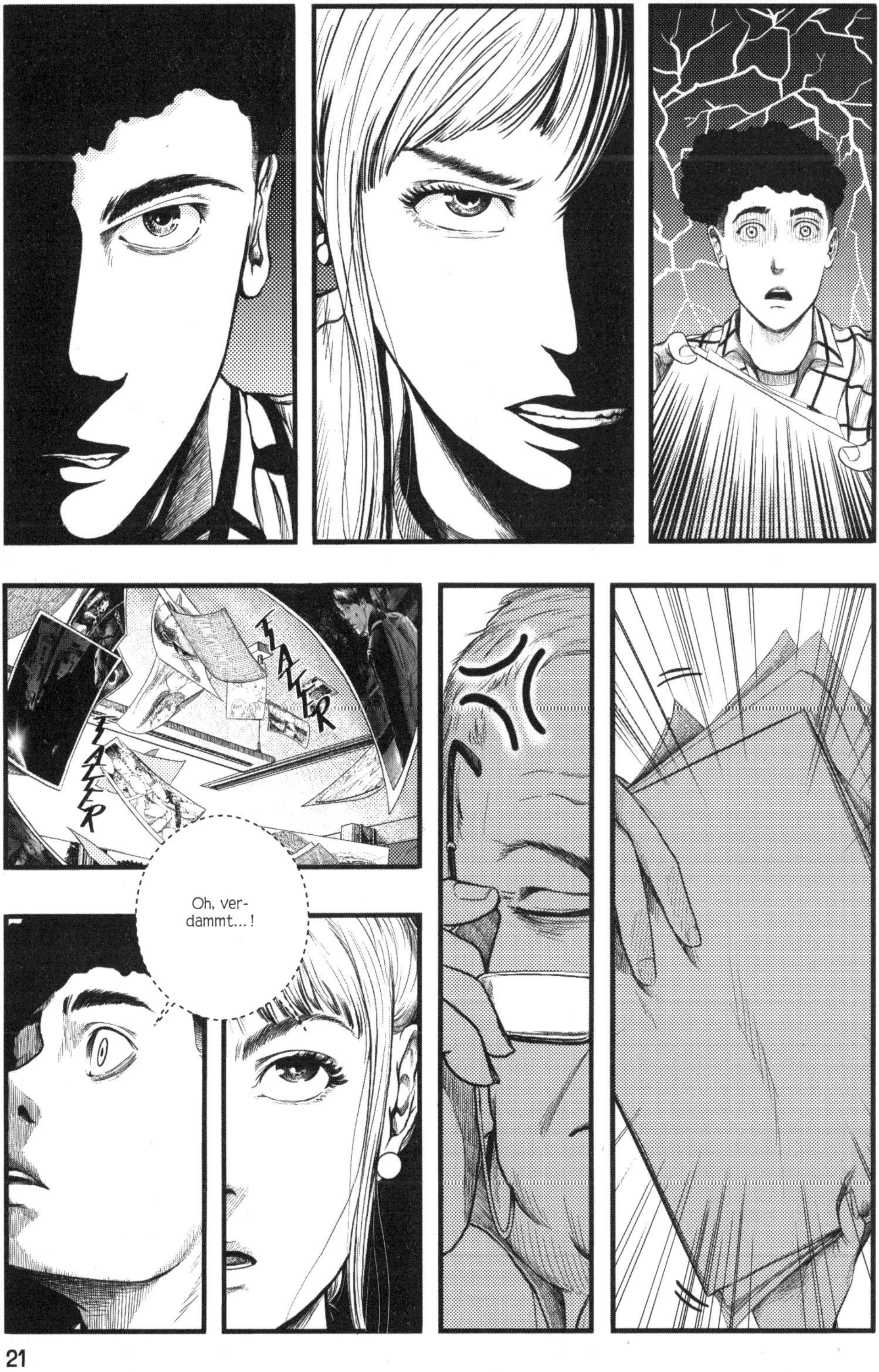
FLATTER
FLATTER
Oh, ver-
dammt...!

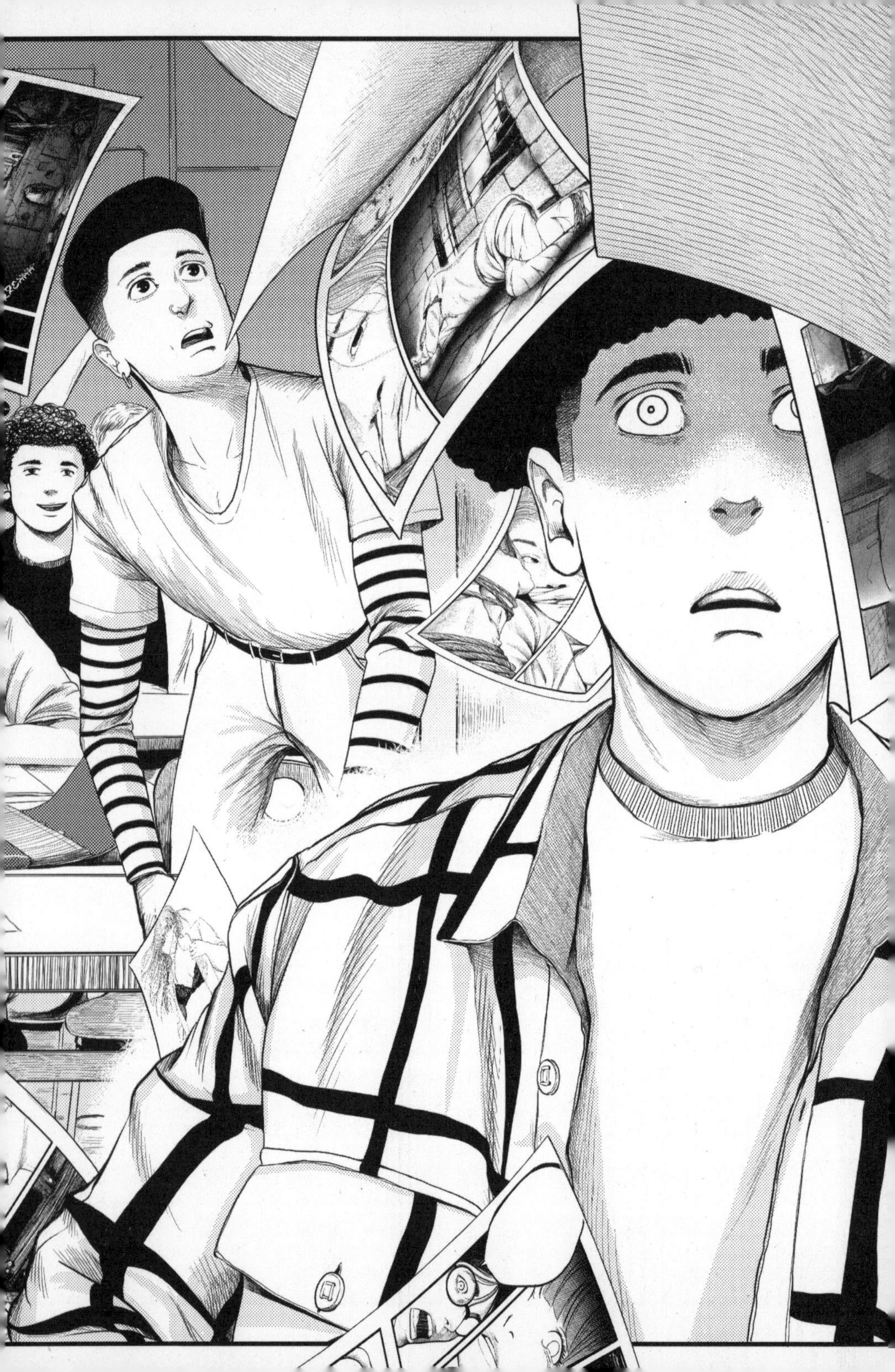

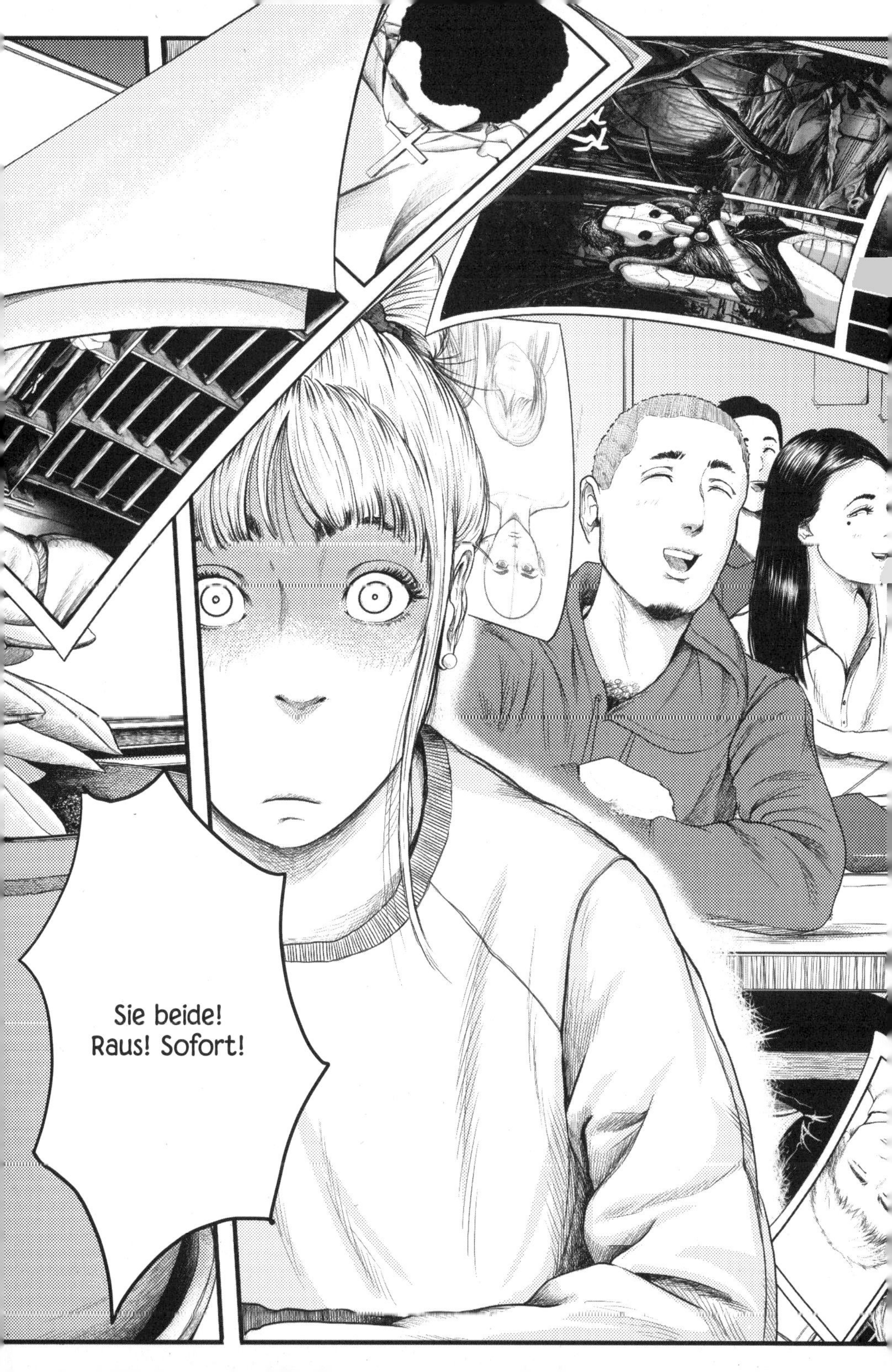
Sie beide!
Raus! Sofort!

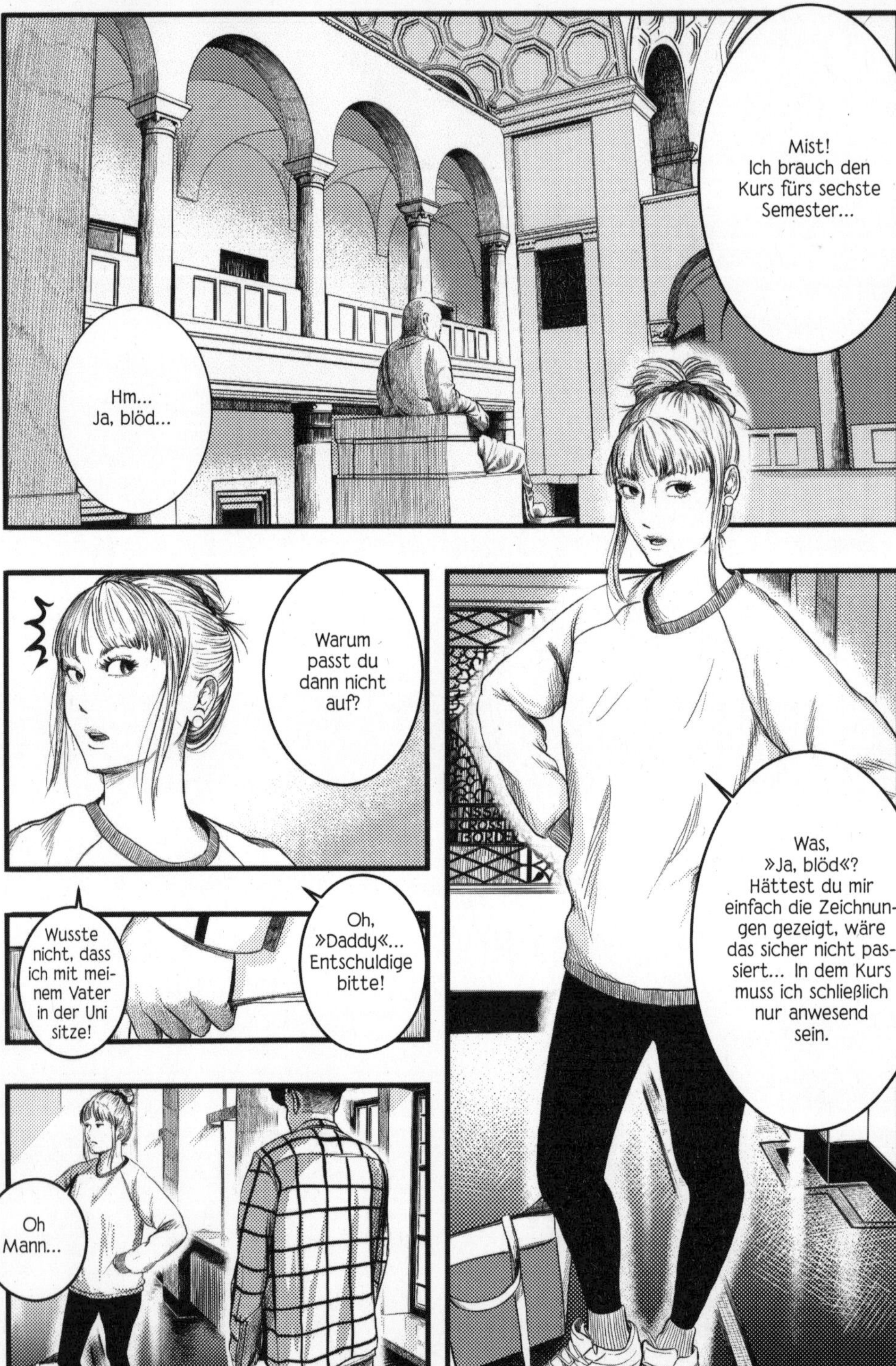
Mist! Ich brauch den Kurs fürs sechste Semester...
Hm... Ja, blöd...
Was, »Ja, blöd«? Hättest du mir einfach die Zeichnungen gezeigt, wäre das sicher nicht passiert... In dem Kurs muss ich schließlich nur anwesend sein.
Warum passt du dann nicht auf?
Wusste nicht, dass ich mit meinem Vater in der Uni sitze!
Oh, »Daddy«... Entschuldige bitte!
Oh Mann...

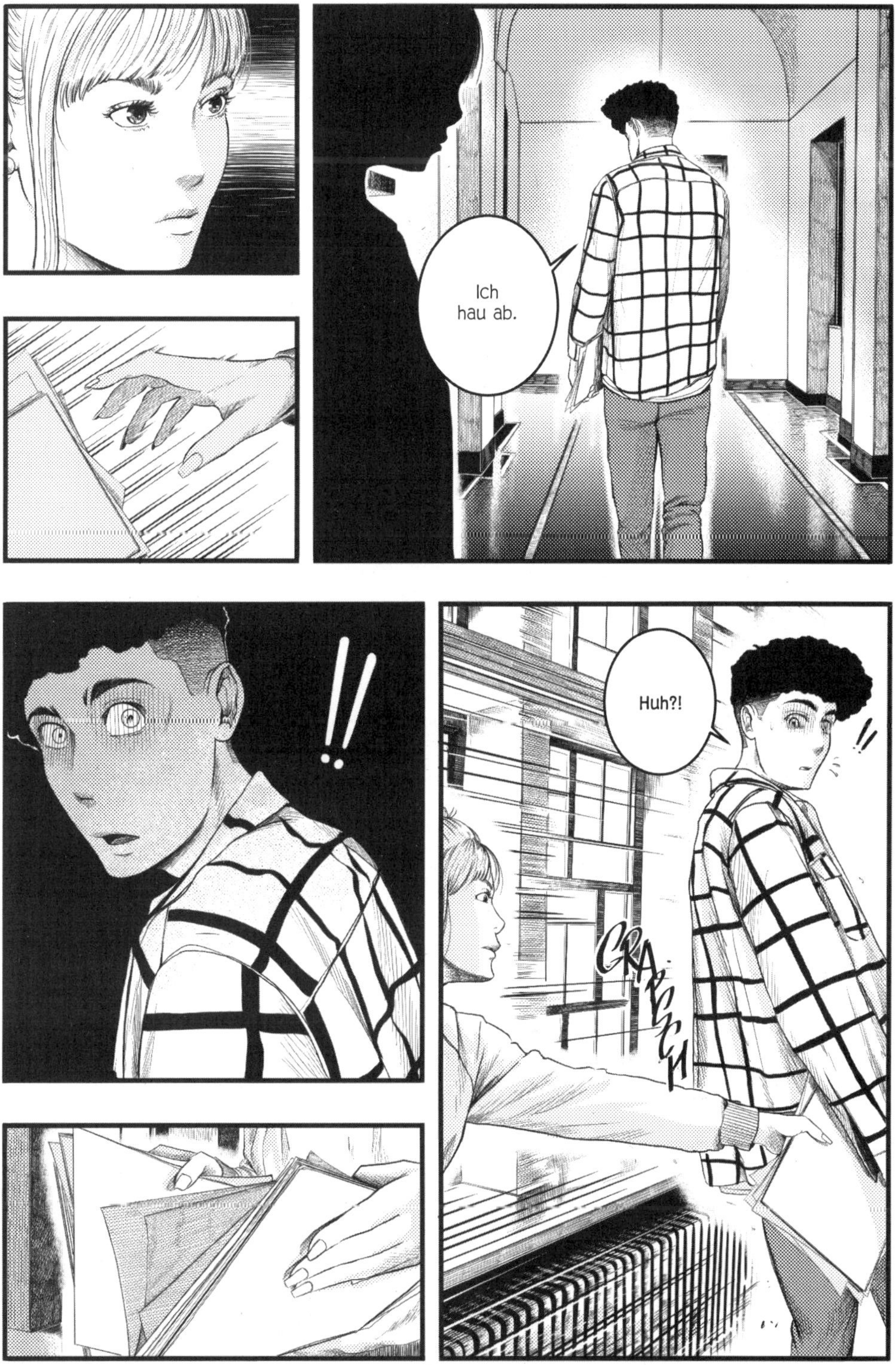
Ich hau ab.
!!
Huh?!
!!
GRAPSCH

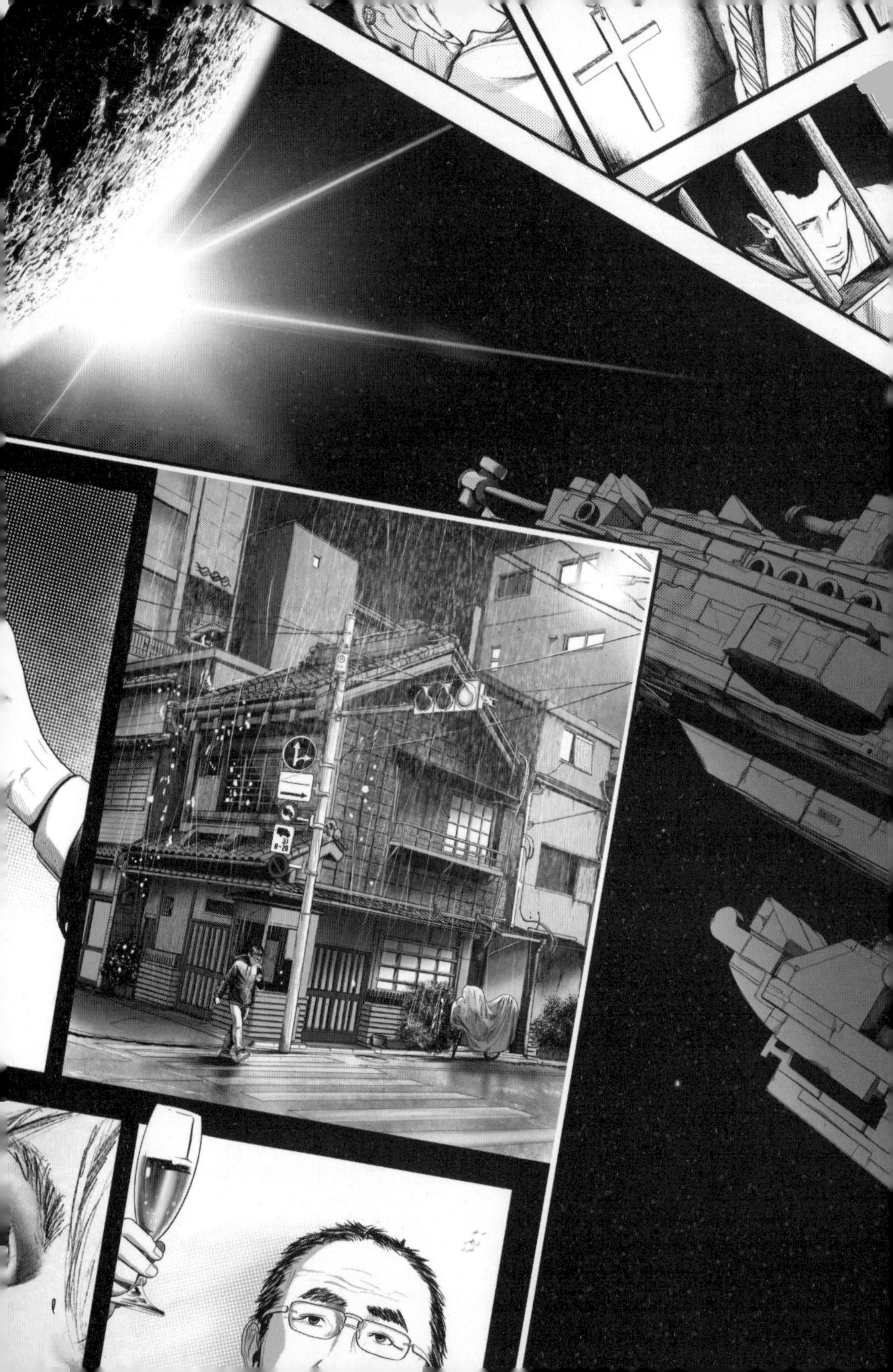

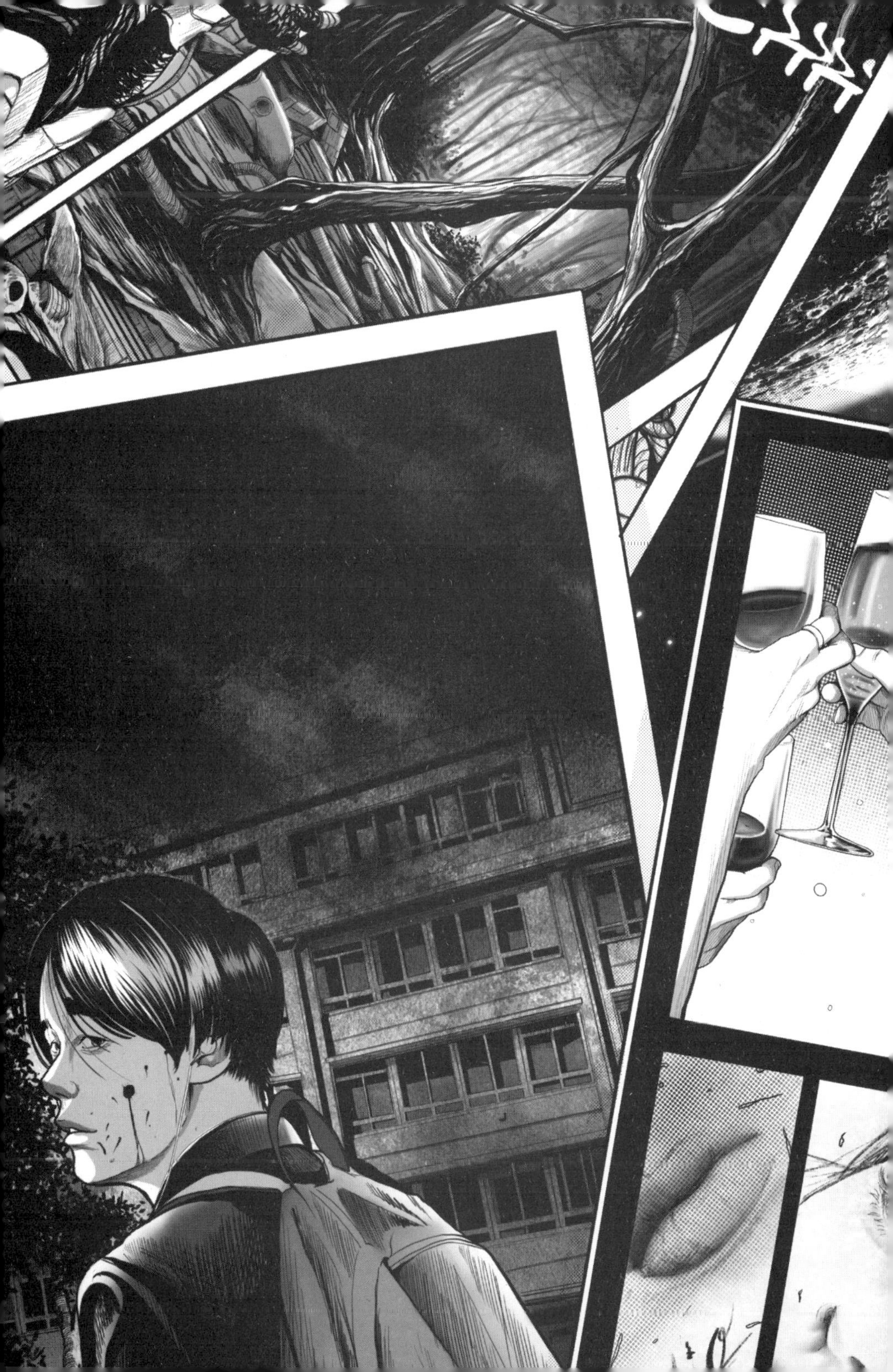

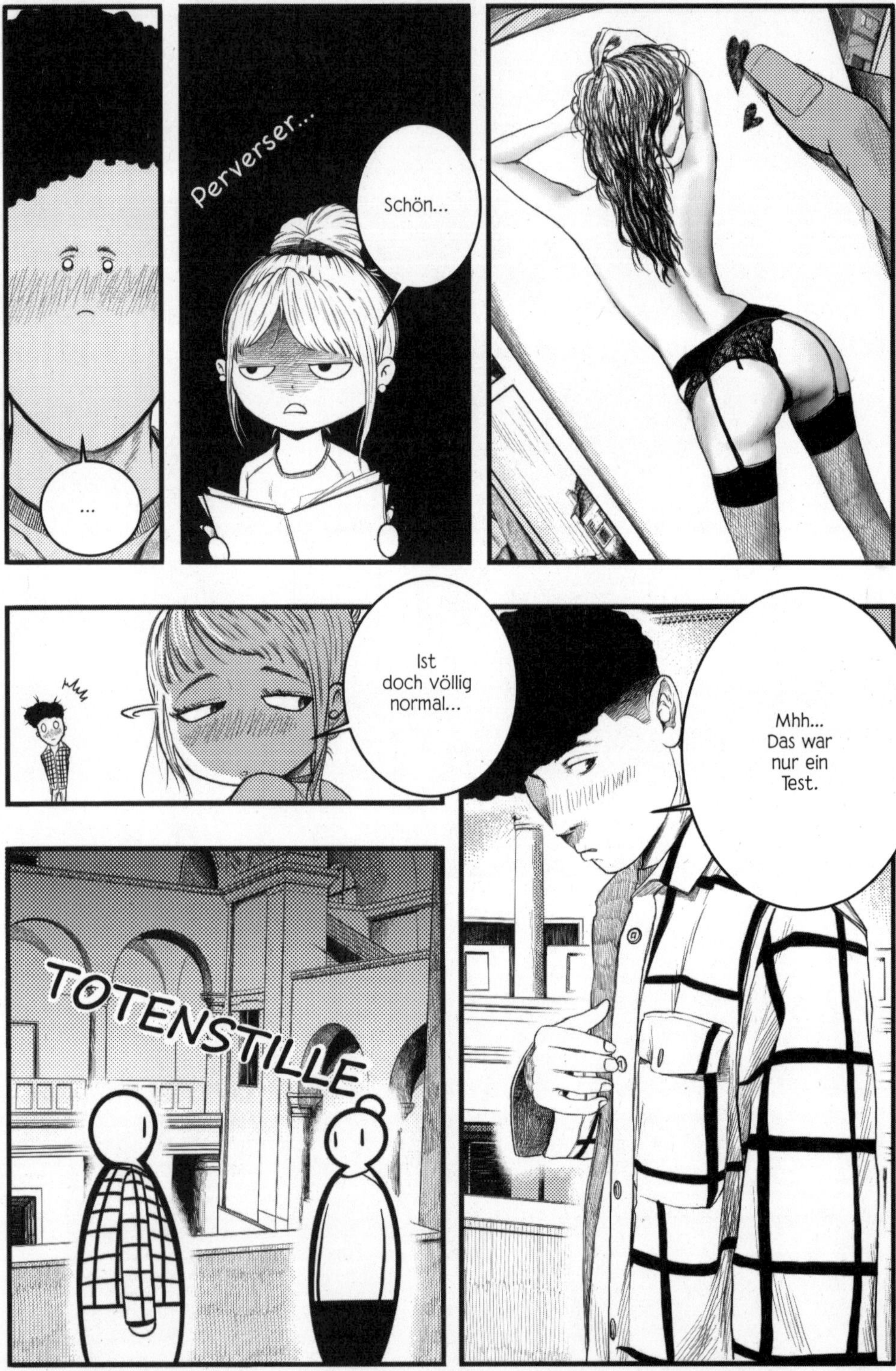
...
Schön...
Perverser...
Ist doch völlig normal...
Mhh... Das war nur ein Test.
TOTENSTILLE

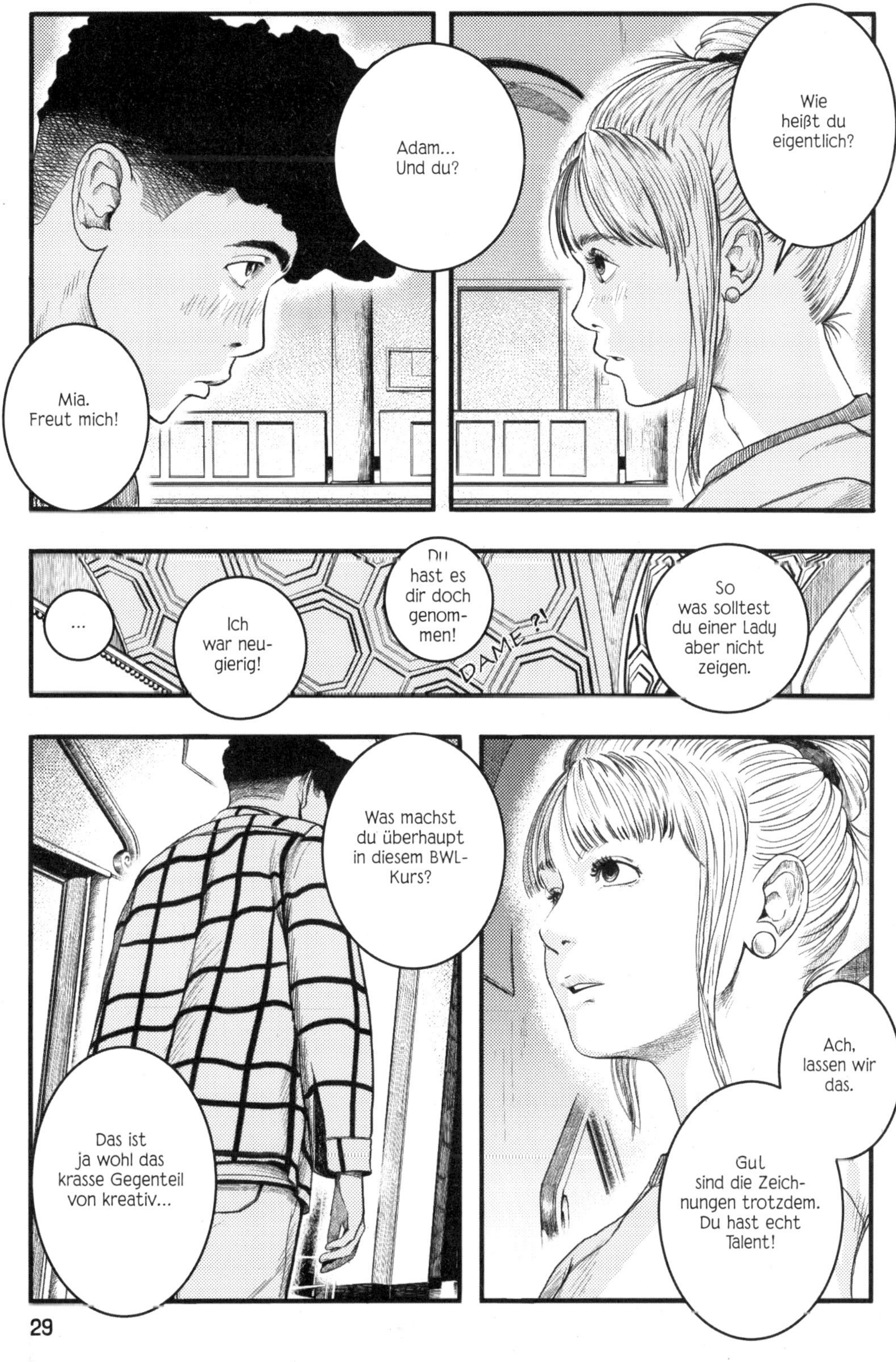
Wie heißt du eigentlich?
Adam... Und du?
Mia. Freut mich!
So was solltest du einer Lady aber nicht zeigen.
DAME?!
Du hast es dir doch genommen!
Ich war neugierig!
...
Ach, lassen wir das.
Gut sind die Zeichnungen trotzdem. Du hast echt Talent!
Was machst du überhaupt in diesem BWL-Kurs?
Das ist ja wohl das krasse Gegenteil von kreativ...

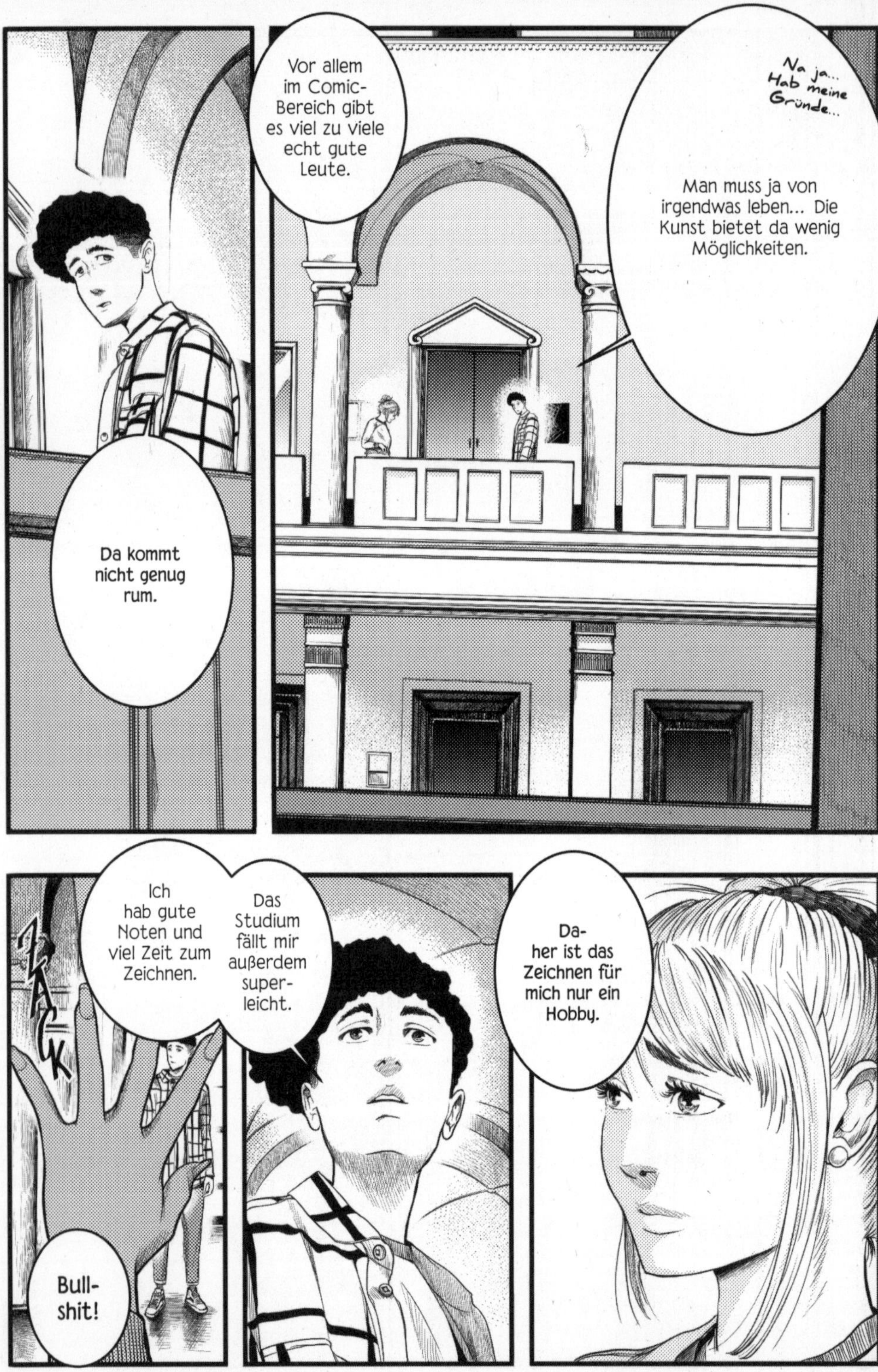

Vor allem im Comic-Bereich gibt es viel zu viele echt gute Leute.
Na ja... Hab meine Gründe...
Man muss ja von irgendwas leben... Die Kunst bietet da wenig Möglichkeiten.
Da kommt nicht genug rum.
Ich hab gute Noten und viel Zeit zum Zeichnen.
Das Studium fällt mir außerdem superleicht.
ZACK
Bull-shit!
Da-her ist das Zeichnen für mich nur ein Hobby.

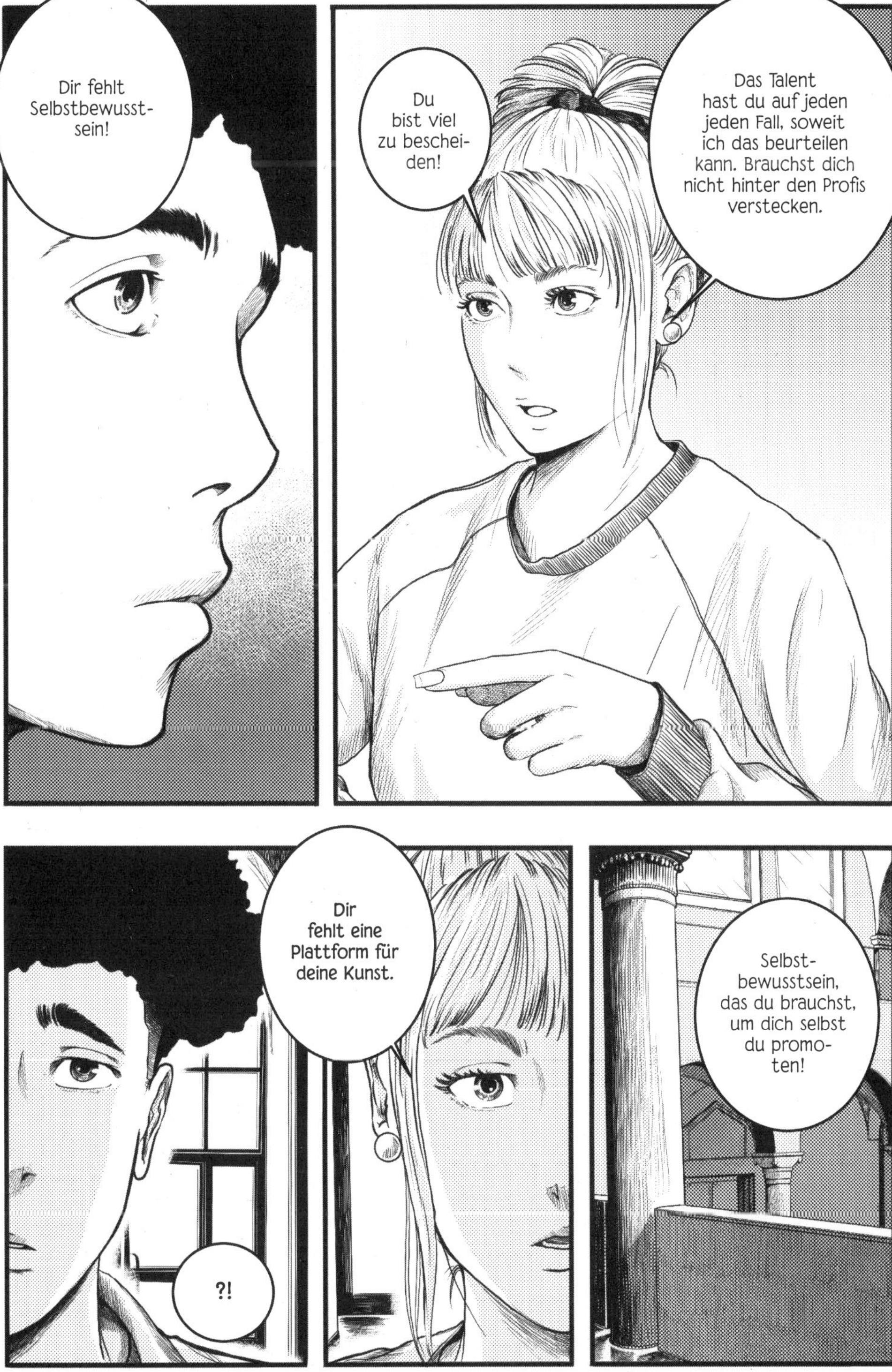
Dir fehlt Selbstbewusst-sein!
Du bist viel zu beschei-den!
Das Talent hast du auf jeden jeden Fall, soweit ich das beurteilen kann. Brauchst dich nicht hinter den Profis verstecken.
Dir fehlt eine Plattform für deine Kunst.
?!
Selbst-bewusstsein, das du brauchst, um dich selbst du promo-ten!

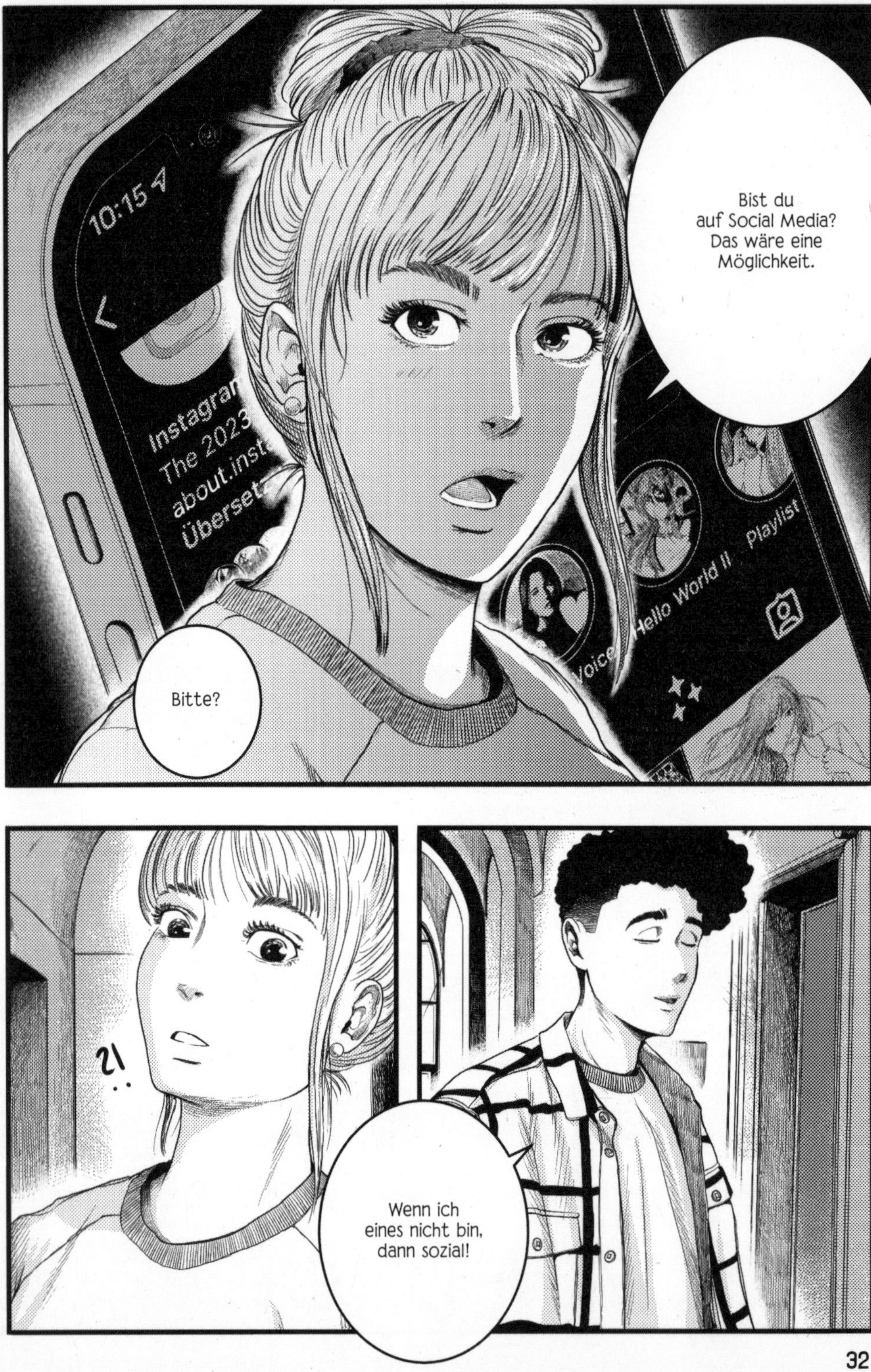
10:15
Hello World II
Playlist
Bist du
auf Social Media?
Das wäre eine
Möglichkeit.
Bitte?
?!
Wenn ich
eines nicht bin,
dann sozial!

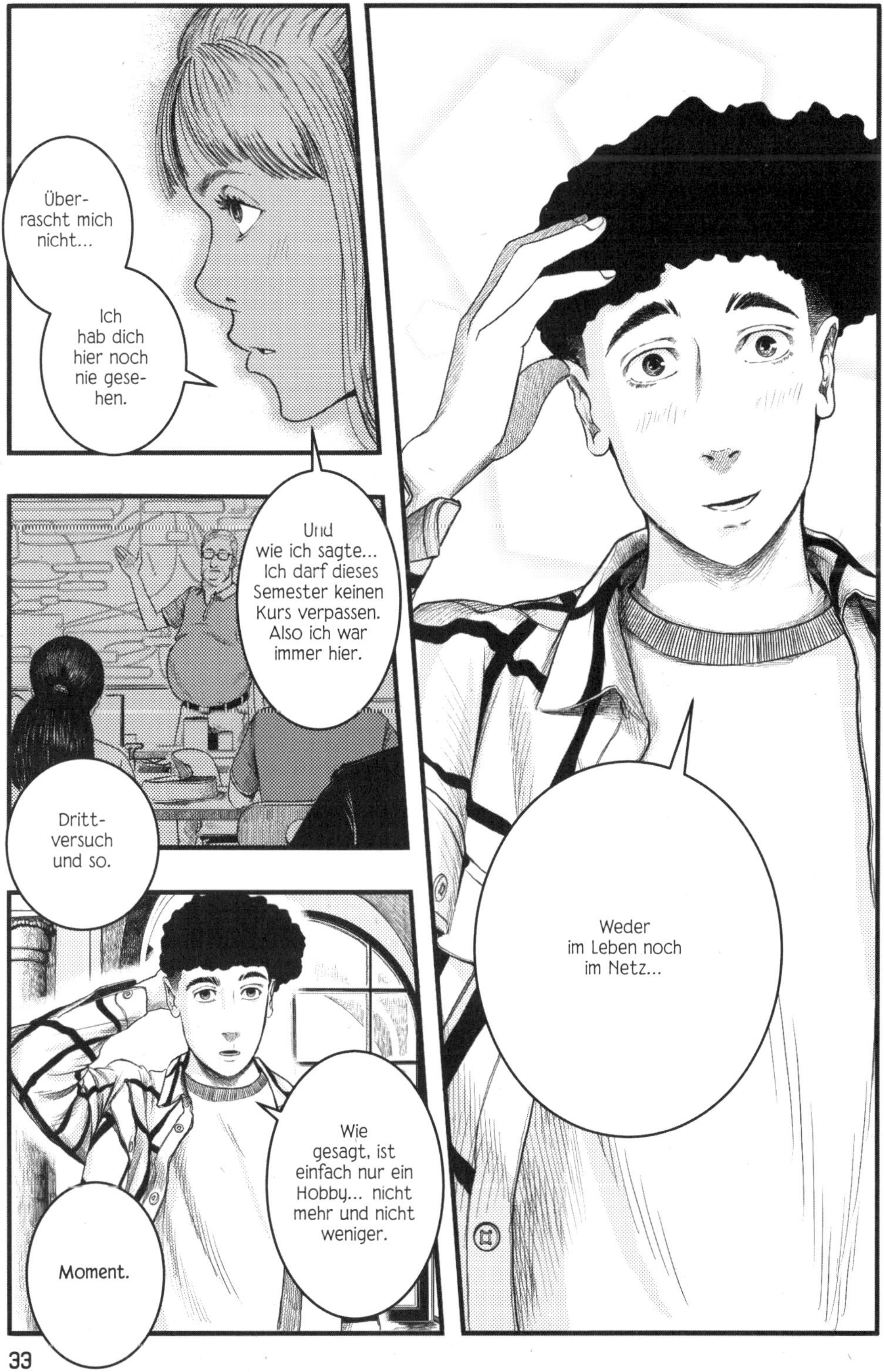
Überrascht mich nicht…
Ich hab dich hier noch nie gesehen.
Und wie ich sagte… Ich darf dieses Semester keinen Kurs verpassen. Also ich war immer hier.
Drittversuch und so.
Weder im Leben noch im Netz…
Moment.
Wie gesagt, ist einfach nur ein Hobby… nicht mehr und nicht weniger.

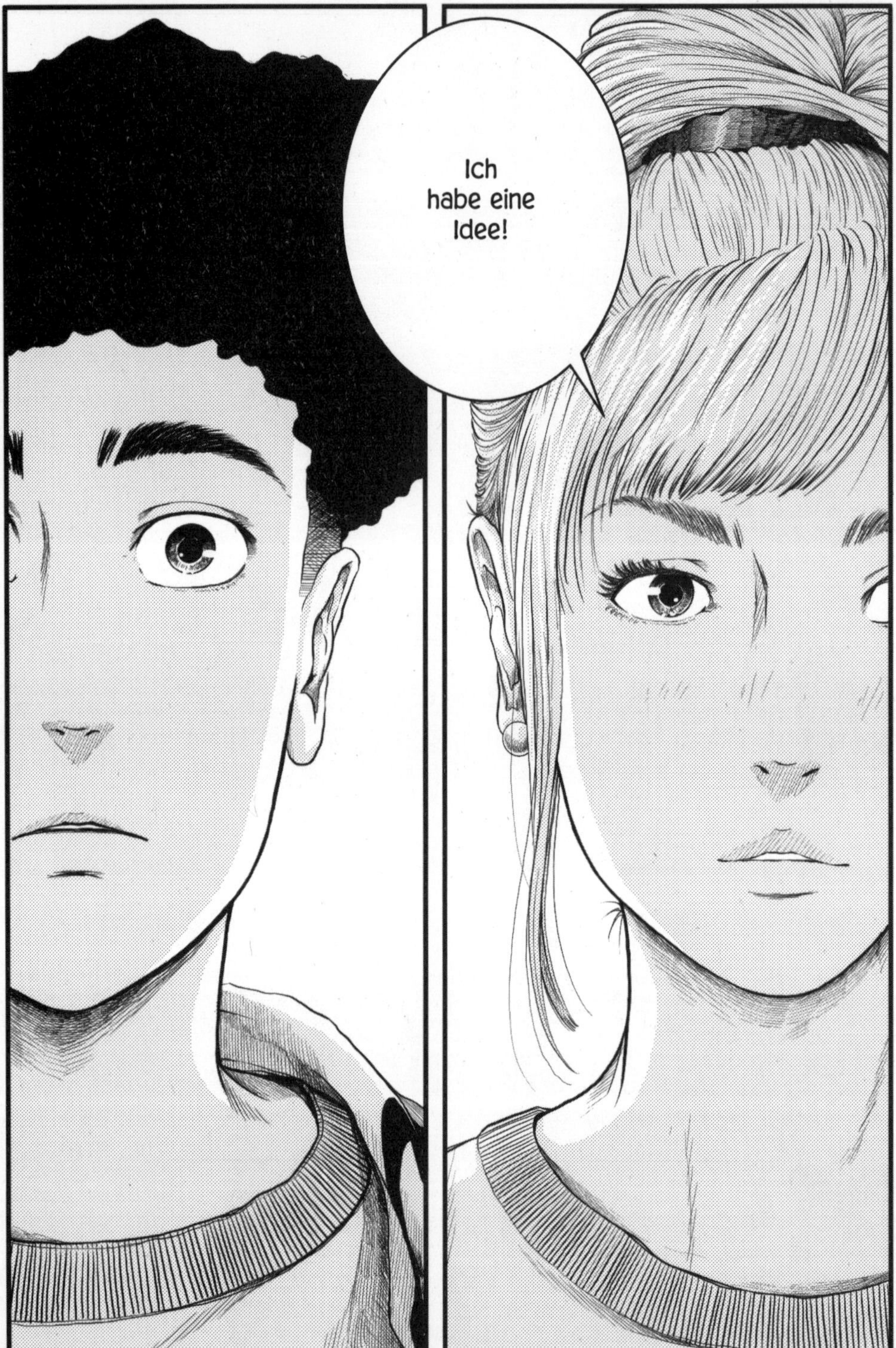
Ich habe eine Idee!

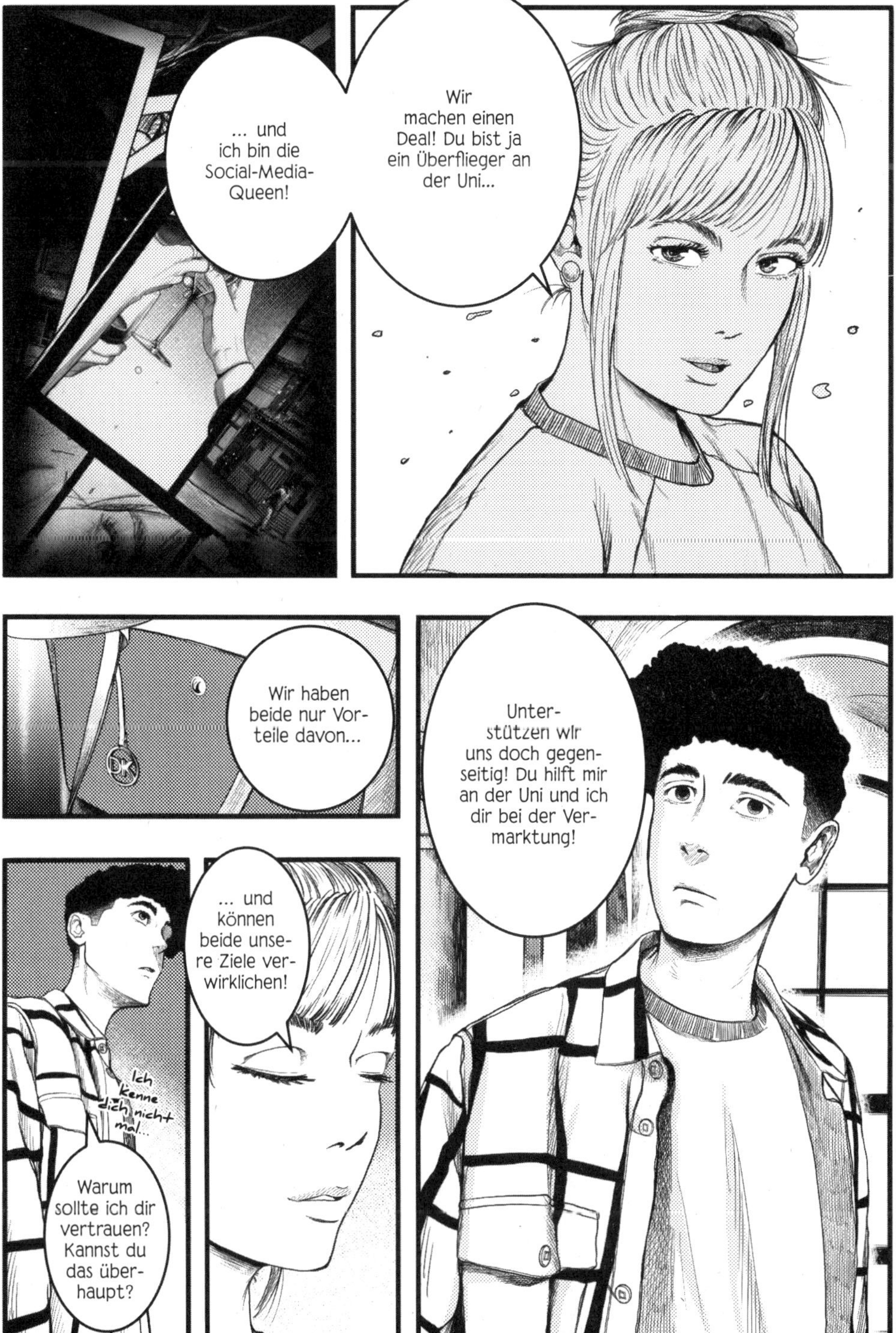
Wir machen einen Deal! Du bist ja ein Überflieger an der Uni...
... und ich bin die Social-Media-Queen!
Wir haben beide nur Vorteile davon...
Unterstützen wir uns doch gegenseitig! Du hilft mir an der Uni und ich dir bei der Vermarktung!
... und können beide unsere Ziele verwirklichen!
Ich kenne dich nicht mal...
Warum sollte ich dir vertrauen? Kannst du das überhaupt?

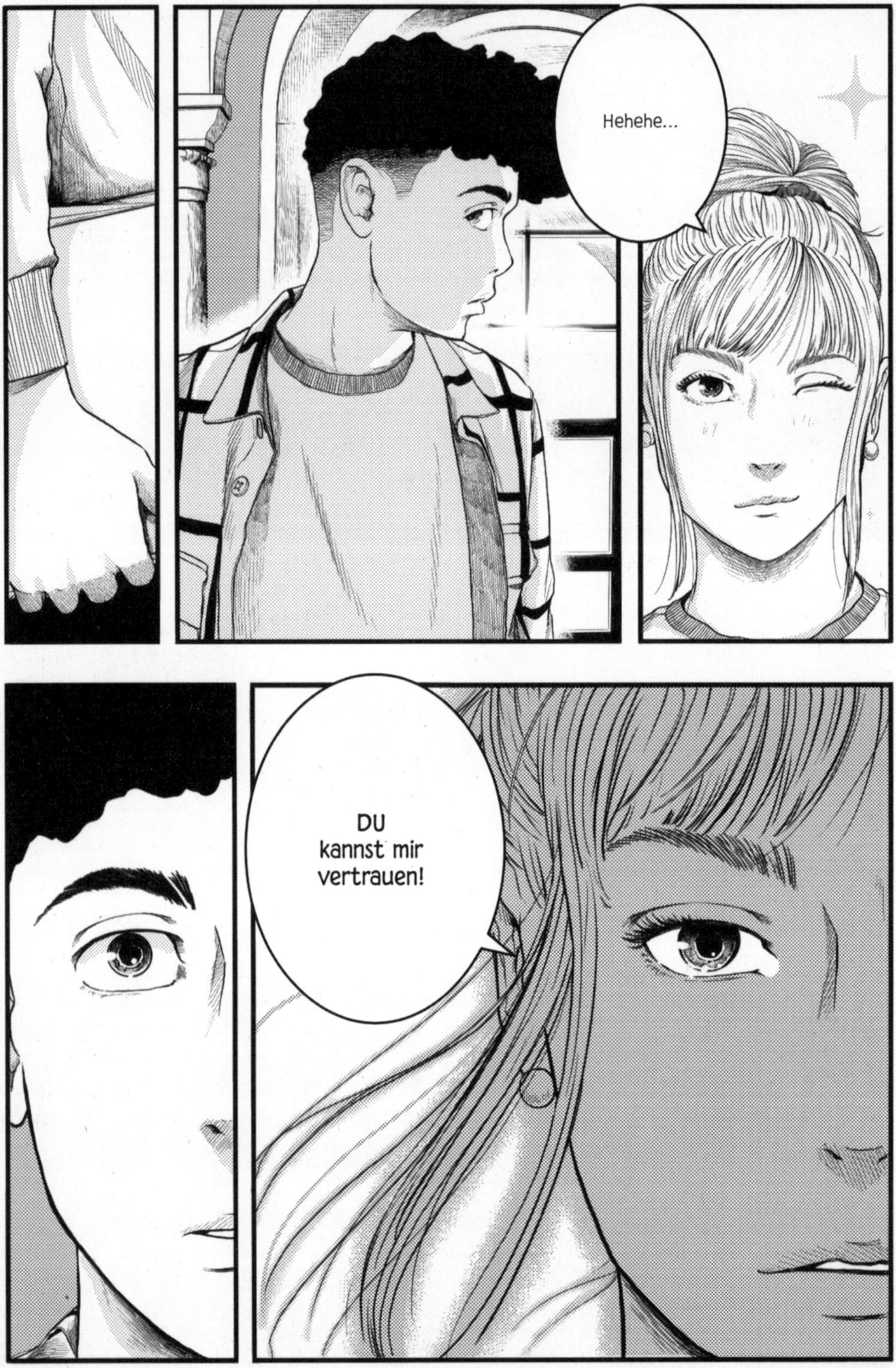
Hehehe...
DU kannst mir vertrauen!

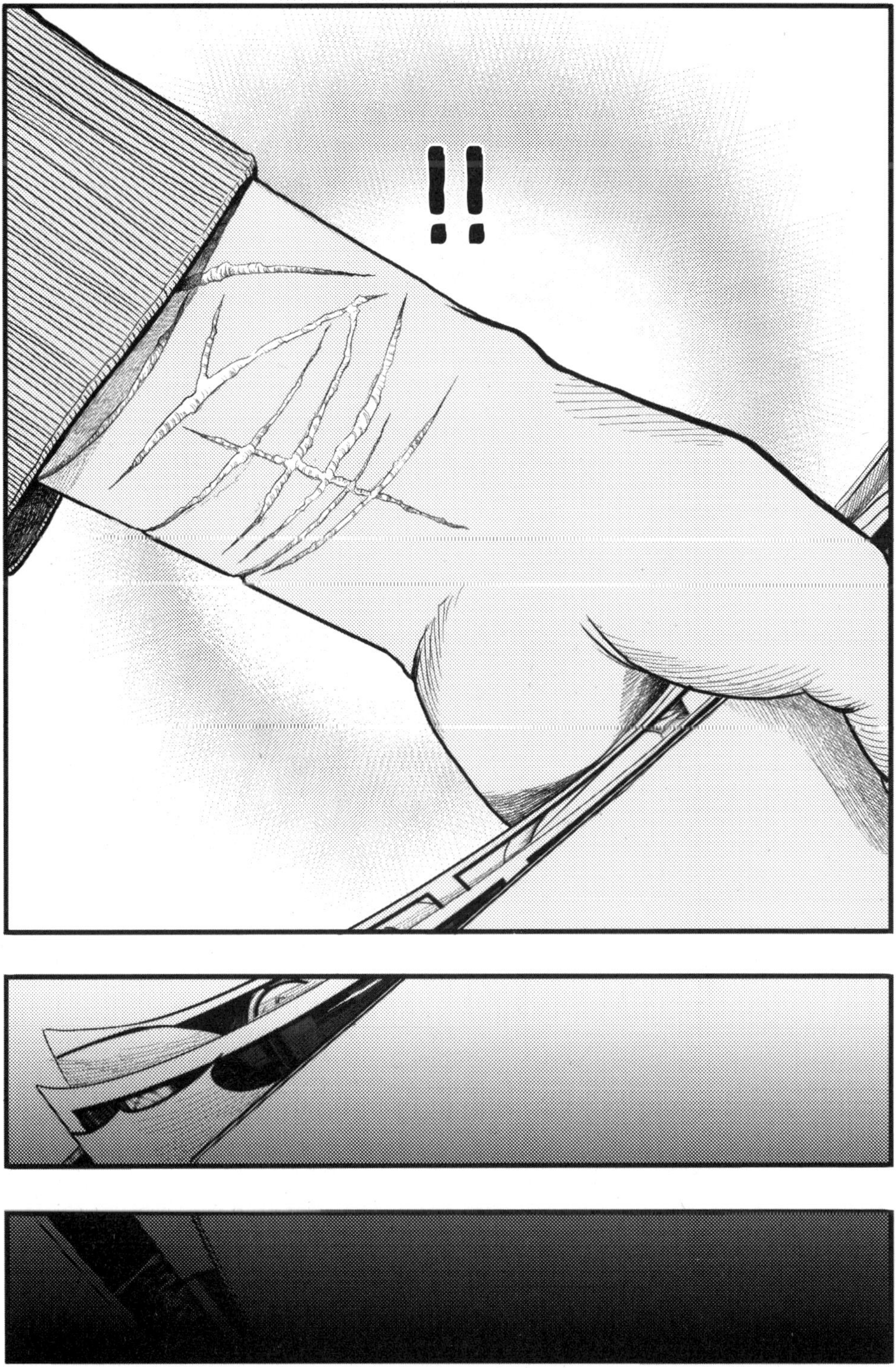

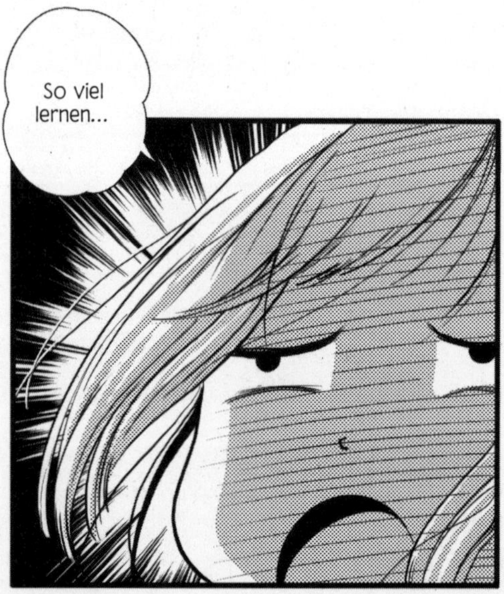
So viel lernen...

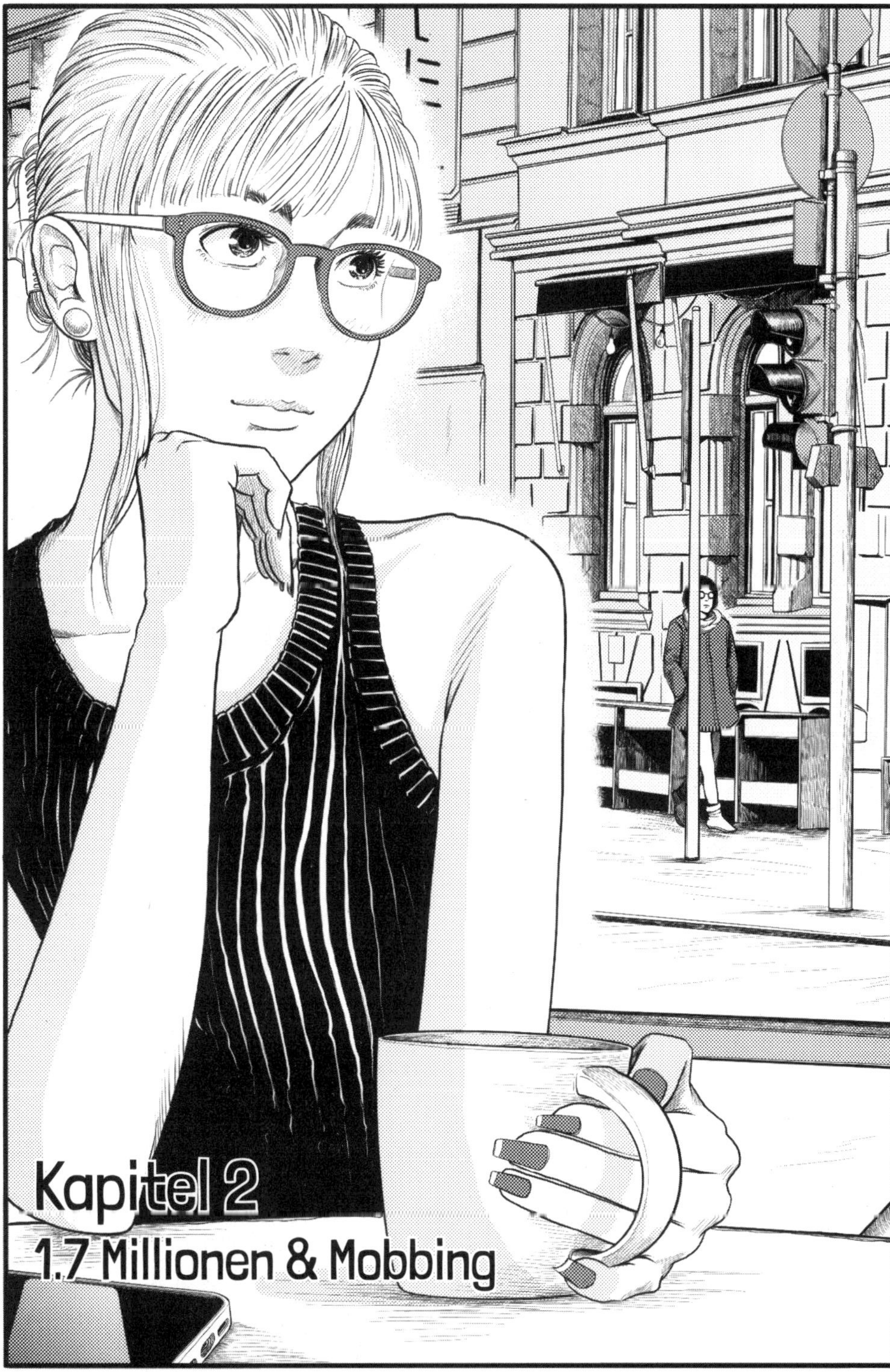
Kapitel 2
1,7 Millionen & Mobbing

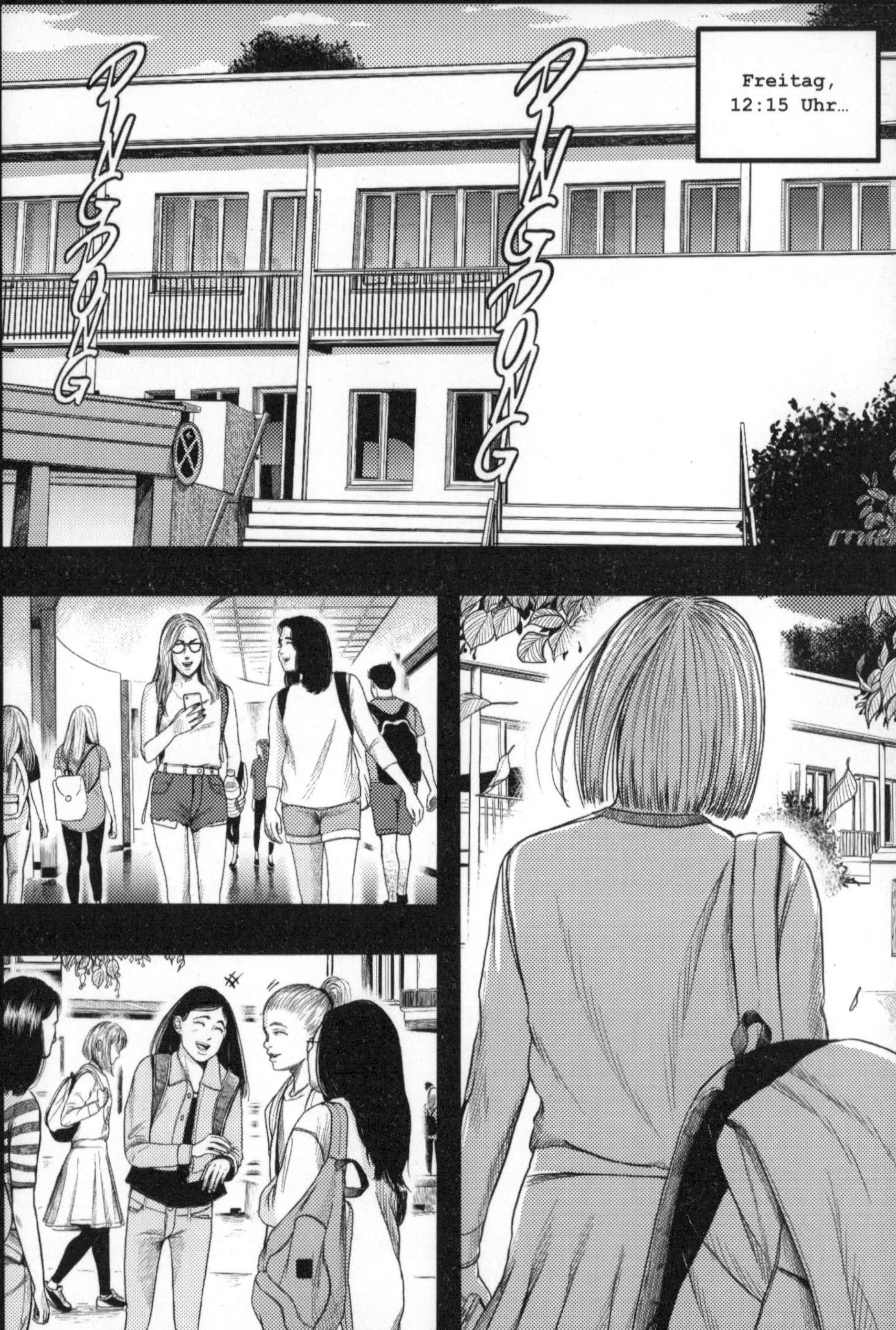
Freitag,
12:15 Uhr…
PINGDONG
PINGDONG

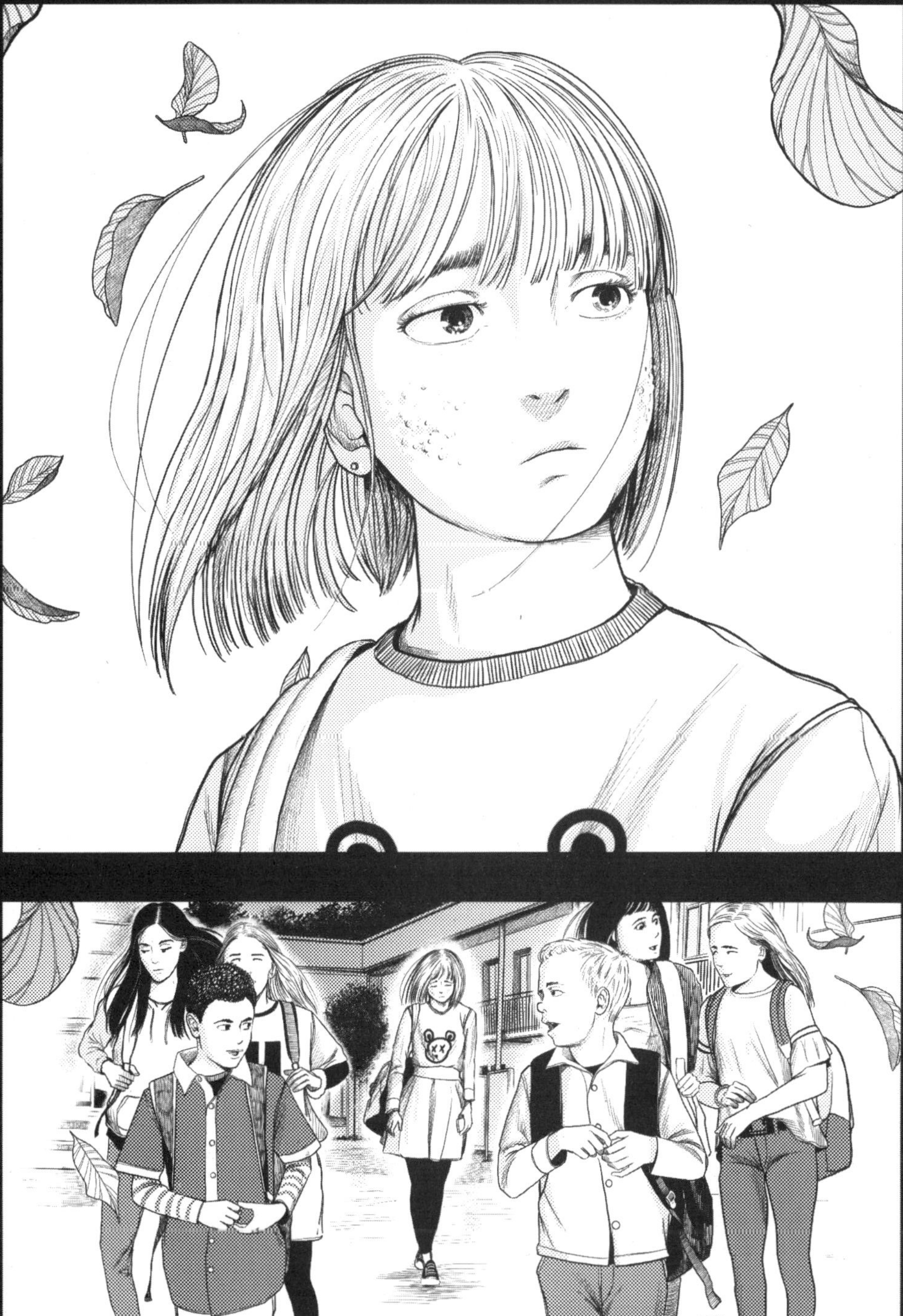

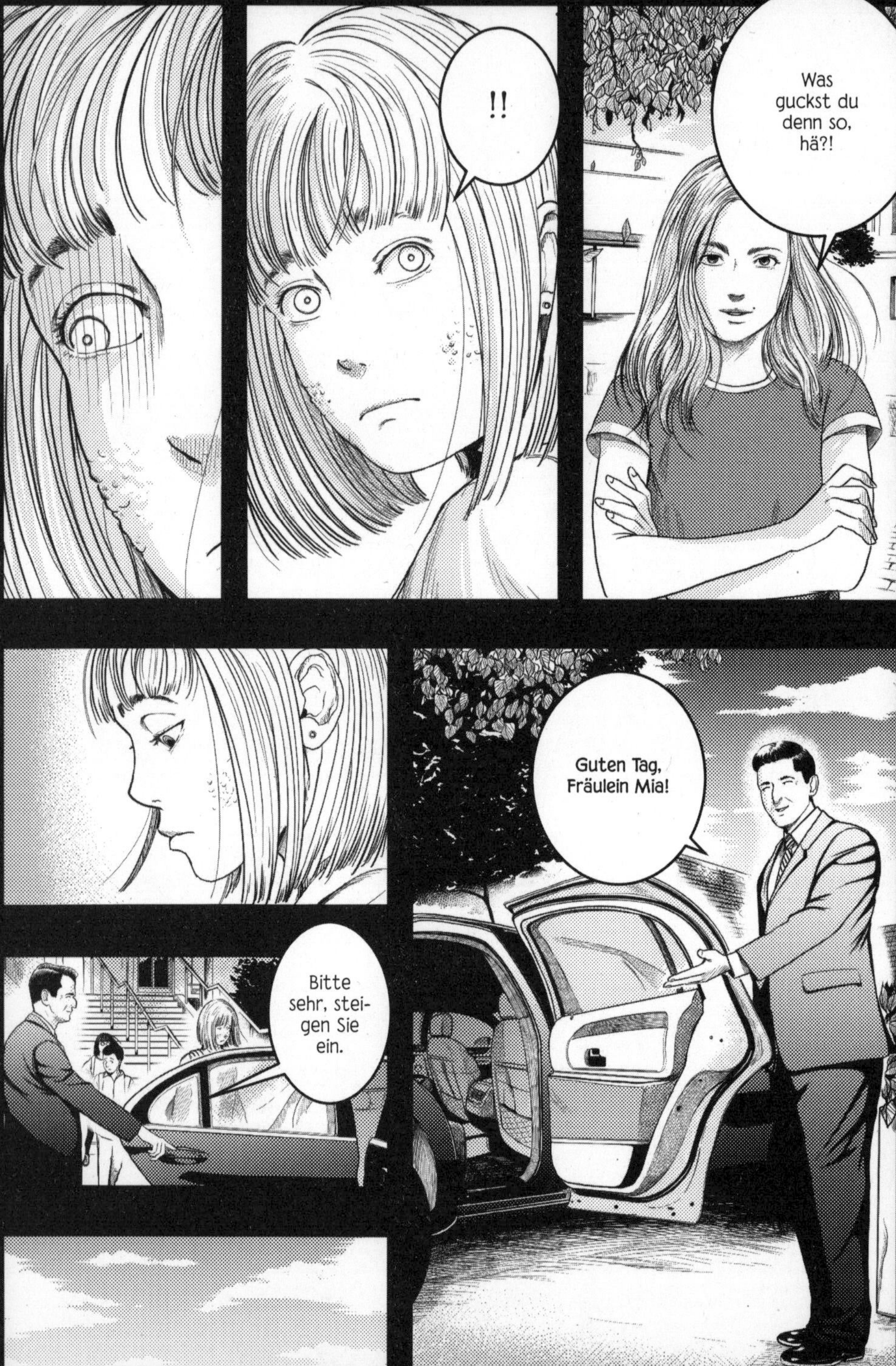

Was guckst du denn so, hä?!
!!
Guten Tag, Fräulein Mia!
Bitte sehr, stei-gen Sie ein.

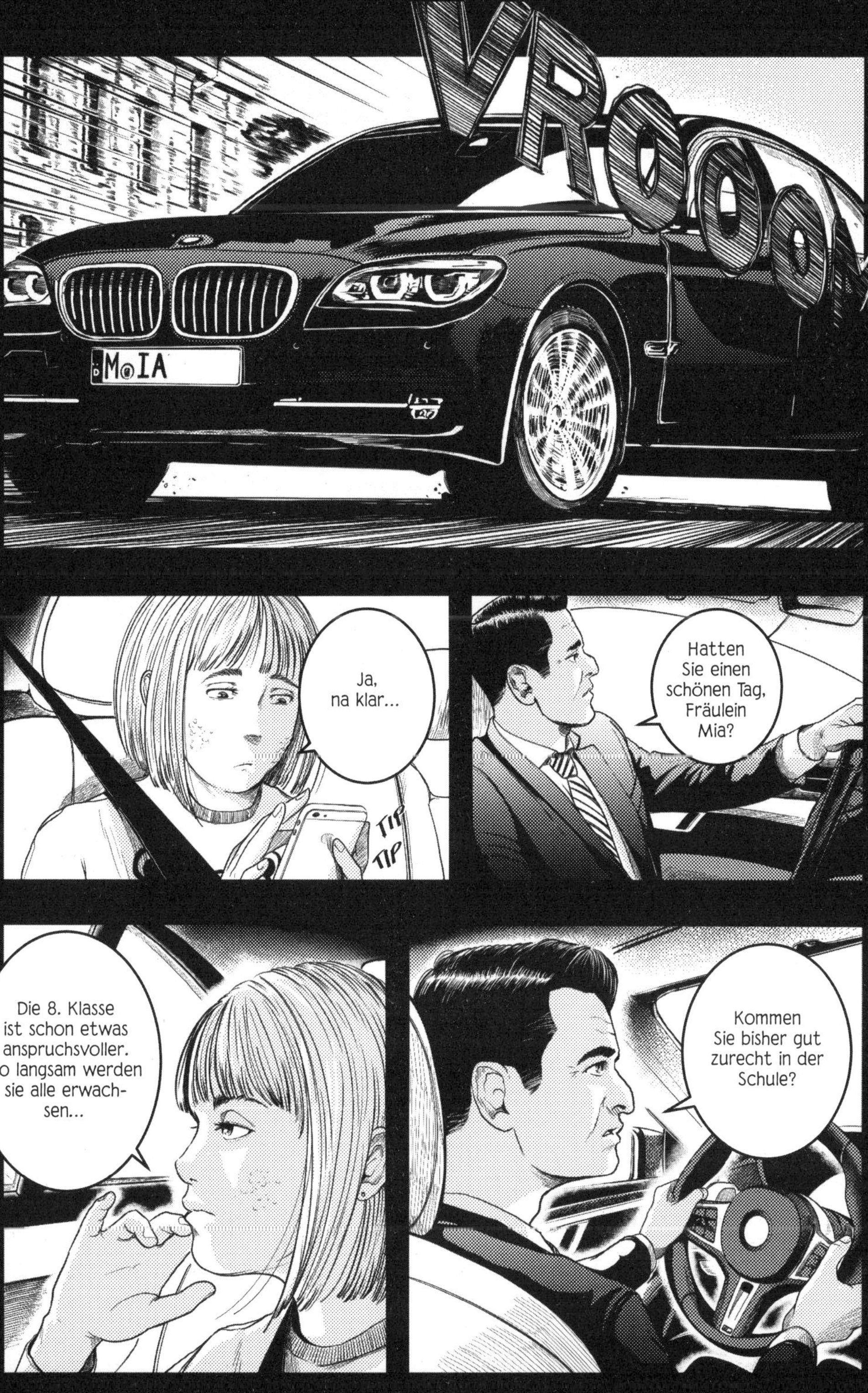
VROOOOM
M IA
Ja, na klar...
TIP TIP
Hatten Sie einen schönen Tag, Fräulein Mia?
Die 8. Klasse ist schon etwas anspruchsvoller. So langsam werden sie alle erwachsen...
Kommen Sie bisher gut zurecht in der Schule?

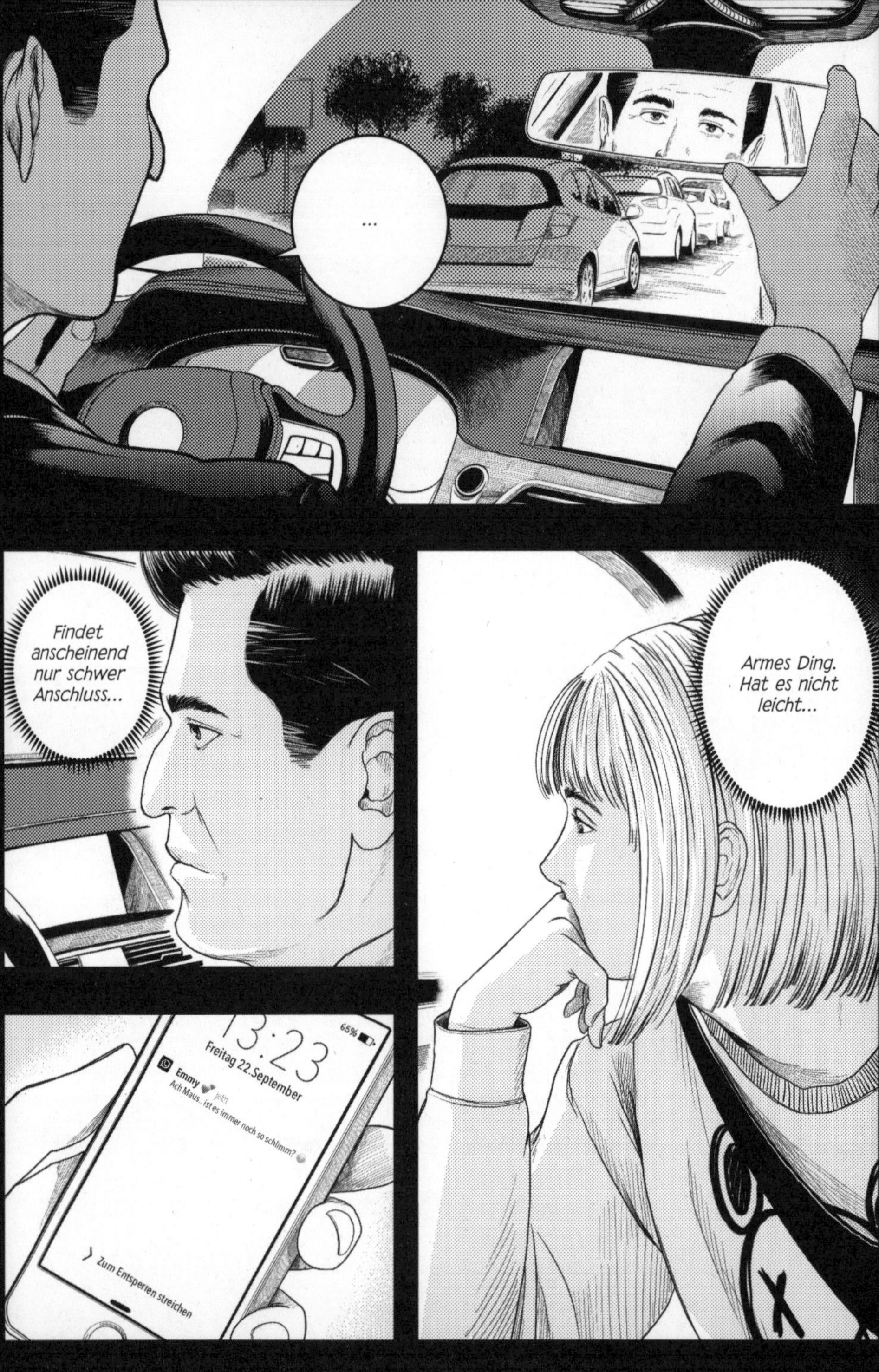
...
Armes Ding. Hat es nicht leicht...
Findet anscheinend nur schwer Anschluss...
13:23
65%
Freitag 22.September
Emmy
jetzt
Ach Maus.. ist es immer noch so schlimm?
Zum Entsperren streichen

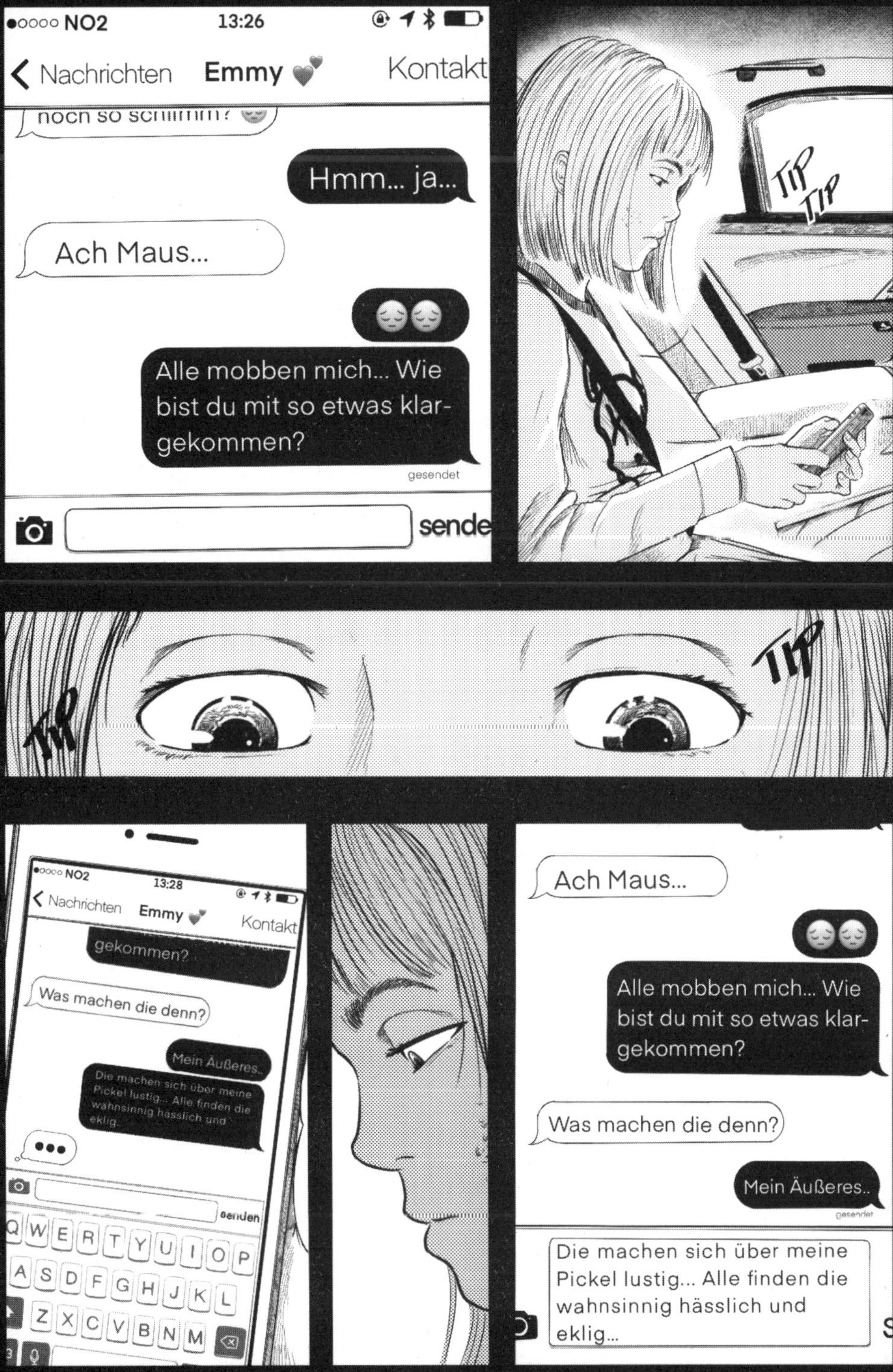
NO2
13:26
Nachrichten
Emmy
Kontakt
Hmm... ja...
Ach Maus...
Alle mobben mich... Wie bist du mit so etwas klar-gekommen?
gesendet
TIP
TIP
TIP
TIP
gekommen?
Was machen die denn?
Mein Äußeres..
Die machen sich über meine Pickel lustig... Alle finden die wahnsinnig hässlich und eklig..
Ach Maus...
Alle mobben mich... Wie bist du mit so etwas klar-gekommen?
Was machen die denn?
Mein Äußeres..
Die machen sich über meine Pickel lustig... Alle finden die wahnsinnig hässlich und eklig...

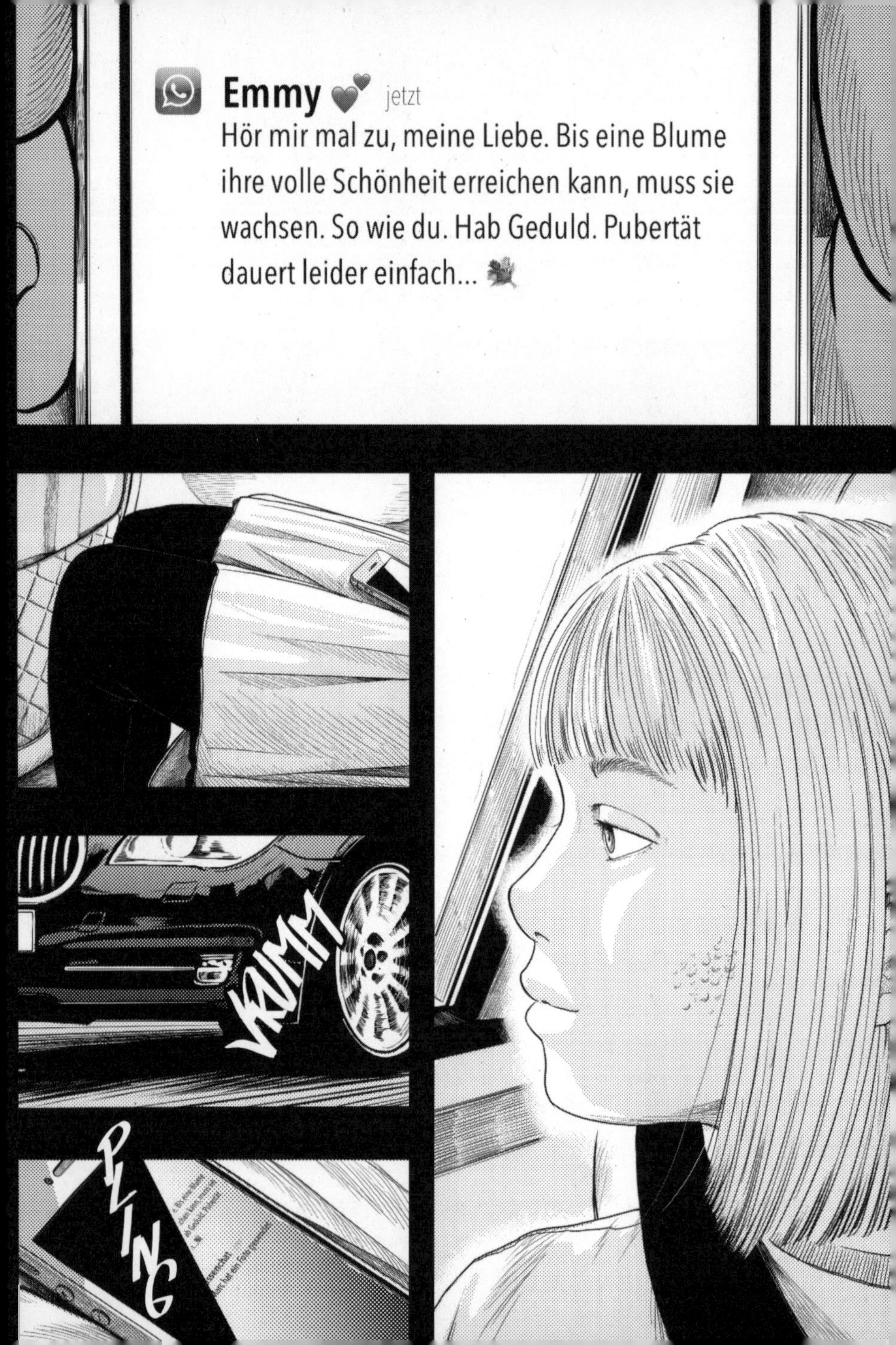
Emmy jetzt
Hör mir mal zu, meine Liebe. Bis eine Blume ihre volle Schönheit erreichen kann, muss sie wachsen. So wie du. Hab Geduld. Pubertät dauert leider einfach...
VRUMM
PLING

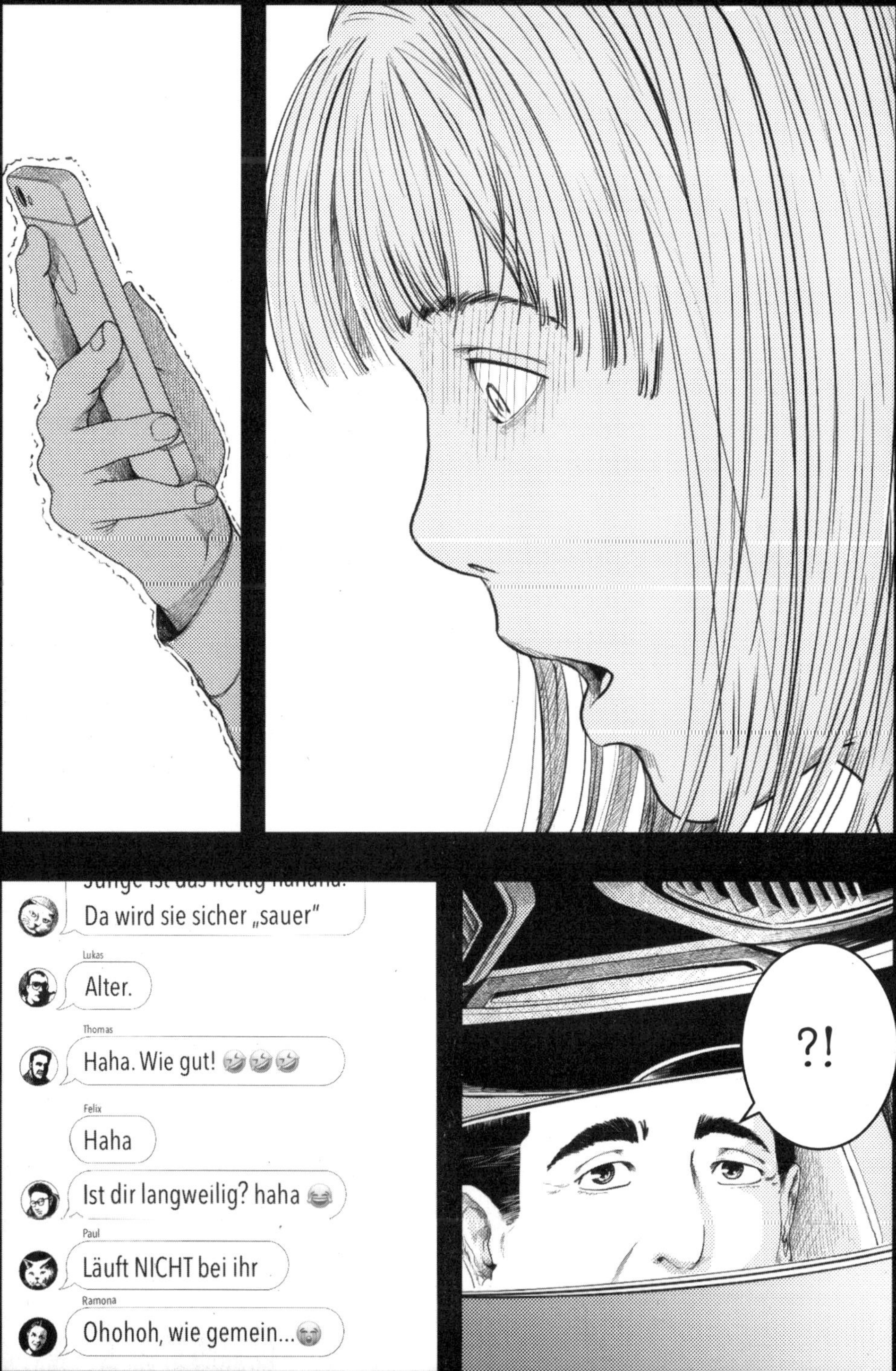
?!
Da wird sie sicher „sauer"
Lukas
Alter.
Thomas
Haha. Wie gut!
Felix
Haha
Ist dir langweilig? haha
Paul
Läuft NICHT bei ihr
Ramona
Ohohoh, wie gemein...

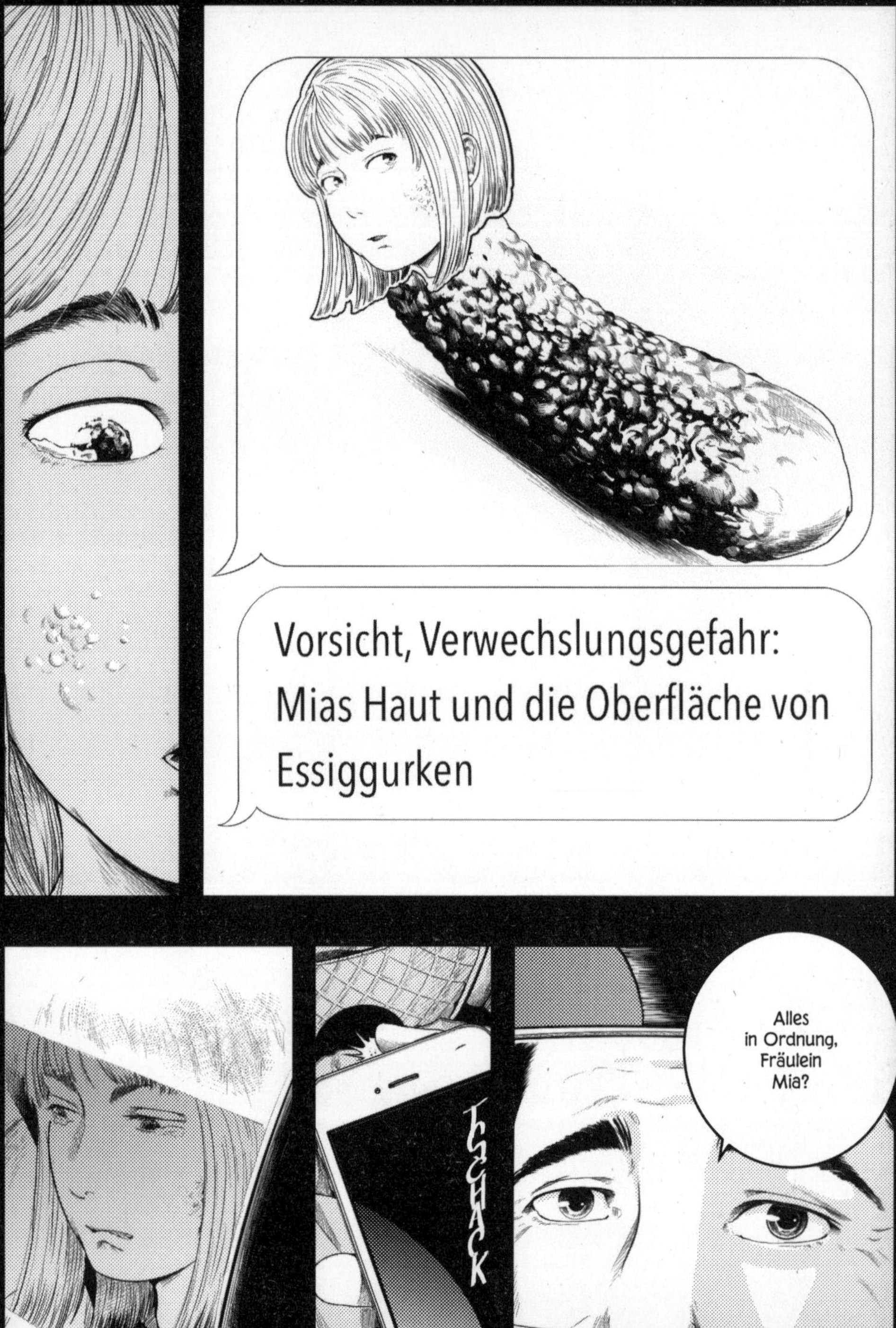
Vorsicht, Verwechslungsgefahr: Mias Haut und die Oberfläche von Essiggurken
TSCHACK
Alles in Ordnung, Fräulein Mia?

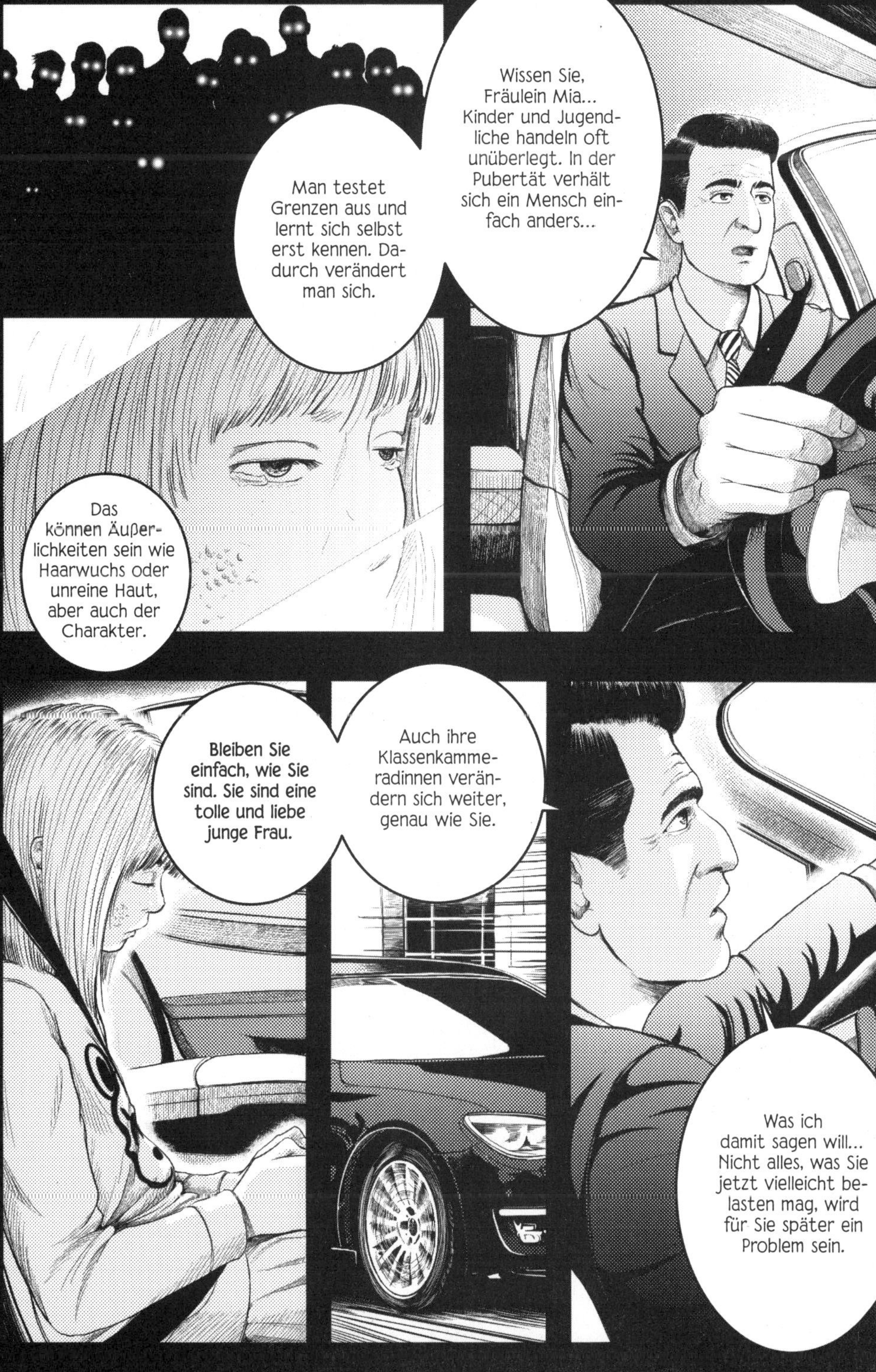
Wissen Sie, Fräulein Mia... Kinder und Jugendliche handeln oft unüberlegt. In der Pubertät verhält sich ein Mensch einfach anders...
Man testet Grenzen aus und lernt sich selbst erst kennen. Dadurch verändert man sich.
Das können Äußerlichkeiten sein wie Haarwuchs oder unreine Haut, aber auch der Charakter.
Auch ihre Klassenkameradinnen verändern sich weiter, genau wie Sie.
Bleiben Sie einfach, wie Sie sind. Sie sind eine tolle und liebe junge Frau.
Was ich damit sagen will... Nicht alles, was Sie jetzt vielleicht belasten mag, wird für Sie später ein Problem sein.

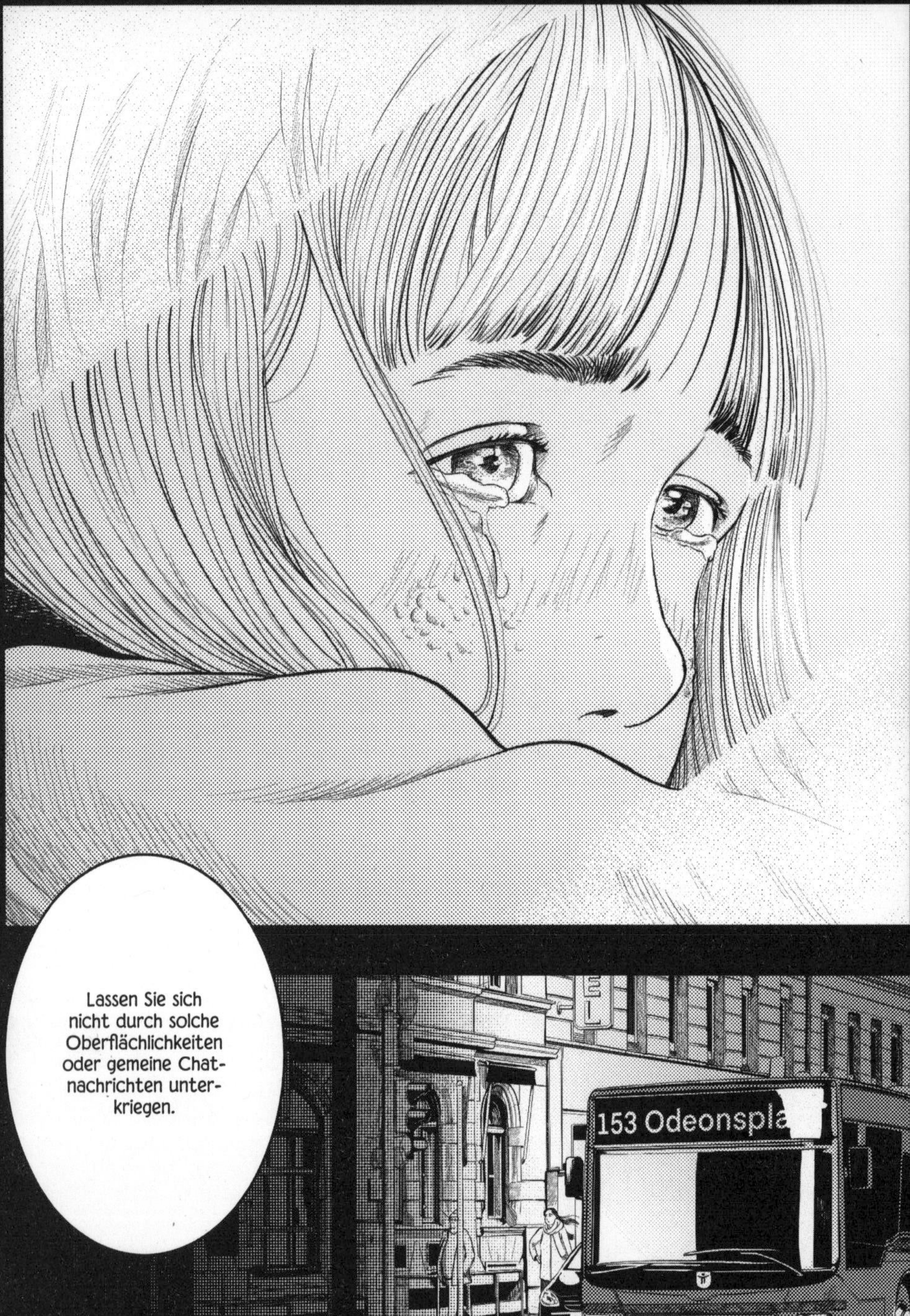
Lassen Sie sich nicht durch solche Oberflächlichkeiten oder gemeine Chat-nachrichten unter-kriegen.
153 Odeonspla
M BU

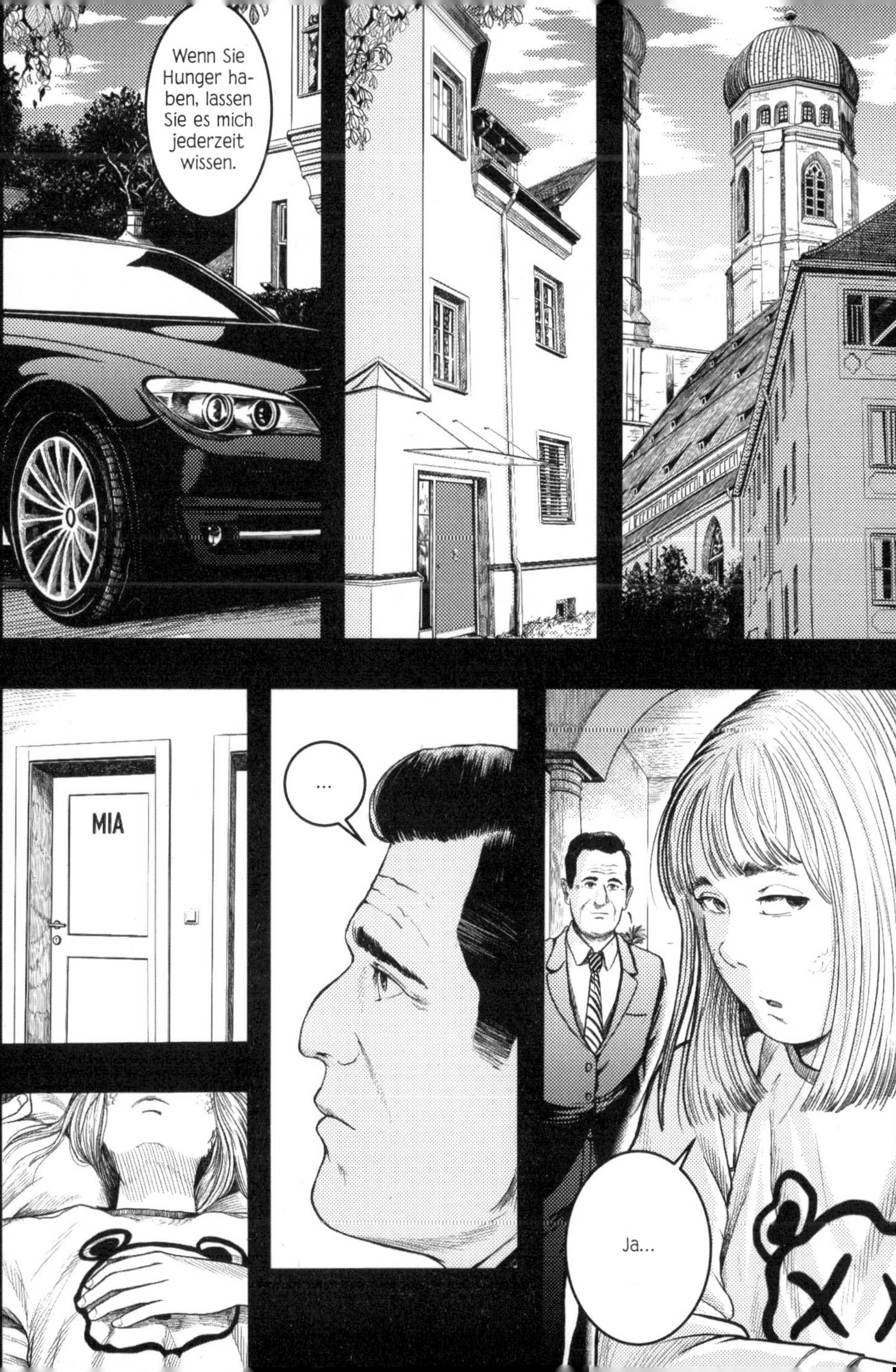
Wenn Sie Hunger haben, lassen Sie es mich jederzeit wissen.
MIA
...
Ja...

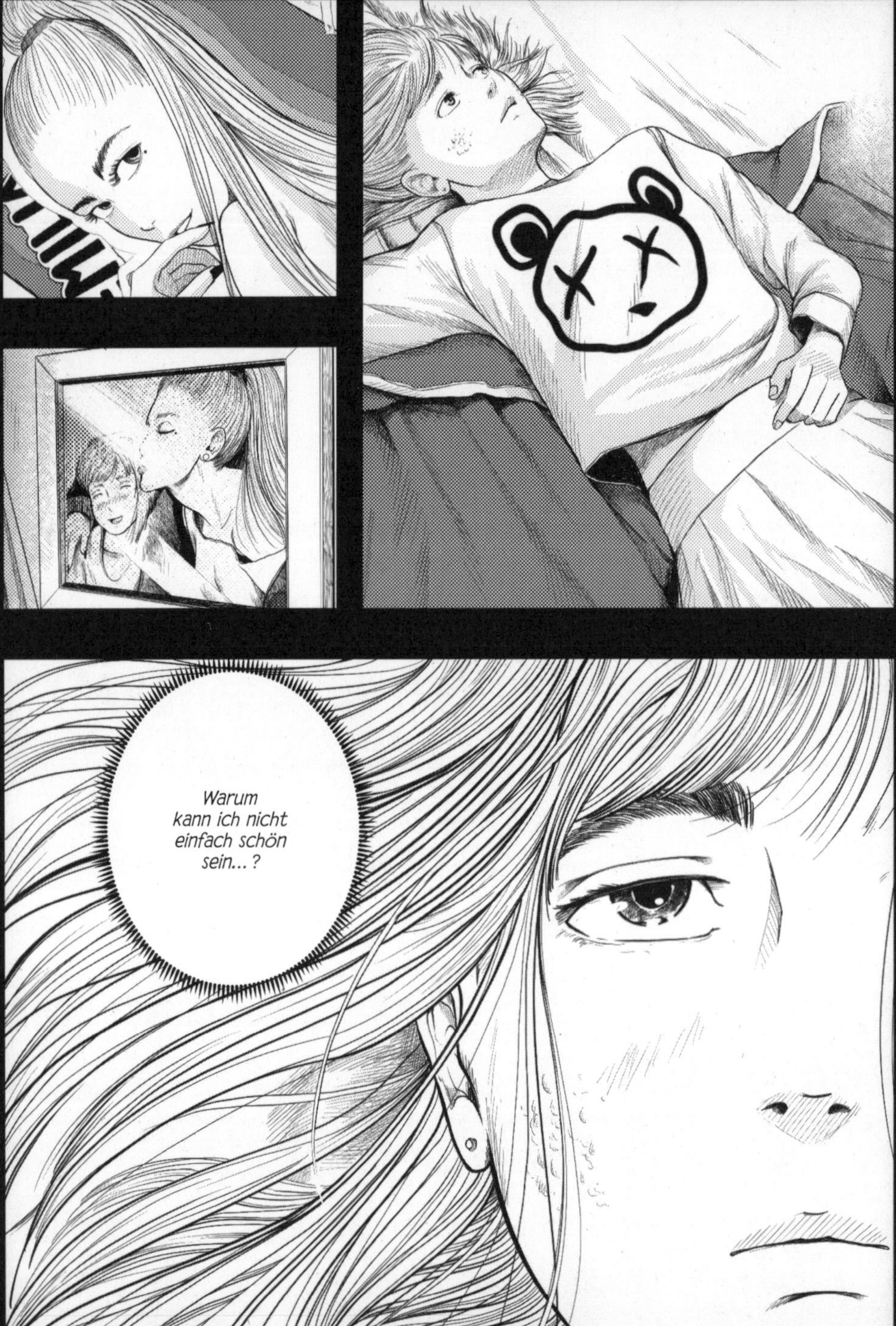
Warum
kann ich nicht
einfach schön
sein...?

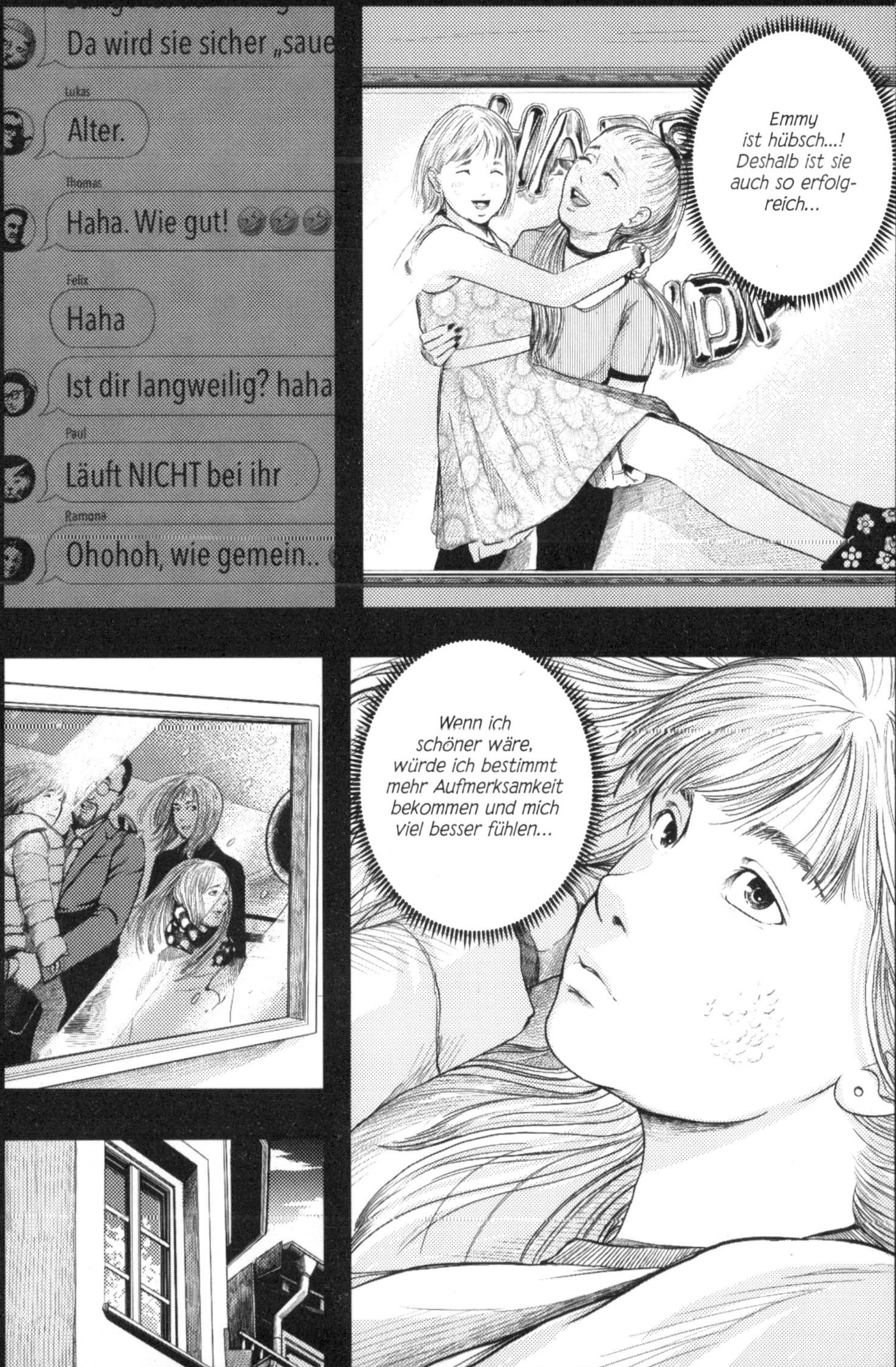

Da wird sie sicher „saue
Lukas
Alter.
Thomas
Haha. Wie gut!
Felix
Haha
Ist dir langweilig? haha
Paul
Läuft NICHT bei ihr
Ramona
Ohohoh, wie gemein..
Emmy ist hübsch...! Deshalb ist sie auch so erfolgreich...
Wenn ich schöner wäre, würde ich bestimmt mehr Aufmerksamkeit bekommen und mich viel besser fühlen...

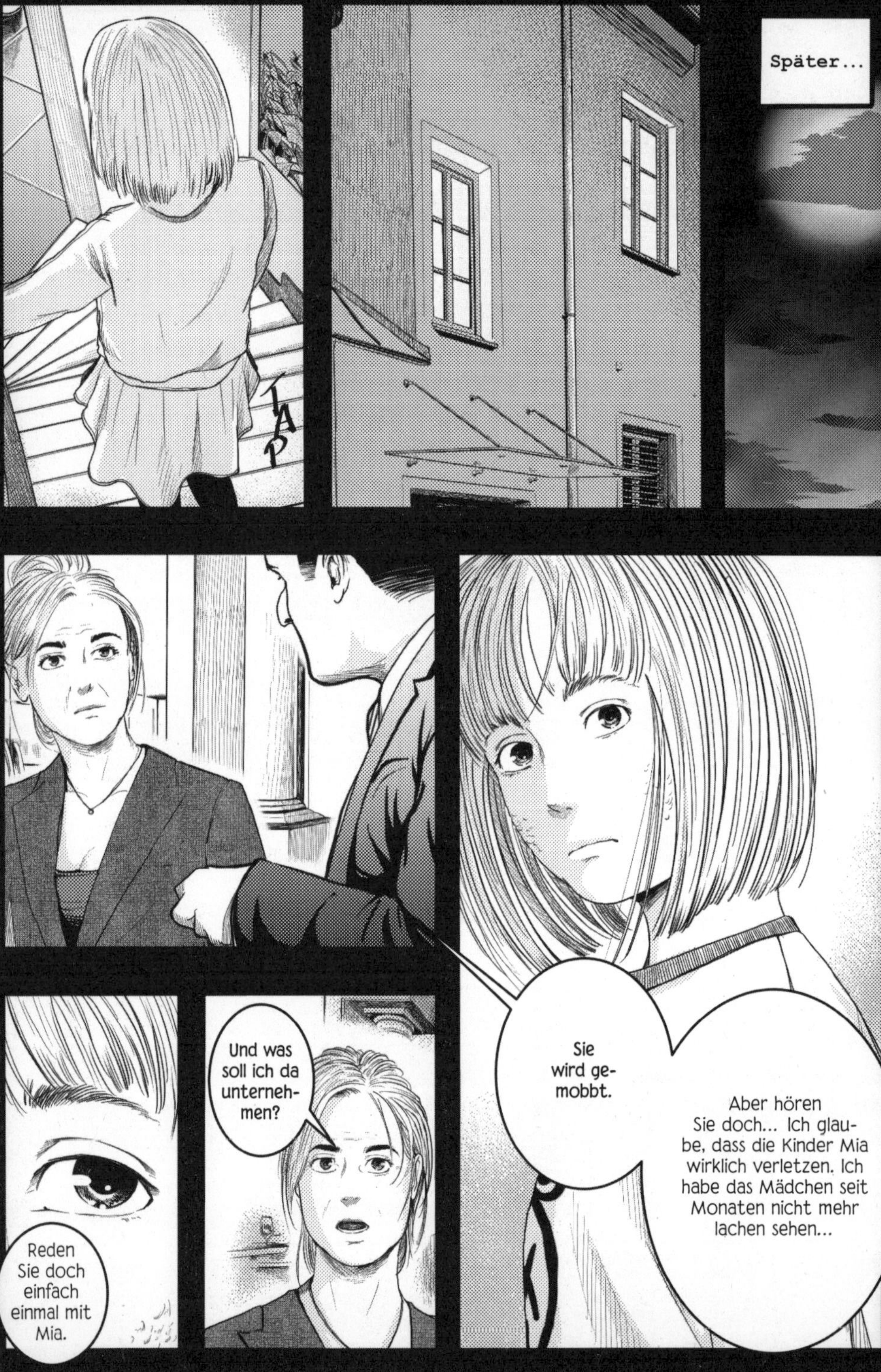

TAP
Später...
Sie wird gemobbt.
Aber hören Sie doch... Ich glaube, dass die Kinder Mia wirklich verletzen. Ich habe das Mädchen seit Monaten nicht mehr lachen sehen...
Und was soll ich da unternehmen?
Reden Sie doch einfach einmal mit Mia.

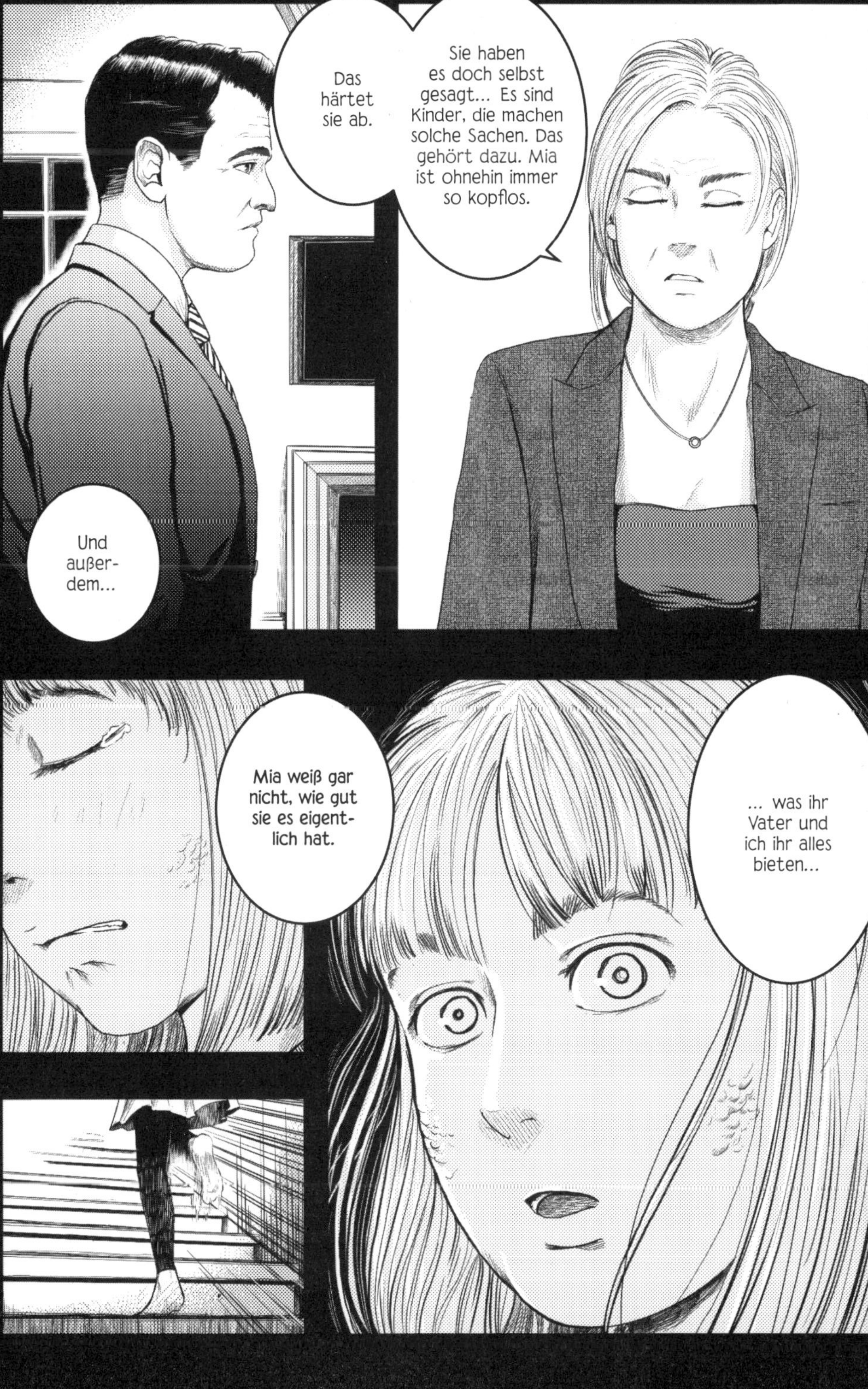
Das härtet sie ab.
Sie haben es doch selbst gesagt... Es sind Kinder, die machen solche Sachen. Das gehört dazu. Mia ist ohnehin immer so kopflos.
Und außerdem...
Mia weiß gar nicht, wie gut sie es eigentlich hat.
... was ihr Vater und ich ihr alles bieten...

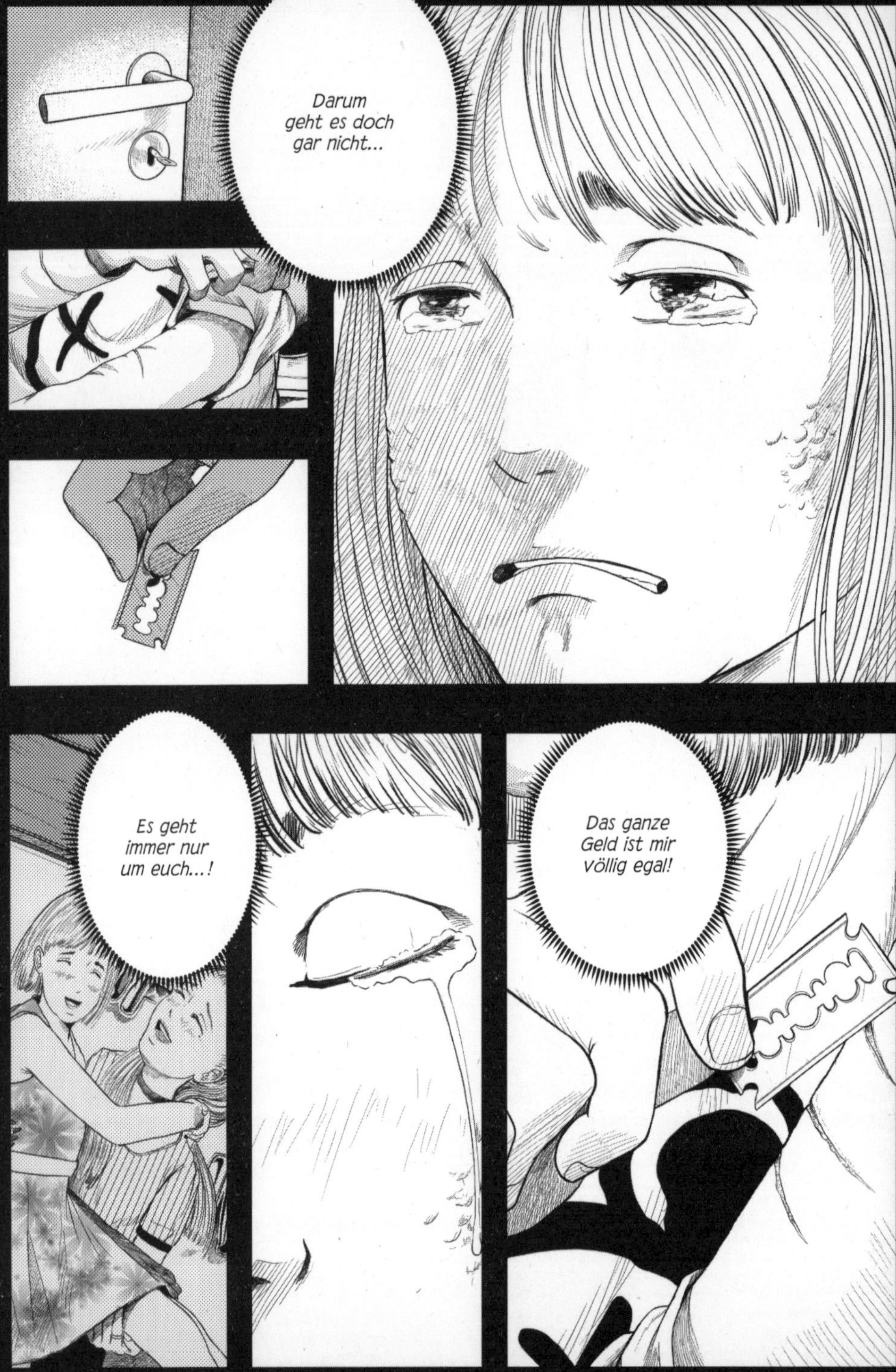
Darum geht es doch gar nicht...
Das ganze Geld ist mir völlig egal!
Es geht immer nur um euch...!

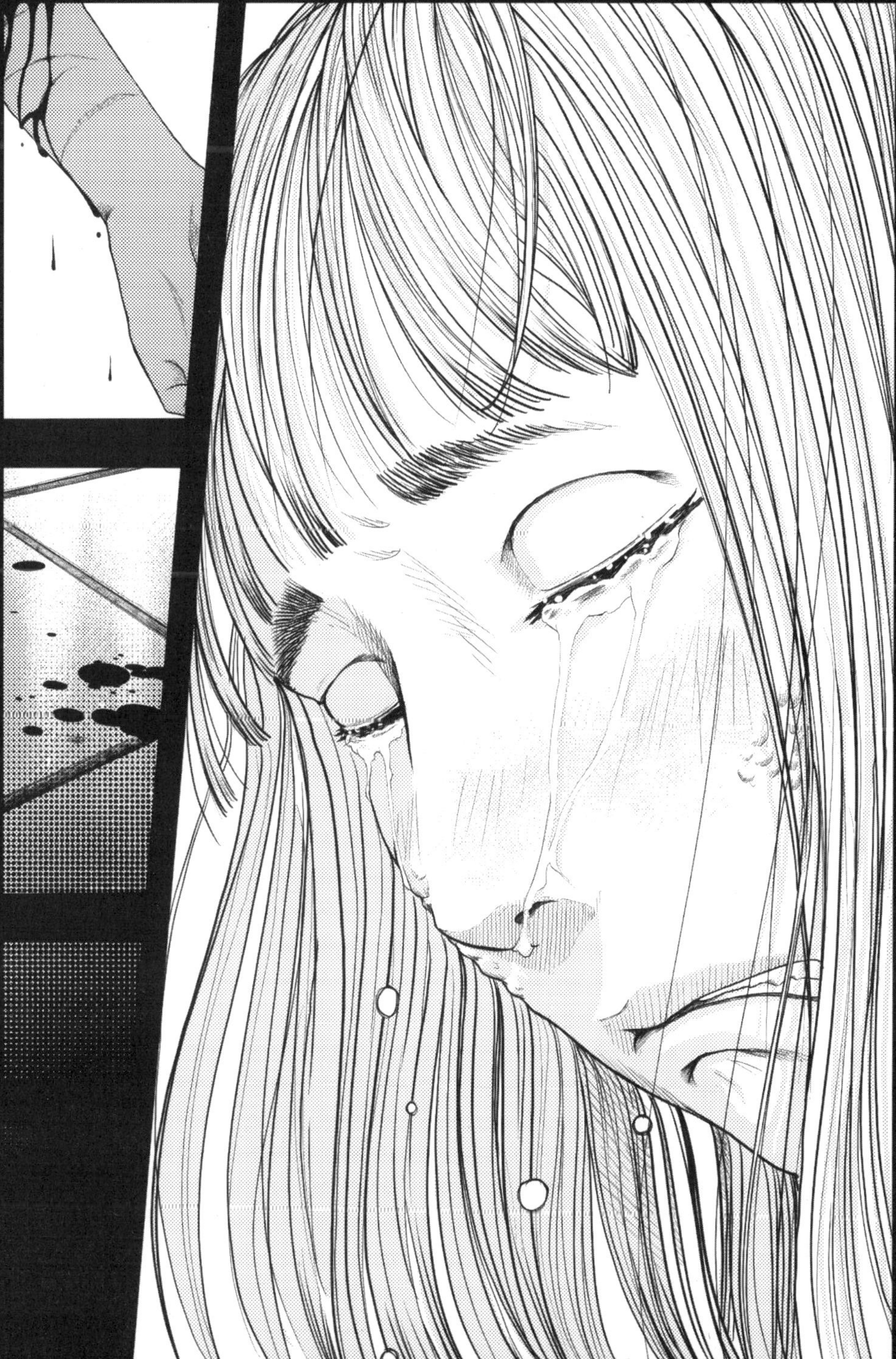

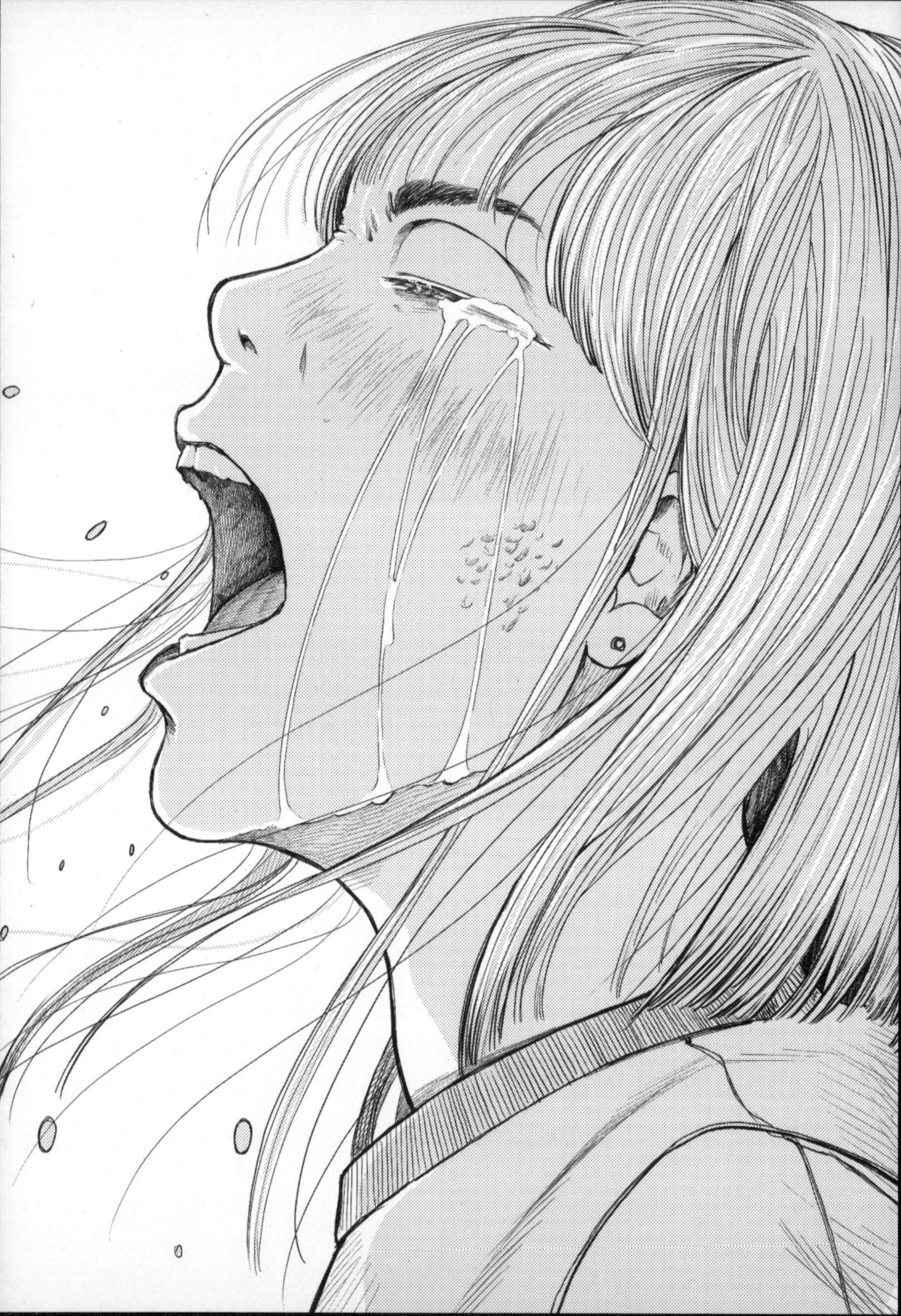

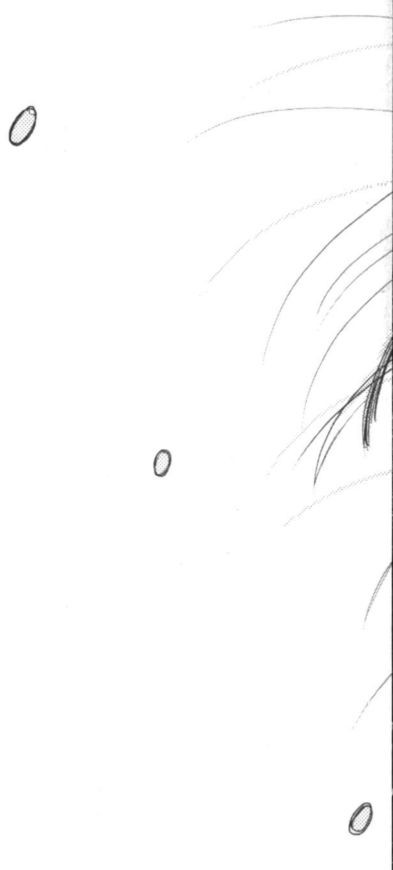

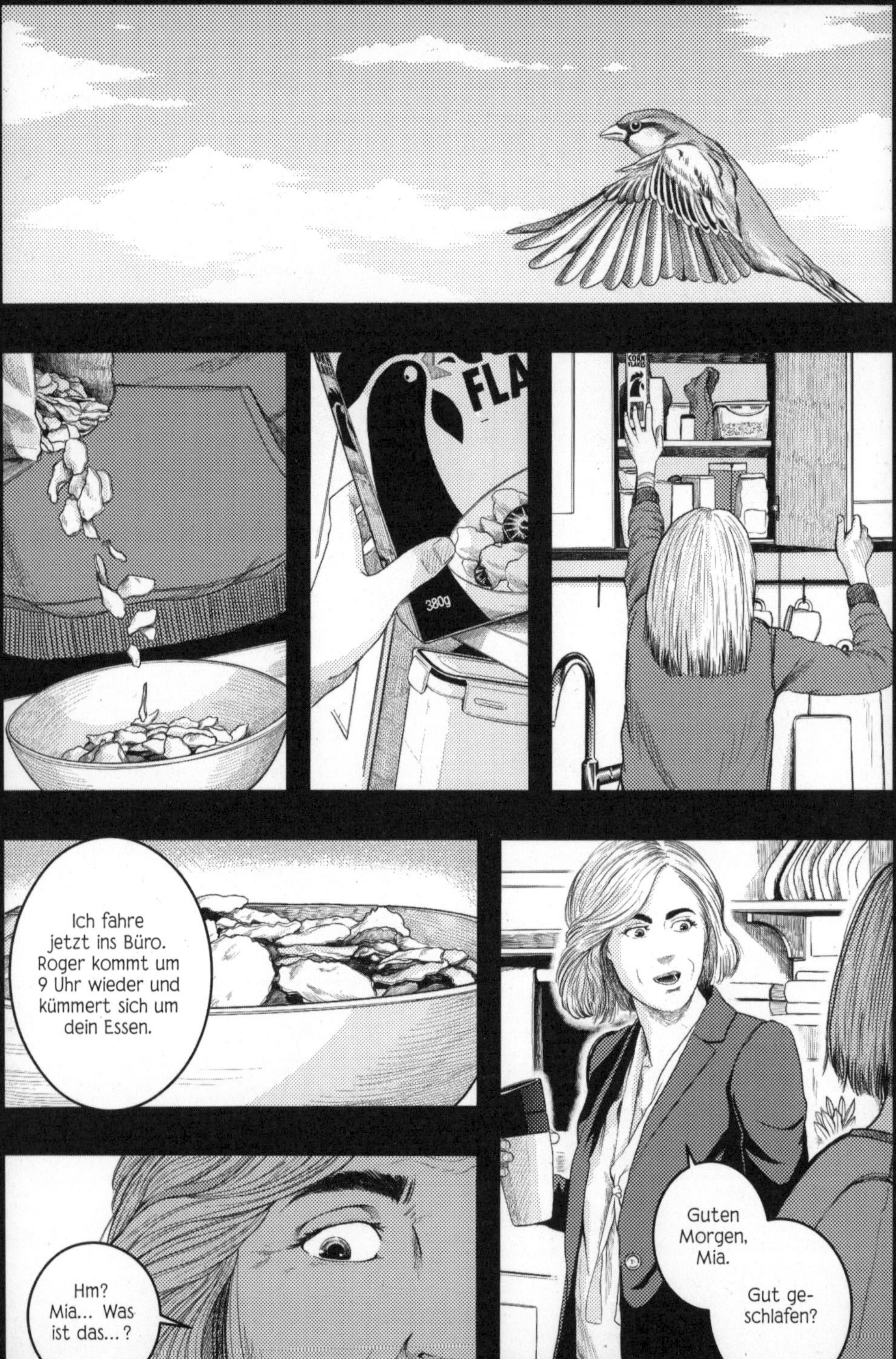
Ich fahre jetzt ins Büro. Roger kommt um 9 Uhr wieder und kümmert sich um dein Essen.
Guten Morgen, Mia.
Gut geschlafen?
Hm? Mia... Was ist das...?

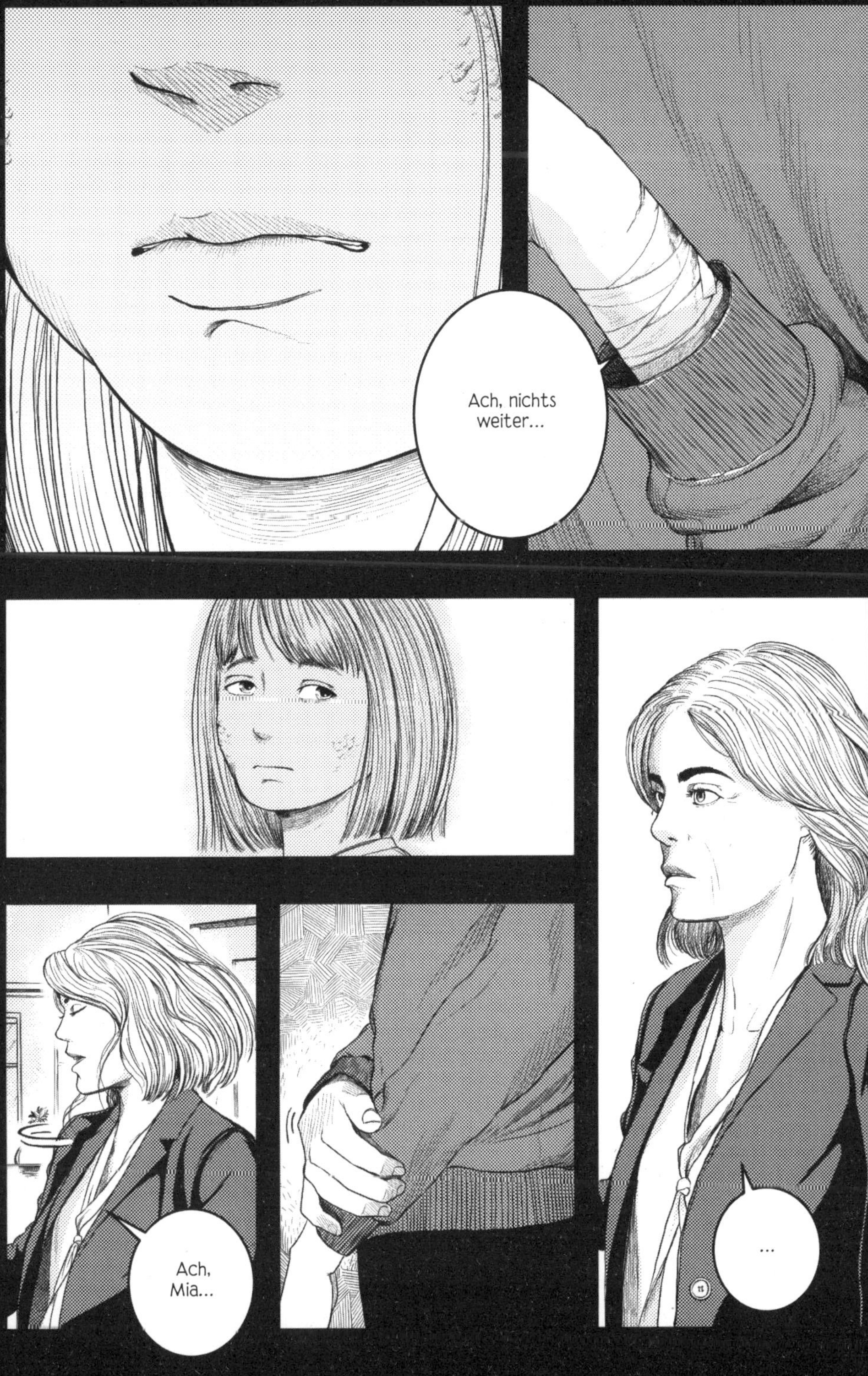
Ach, nichts
weiter...
Ach,
Mia...
...

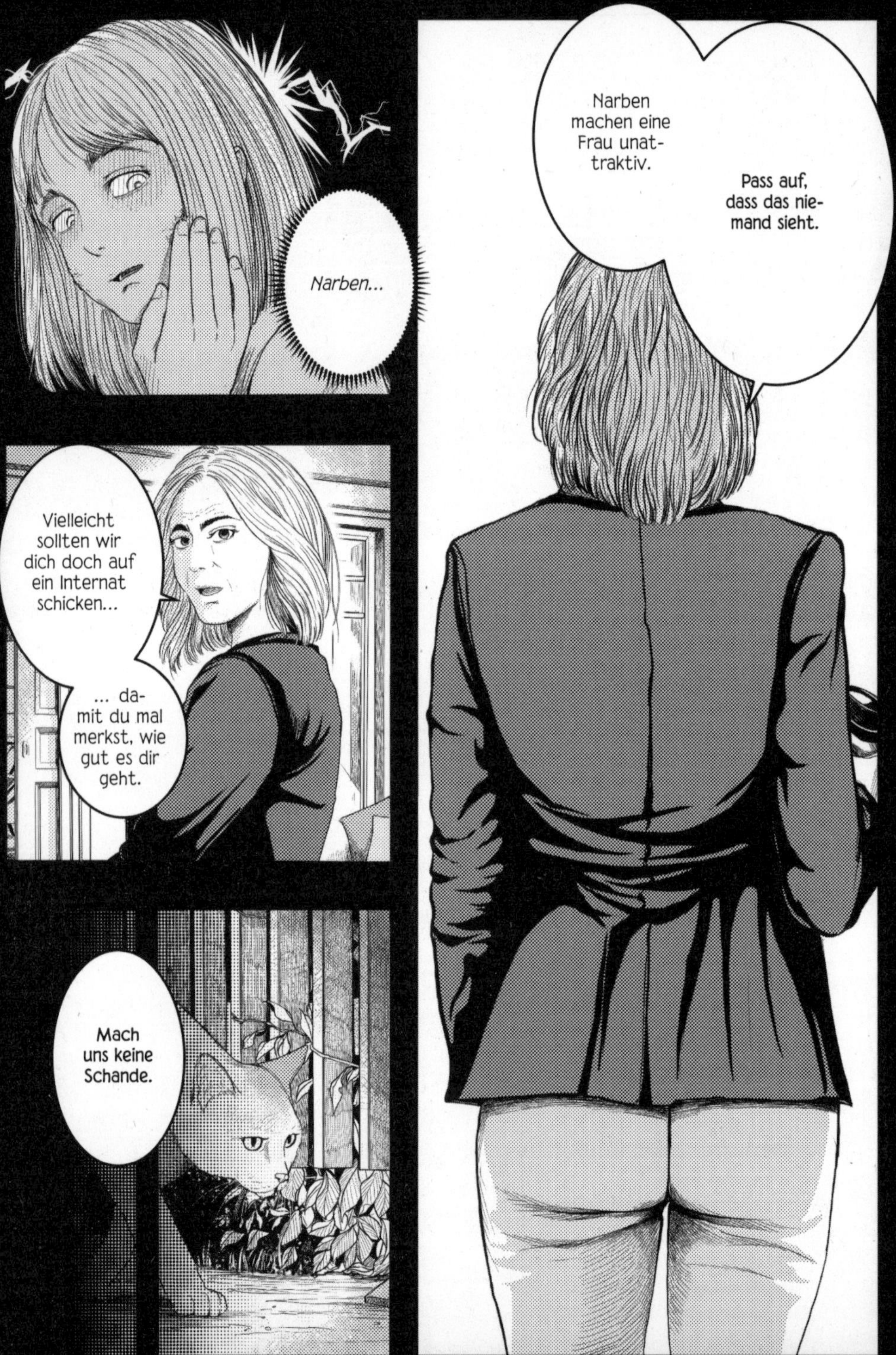
Narben machen eine Frau unattraktiv.
Pass auf, dass das niemand sieht.
Narben...
Vielleicht sollten wir dich doch auf ein Internat schicken...
... damit du mal merkst, wie gut es dir geht.
Mach uns keine Schande.

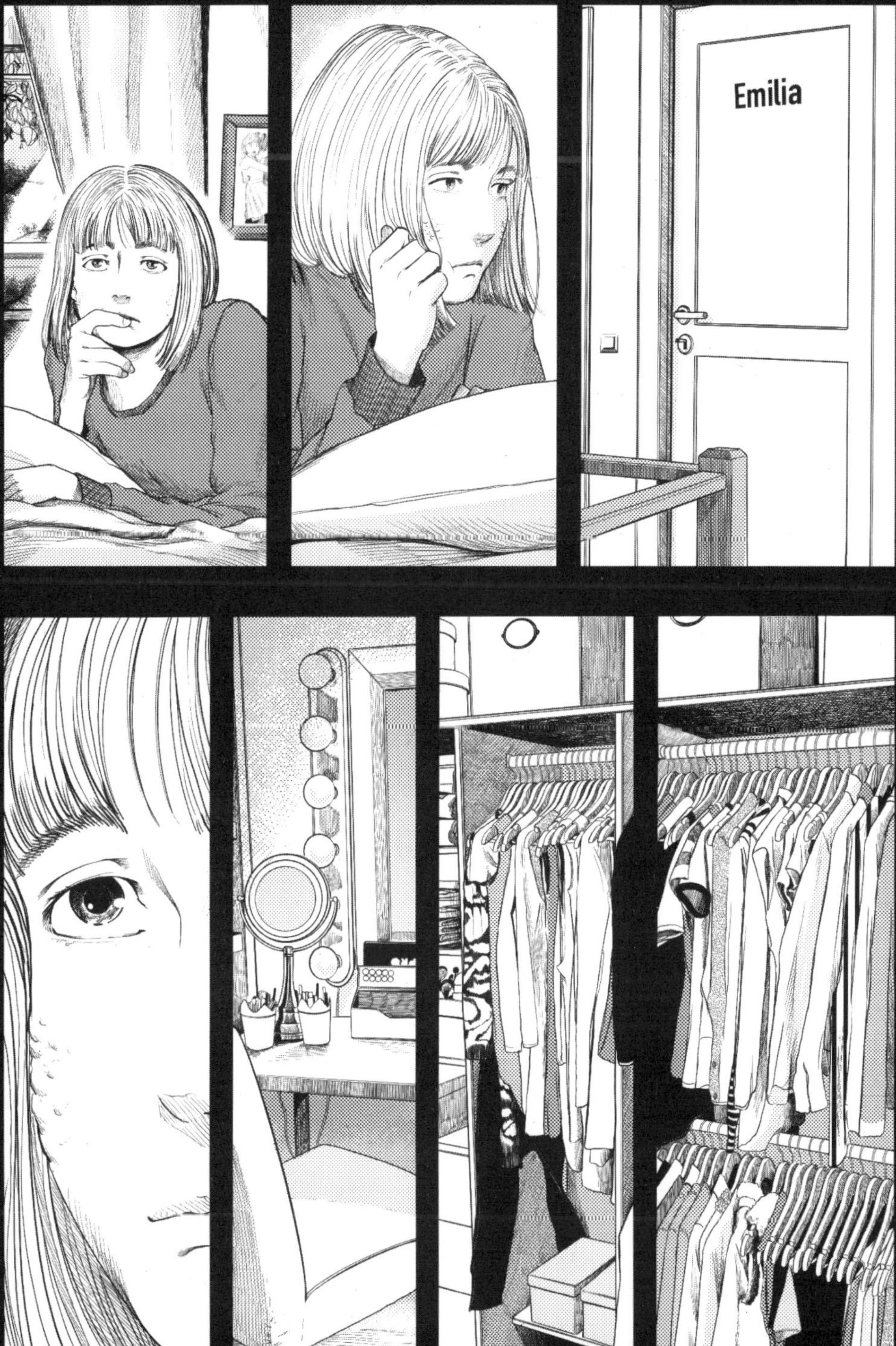
Emilia

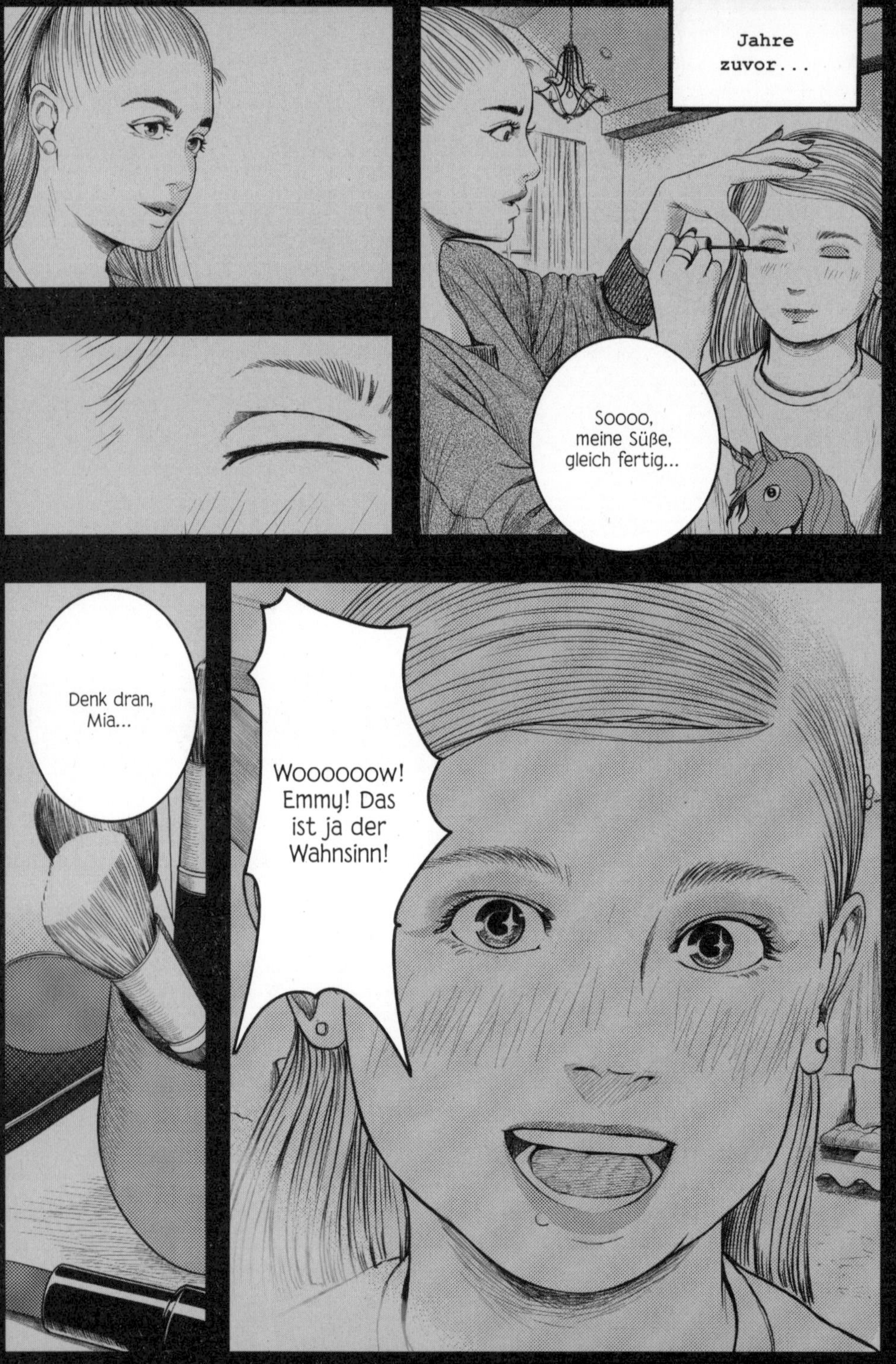
Jahre zuvor...
Soooo, meine Süße, gleich fertig...
Denk dran, Mia...
Woooooow! Emmy! Das ist ja der Wahnsinn!

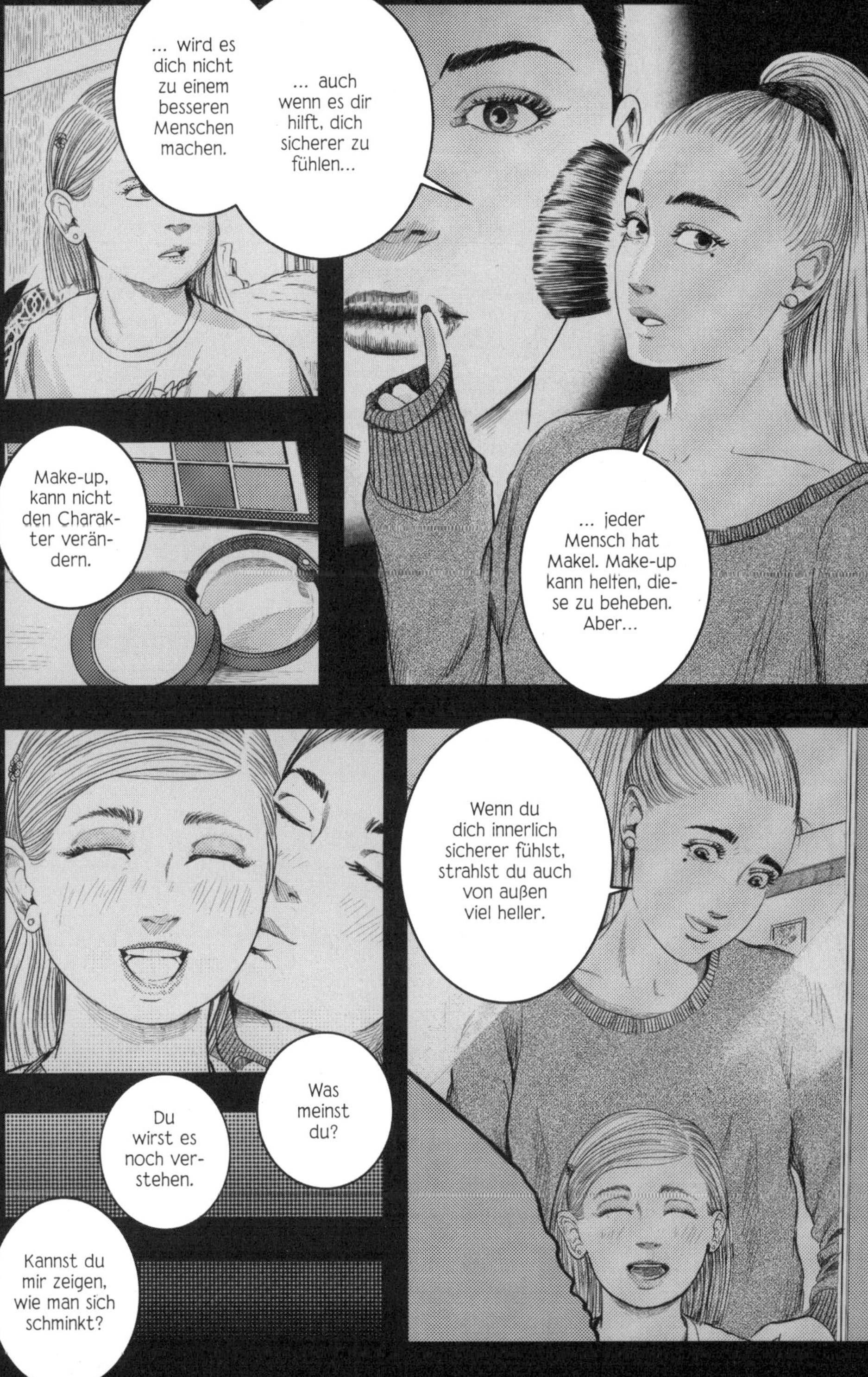
... jeder Mensch hat Makel. Make-up kann helfen, diese zu beheben. Aber...
Make-up, kann nicht den Charakter verändern.
... auch wenn es dir hilft, dich sicherer zu fühlen...
... wird es dich nicht zu einem besseren Menschen machen.
Wenn du dich innerlich sicherer fühlst, strahlst du auch von außen viel heller.
Was meinst du?
Du wirst es noch verstehen.
Kannst du mir zeigen, wie man sich schminkt?

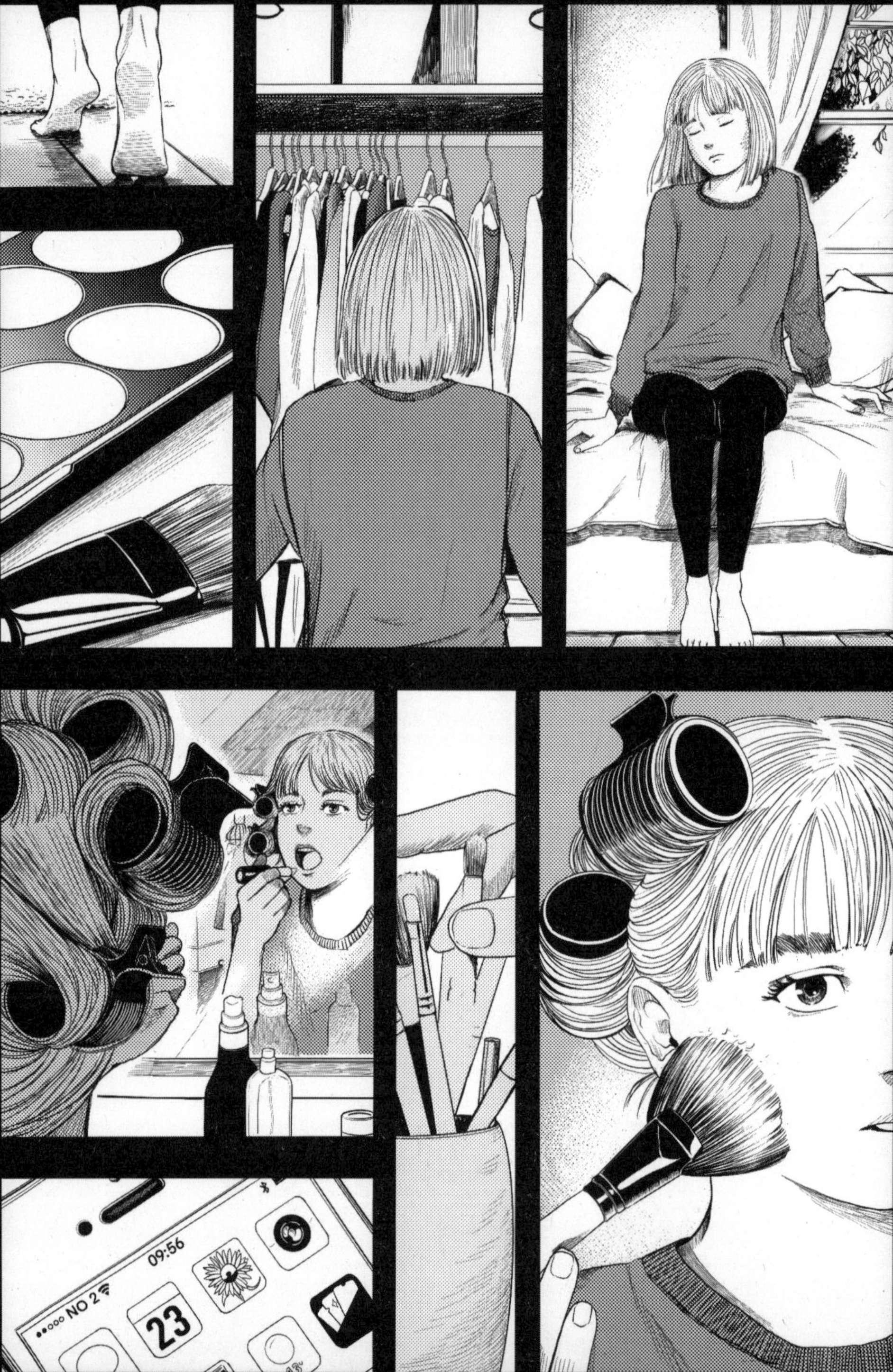
09:56
NO 2
23

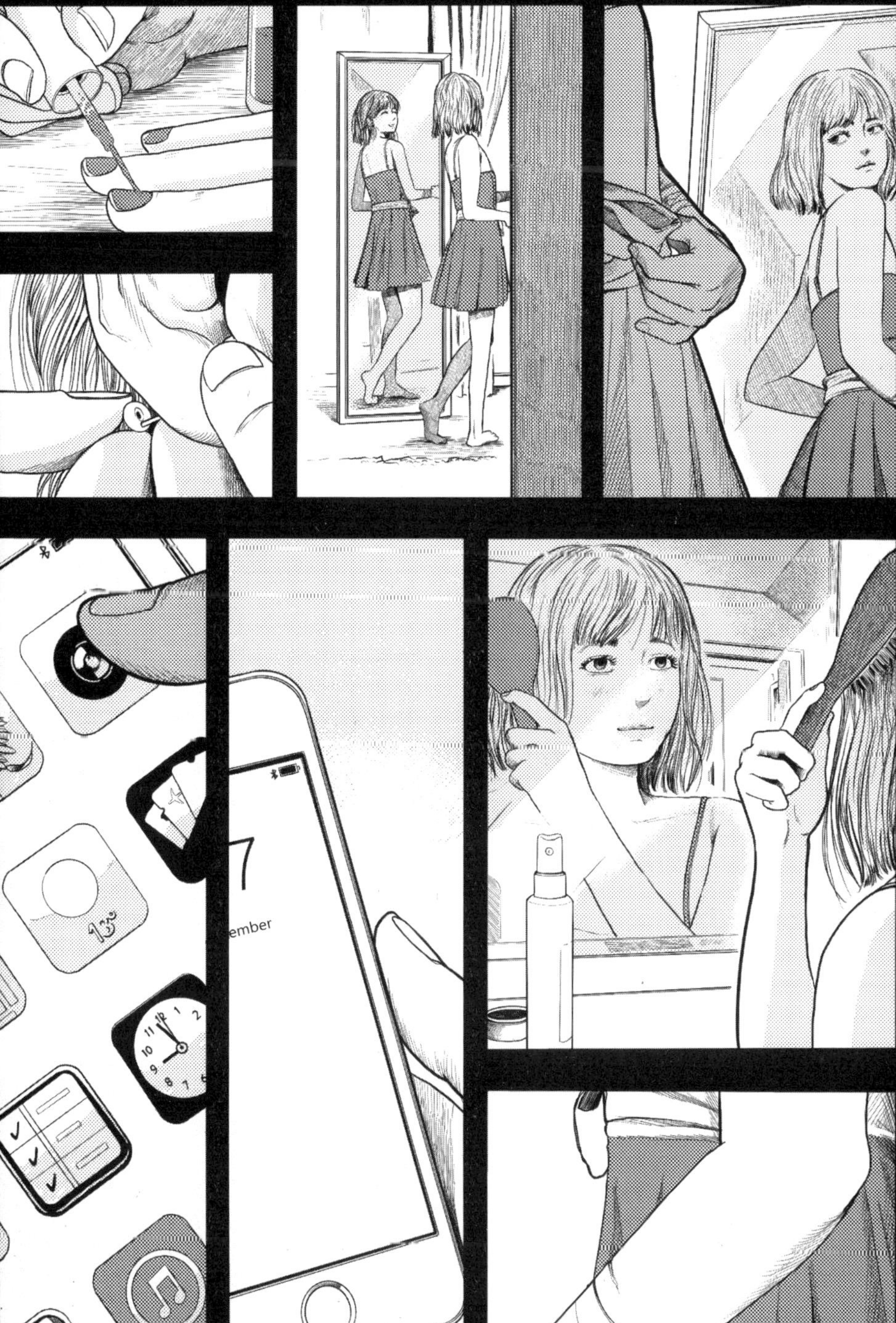

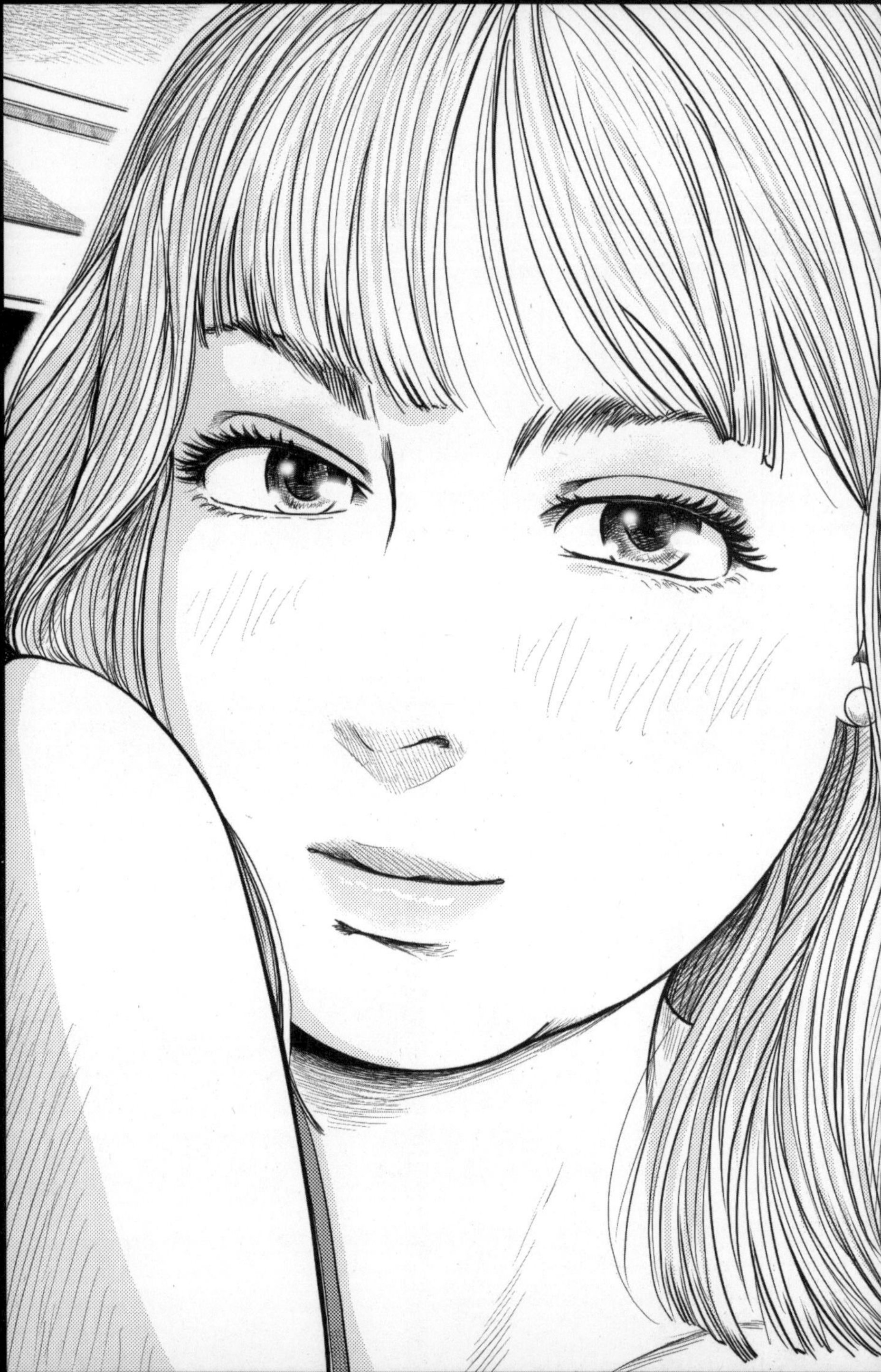

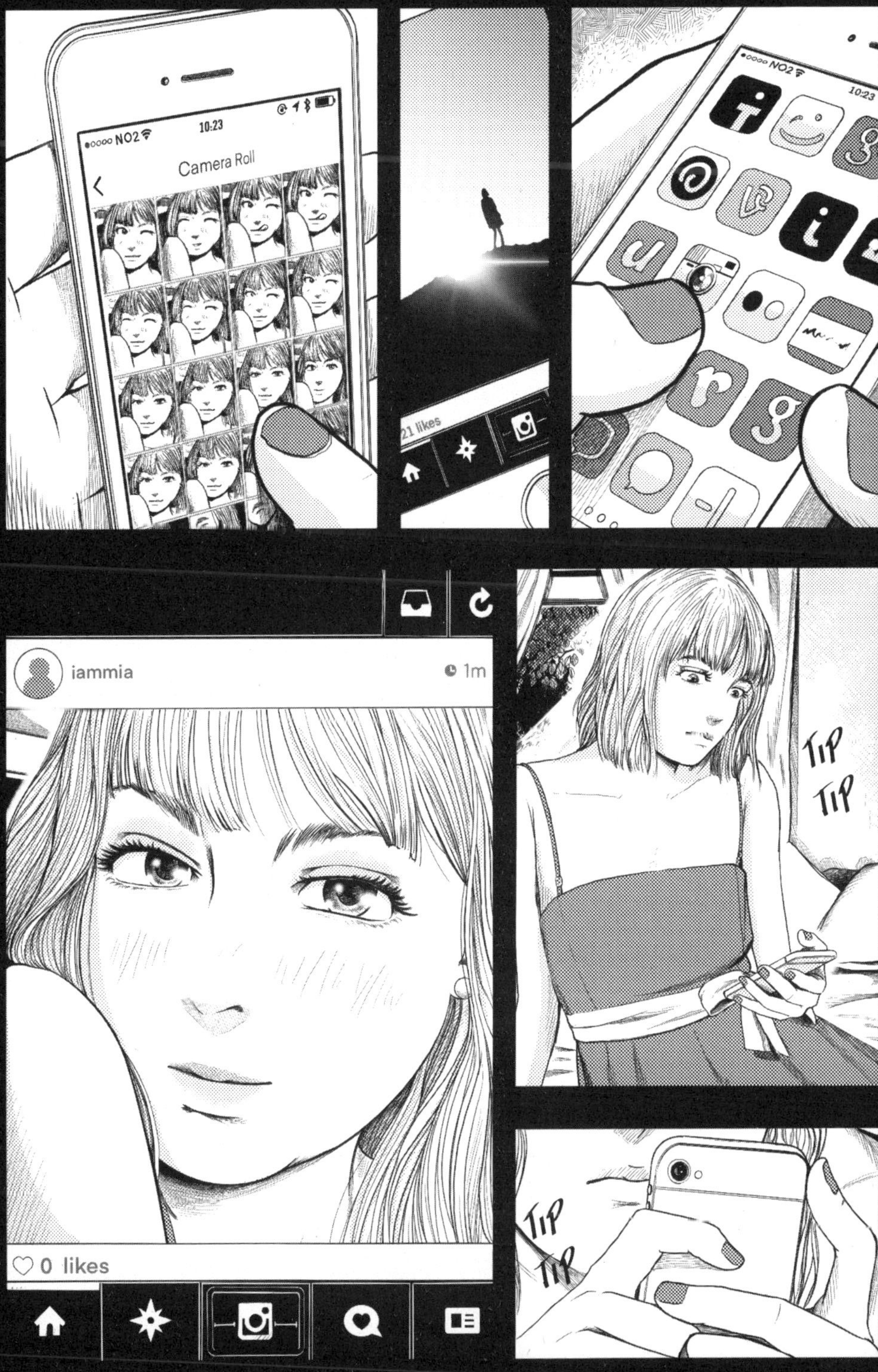
NO2
10:23
Camera Roll
21 likes
NO2
10:23
iammia
1m
0 likes
TIP
TIP
TIP
TIP

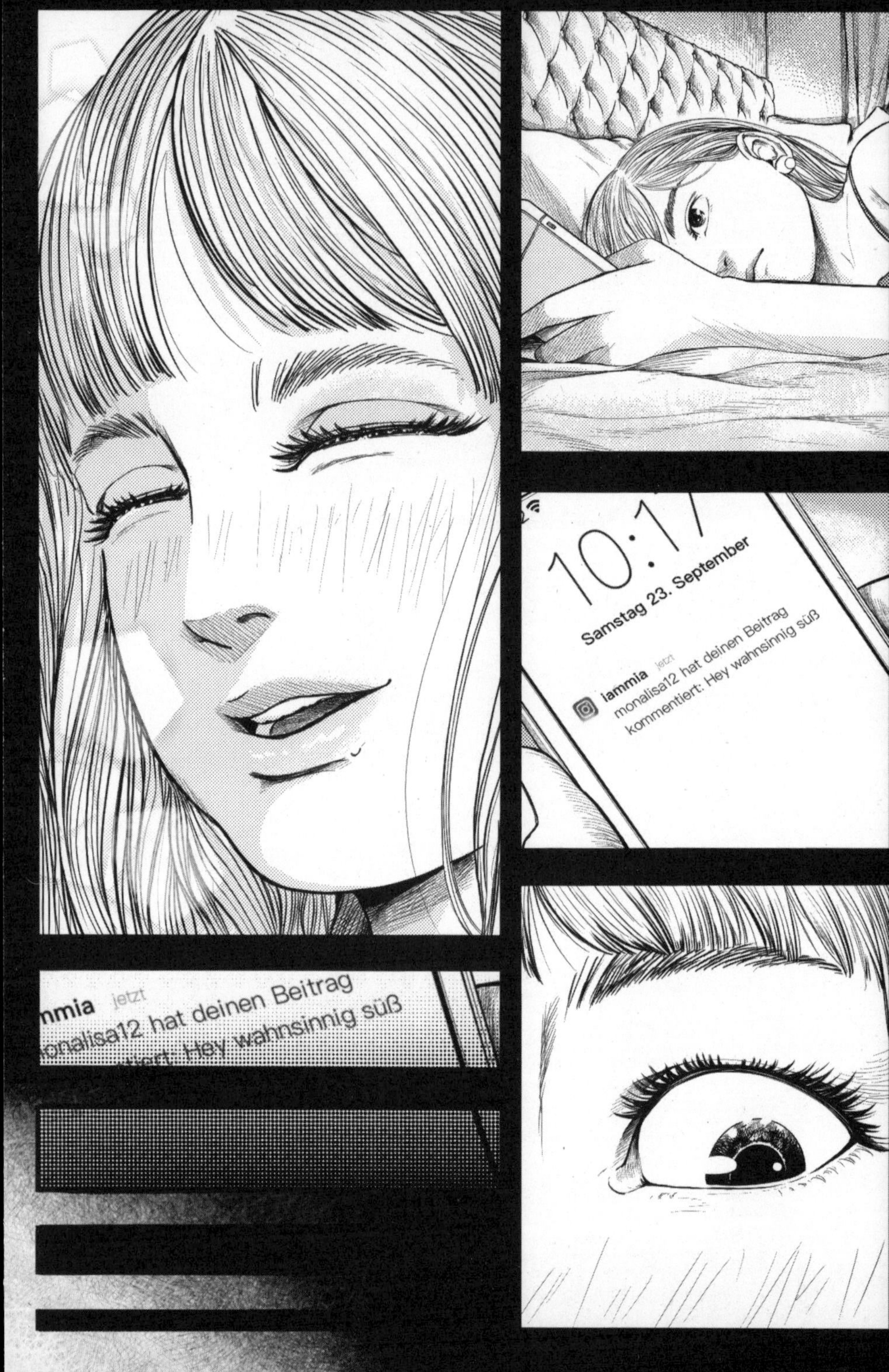

10:17
Samstag 23. September
iammia jetzt
monalisa12 hat deinen Beitrag
kommentiert: Hey wahnsinnig süß
mmia jetzt
onalisa12 hat deinen Beitrag
Hey wahnsinnig süß

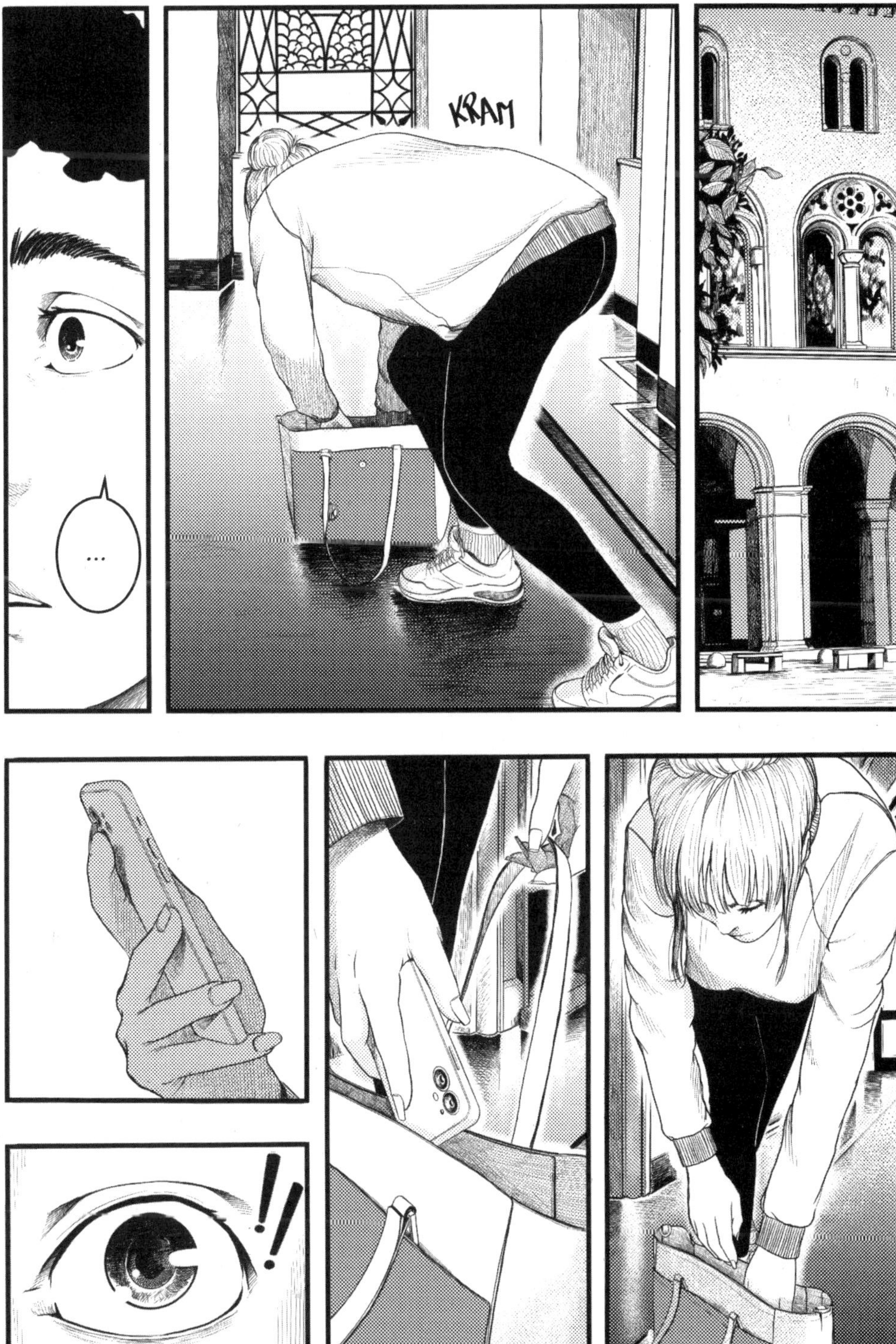

...
KRAM
!!

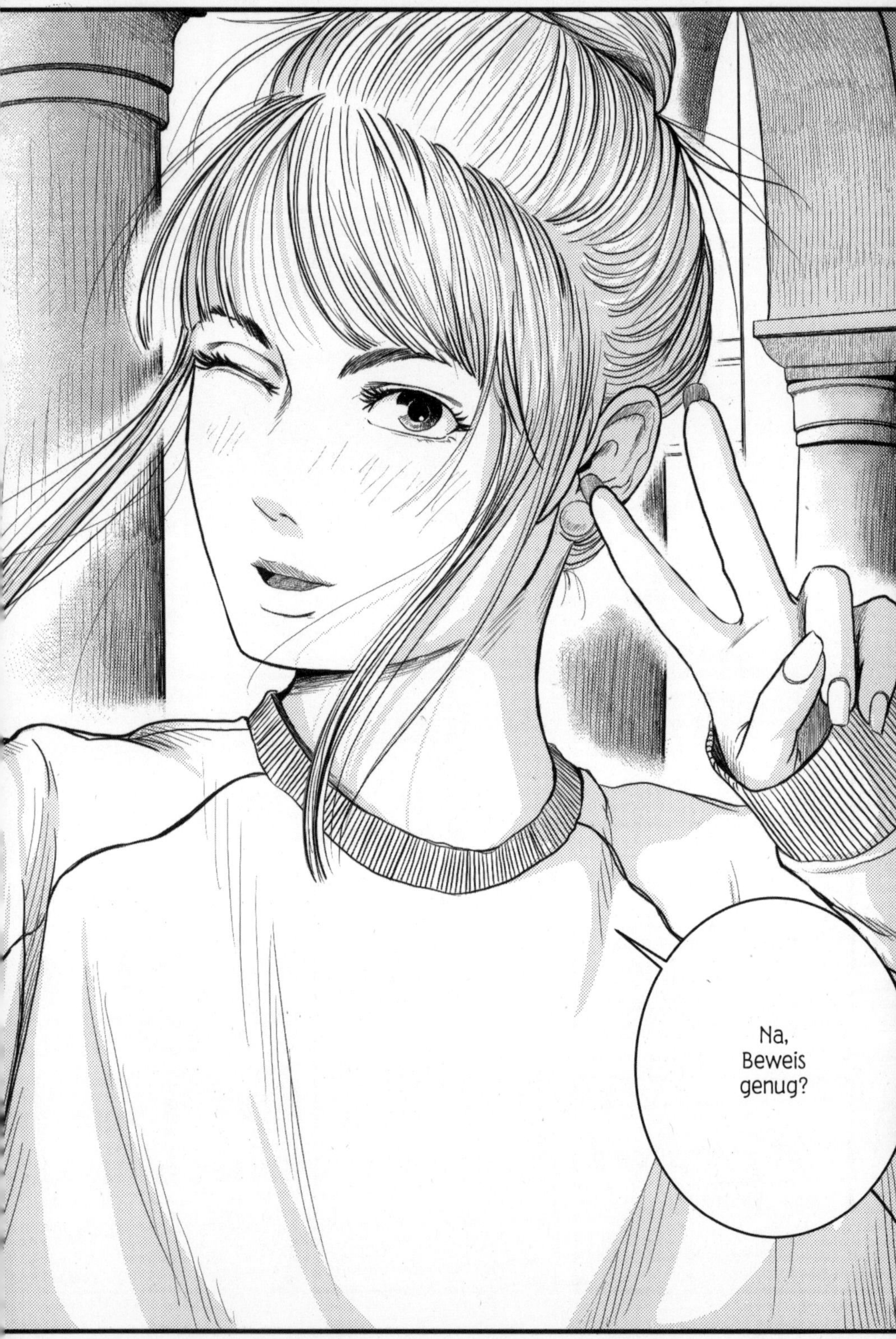
Na, Beweis genug?

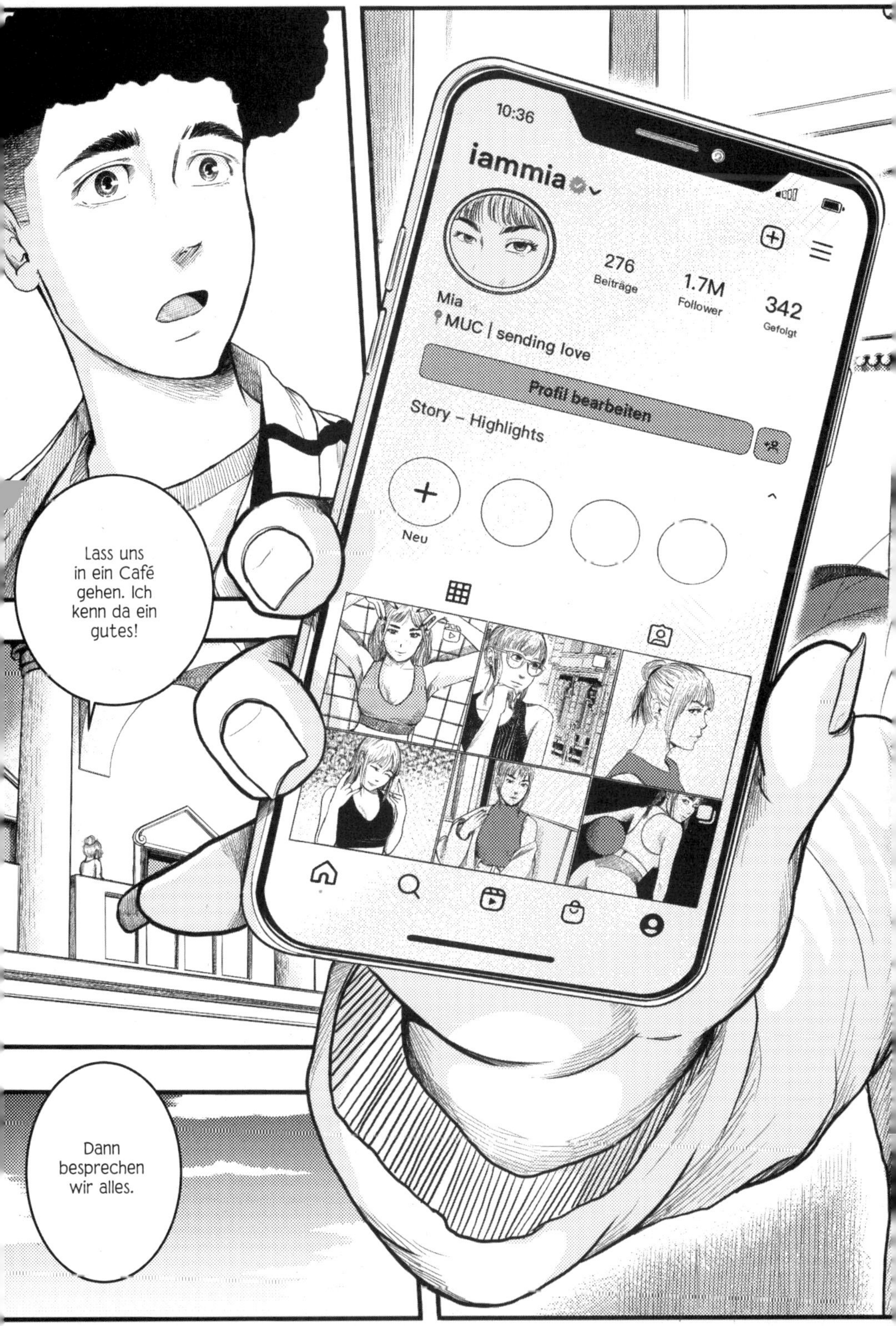

10:36
iammia
276
Beiträge
1.7M
Follower
342
Gefolgt
Mia
MUC | sending love
Profil bearbeiten
Story – Highlights
Neu
Lass uns in ein Café gehen. Ich kenn da ein gutes!
Dann besprechen wir alles.

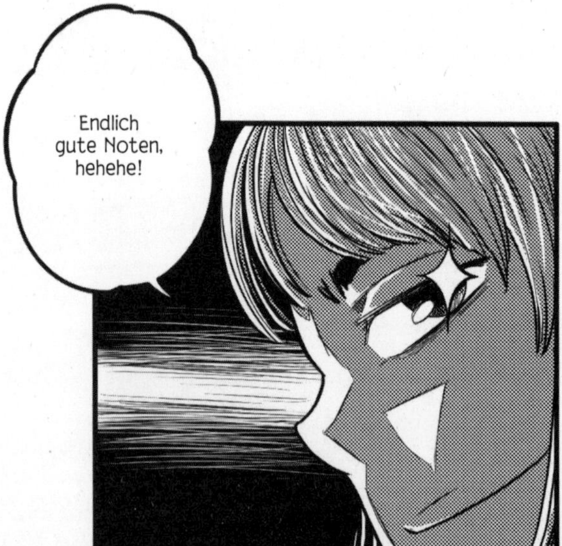
Endlich gute Noten, hehehe!

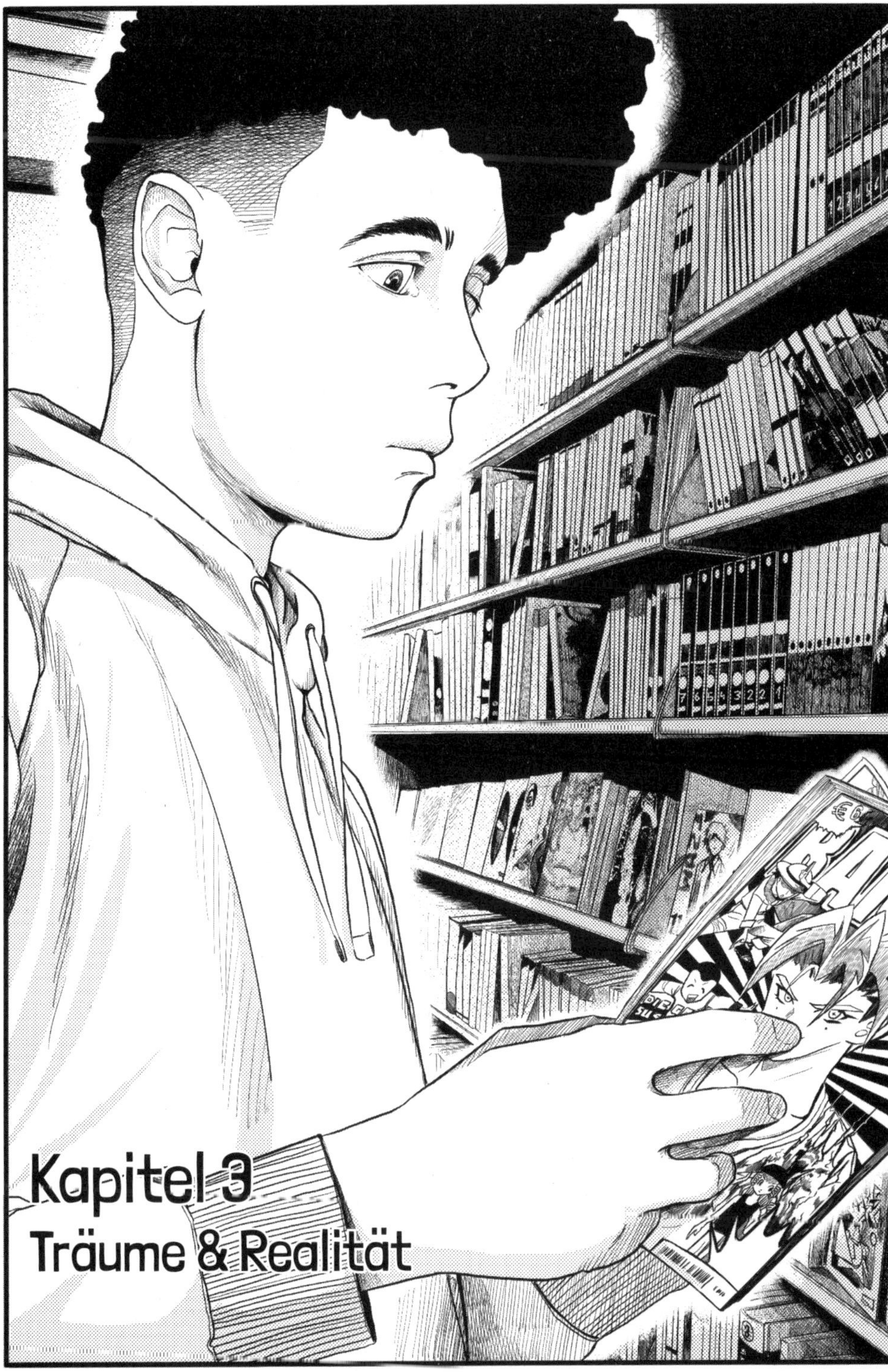
Kapitel 3
Träume & Realität

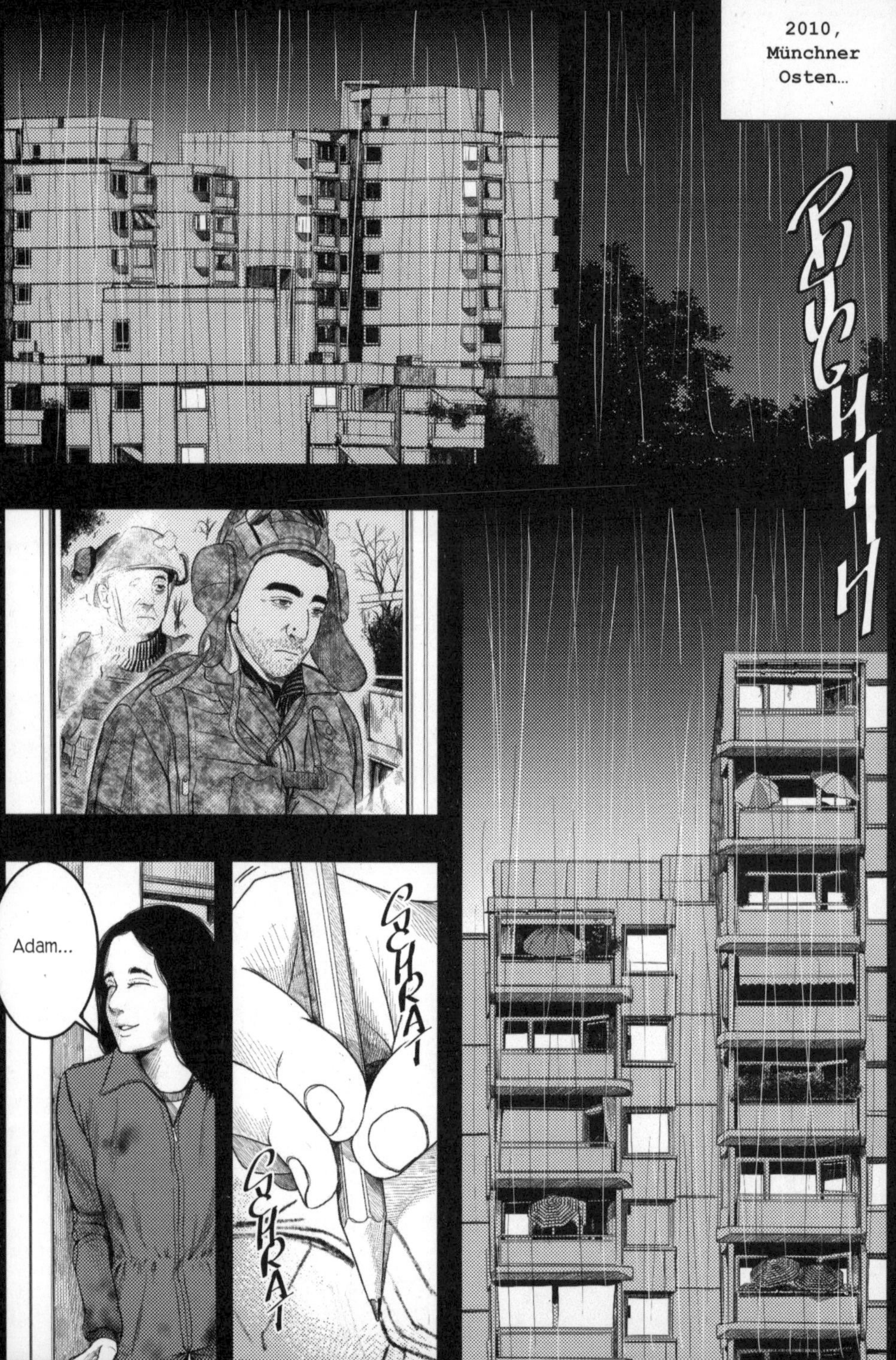
2010, Münchner Osten…
SCHRAT
SCHRAT
Adam…

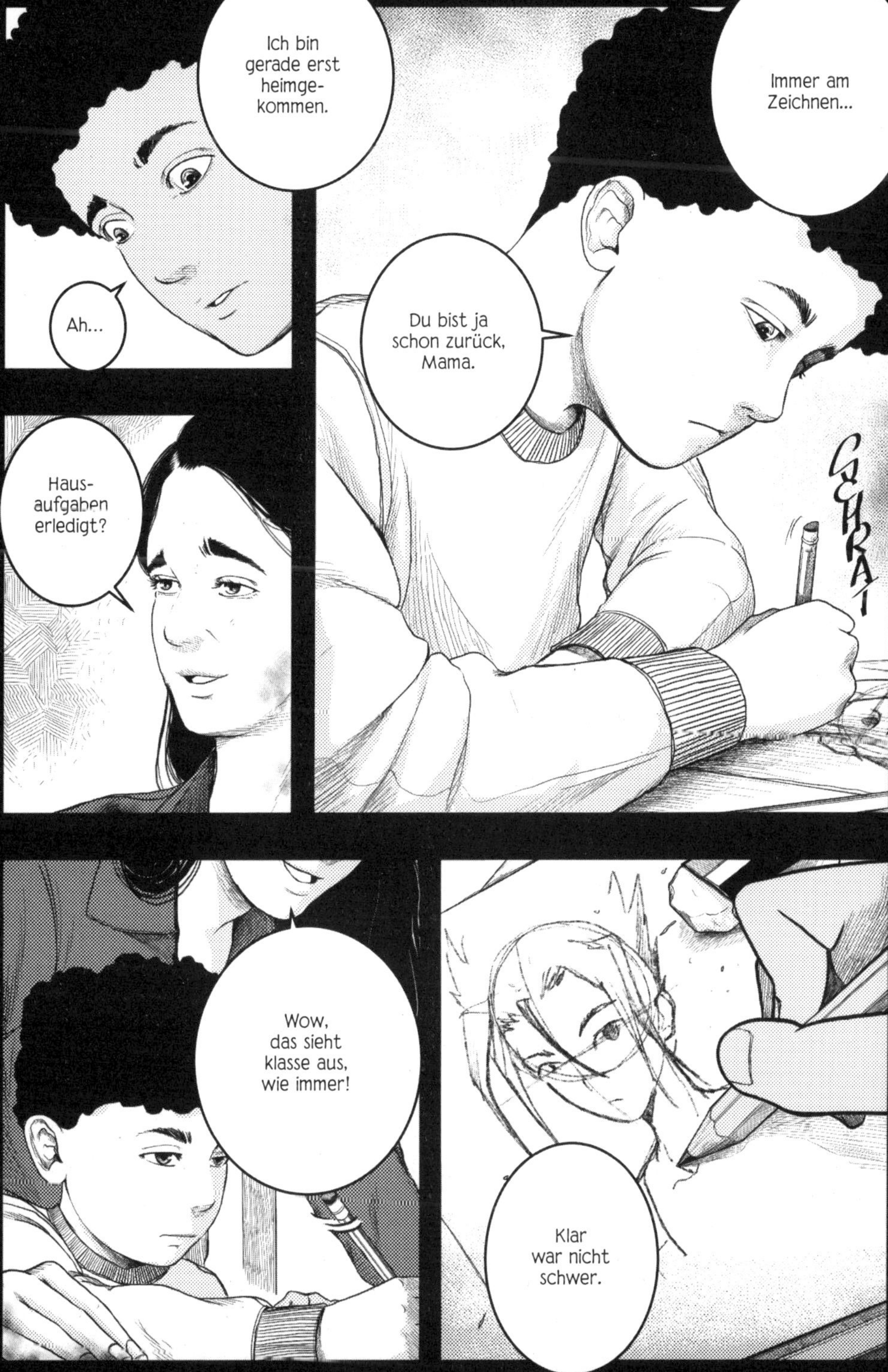
Immer am Zeichnen...
Du bist ja schon zurück, Mama.
SCHRAT
Ah...
Ich bin gerade erst heimgekommen.
Haus-aufgaben erledigt?
Klar war nicht schwer.
Wow, das sieht klasse aus, wie immer!

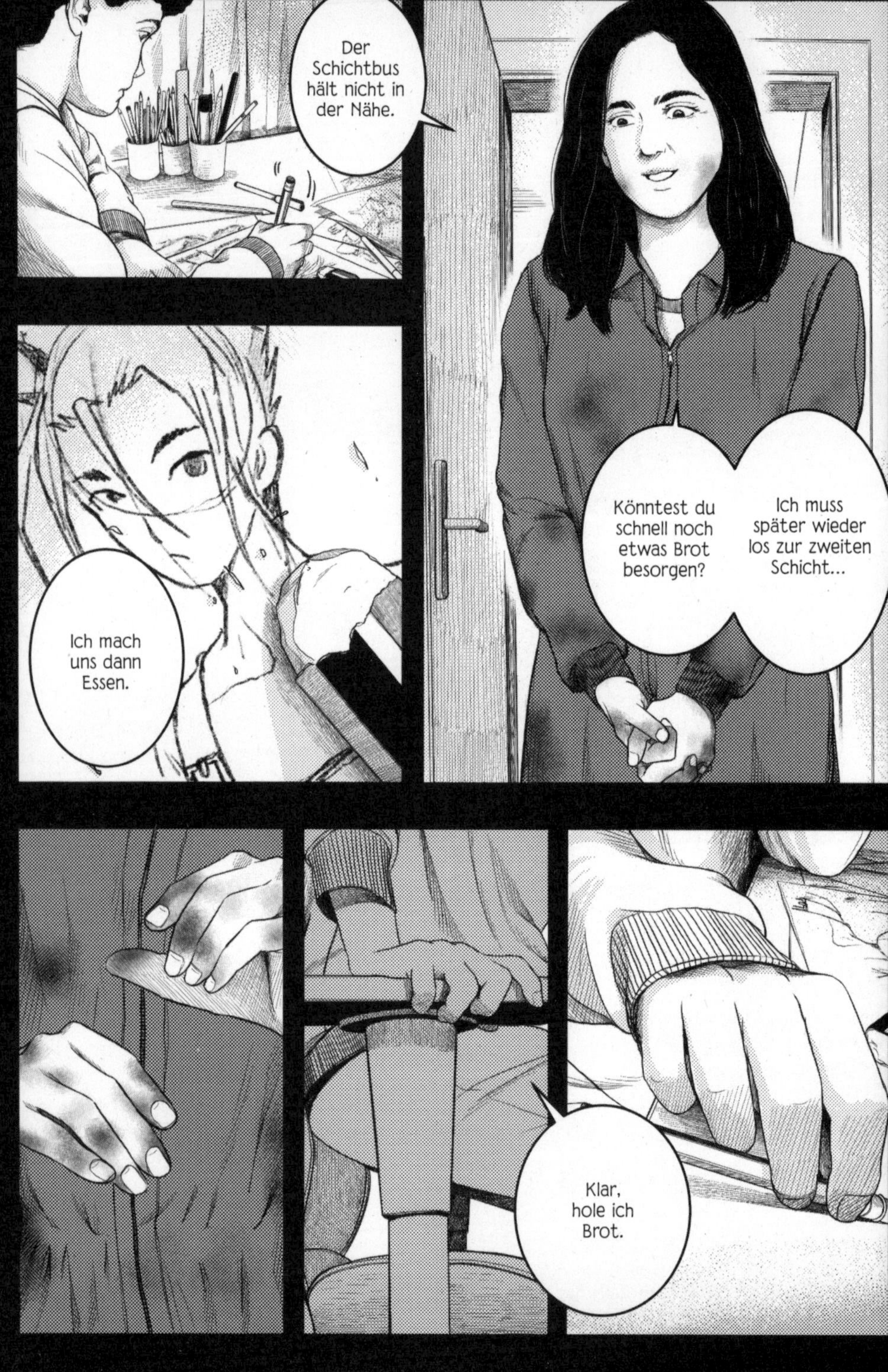
Der Schichtbus hält nicht in der Nähe.
Ich mach uns dann Essen.
Könntest du schnell noch etwas Brot besorgen?
Ich muss später wieder los zur zweiten Schicht...
Klar, hole ich Brot.

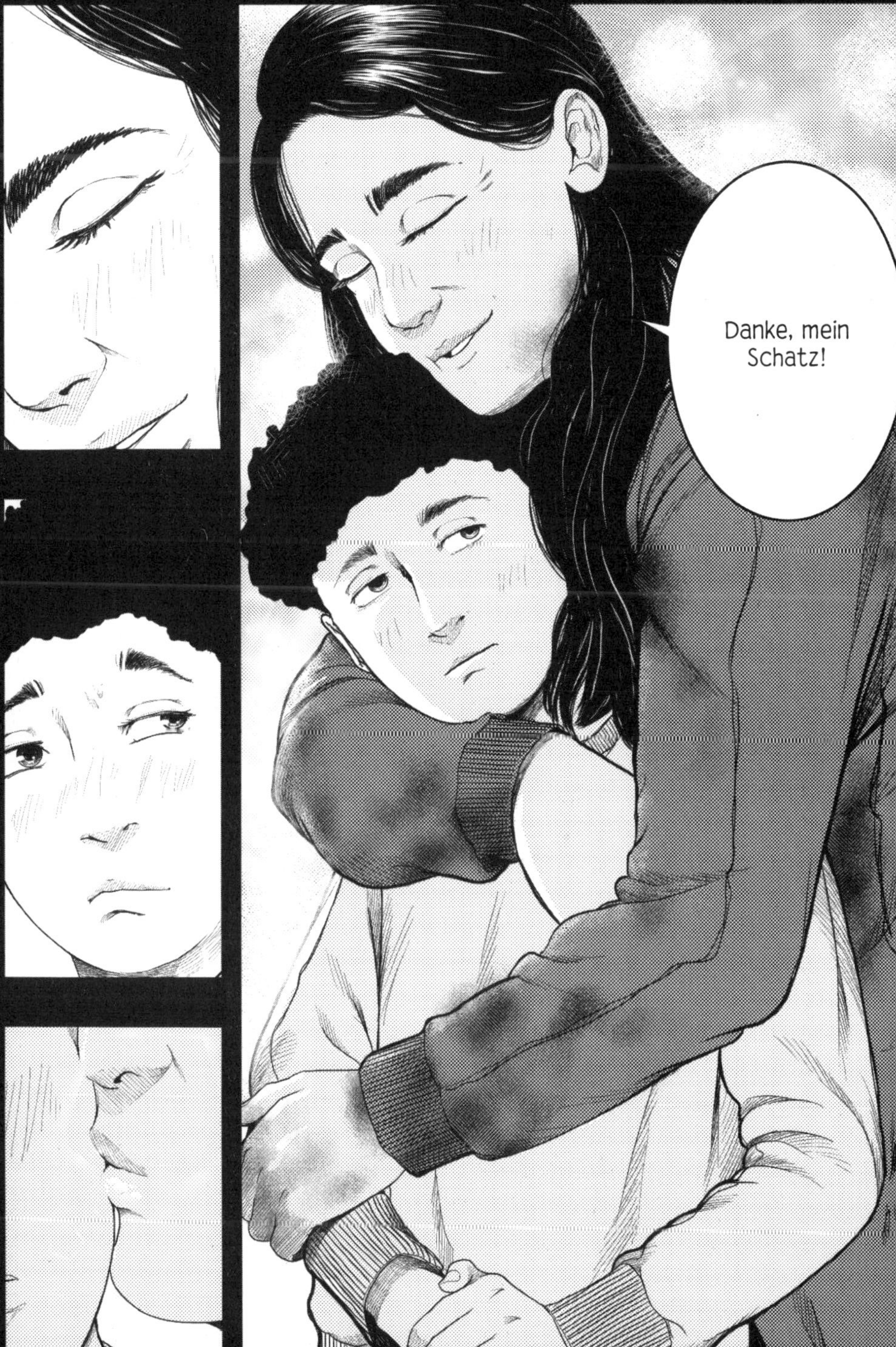
Danke, mein Schatz!

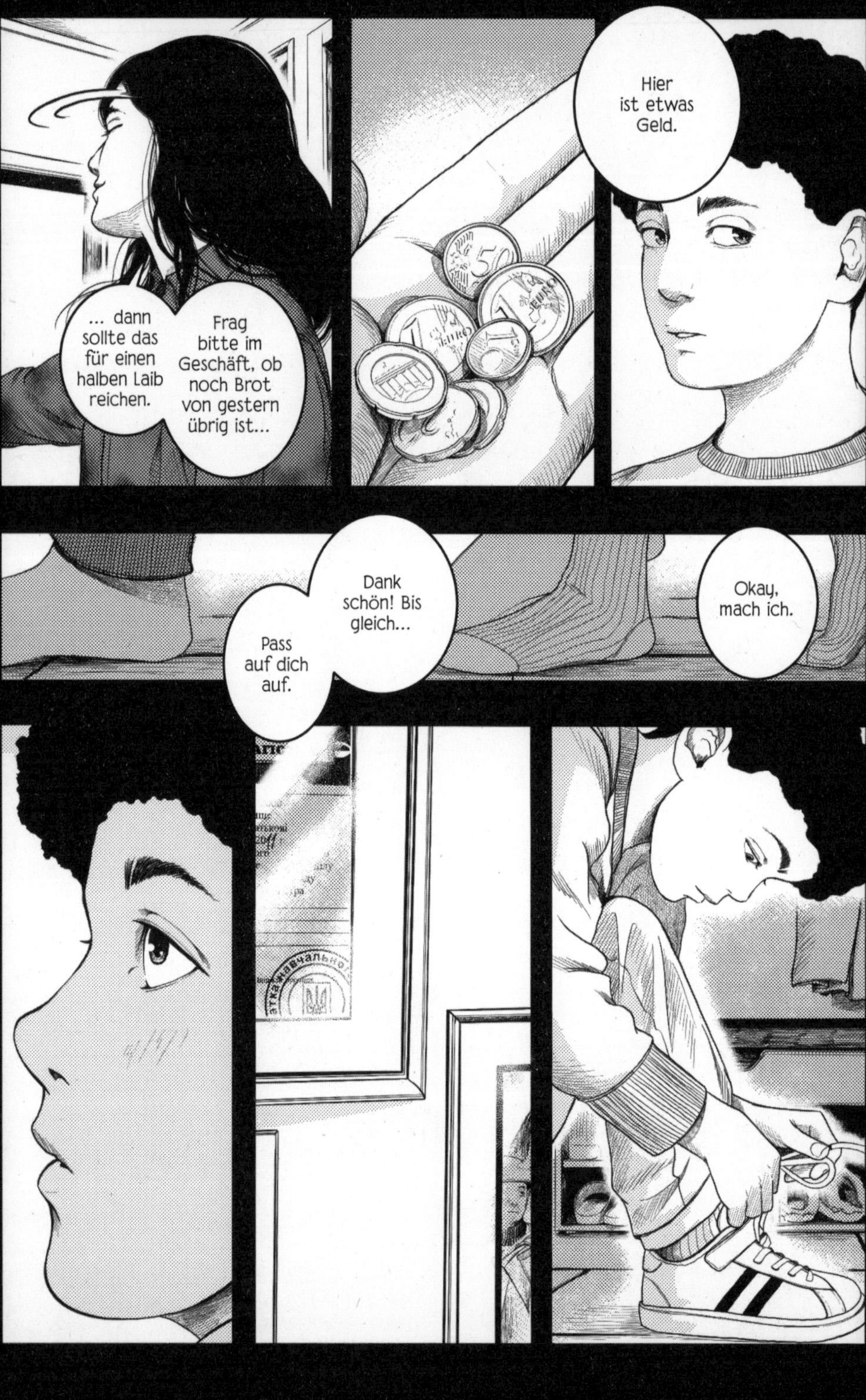
Frag bitte im Geschäft, ob noch Brot von gestern übrig ist...
... dann sollte das für einen halben Laib reichen.
Hier ist etwas Geld.
Okay, mach ich.
Dank schön! Bis gleich...
Pass auf dich auf.

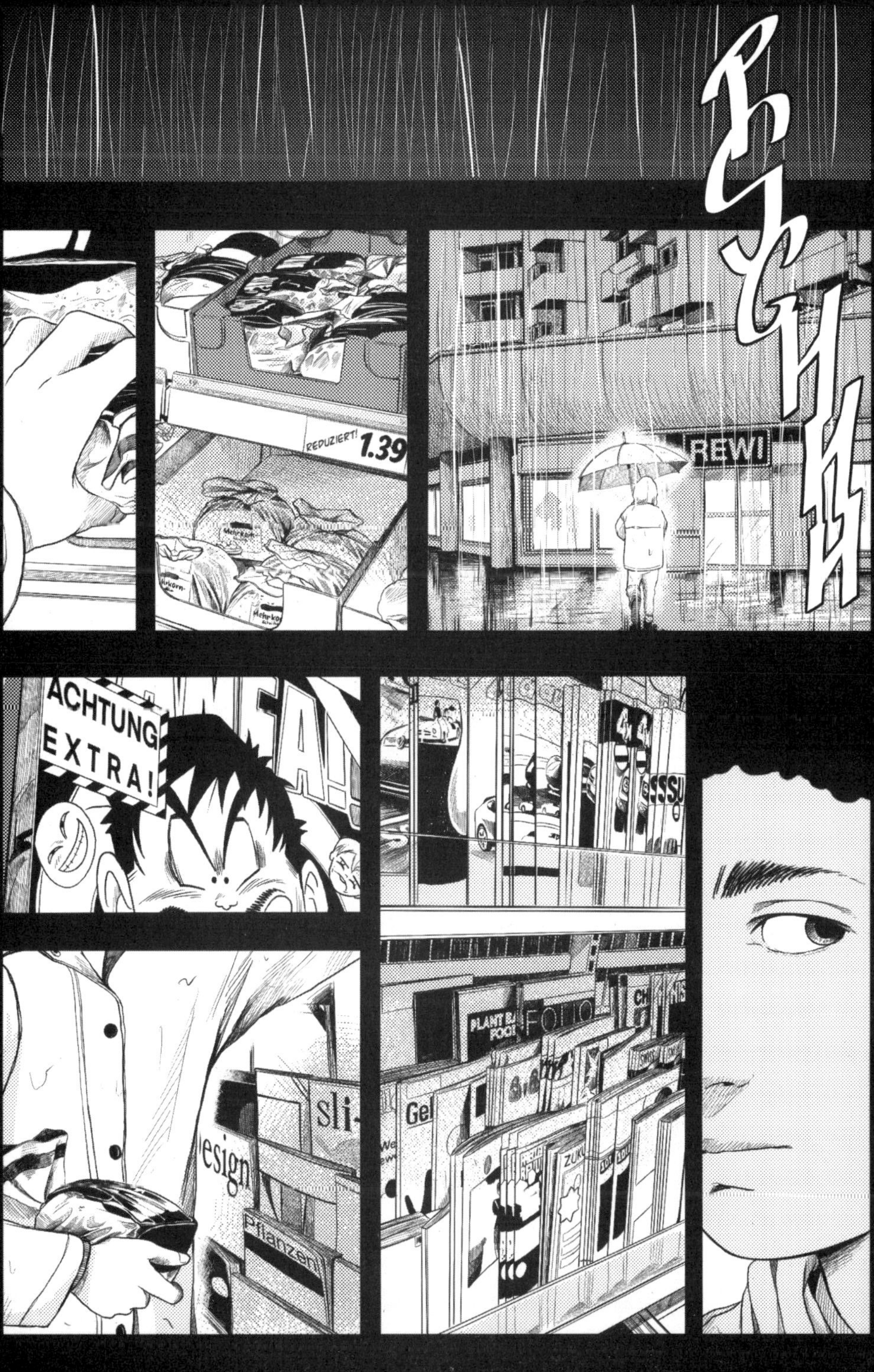
REDUZIERT! 1.39
ACHTUNG EXTRA!
Pflanzen

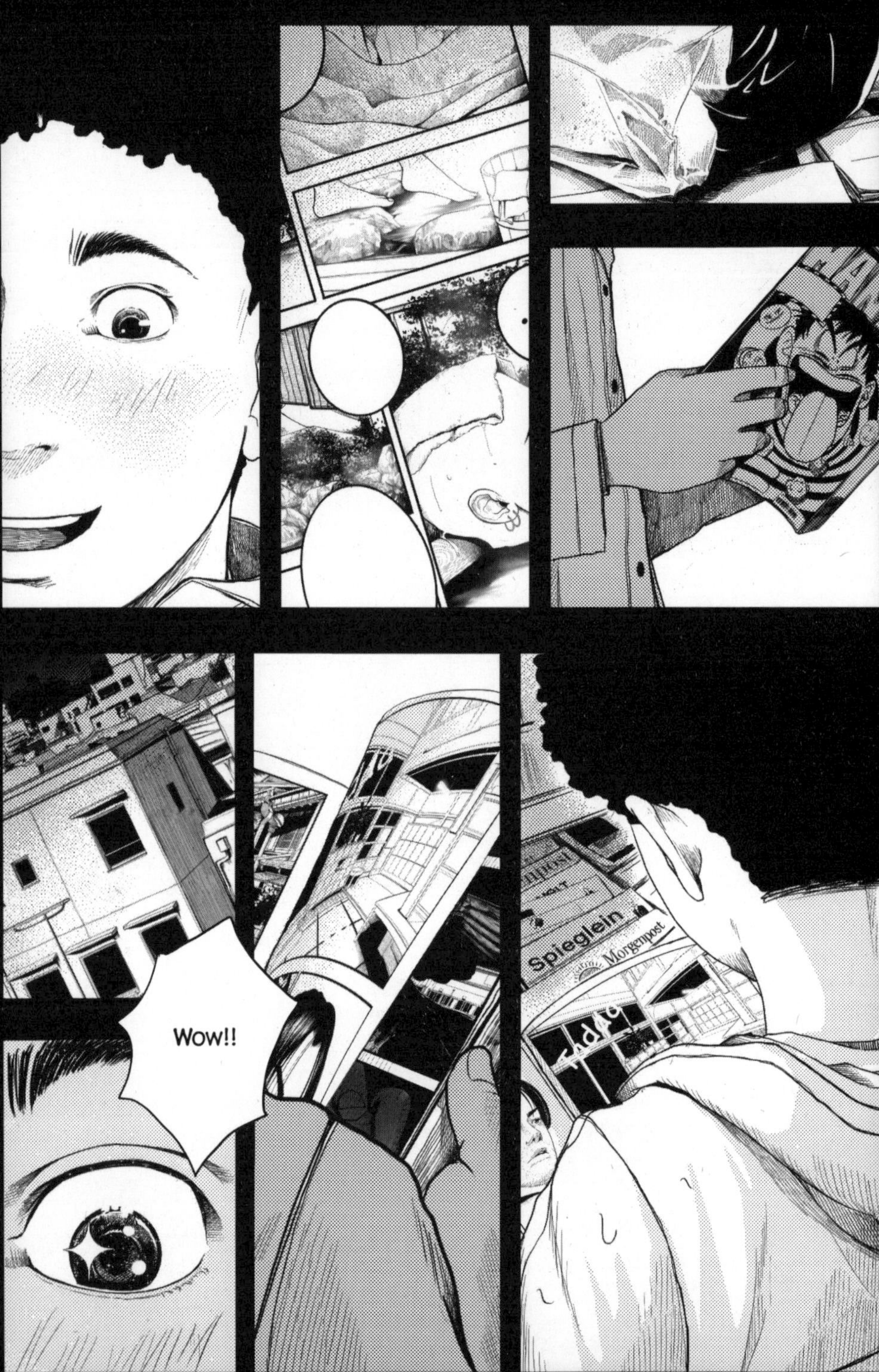
Spieglein
Morgenpost
Wow!!

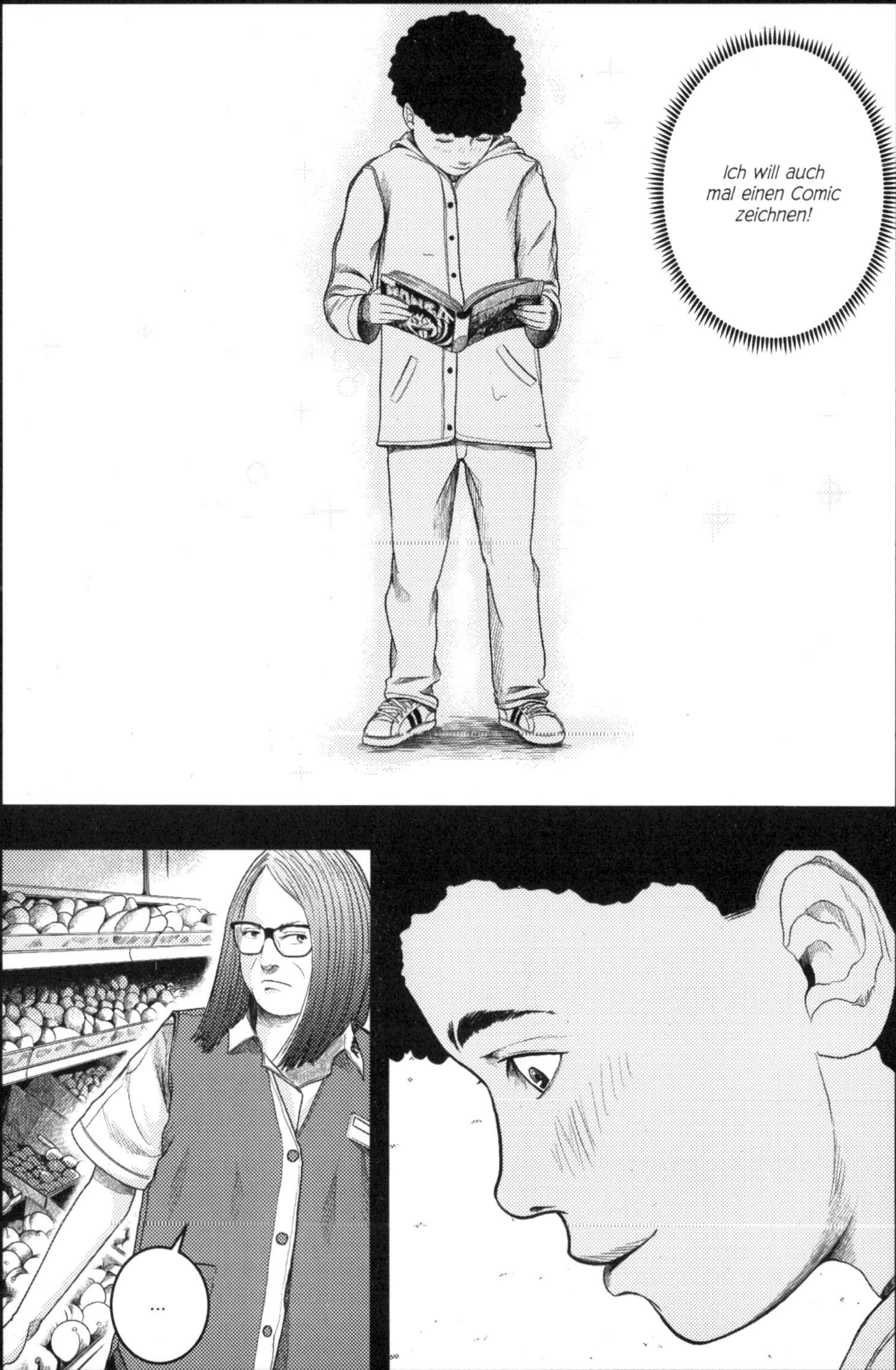
Ich will auch mal einen Comic zeichnen!
...

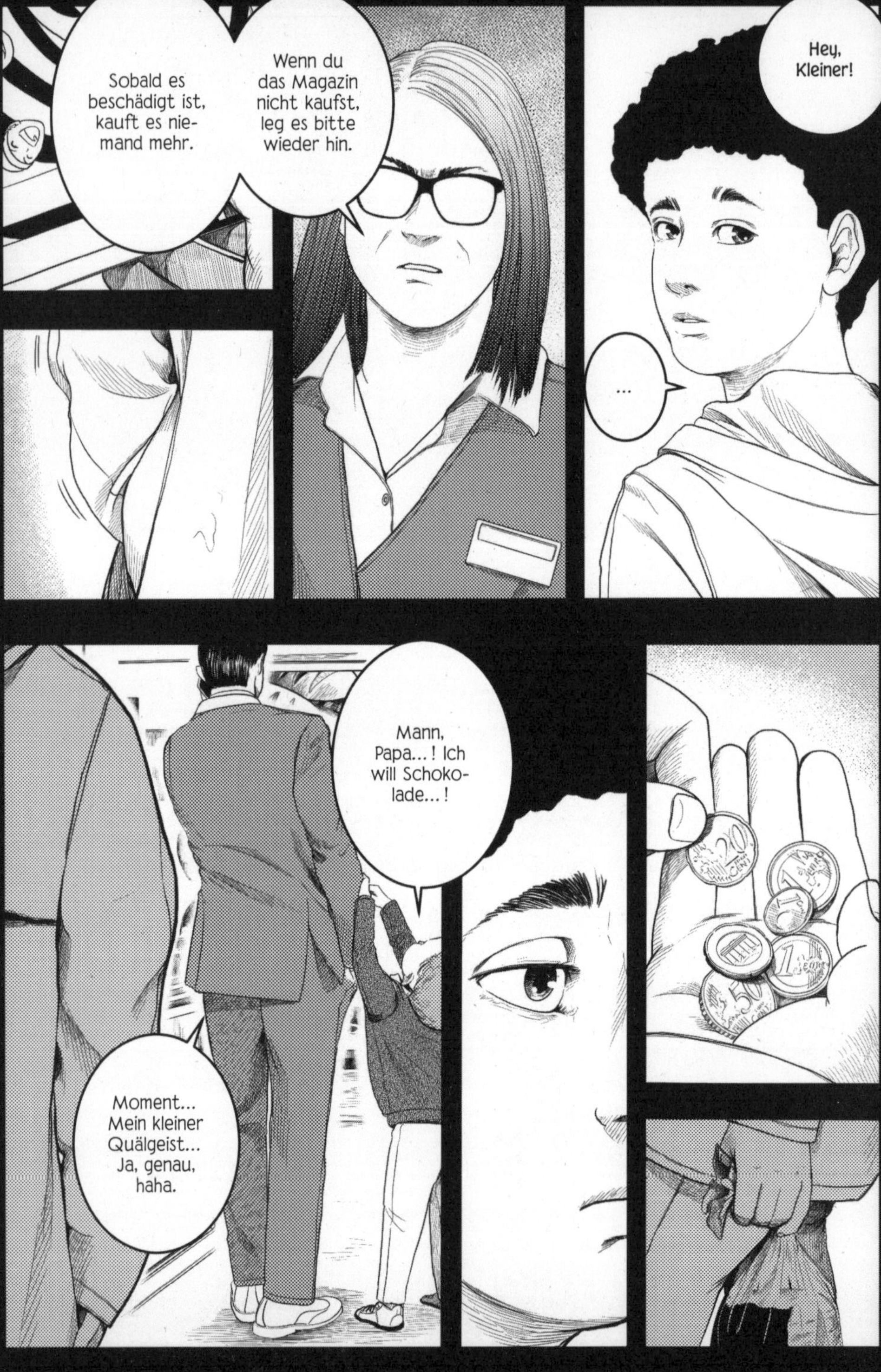
Sobald es beschädigt ist, kauft es niemand mehr.
Wenn du das Magazin nicht kaufst, leg es bitte wieder hin.
Hey, Kleiner!
...
Mann, Papa...! Ich will Schokolade...!
Moment... Mein kleiner Quälgeist... Ja, genau, haha.

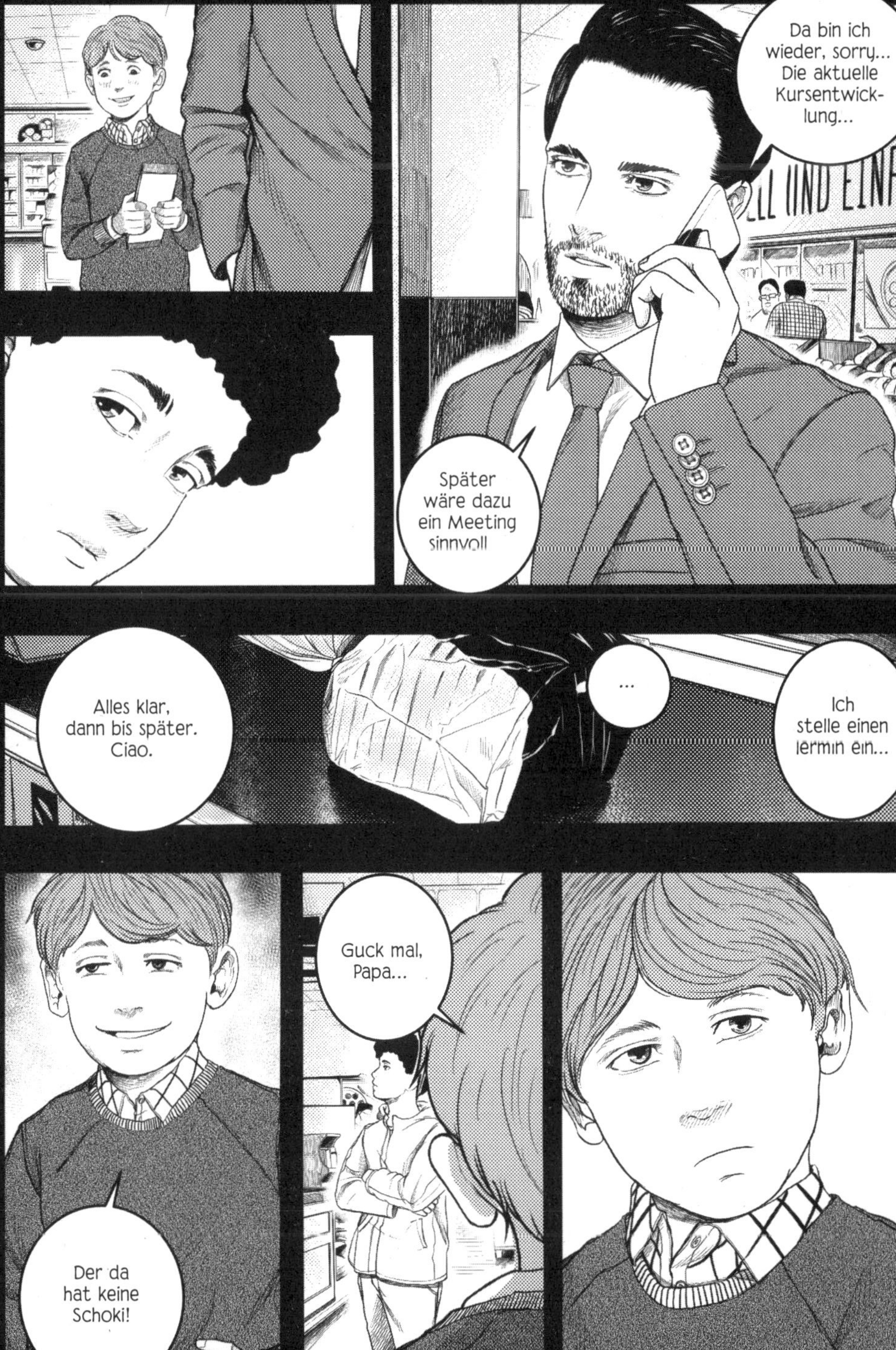
Da bin ich wieder, sorry... Die aktuelle Kursentwick-lung...
Später wäre dazu ein Meeting sinnvoll
Ich stelle einen Termin ein...
...
Alles klar, dann bis später. Ciao.
Guck mal, Papa...
Der da hat keine Schoki!

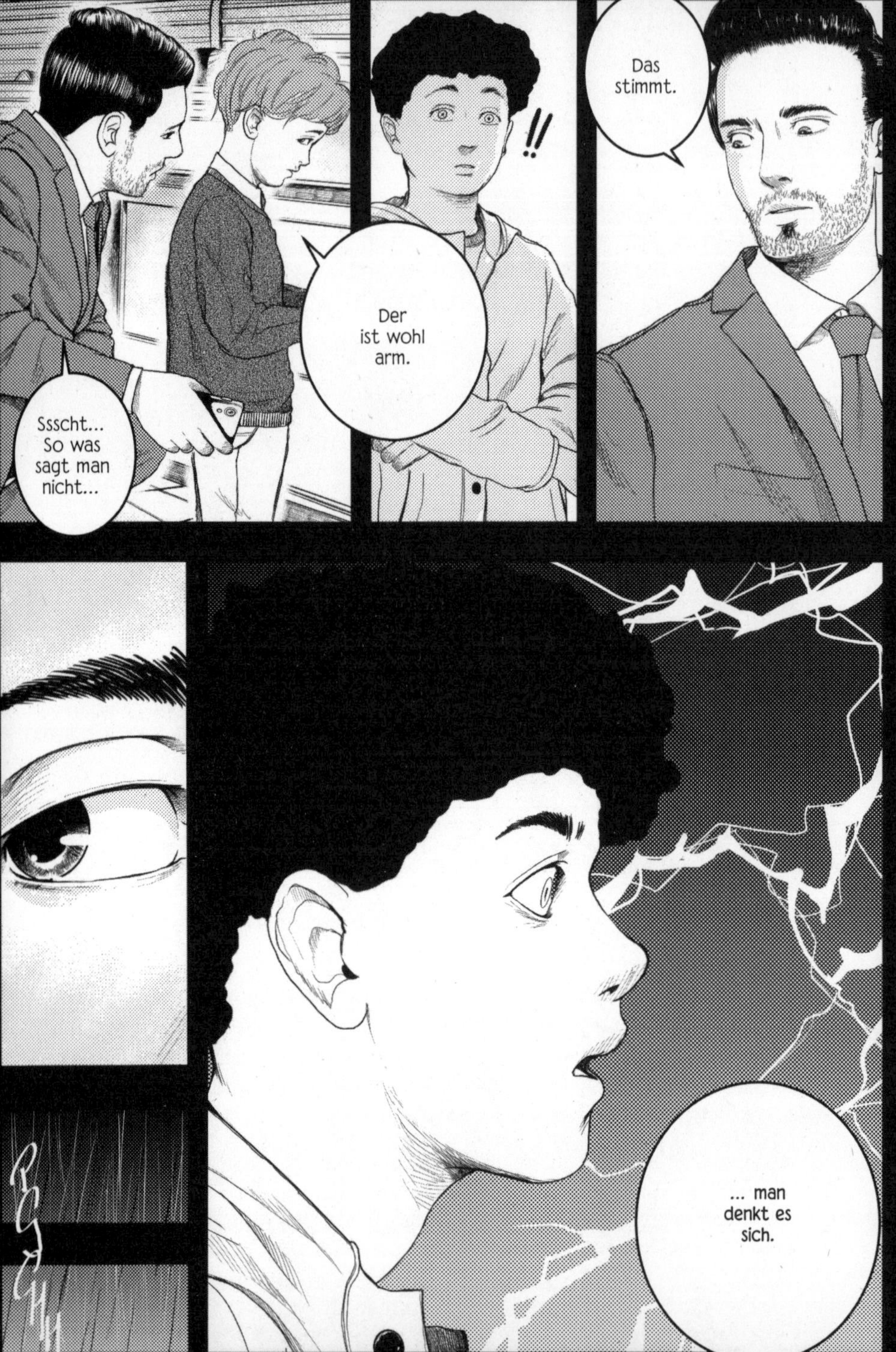
Der ist wohl arm.
Ssscht... So was sagt man nicht...
!!
Das stimmt.
... man denkt es sich.

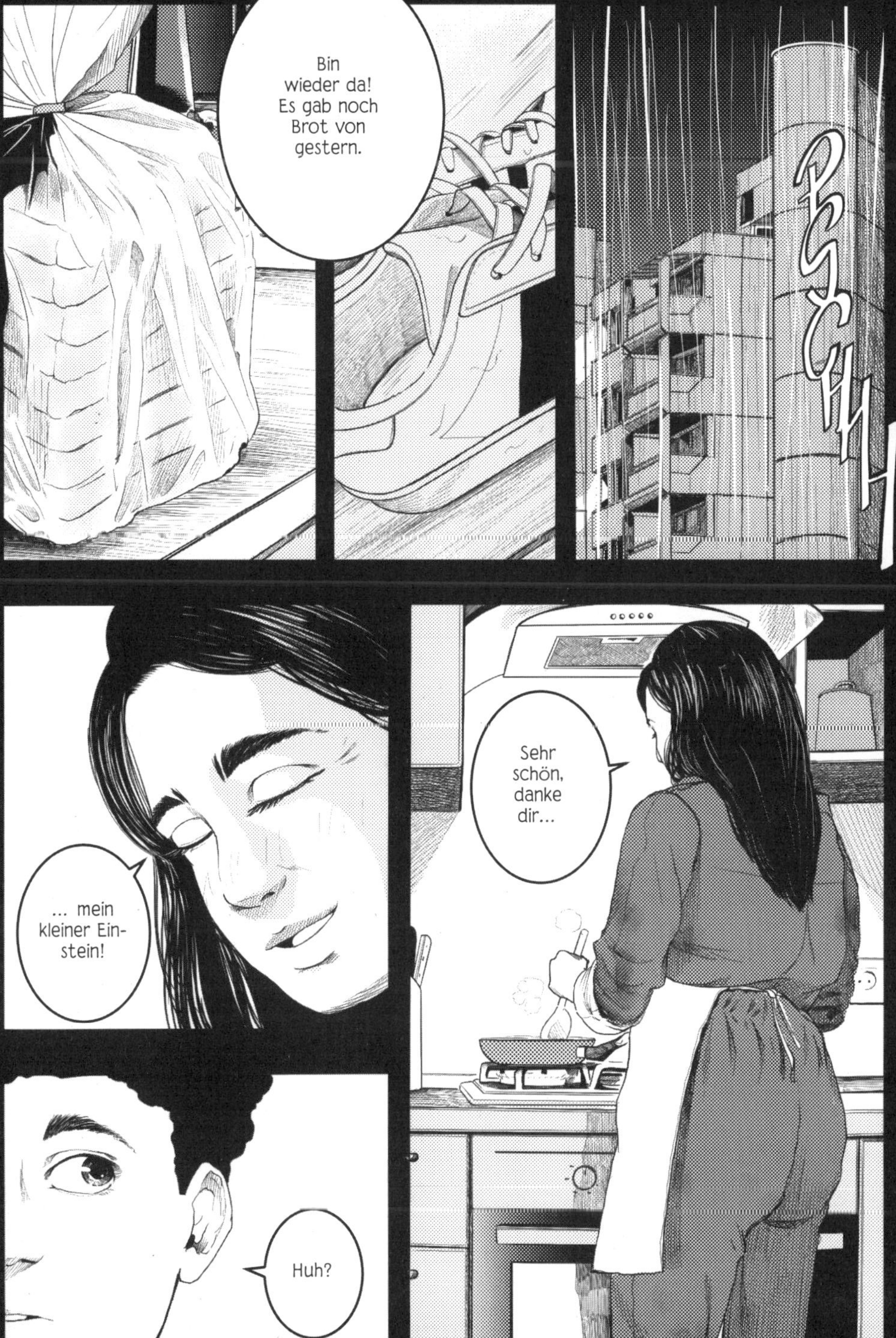
Bin wieder da! Es gab noch Brot von gestern.
PSCHHH
Sehr schön, danke dir...
... mein kleiner Einstein!
Huh?

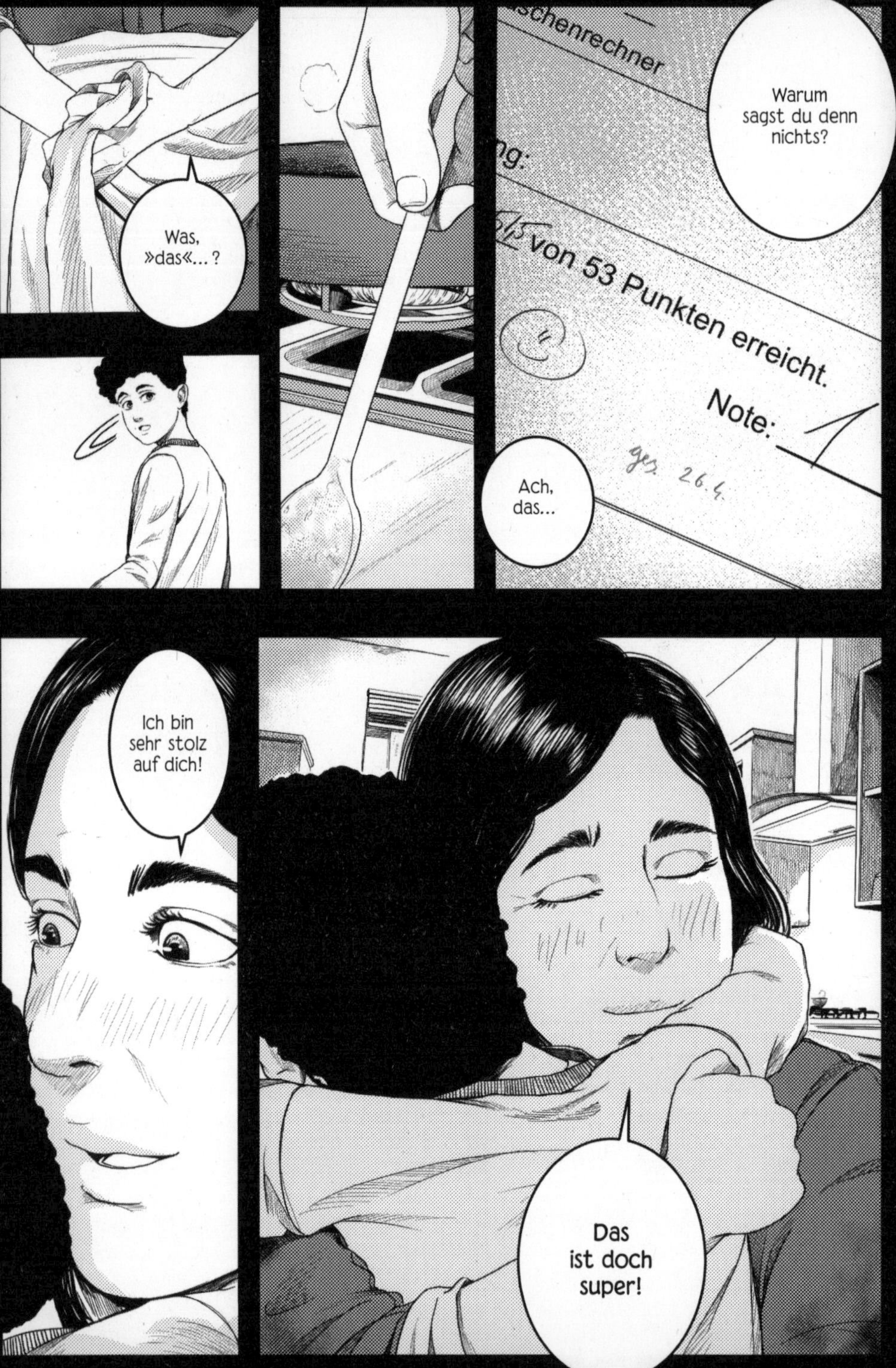
Warum sagst du denn nichts?
von 53 Punkten erreicht.
Note:
Ach, das...
Was, »das«...?
Das ist doch super!
Ich bin sehr stolz auf dich!

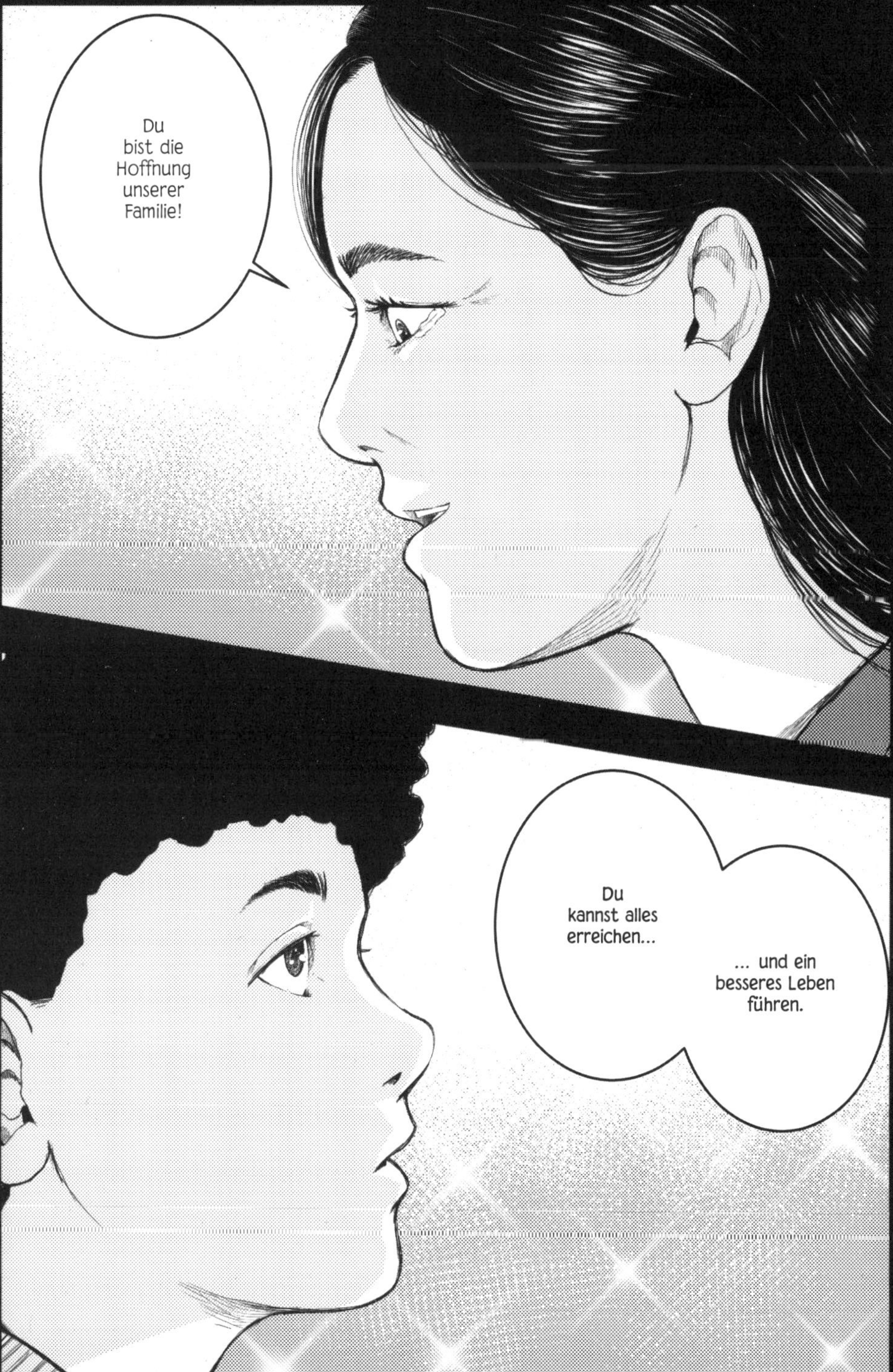
Du bist die Hoffnung unserer Familie!
Du kannst alles erreichen...
... und ein besseres Leben führen.

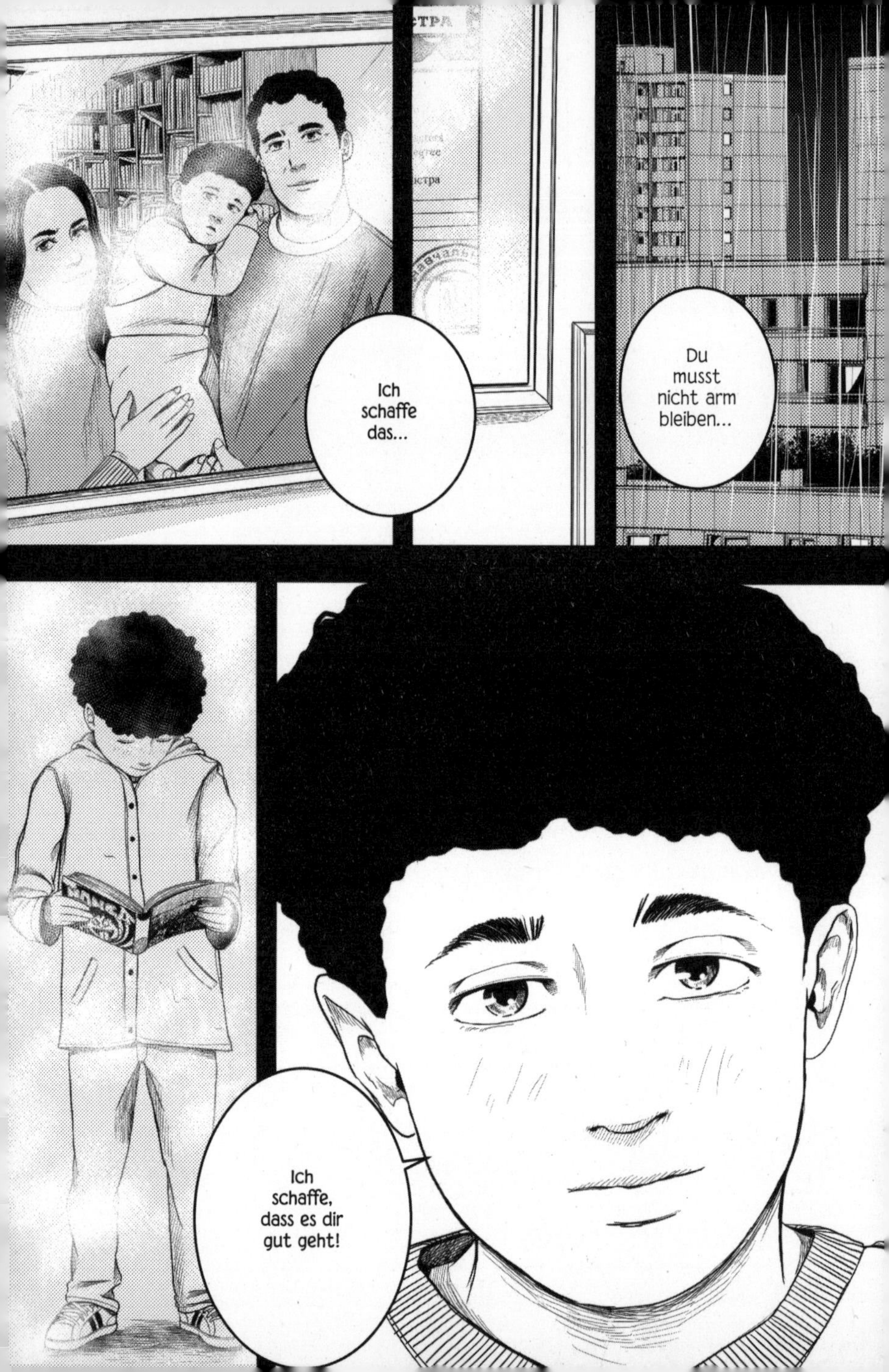
Du musst nicht arm bleiben...
Ich schaffe das...
Ich schaffe, dass es dir gut geht!

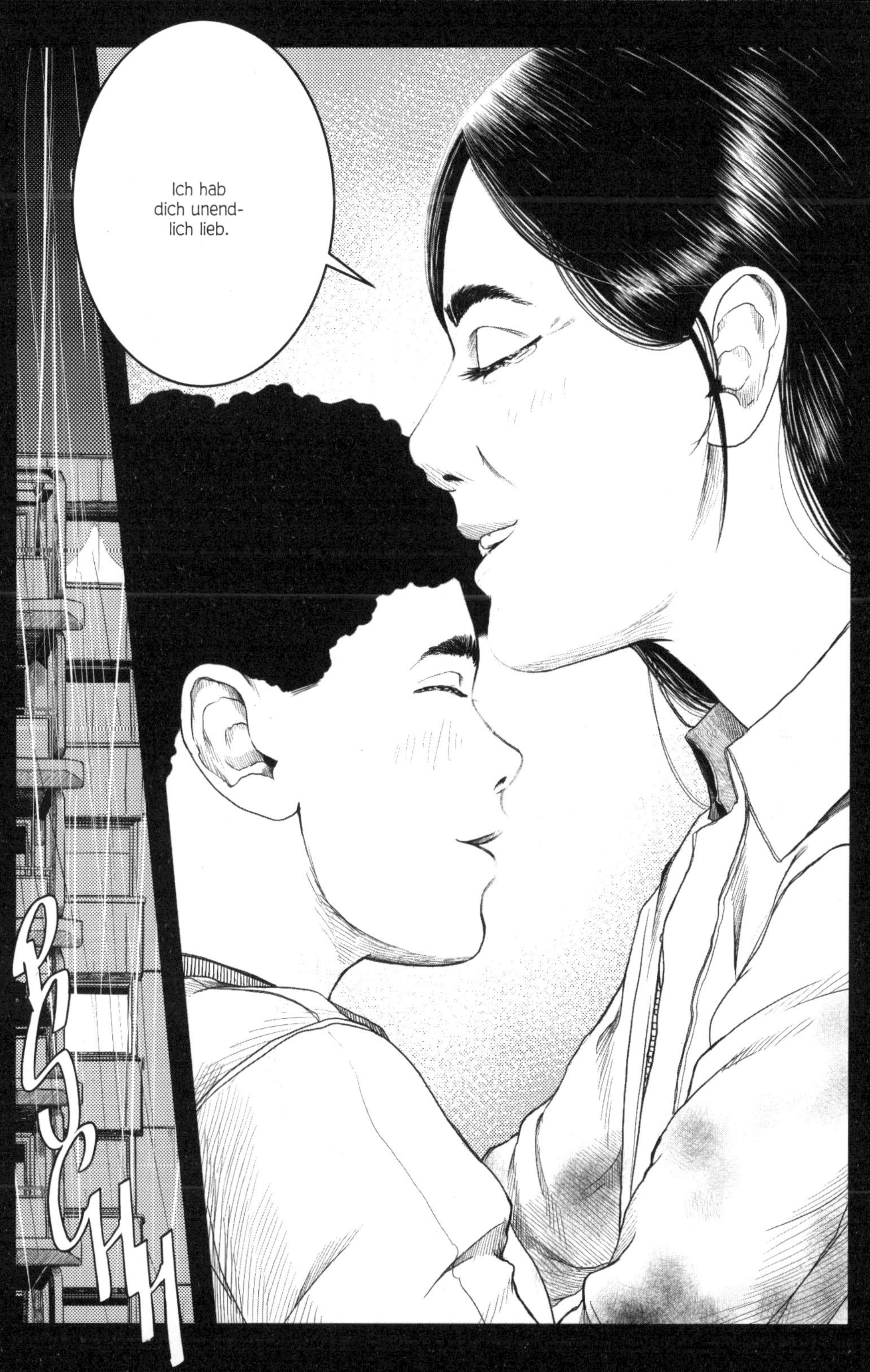
Ich hab dich unendlich lieb.

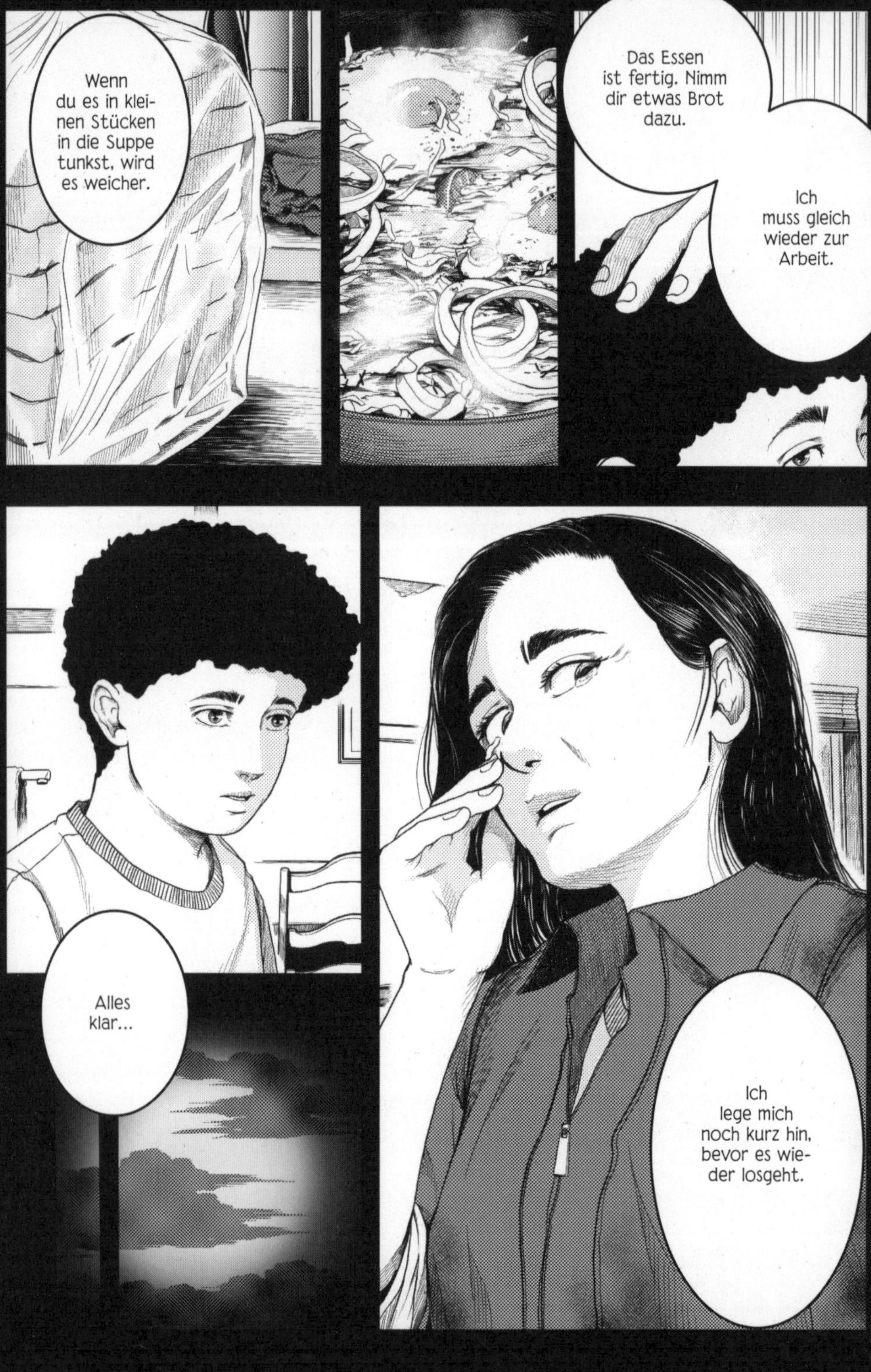

Wenn du es in kleinen Stücken in die Suppe tunkst, wird es weicher.
Das Essen ist fertig. Nimm dir etwas Brot dazu.
Ich muss gleich wieder zur Arbeit.
Alles klar...
Ich lege mich noch kurz hin, bevor es wieder losgeht.

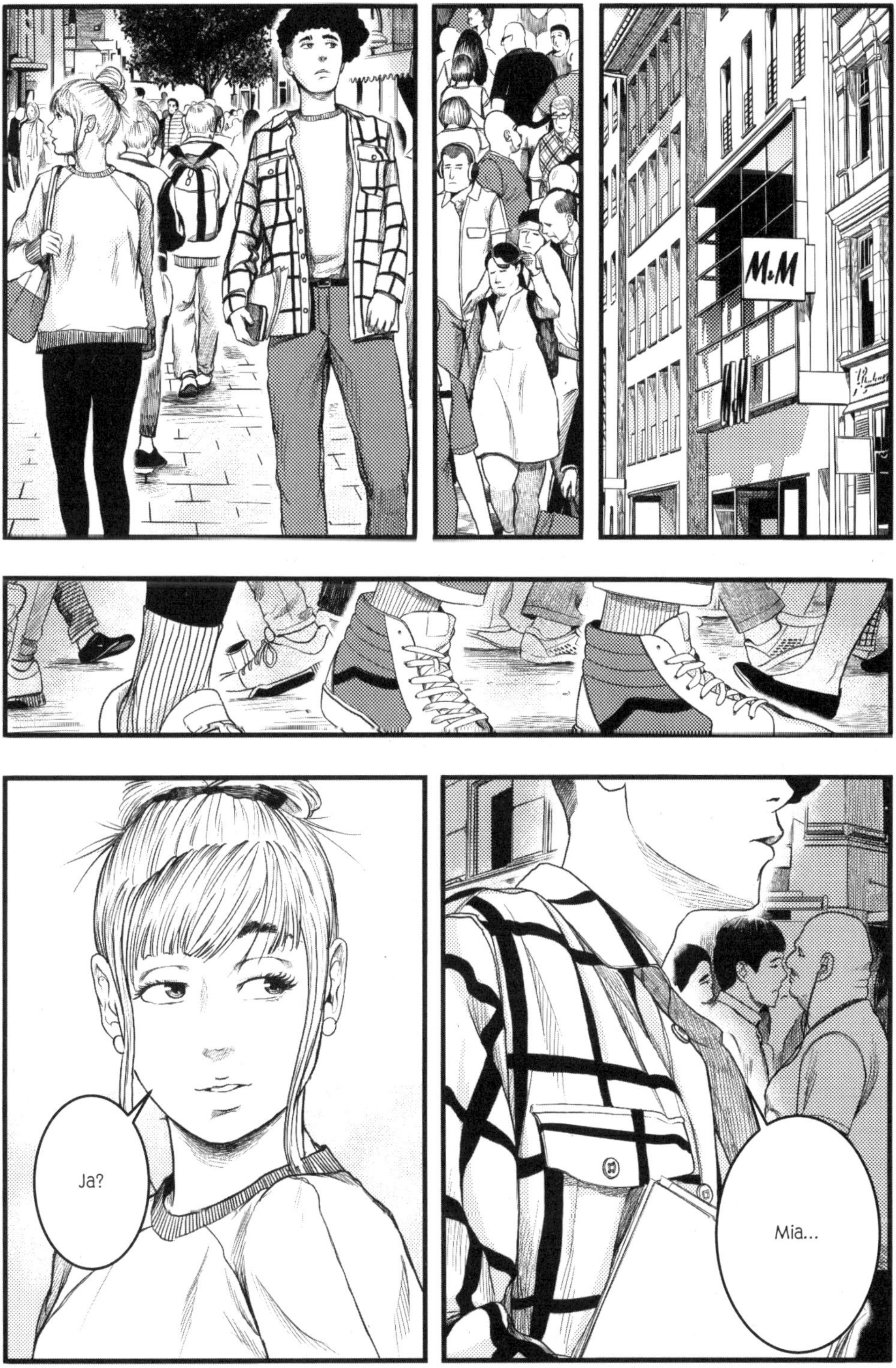
M&M
Ja?
Mia...

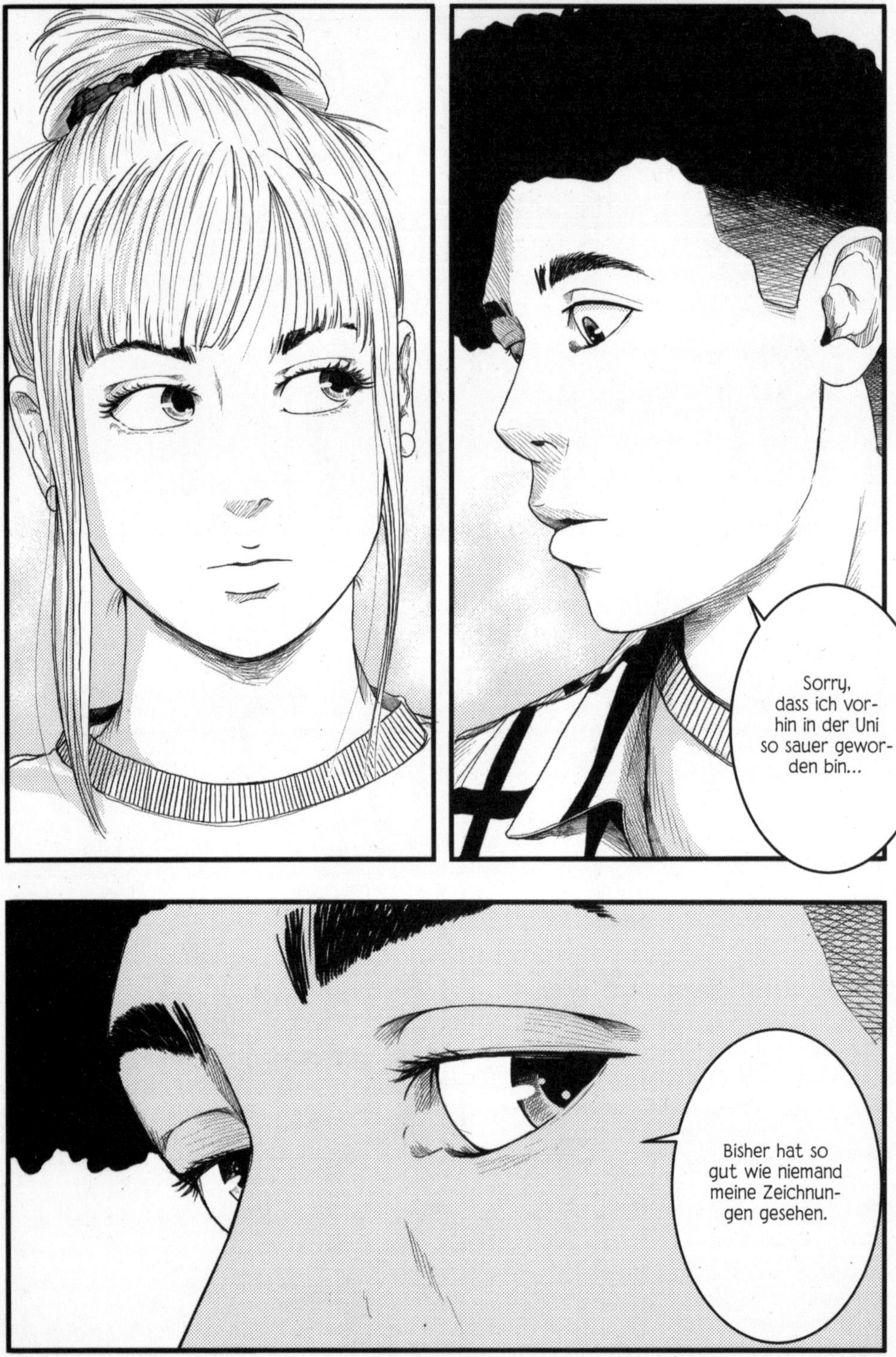
Sorry, dass ich vorhin in der Uni so sauer geworden bin...
Bisher hat so gut wie niemand meine Zeichnungen gesehen.

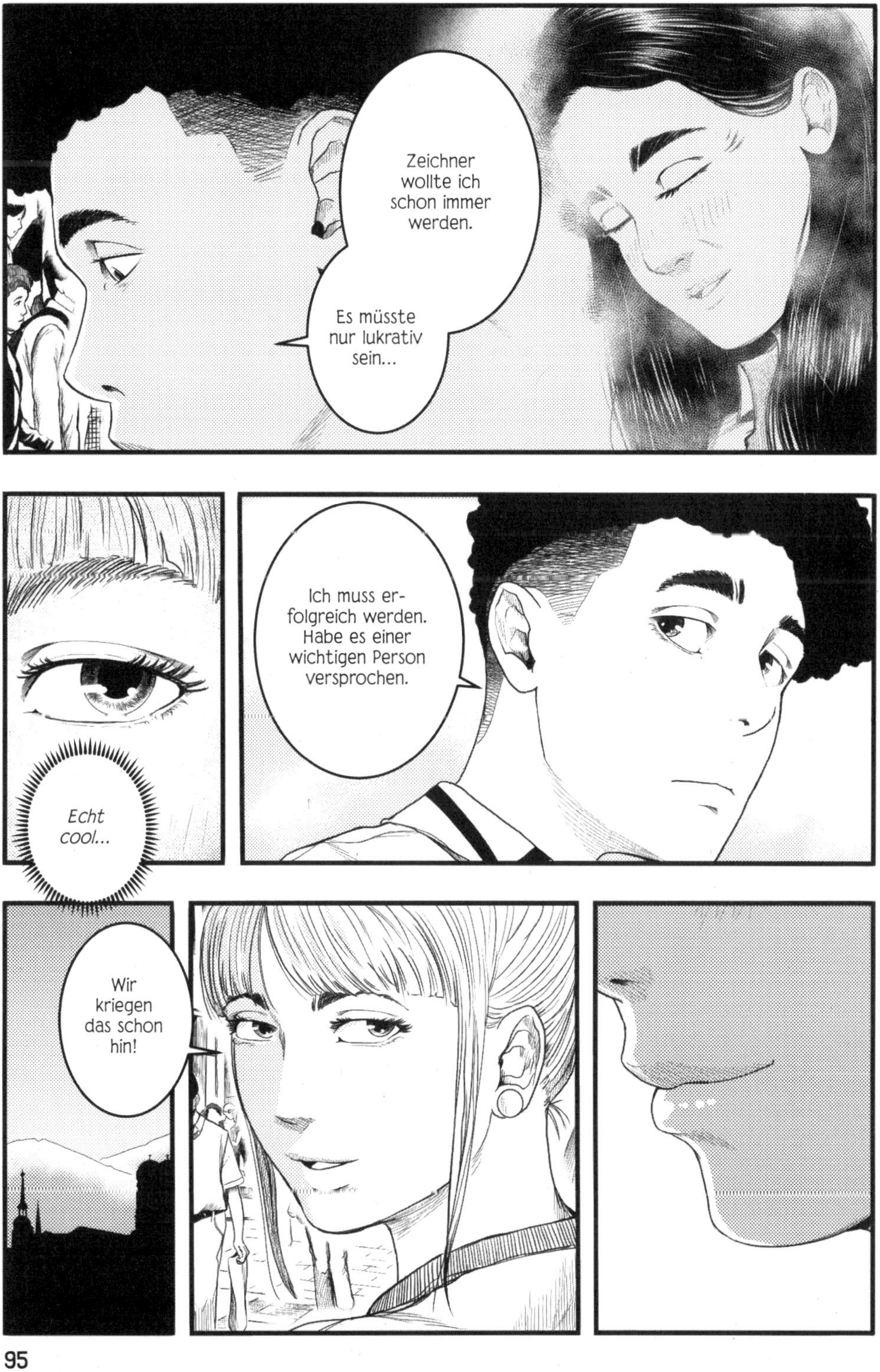
Zeichner wollte ich schon immer werden.
Es müsste nur lukrativ sein...
Ich muss erfolgreich werden. Habe es einer wichtigen Person versprochen.
Echt cool...
Wir kriegen das schon hin!

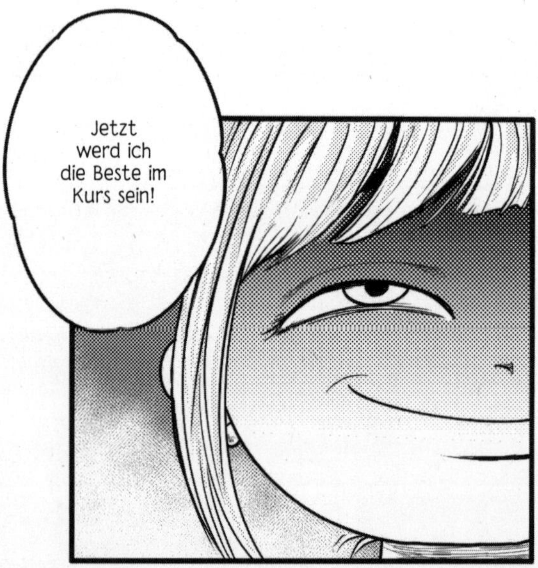
Jetzt werd ich die Beste im Kurs sein!

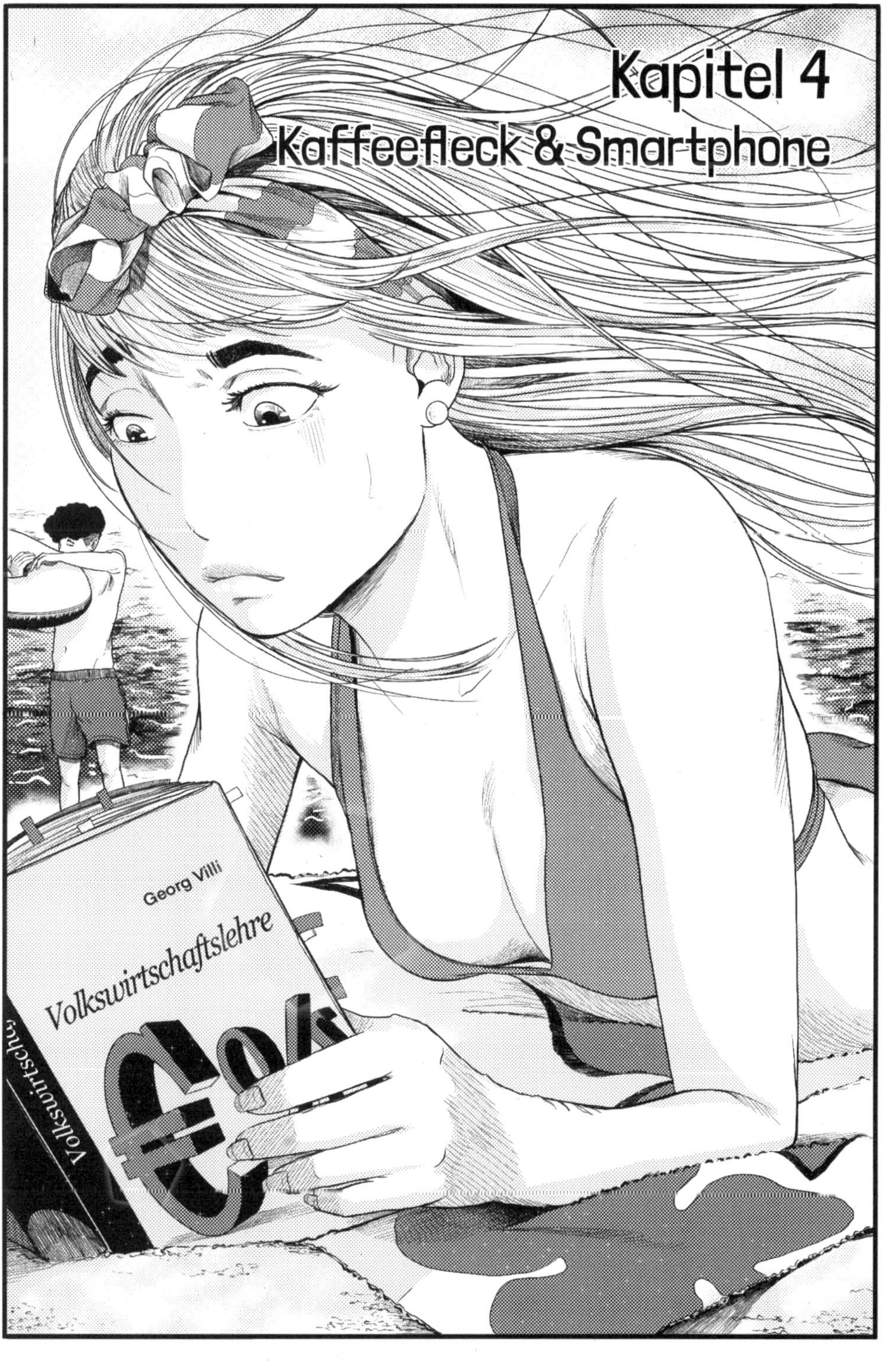
Kapitel 4
Kaffeefleck & Smartphone
Georg Villi
Volkswirtschaftslehre
Volkswirtschaf

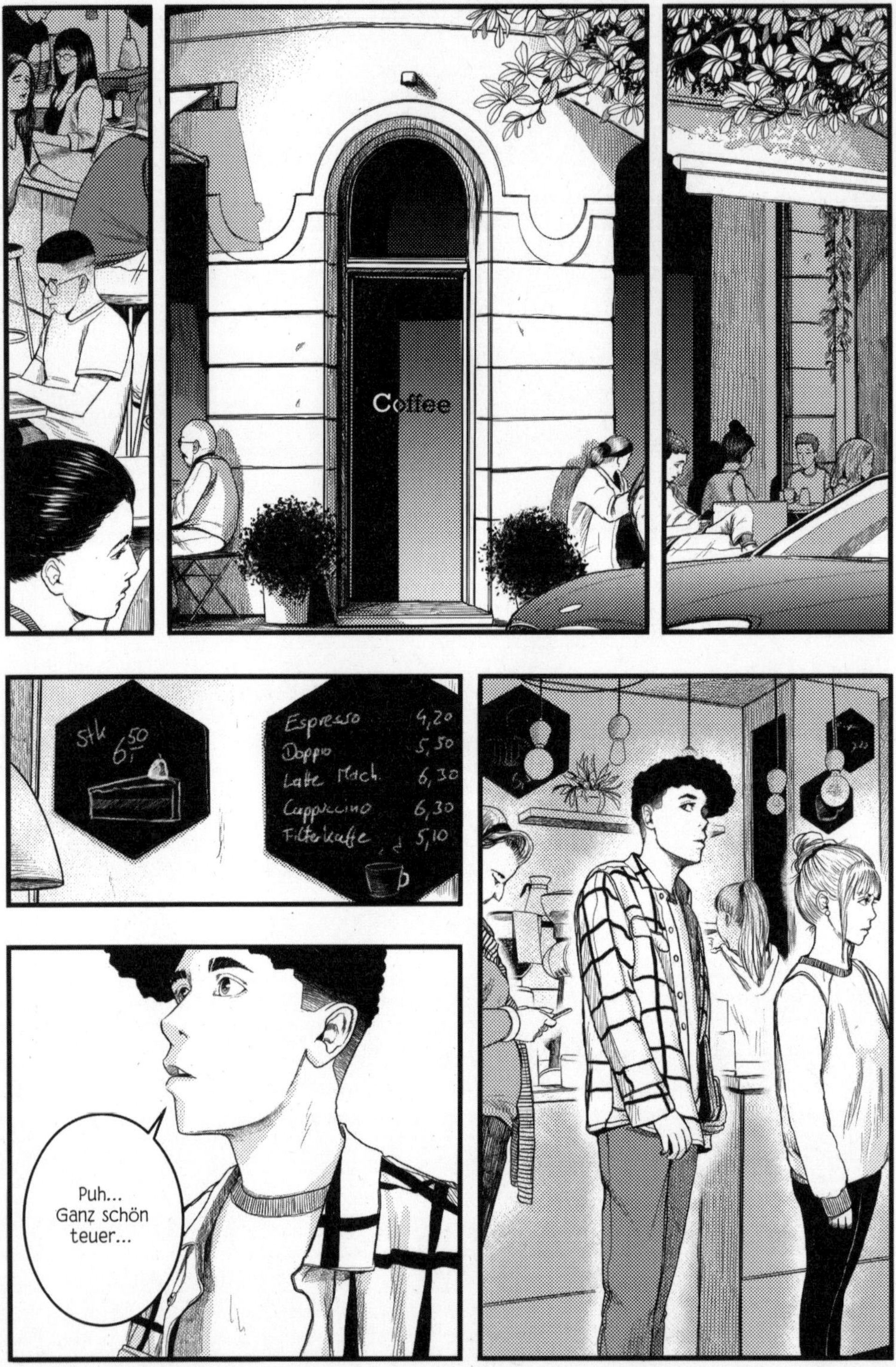
Coffee
Stk 6,50
Espresso 4,20
Doppio 5,50
Latte Mach. 6,30
Cappuccino 6,30
Filterkaffe 5,10
Puh... Ganz schön teuer...

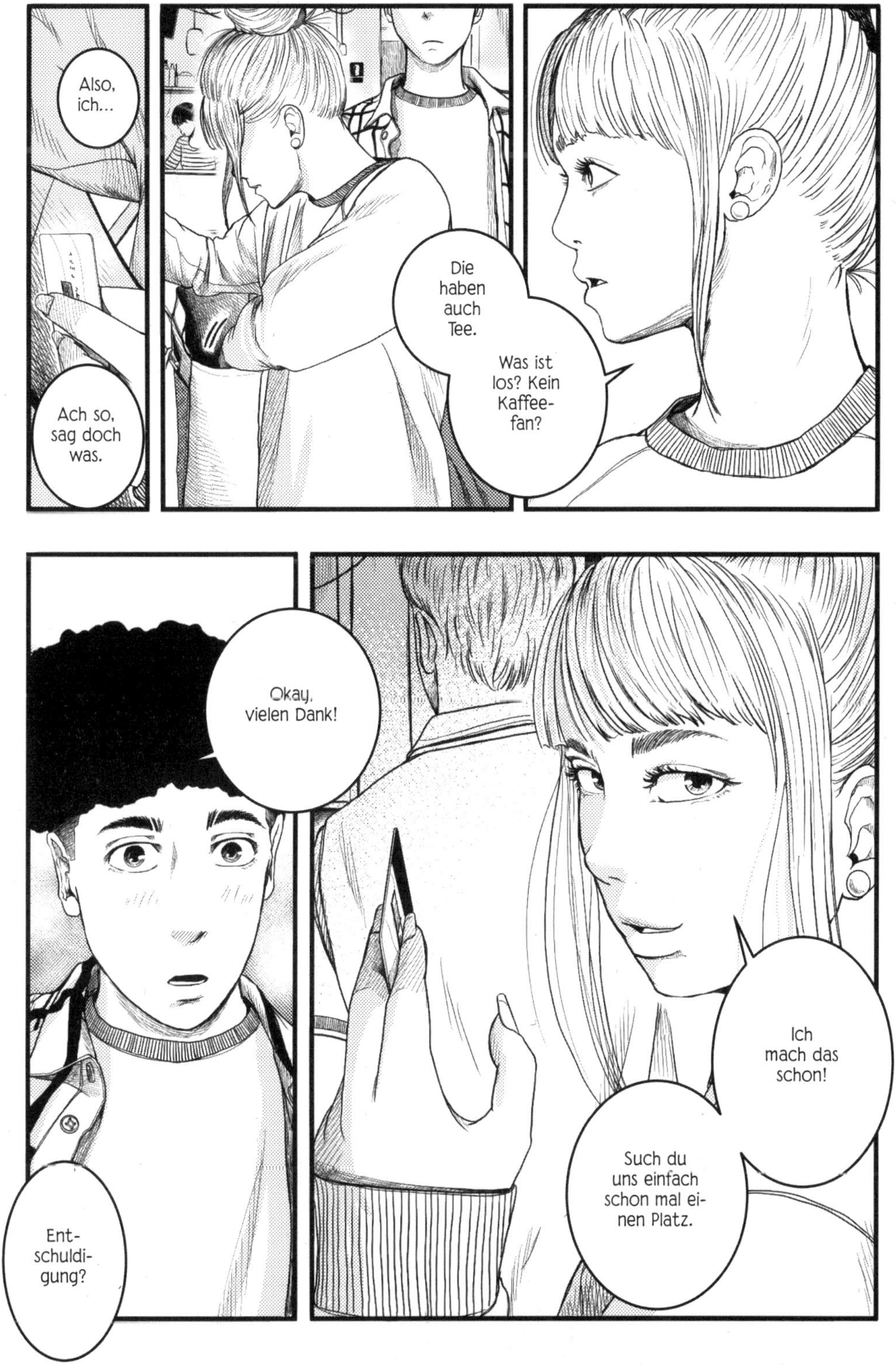

Die haben auch Tee.
Was ist los? Kein Kaffee-fan?
Also, ich…
Ach so, sag doch was.
Ich mach das schon!
Such du uns einfach schon mal ei-nen Platz.
Okay, vielen Dank!
Ent-schuldi-gung?

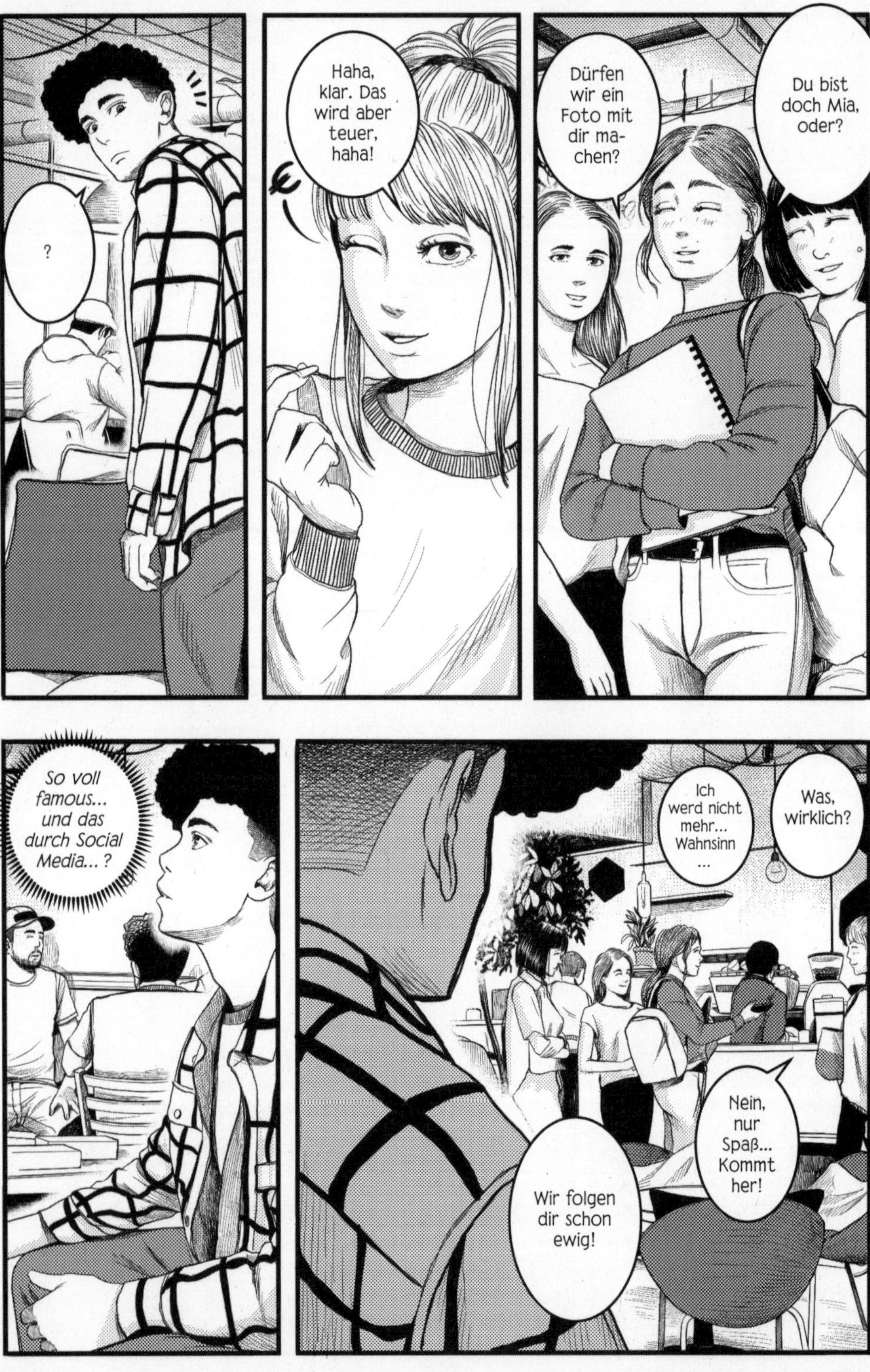

?
Haha, klar. Das wird aber teuer, haha!
€
Du bist doch Mia, oder?
Dürfen wir ein Foto mit dir ma-chen?
So voll famous... und das durch Social Media...?
Was, wirklich?
Ich werd nicht mehr... Wahnsinn ...
Nein, nur Spaß... Kommt her!
Wir folgen dir schon ewig!

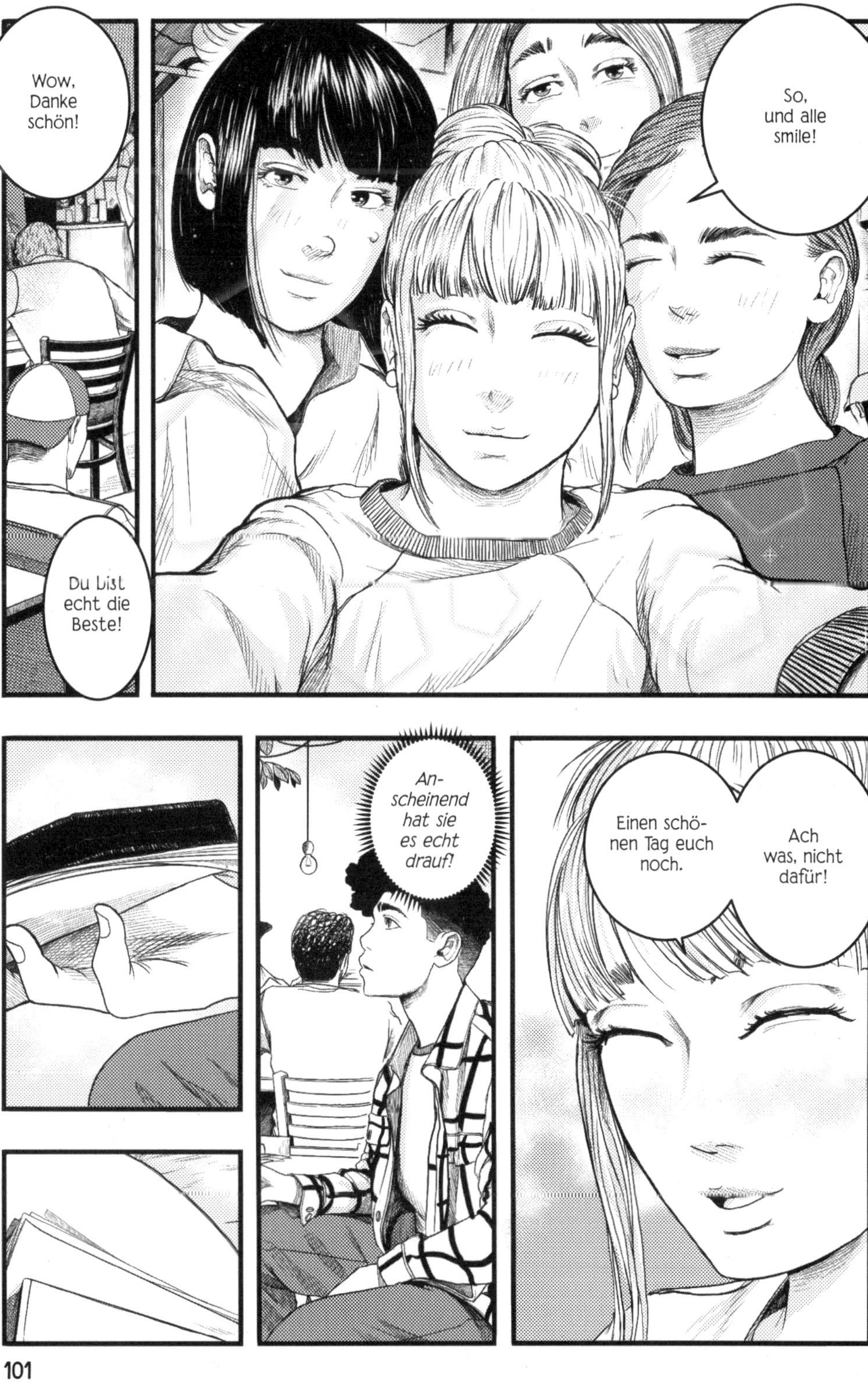
So, und alle smile!
Wow, Danke schön!
Du bist echt die Beste!
Ach was, nicht dafür!
Einen schö-nen Tag euch noch.
An-scheinend hat sie es echt drauf!

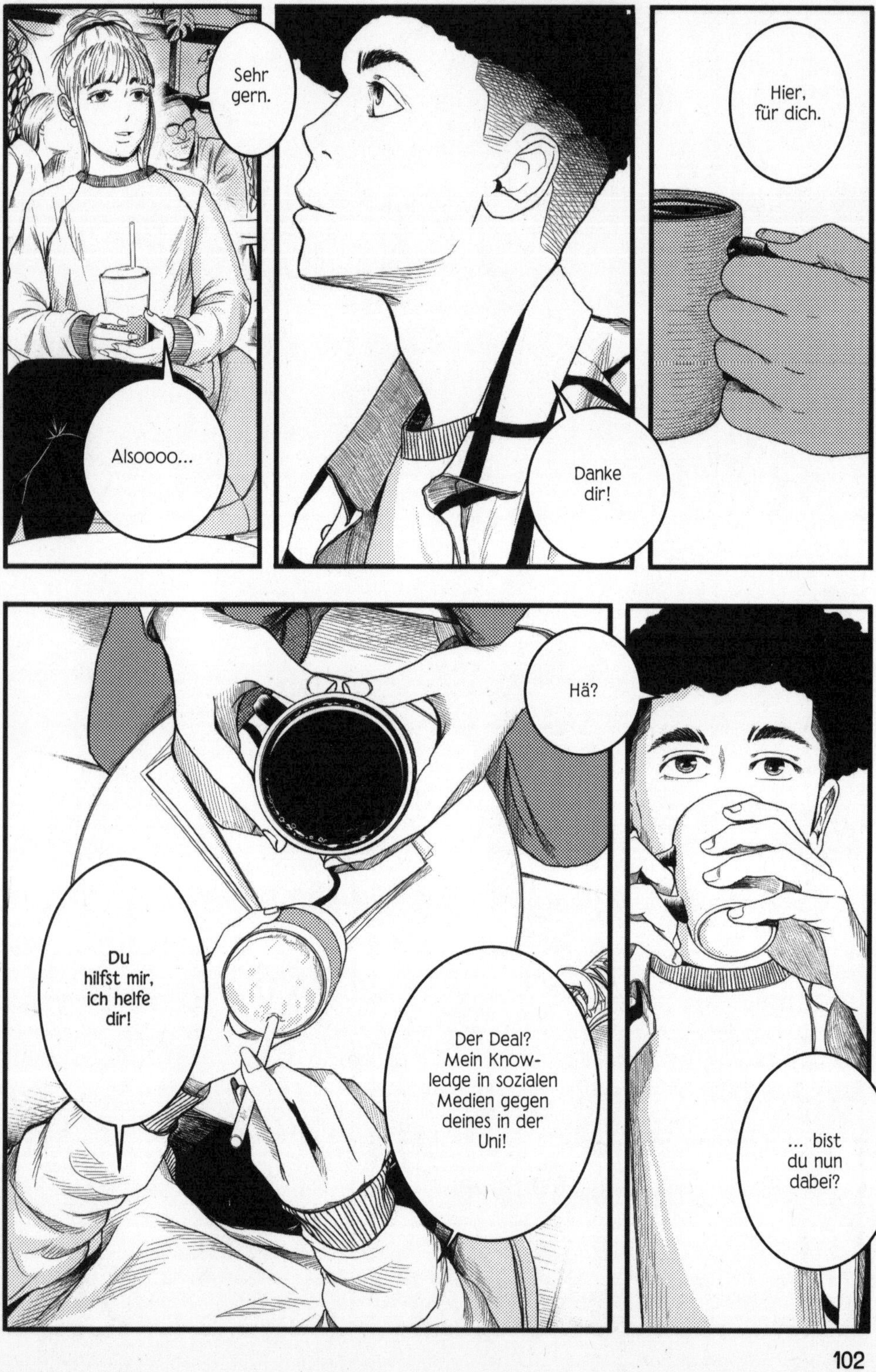

Sehr gern.
Alsoooo...
Danke dir!
Hier, für dich.
Du hilfst mir, ich helfe dir!
Der Deal? Mein Know-ledge in sozialen Medien gegen deines in der Uni!
Hä?
... bist du nun dabei?

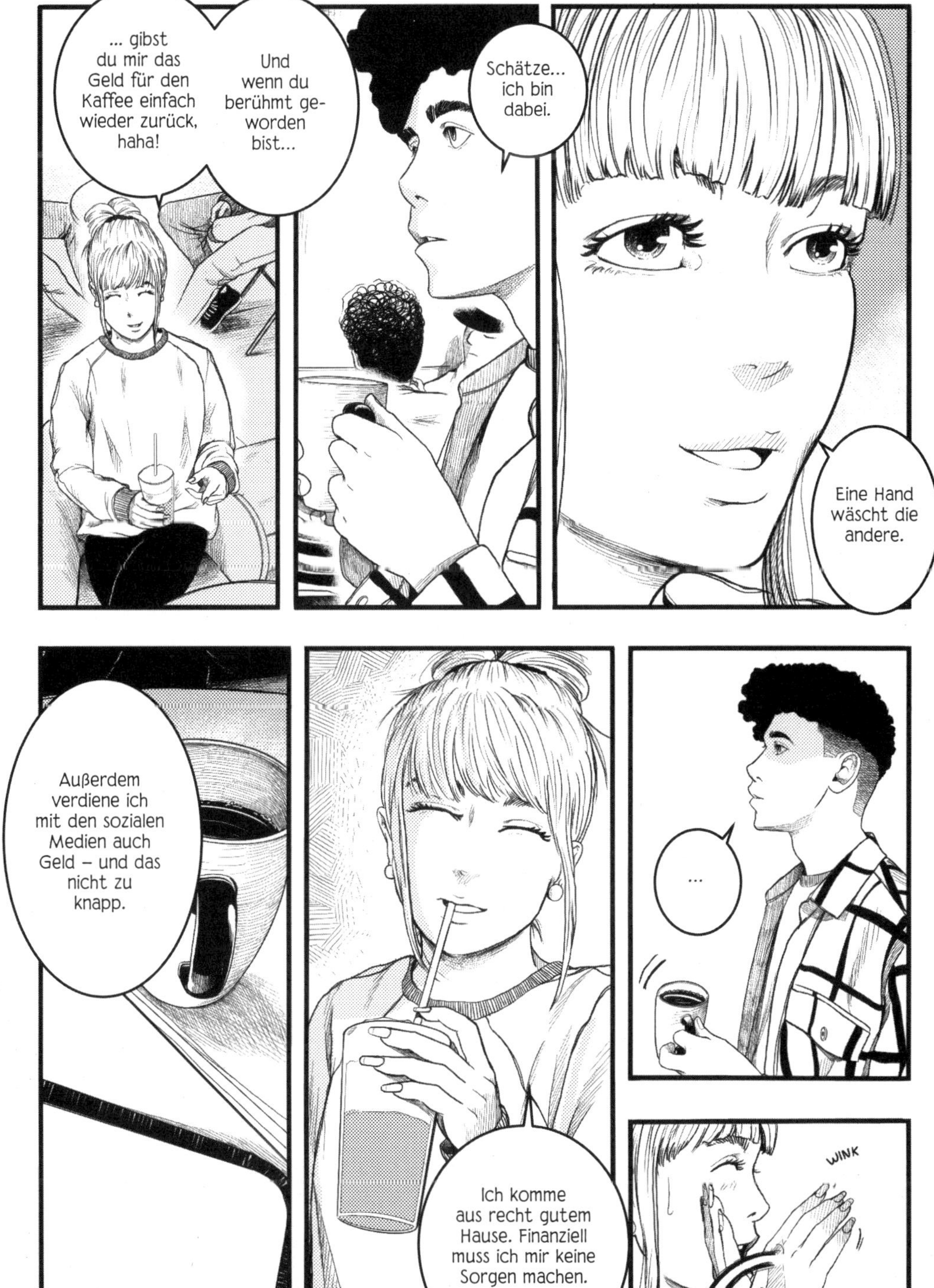
Und wenn du berühmt geworden bist...
... gibst du mir das Geld für den Kaffee einfach wieder zurück, haha!
Schätze... ich bin dabei.
Eine Hand wäscht die andere.
Außerdem verdiene ich mit den sozialen Medien auch Geld – und das nicht zu knapp.
Ich komme aus recht gutem Hause. Finanziell muss ich mir keine Sorgen machen.
...
WINK

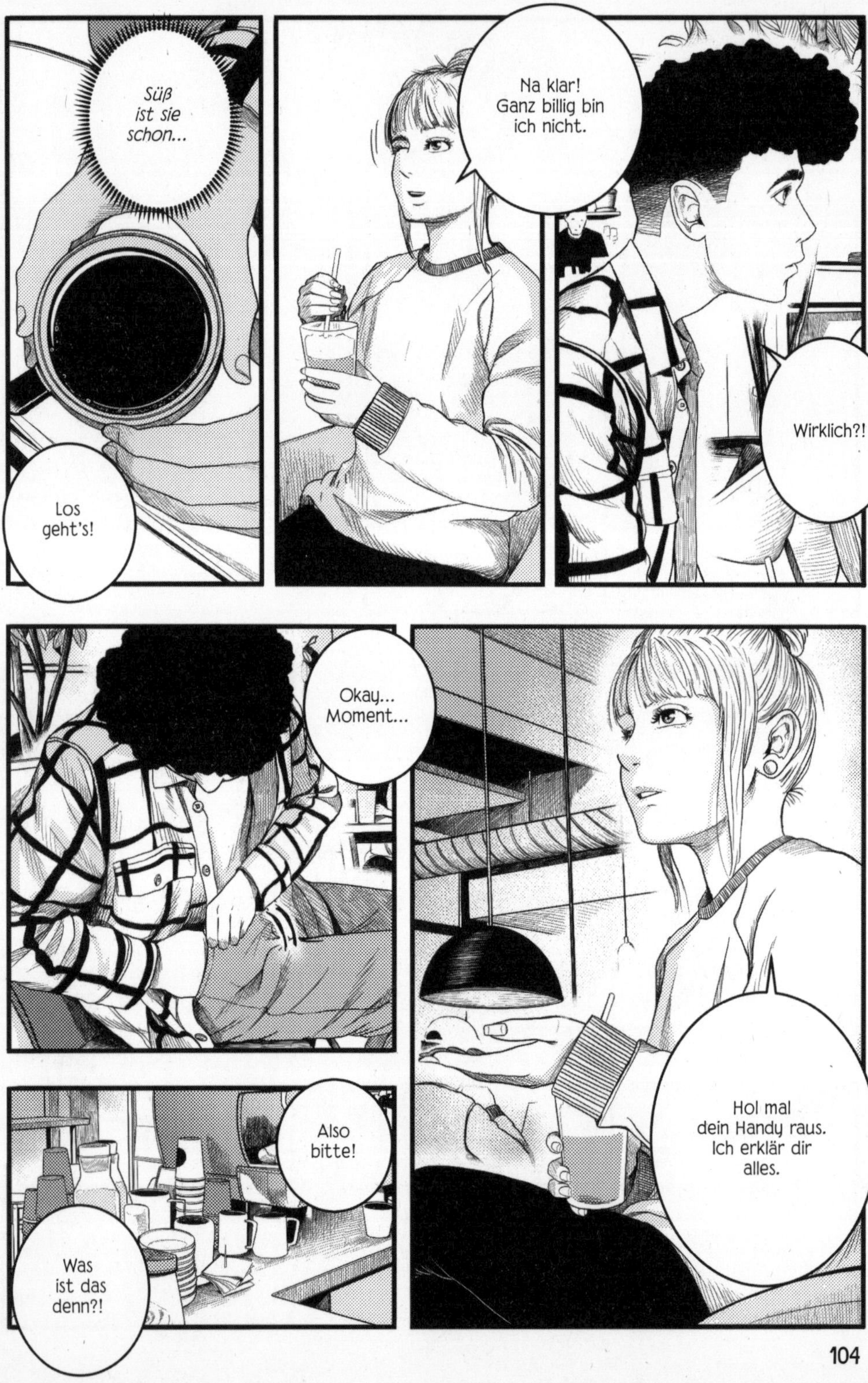
Süß ist sie schon...
Los geht's!
Na klar! Ganz billig bin ich nicht.
Wirklich?!
Okay... Moment...
Hol mal dein Handy raus. Ich erklär dir alles.
Also bitte!
Was ist das denn?!

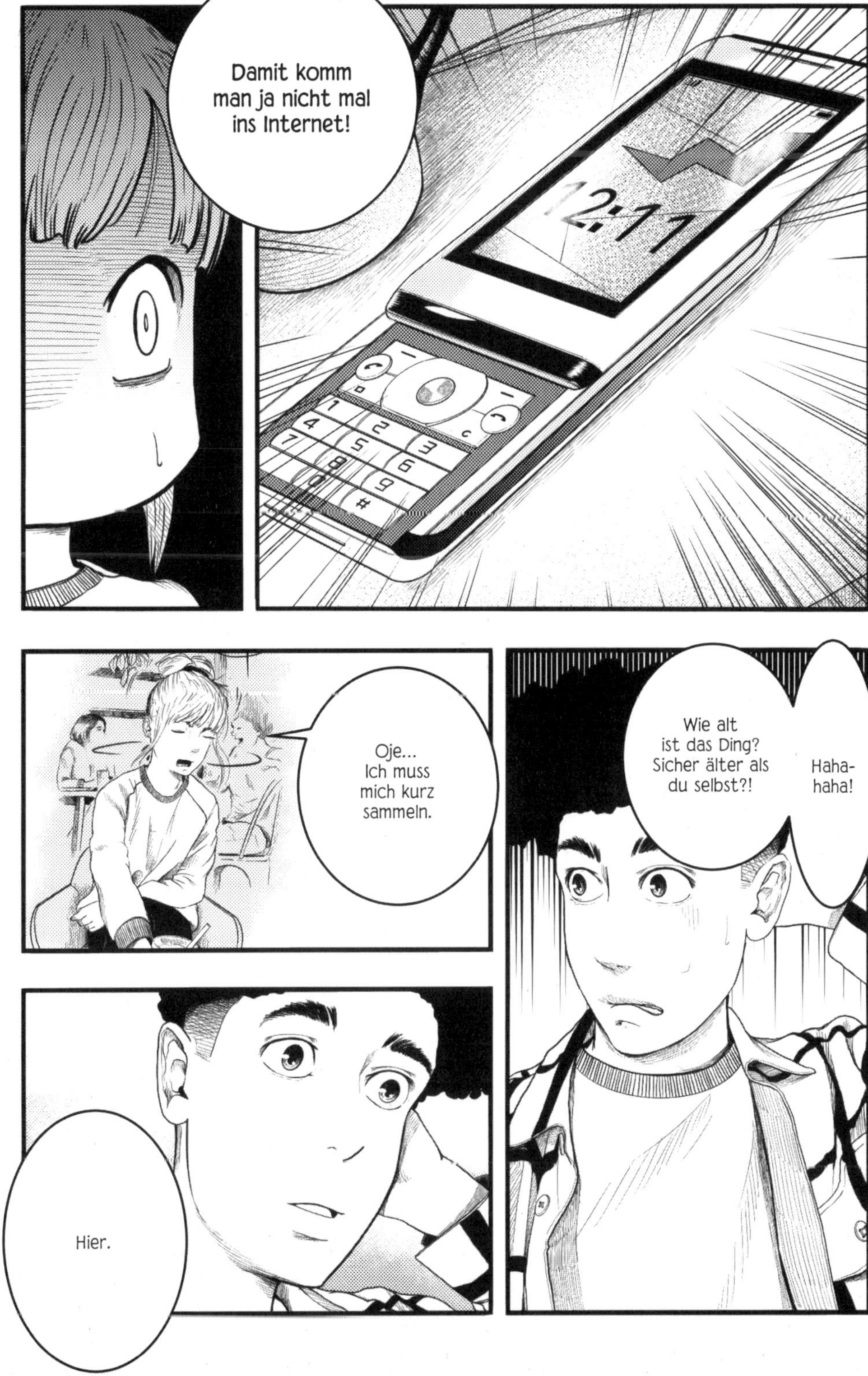
Damit komm man ja nicht mal ins Internet!
Wie alt ist das Ding? Sicher älter als du selbst?!
Haha-haha!
Oje... Ich muss mich kurz sammeln.
Hier.

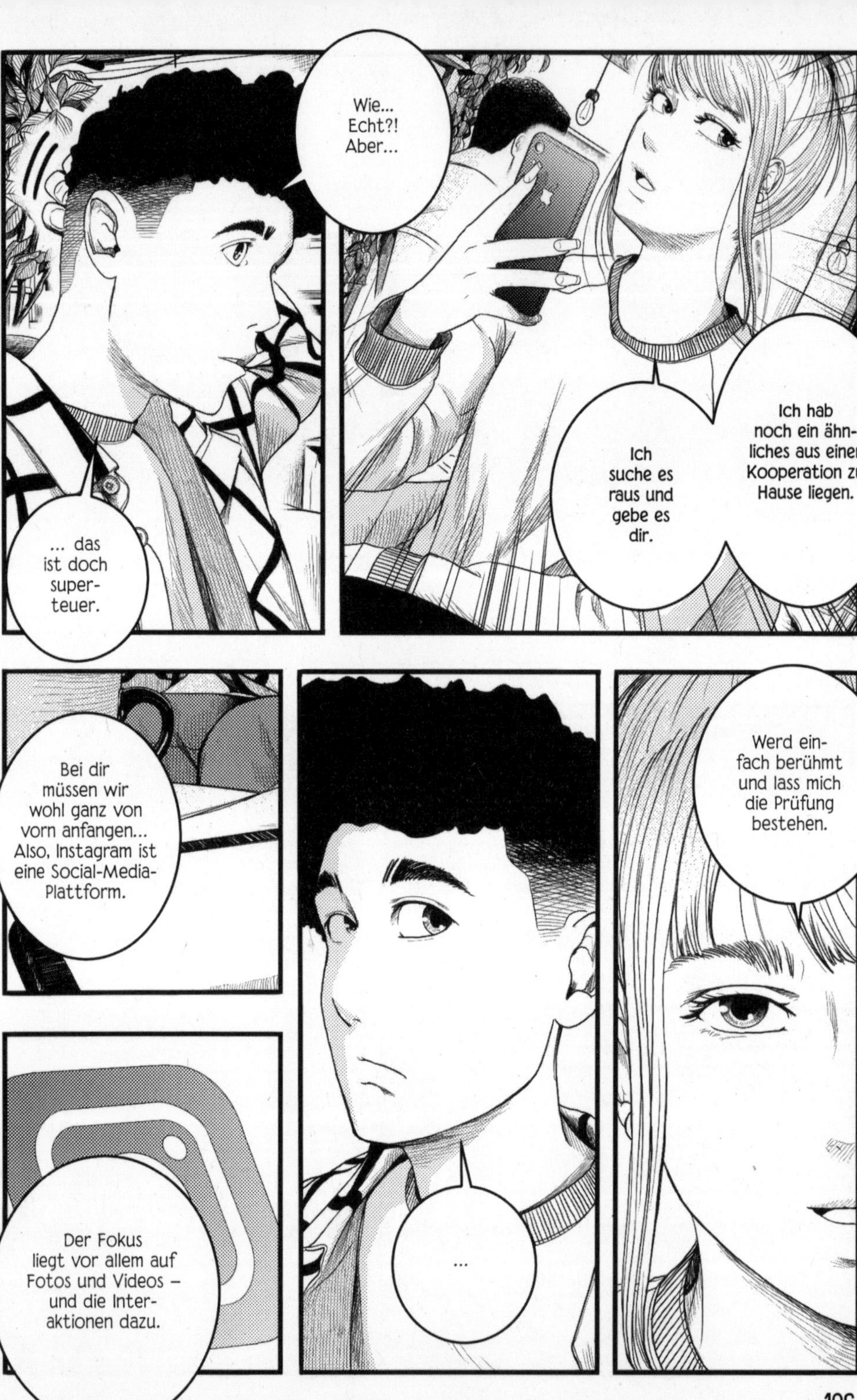
Wie... Echt?! Aber...
... das ist doch superteuer.
Ich hab noch ein ähnliches aus einer Kooperation zu Hause liegen.
Ich suche es raus und gebe es dir.
Werd einfach berühmt und lass mich die Prüfung bestehen.
...
Bei dir müssen wir wohl ganz von vorn anfangen... Also, Instagram ist eine Social-Media-Plattform.
Der Fokus liegt vor allem auf Fotos und Videos – und die Interaktionen dazu.

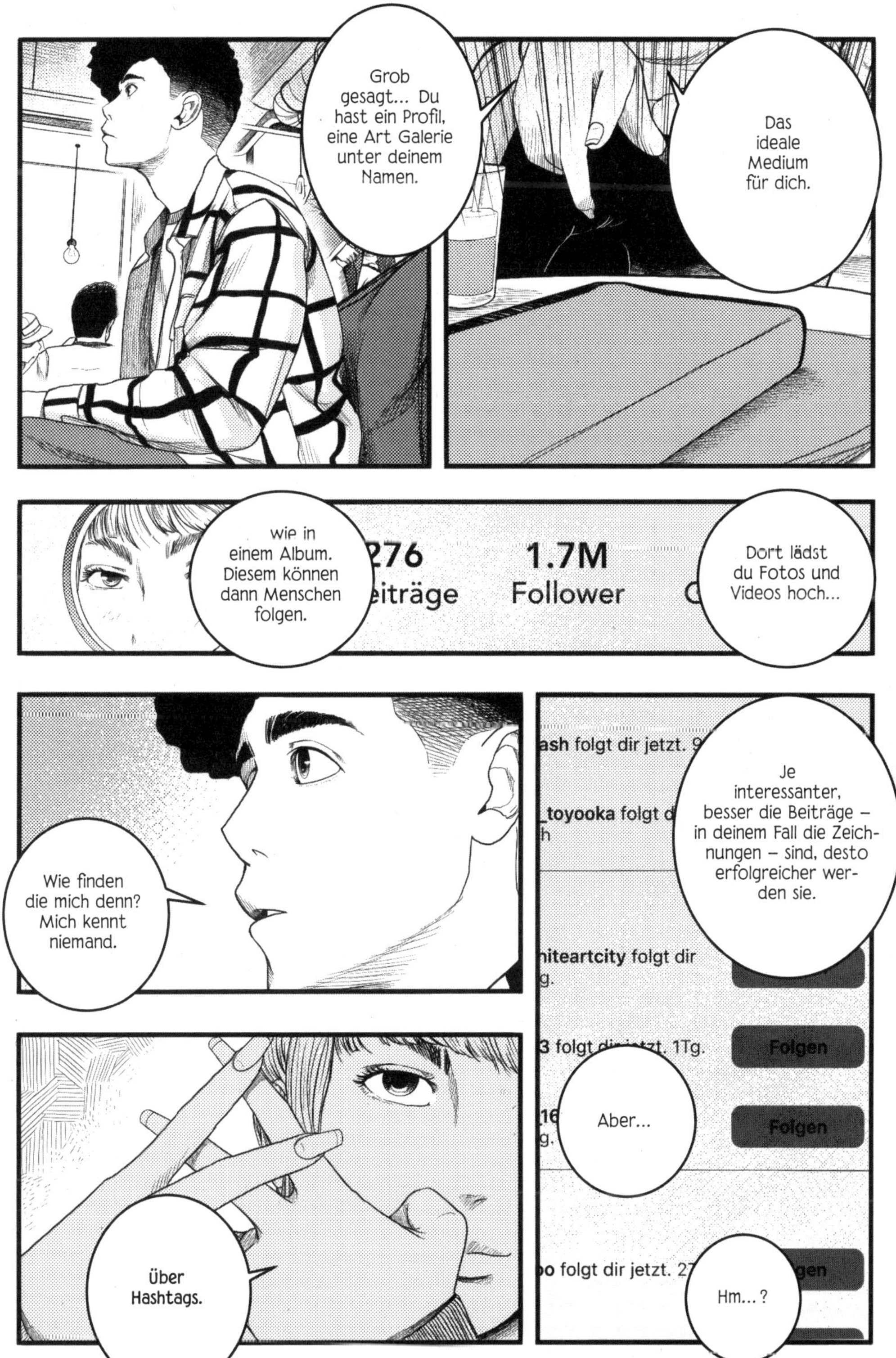
Das ideale Medium für dich.
Grob gesagt... Du hast ein Profil, eine Art Galerie unter deinem Namen.
Dort lädst du Fotos und Videos hoch...
276 Beiträge
1.7M Follower
wie in einem Album. Diesem können dann Menschen folgen.
ash folgt dir jetzt.
_toyooka folgt d
iteartcity folgt dir
3 folgt dir jetzt. 1Tg.
Folgen
Folgen
o folgt dir jetzt.
Je interessanter, besser die Beiträge – in deinem Fall die Zeichnungen – sind, desto erfolgreicher werden sie.
Wie finden die mich denn? Mich kennt niemand.
Aber...
Hm...?
Über Hashtags.

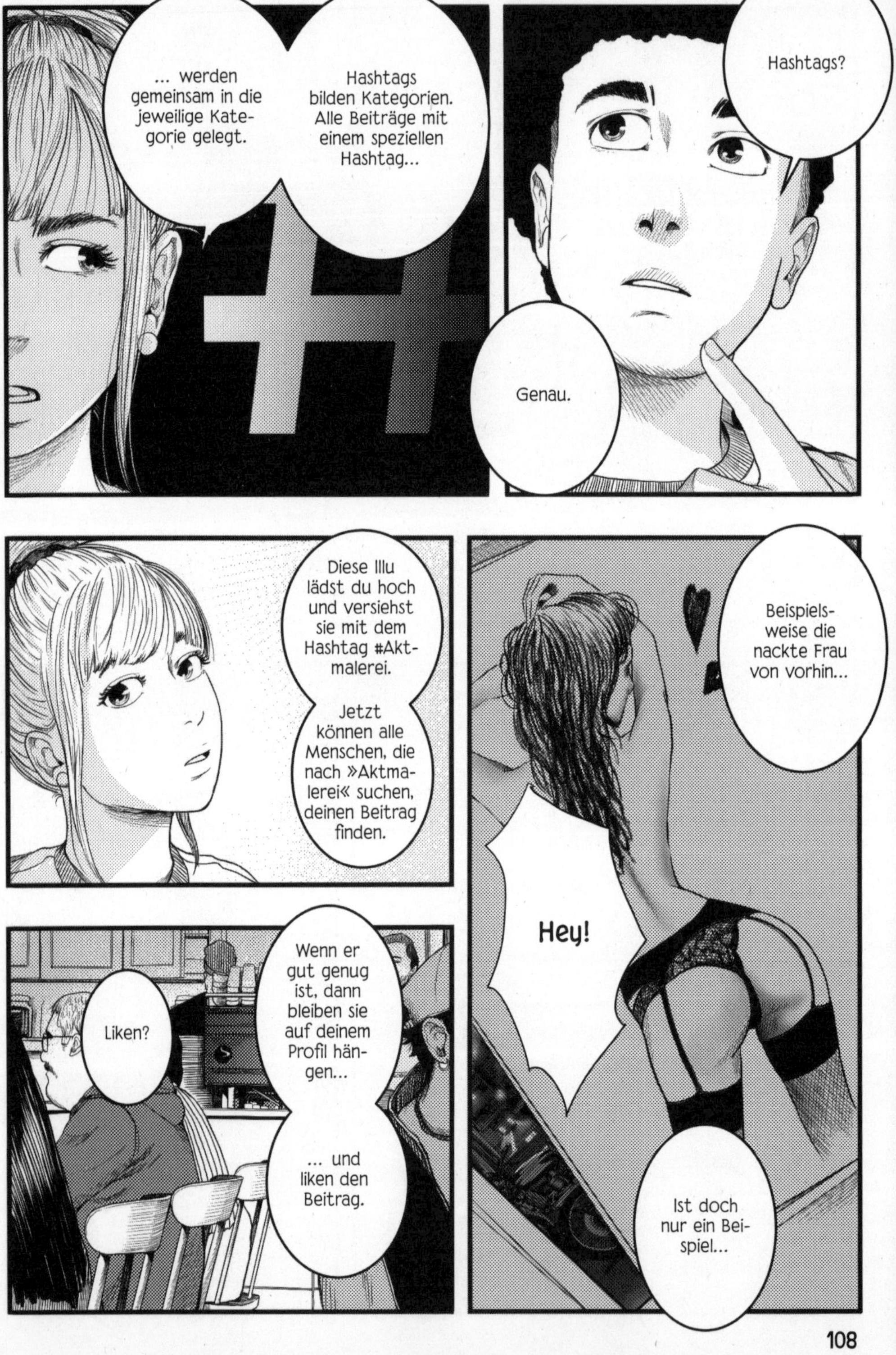
Hashtags?
Genau.
Hashtags bilden Kategorien. Alle Beiträge mit einem speziellen Hashtag...
... werden gemeinsam in die jeweilige Kategorie gelegt.
Beispielsweise die nackte Frau von vorhin...
Hey!
Ist doch nur ein Beispiel...
Diese Illu lädst du hoch und versiehst sie mit dem Hashtag #Aktmalerei.
Jetzt können alle Menschen, die nach »Aktmalerei« suchen, deinen Beitrag finden.
Wenn er gut genug ist, dann bleiben sie auf deinem Profil hängen...
... und liken den Beitrag.
Liken?

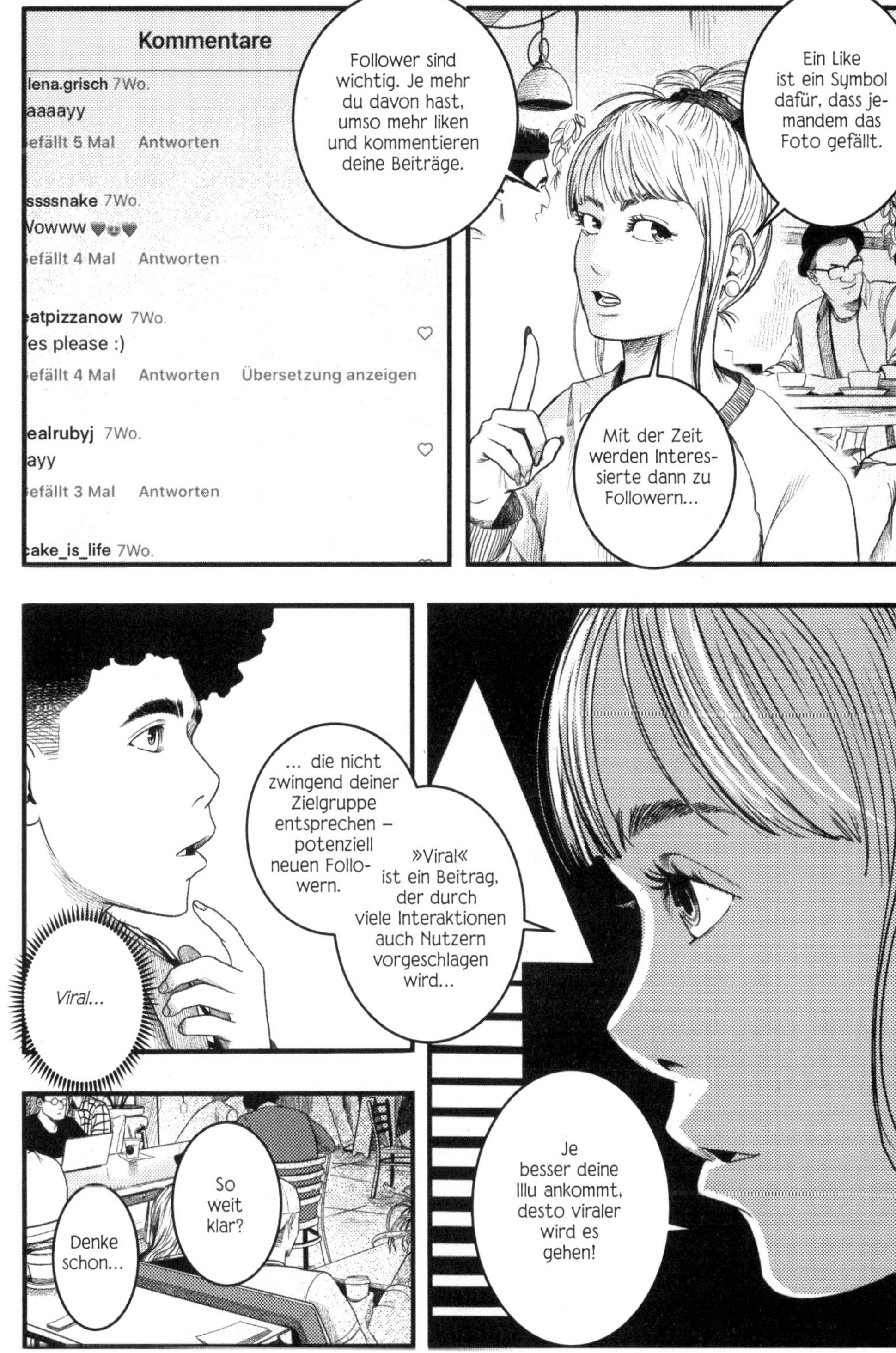
Kommentare
lena.grisch 7Wo.
aaaayy
efällt 5 Mal Antworten
ssssnake 7Wo.
Vowww
efällt 4 Mal Antworten
atpizzanow 7Wo.
'es please :)
efällt 4 Mal Antworten Übersetzung anzeigen
ealrubyj 7Wo.
ayy
efällt 3 Mal Antworten
ake_is_life 7Wo.
Ein Like ist ein Symbol dafür, dass jemandem das Foto gefällt.
Follower sind wichtig. Je mehr du davon hast, umso mehr liken und kommentieren deine Beiträge.
Mit der Zeit werden Interessierte dann zu Followern...
»Viral« ist ein Beitrag, der durch viele Interaktionen auch Nutzern vorgeschlagen wird...
... die nicht zwingend deiner Zielgruppe entsprechen – potenziell neuen Followern.
Viral...
Je besser deine Illu ankommt, desto viraler wird es gehen!
So weit klar?
Denke schon...

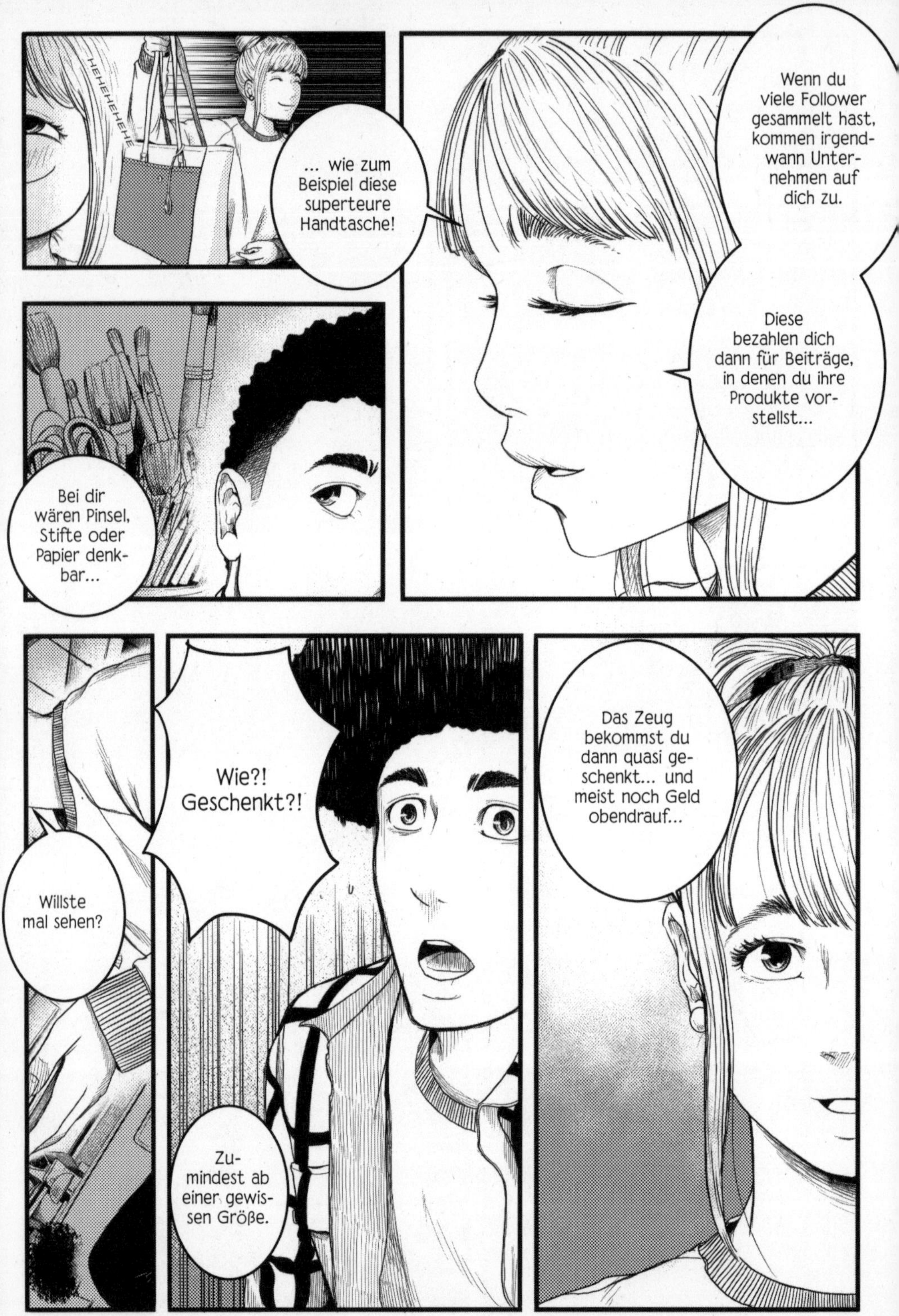
Wenn du viele Follower gesammelt hast, kommen irgendwann Unternehmen auf dich zu.
Diese bezahlen dich dann für Beiträge, in denen du ihre Produkte vorstellst...
... wie zum Beispiel diese superteure Handtasche!
HEHEHEHEHE
Bei dir wären Pinsel, Stifte oder Papier denkbar...
Das Zeug bekommst du dann quasi geschenkt... und meist noch Geld obendrauf...
Wie?! Geschenkt?!
Zumindest ab einer gewissen Größe.
Willste mal sehen?

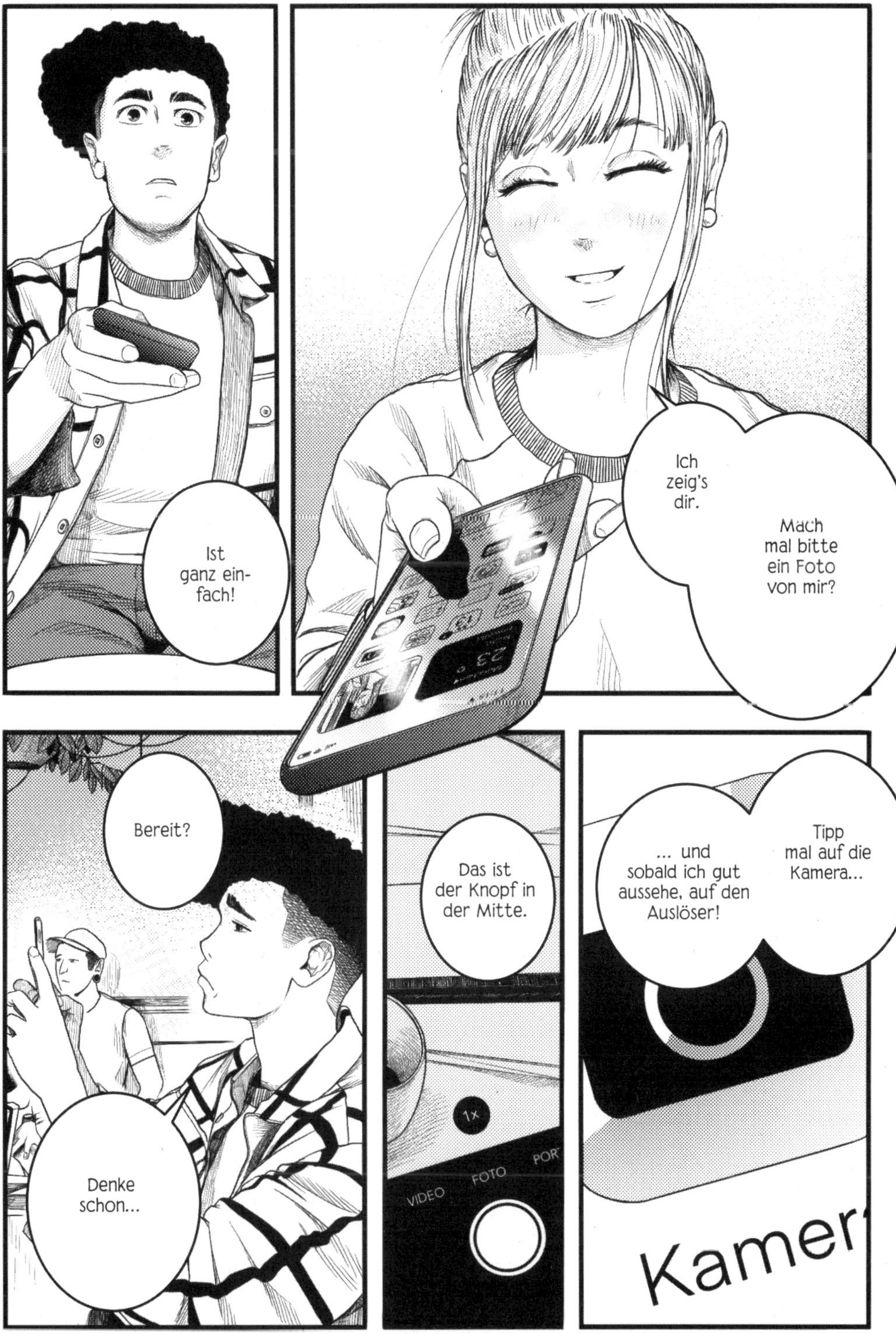
Mach mal bitte ein Foto von mir?
Ich zeig's dir.
Ist ganz ein-fach!
Tipp mal auf die Kamera...
... und sobald ich gut aussehe, auf den Auslöser!
Kamer
Das ist der Knopf in der Mitte.
1x
VIDEO
FOTO
POR
Bereit?
Denke schon...

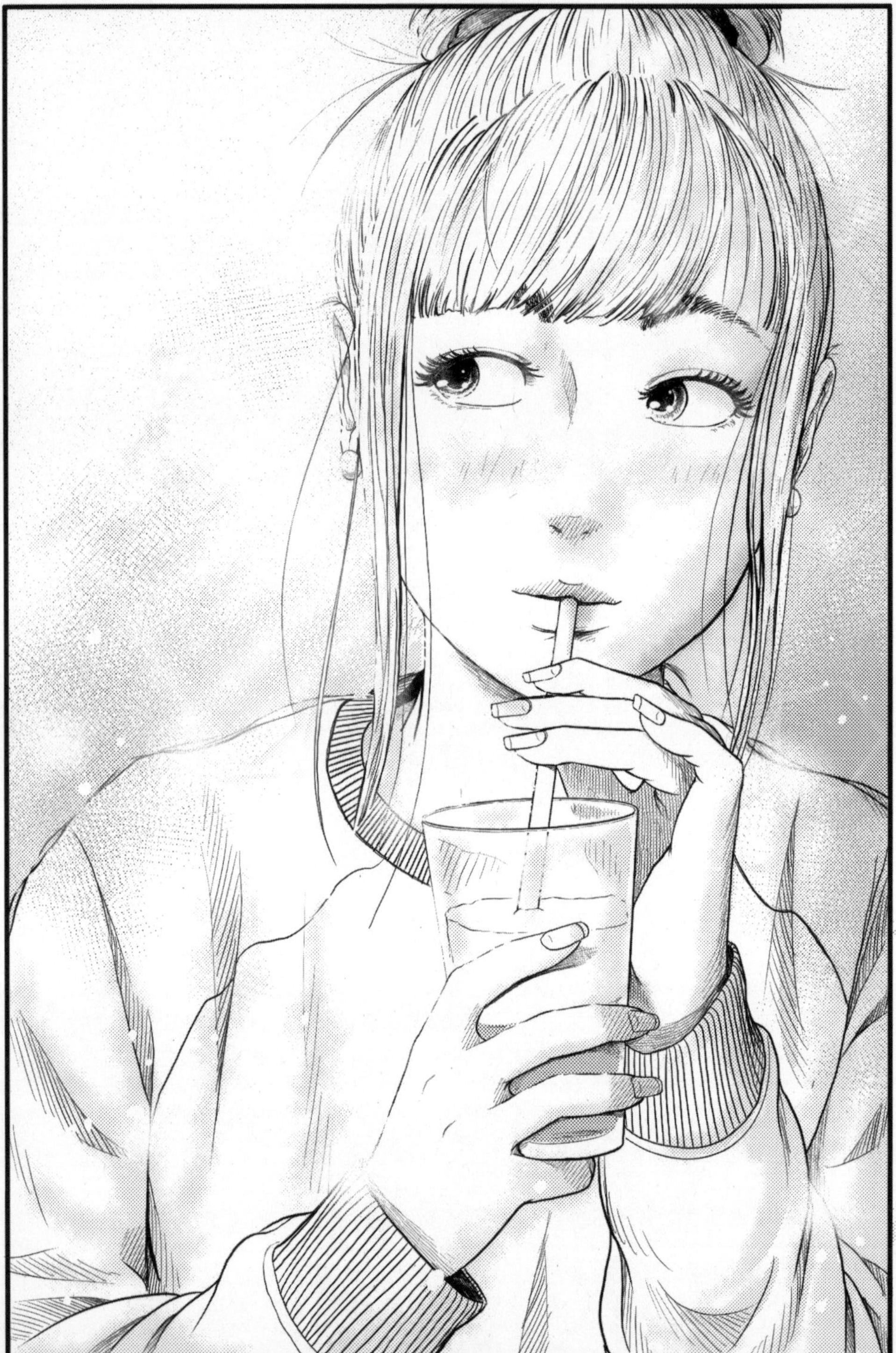

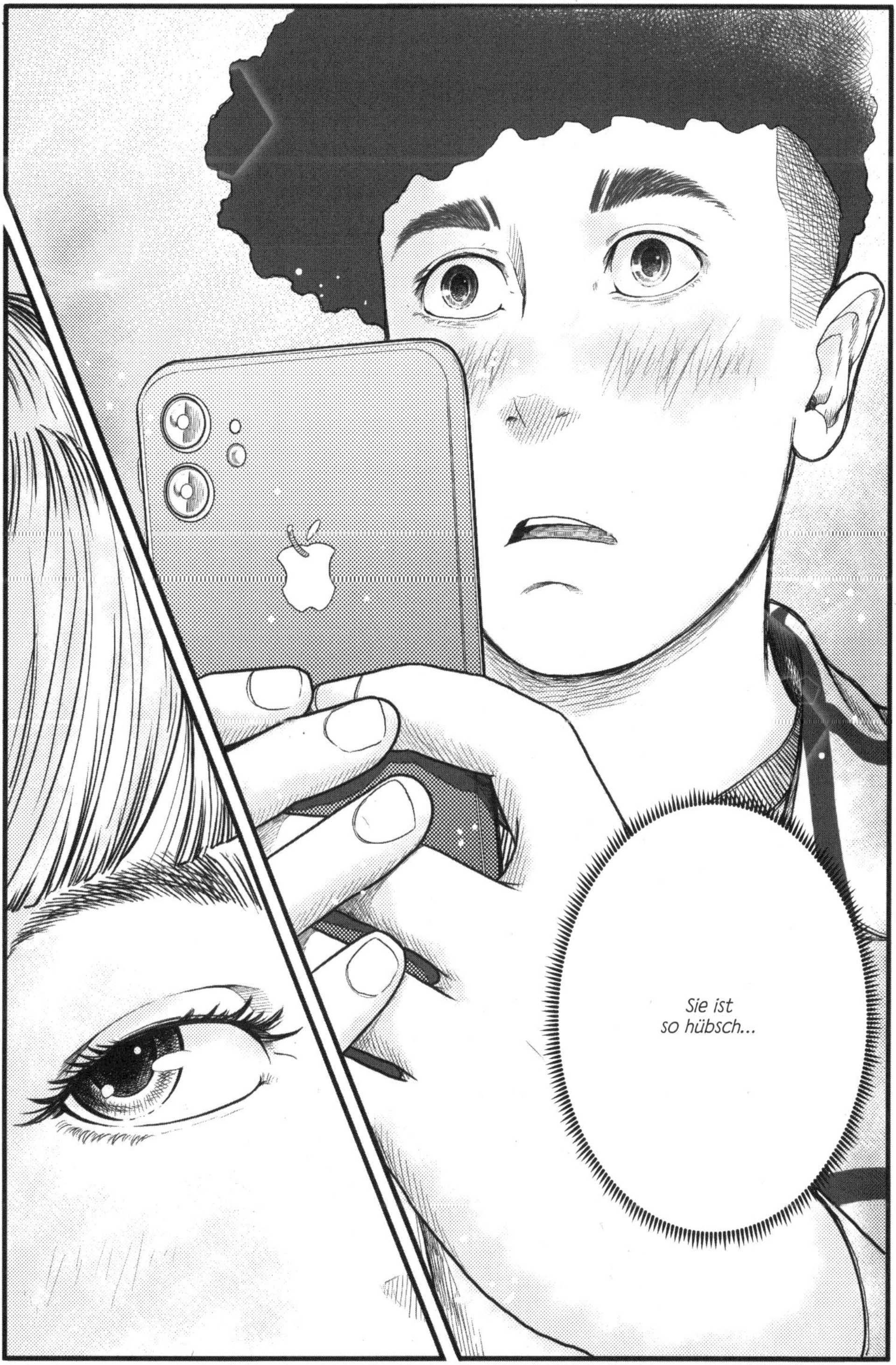
Sie ist
so hübsch...

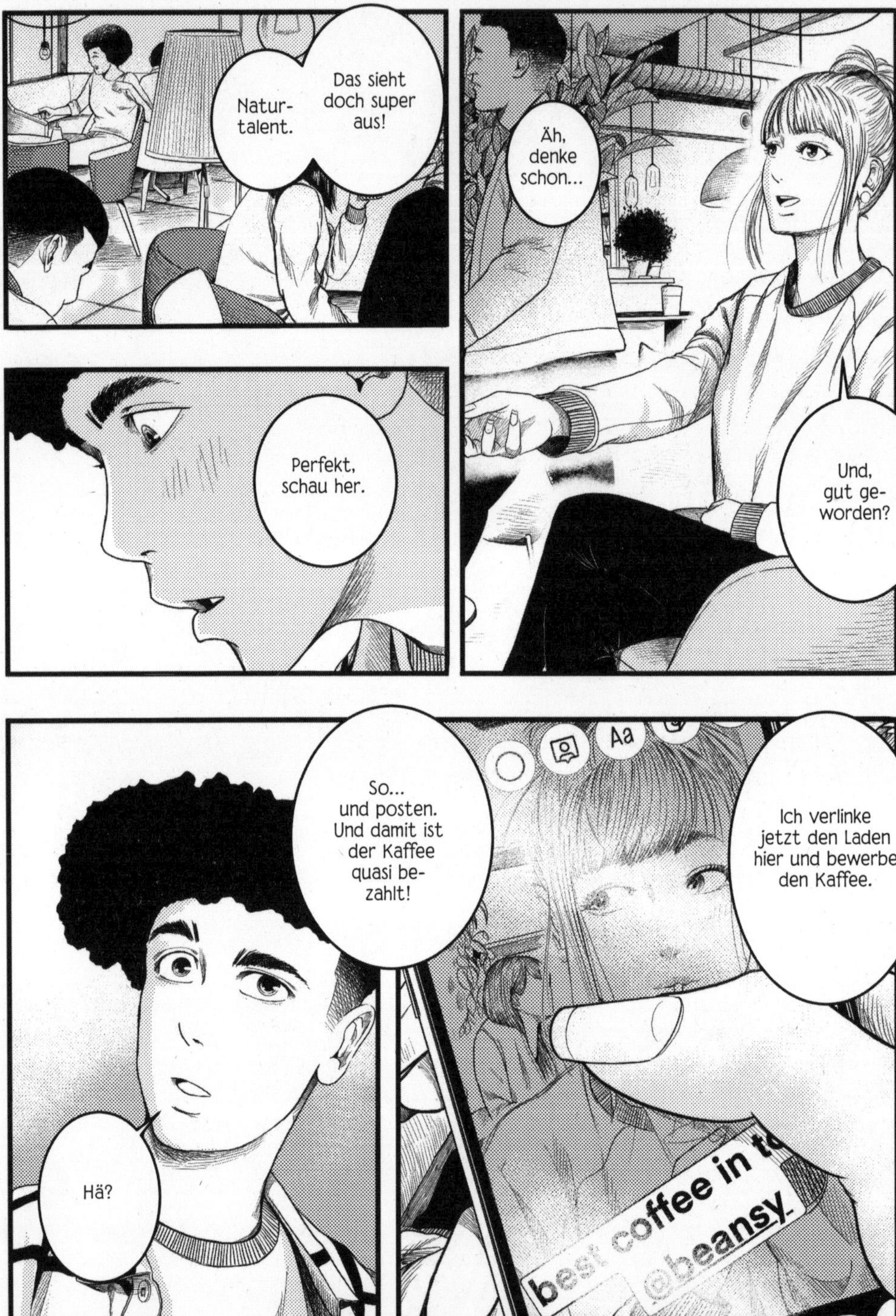
Äh, denke schon...
Das sieht doch super aus!
Natur-talent.
Und, gut ge-worden?
Perfekt, schau her.
Aa
Ich verlinke jetzt den Laden hier und bewerbe den Kaffee.
So... und posten. Und damit ist der Kaffee quasi be-zahlt!
@beansy
Enge Freunde
Hä?

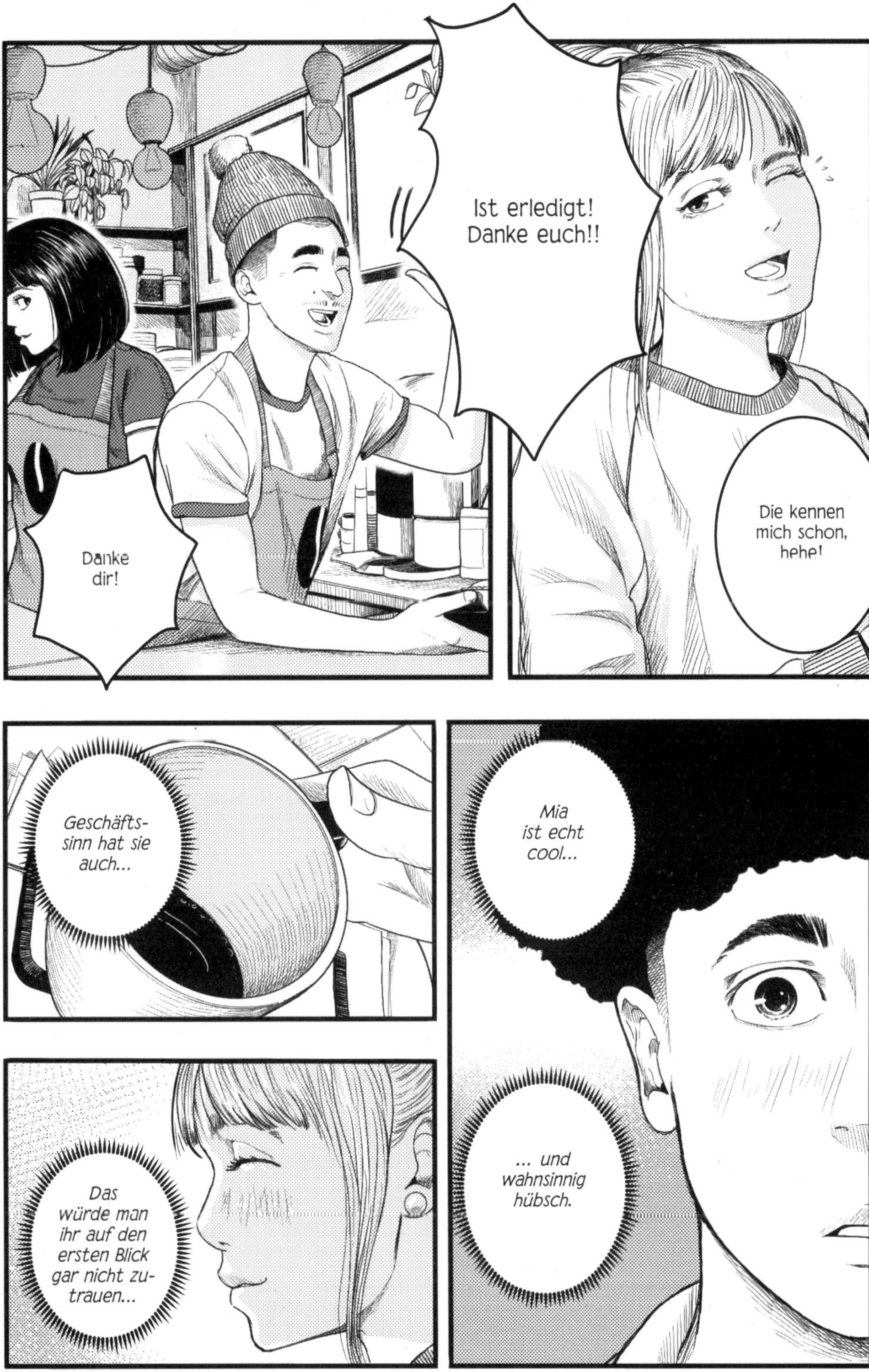
Ist erledigt! Danke euch!!
Danke dir!
Die kennen mich schon, hehe!
Geschäfts-sinn hat sie auch...
Mia ist echt cool...
... und wahnsinnig hübsch.
Das würde man ihr auf den ersten Blick gar nicht zu-trauen...

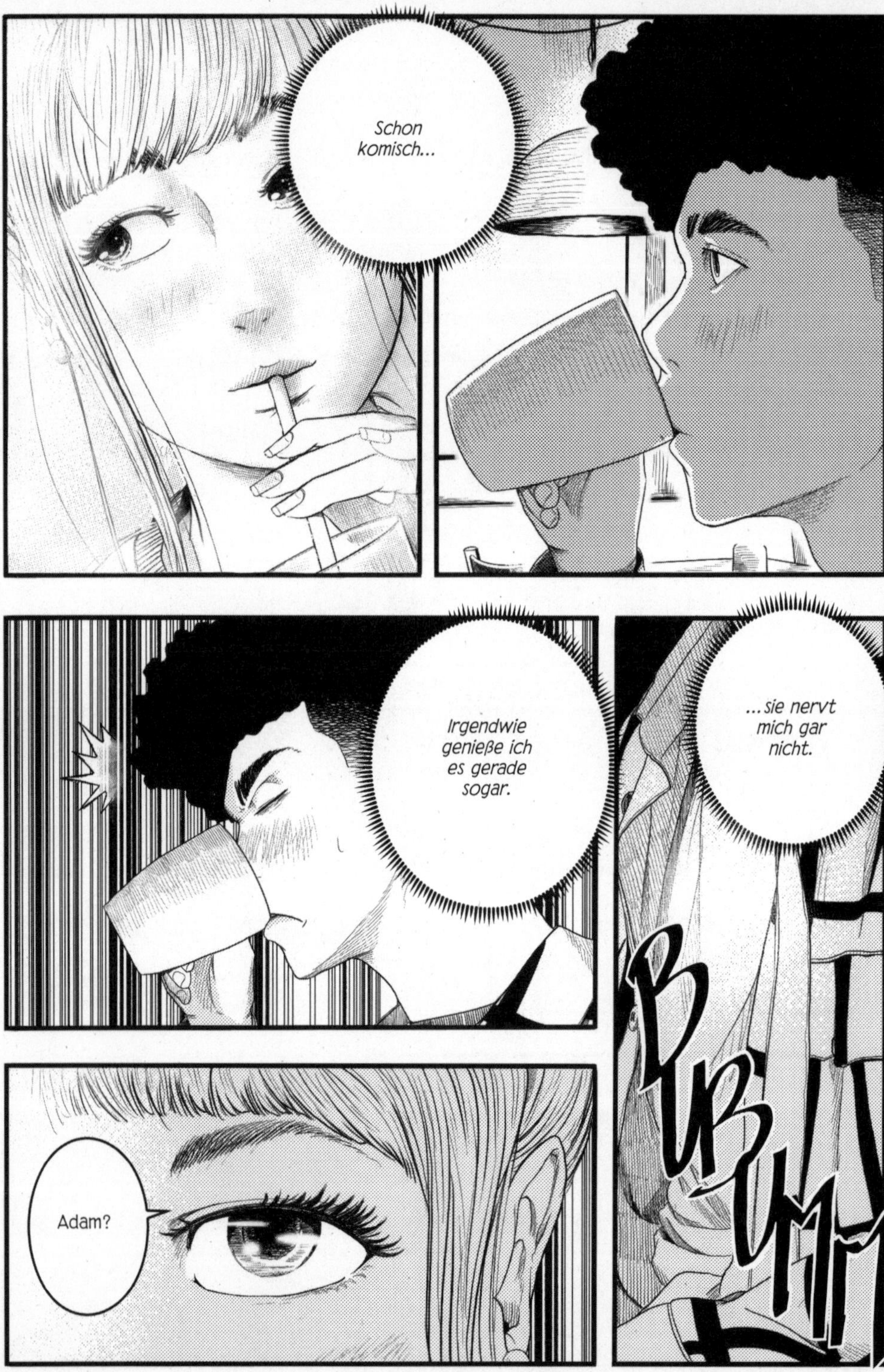
Schon komisch...
...sie nervt mich gar nicht.
Irgendwie genieße ich es gerade sogar.
BUBUMM
Adam?

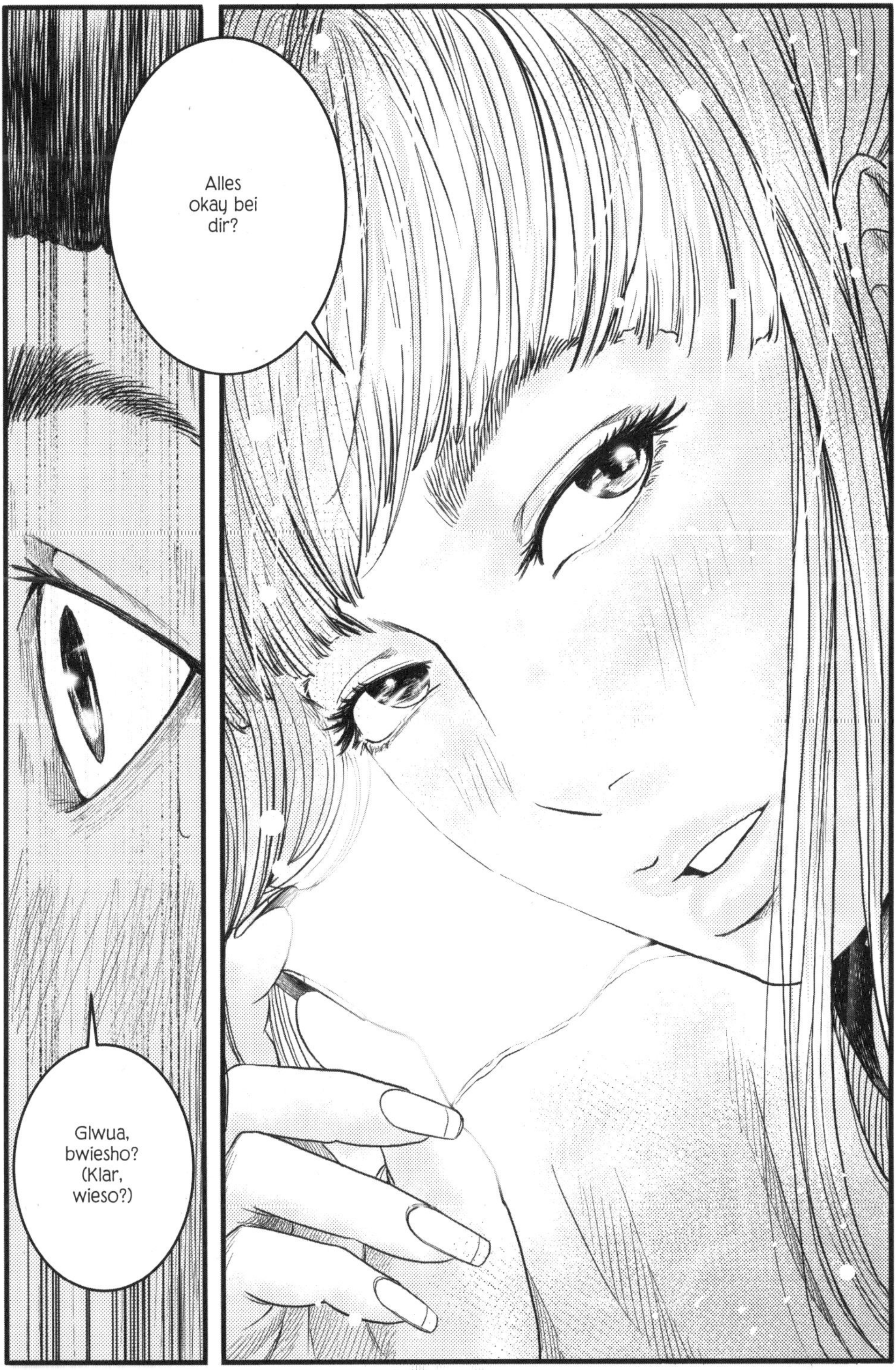
Alles okay bei dir?
Glwua, bwiesho? (Klar, wieso?)

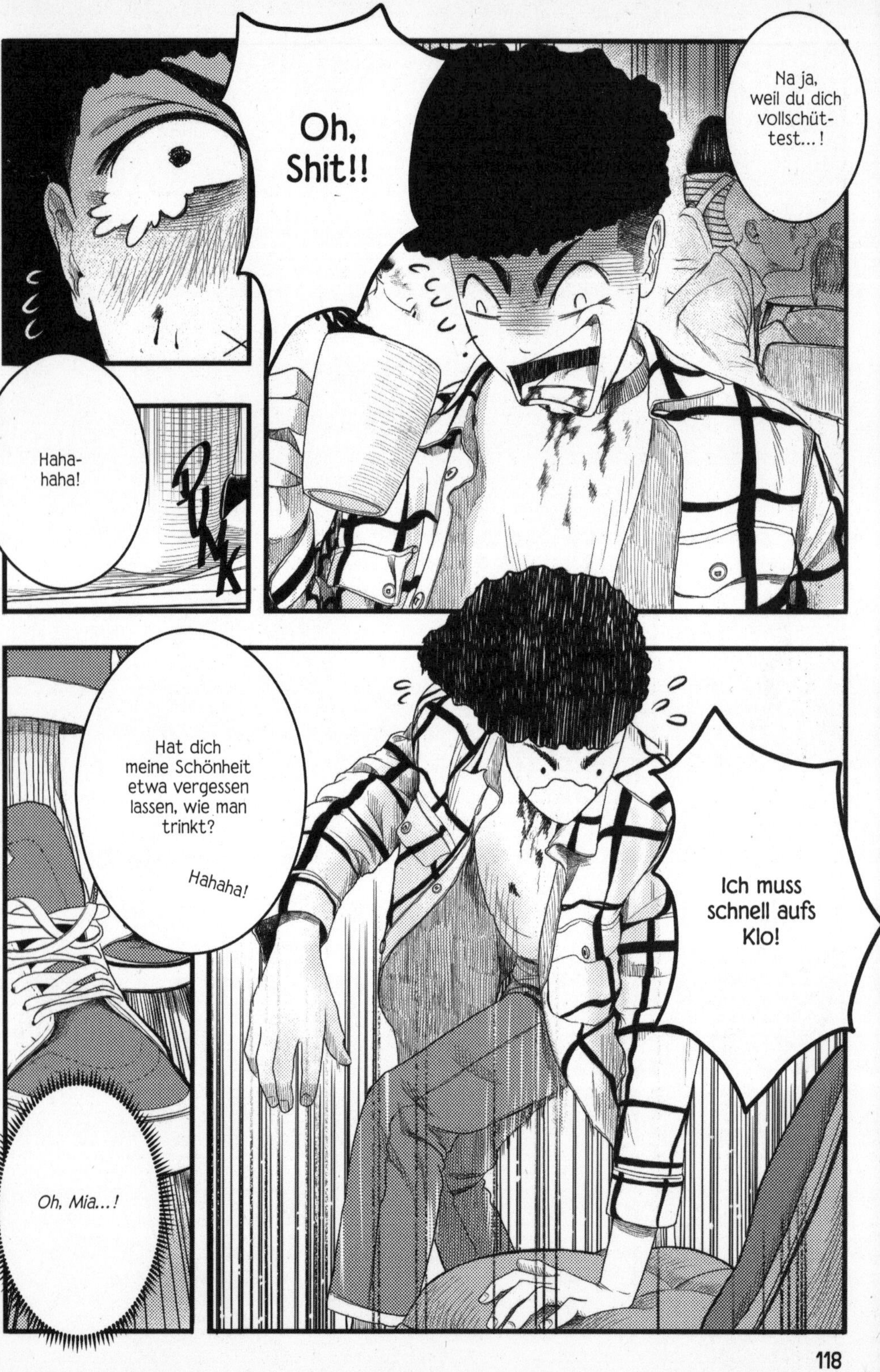
Na ja, weil du dich vollschüttest...!
Oh, Shit!!
Haha-haha!
Ich muss schnell aufs Klo!
Hat dich meine Schönheit etwa vergessen lassen, wie man trinkt?
Hahaha!
Oh, Mia...!

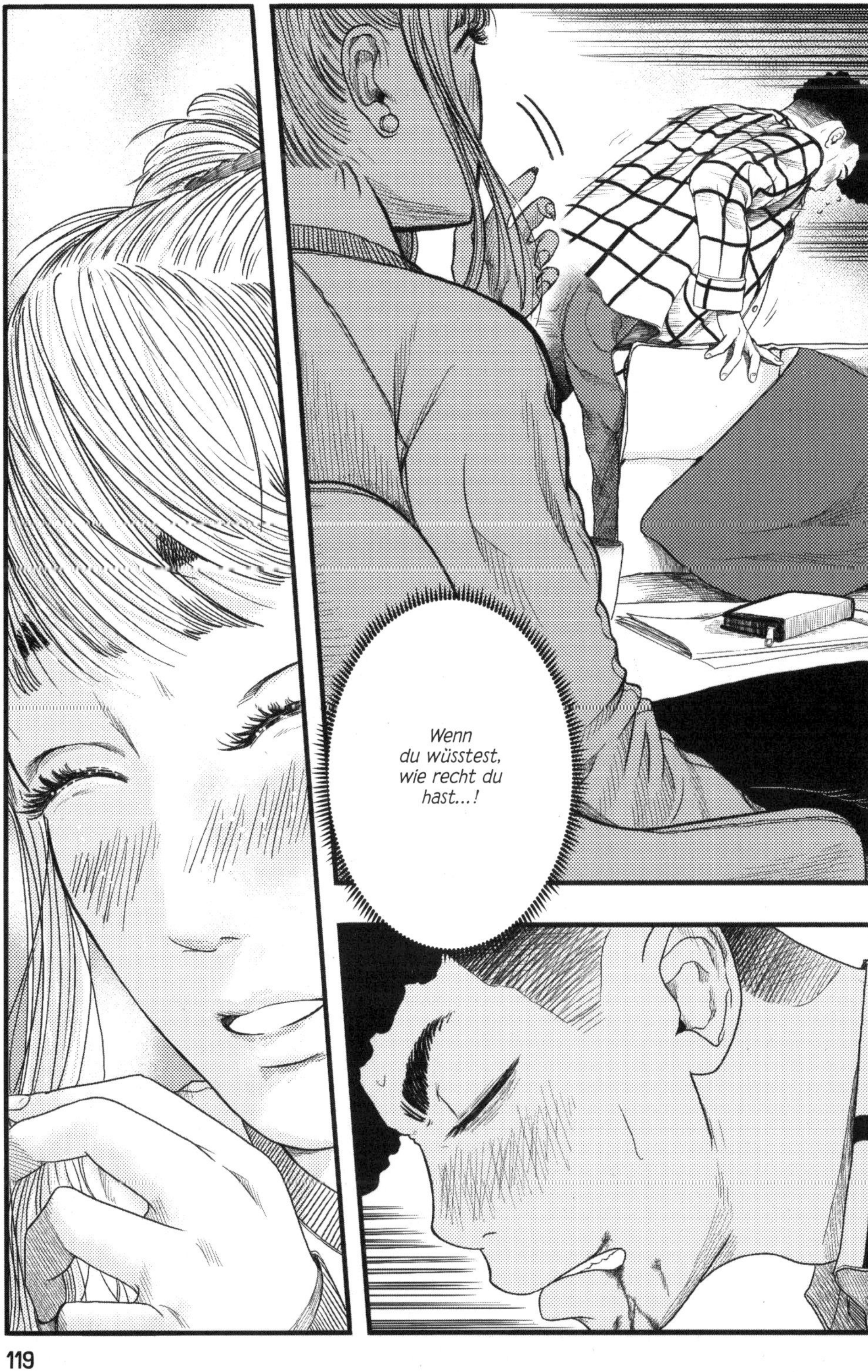
Wenn du wüsstest, wie recht du hast…!

Adams Outfit (nach dem Kaffee)

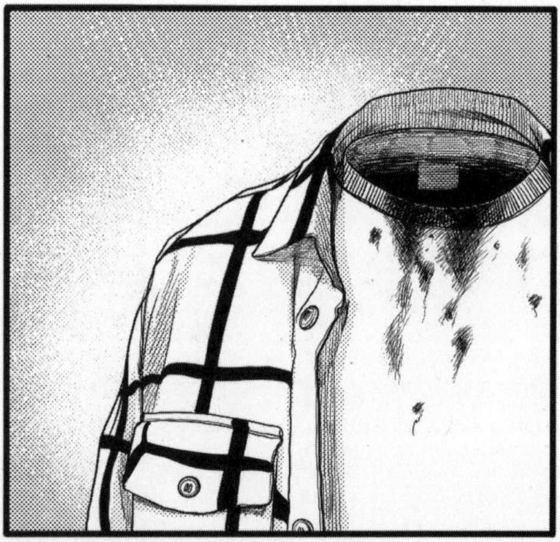

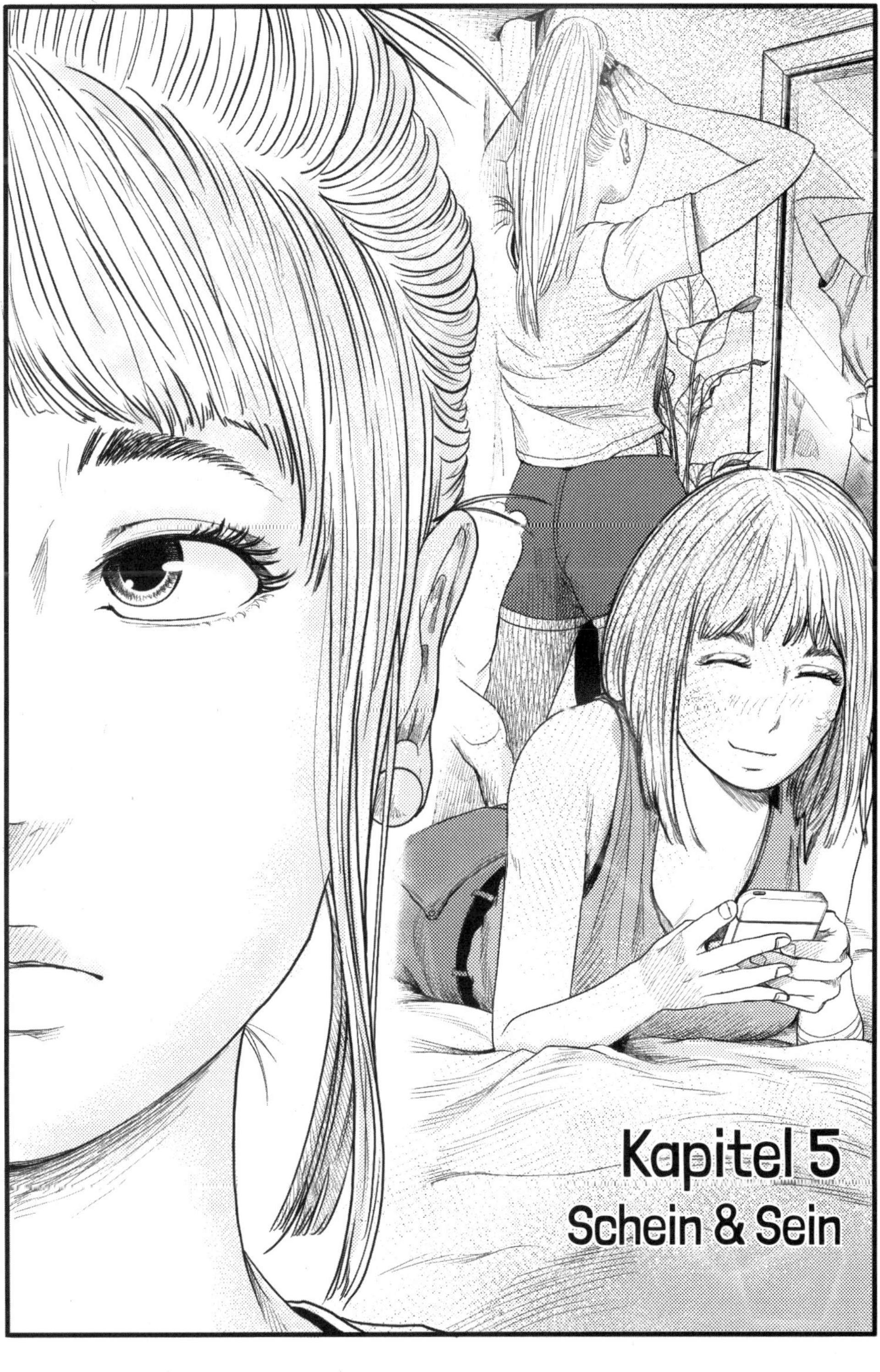
Kapitel 5
Schein & Sein

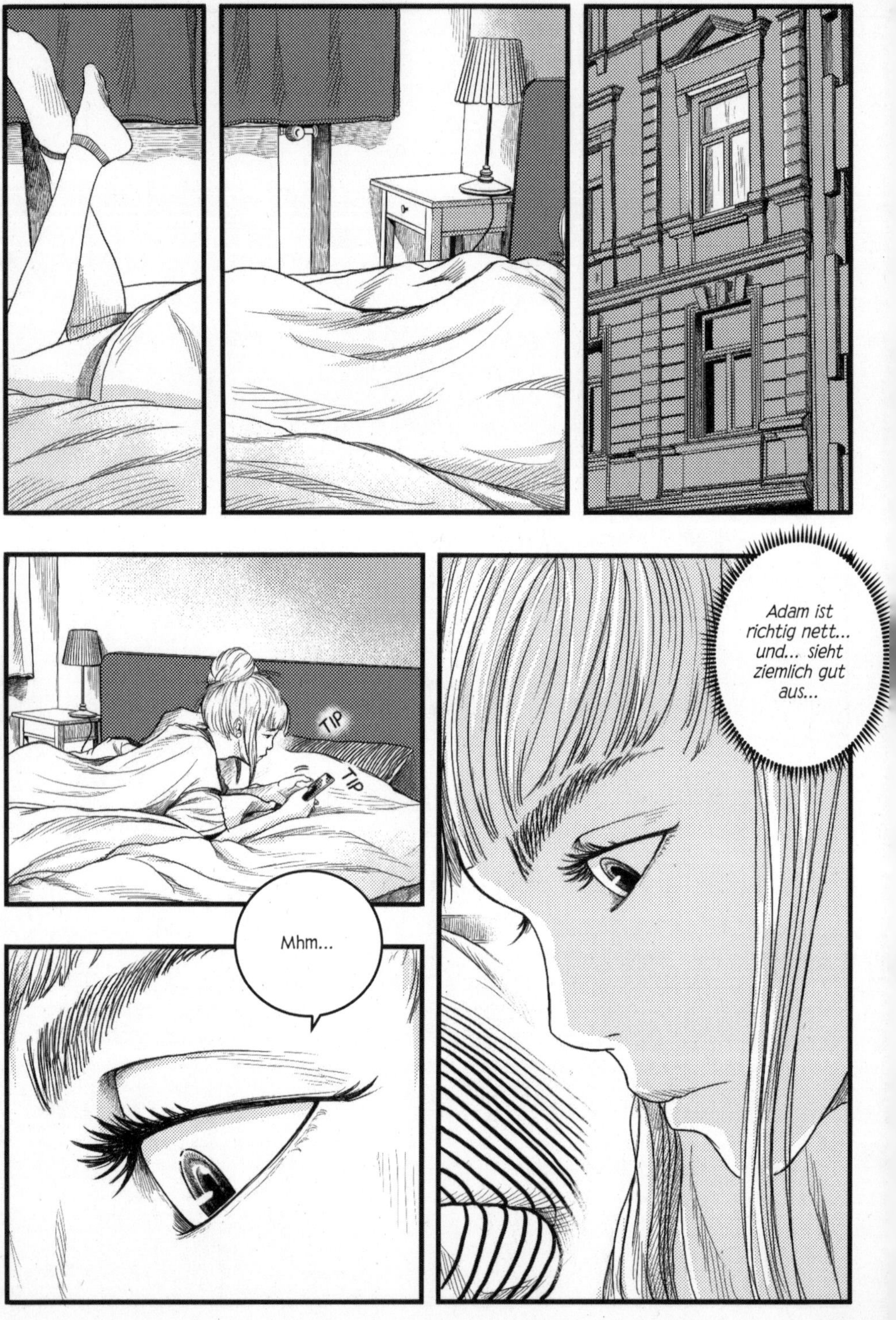
TIP
TIP
Adam ist richtig nett... und... sieht ziemlich gut aus...
Mhm...

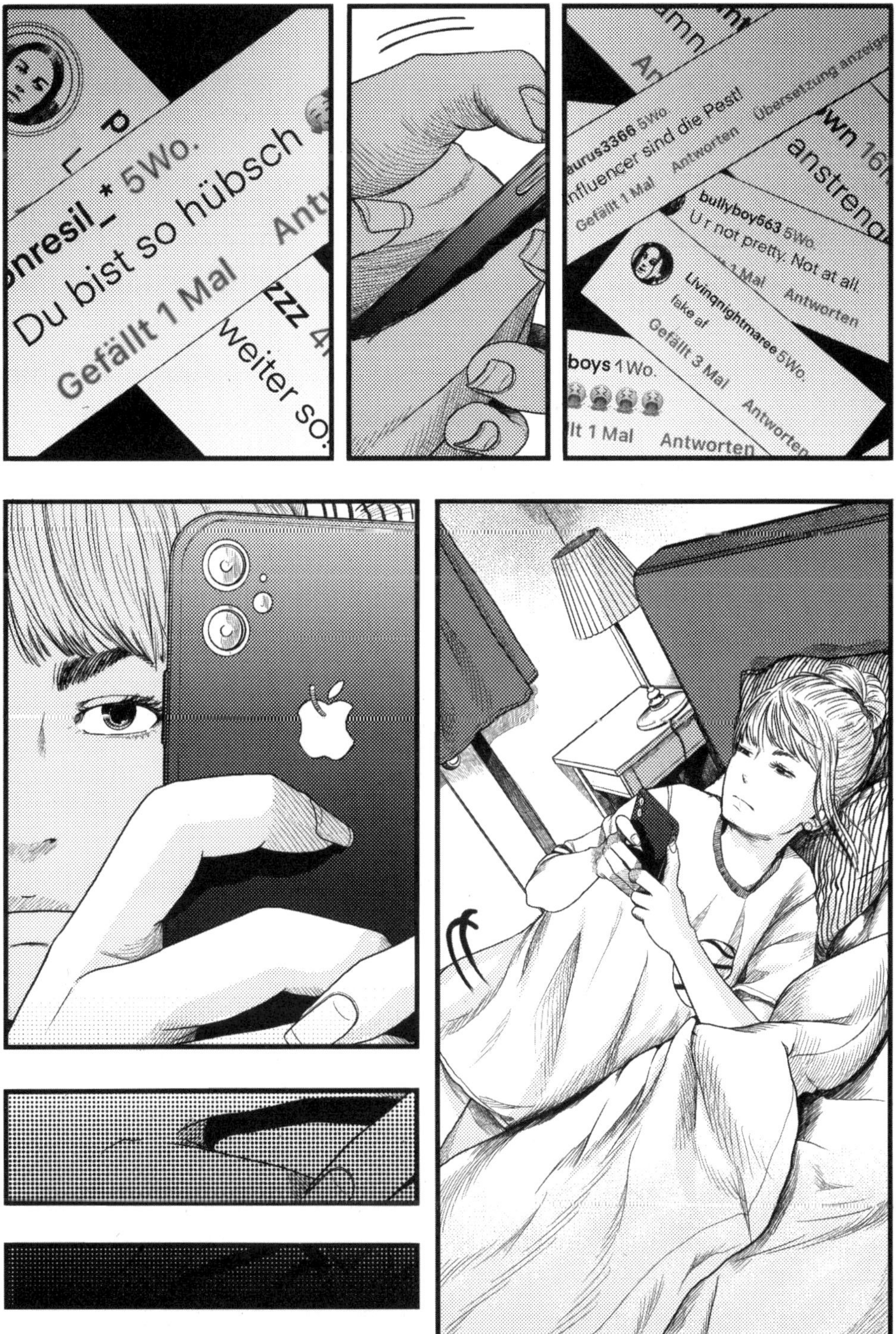
5Wo.
Du bist so hübsch
Gefällt 1 Mal
weiter so.
aurus3366 5Wo.
nfluencer sind die Pest!
Gefällt 1 Mal
Antworten
bullyboy563 5Wo.
U r not pretty. Not at all.
Antworten
Livinqnightmaree 5Wo.
fake af
Gefällt 3 Mal
Antworten
boys 1 Wo.
Antworten

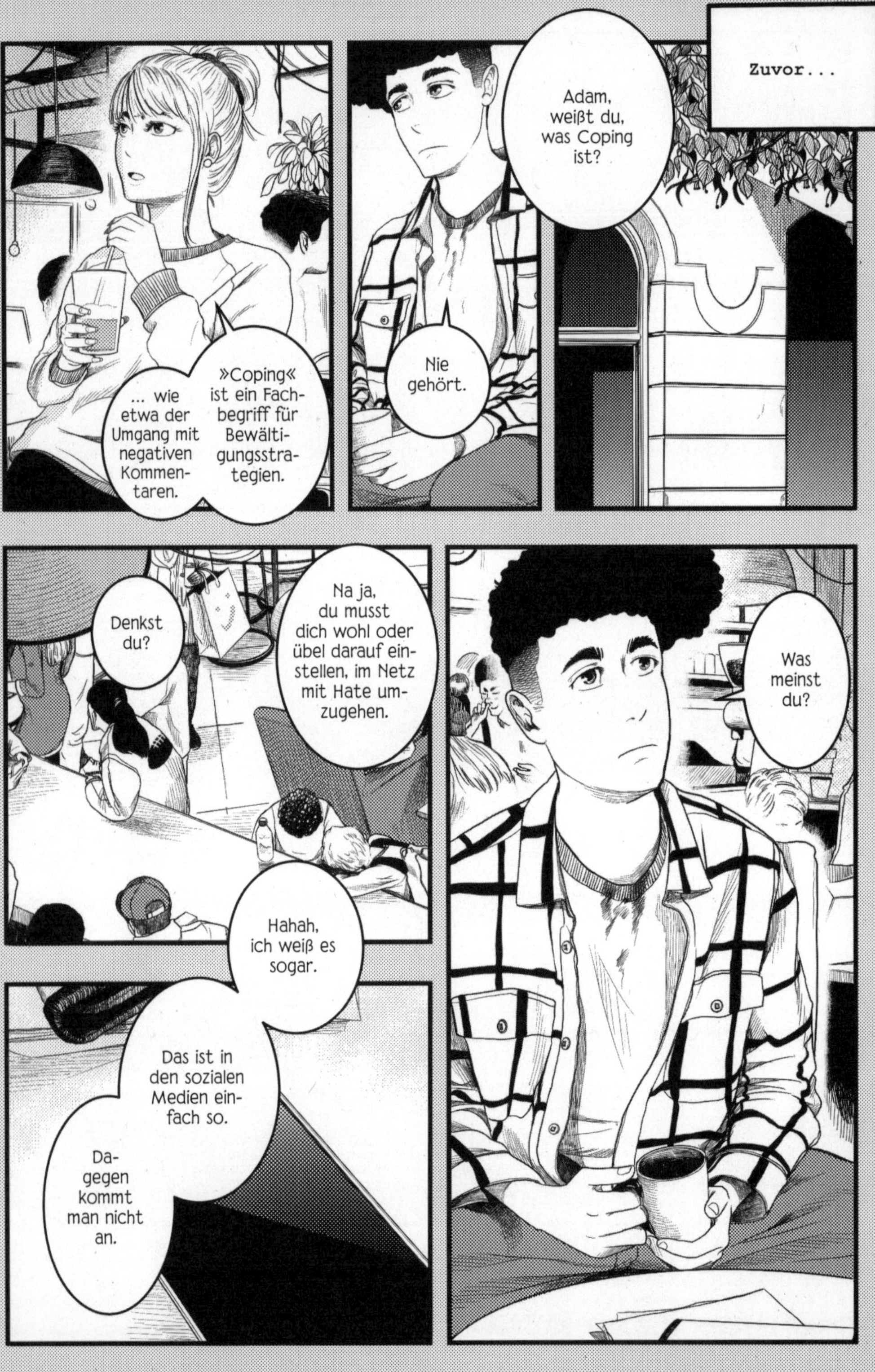
Zuvor...
Adam, weißt du, was Coping ist?
Nie gehört.
»Coping« ist ein Fachbegriff für Bewältigungsstrategien.
... wie etwa der Umgang mit negativen Kommentaren.
Was meinst du?
Na ja, du musst dich wohl oder übel darauf einstellen, im Netz mit Hate umzugehen.
Denkst du?
Hahah, ich weiß es sogar.
Das ist in den sozialen Medien einfach so.
Dagegen kommt man nicht an.

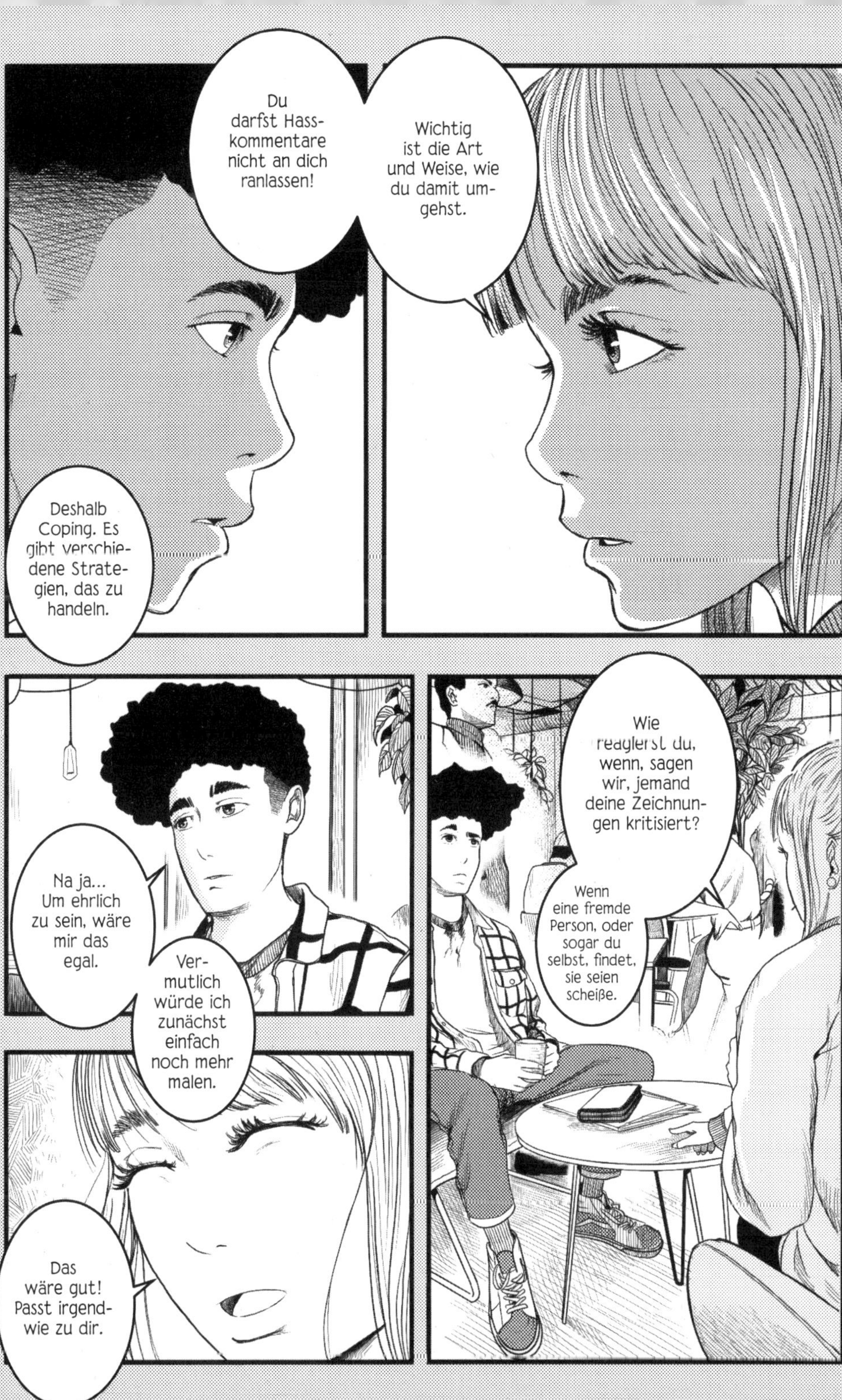

Du darfst Hasskommentare nicht an dich ranlassen!
Wichtig ist die Art und Weise, wie du damit umgehst.
Deshalb Coping. Es gibt verschiedene Strategien, das zu handeln.
Wie reagierst du, wenn, sagen wir, jemand deine Zeichnungen kritisiert?
Wenn eine fremde Person, oder sogar du selbst, findet, sie seien scheiße.
Na ja... Um ehrlich zu sein, wäre mir das egal.
Vermutlich würde ich zunächst einfach noch mehr malen.
Das wäre gut! Passt irgendwie zu dir.

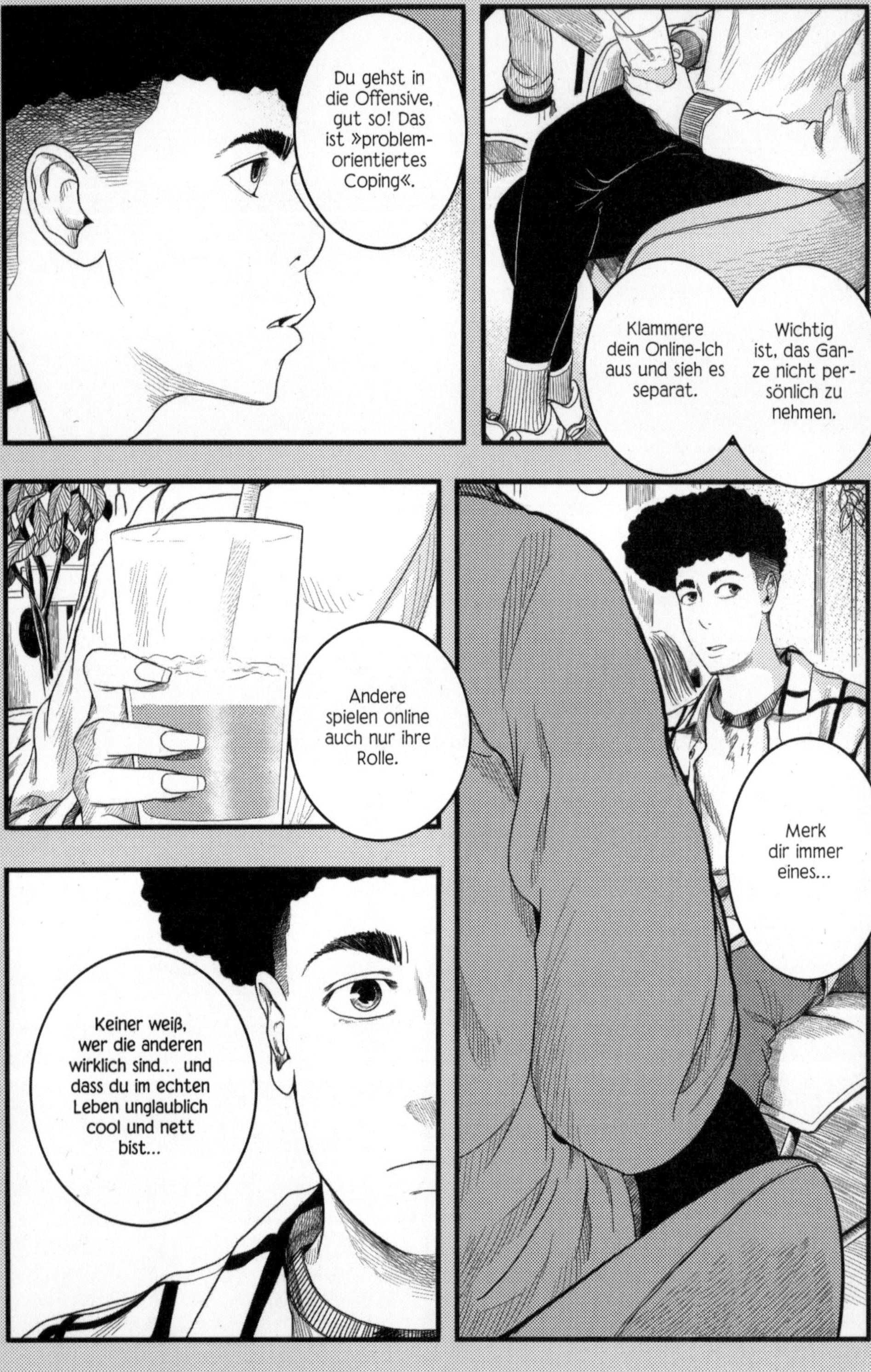
Du gehst in die Offensive, gut so! Das ist »problem-orientiertes Coping«.
Klammere dein Online-Ich aus und sieh es separat.
Wichtig ist, das Ganze nicht persönlich zu nehmen.
Andere spielen online auch nur ihre Rolle.
Merk dir immer eines...
Keiner weiß, wer die anderen wirklich sind... und dass du im echten Leben unglaublich cool und nett bist...

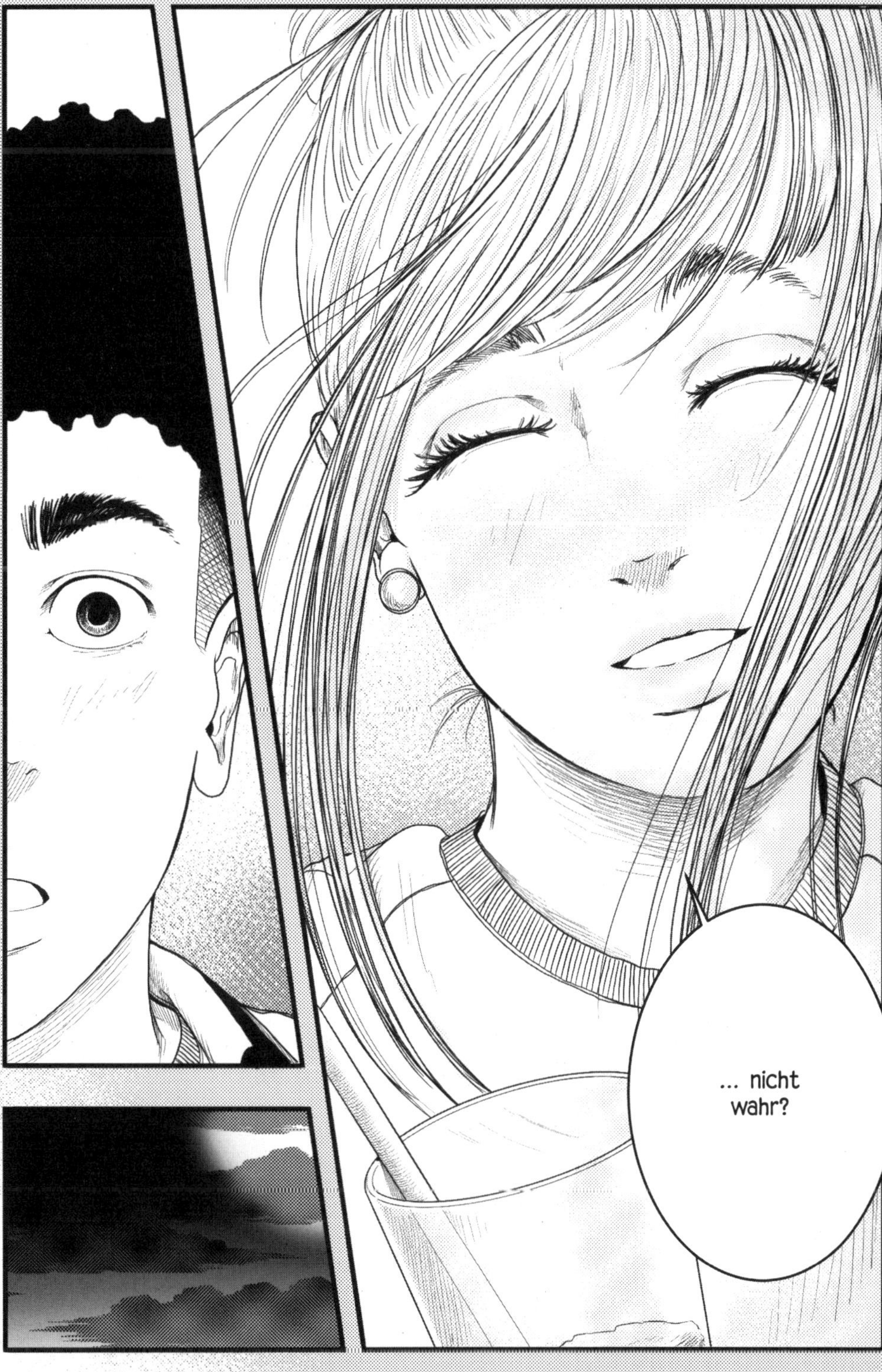
... nicht wahr?

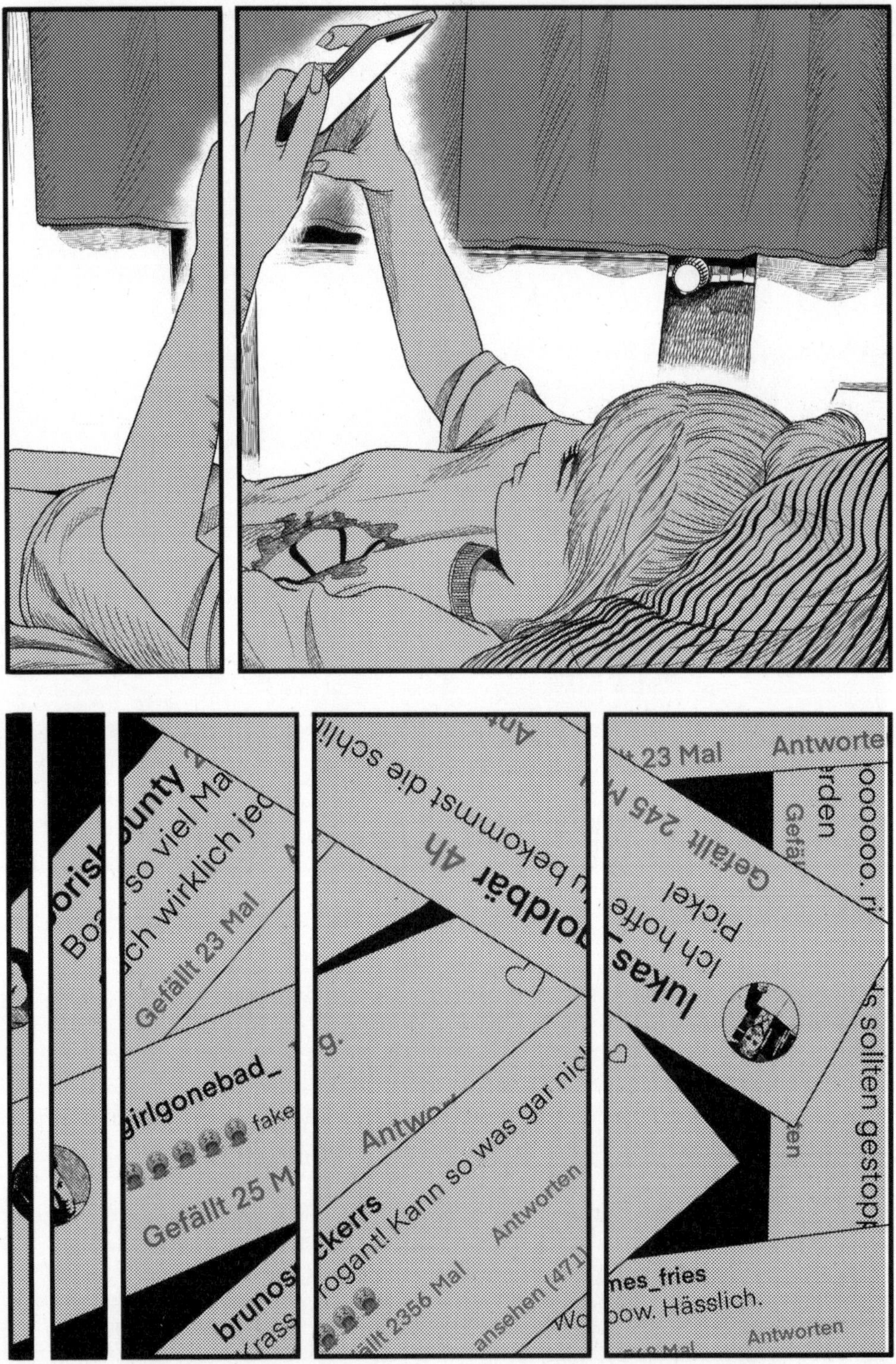

Gefällt 23 Mal
girlgonebad_
Antworten
Kann so was gar
Ich hoffe
Pickel
Hässlich.
Antworten

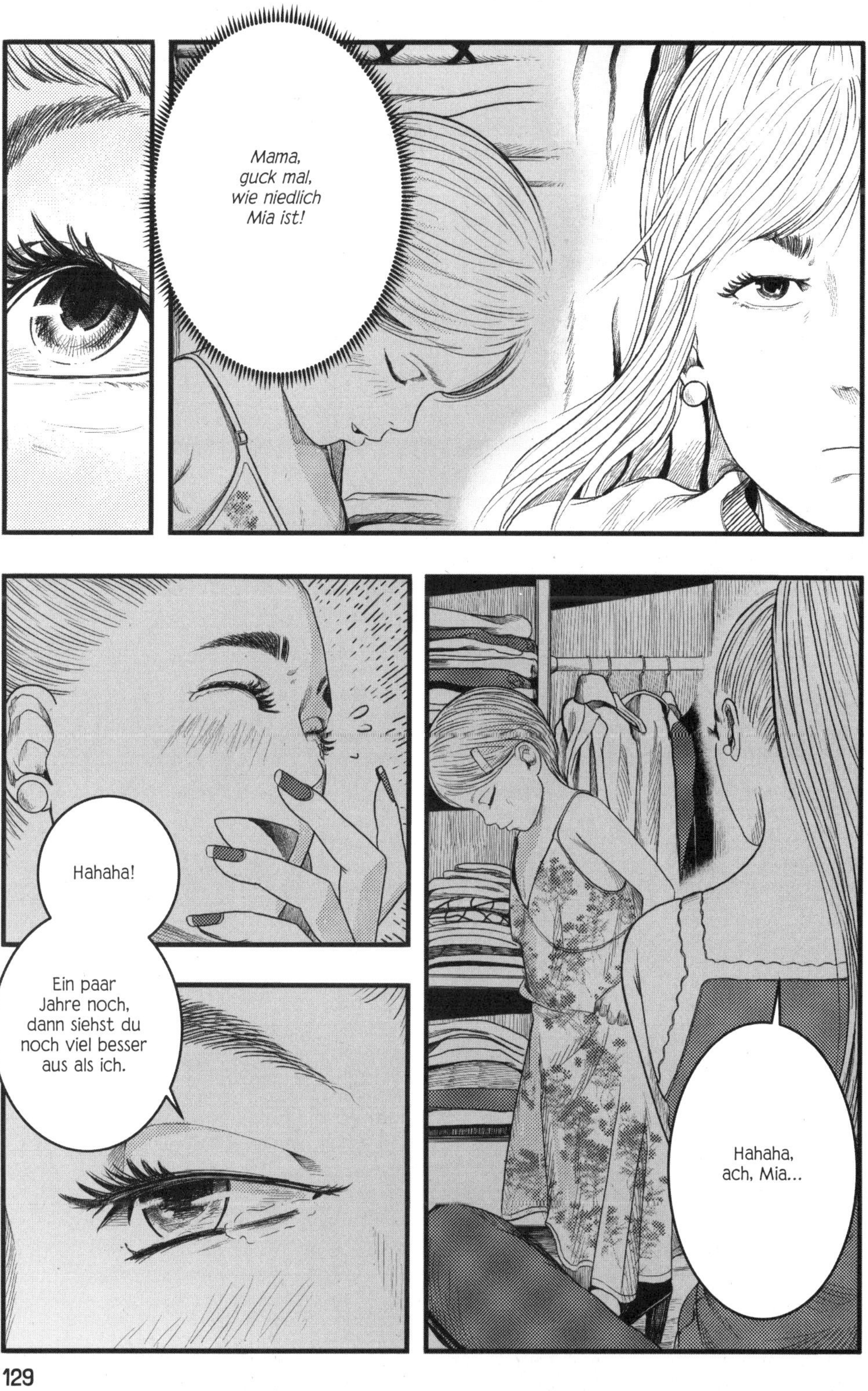
Mama, guck mal, wie niedlich Mia ist!
Hahaha, ach, Mia...
Hahaha!
Ein paar Jahre noch, dann siehst du noch viel besser aus als ich.

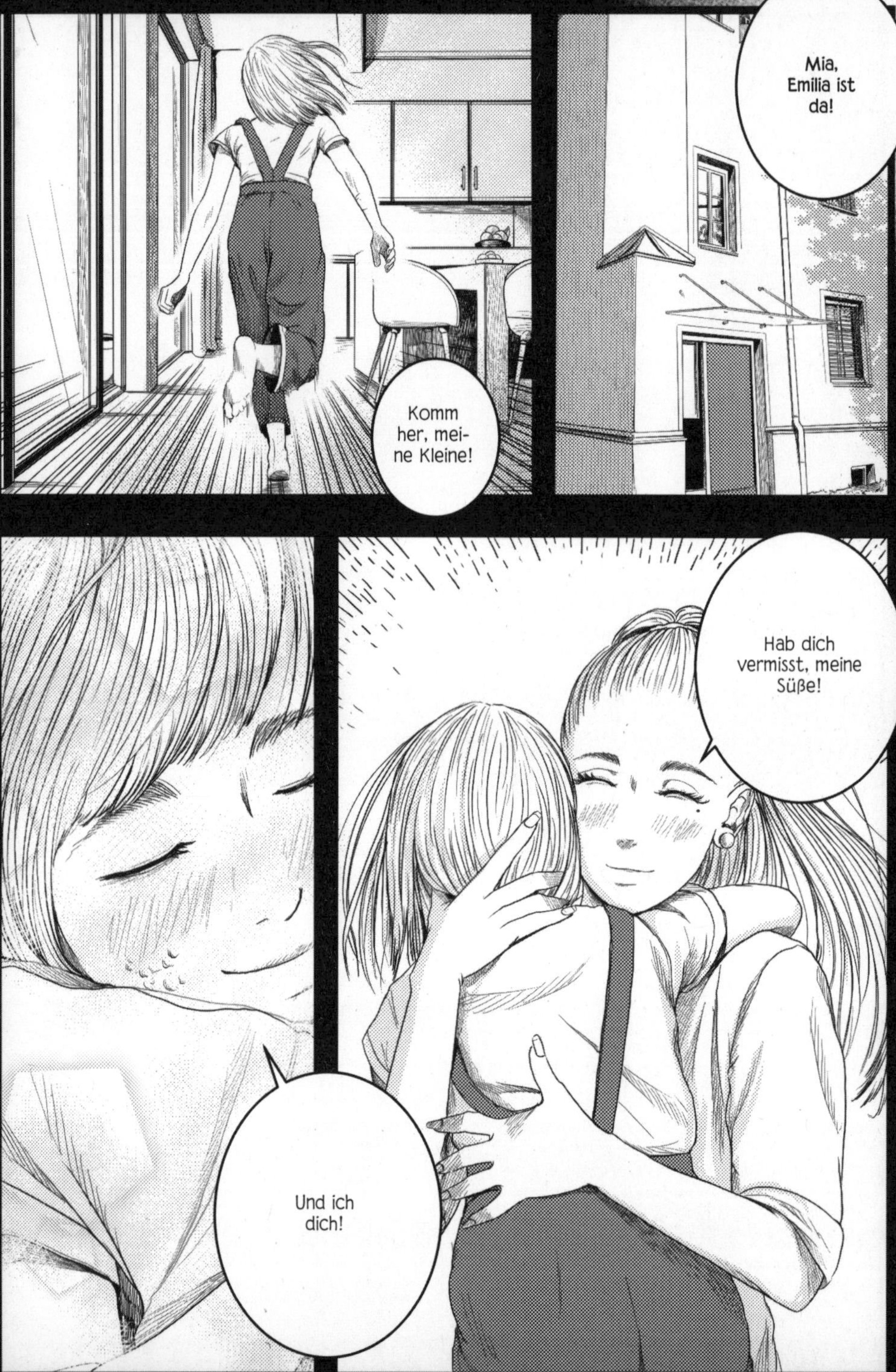
Mia, Emilia ist da!
Komm her, meine Kleine!
Hab dich vermisst, meine Süße!
Und ich dich!

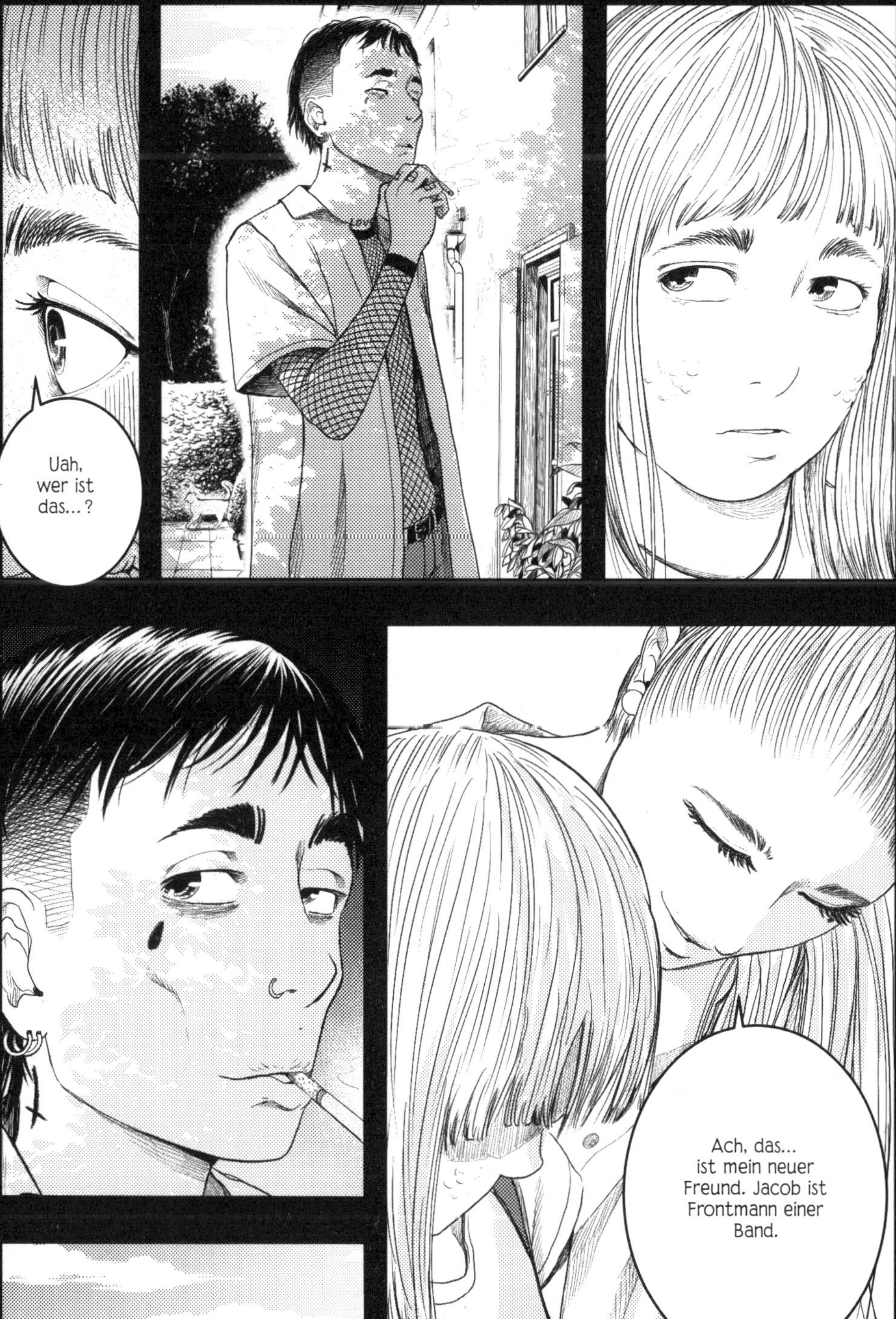
Uah, wer ist das...?
Ach, das... ist mein neuer Freund. Jacob ist Frontmann einer Band.

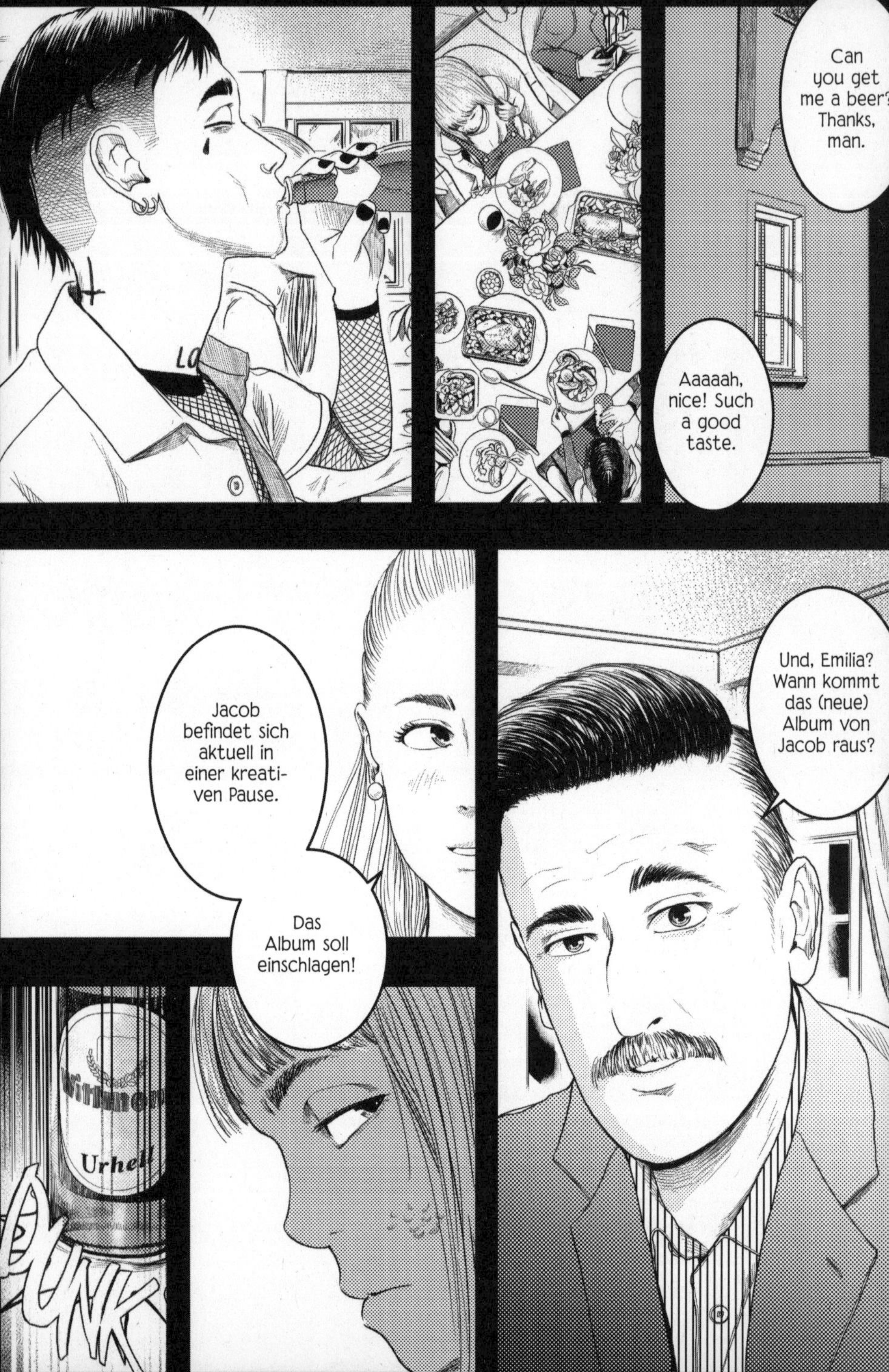
Can you get me a beer? Thanks, man.
Aaaaah, nice! Such a good taste.
Und, Emilia? Wann kommt das (neue) Album von Jacob raus?
Jacob befindet sich aktuell in einer kreati-ven Pause.
Das Album soll einschlagen!
Urhell

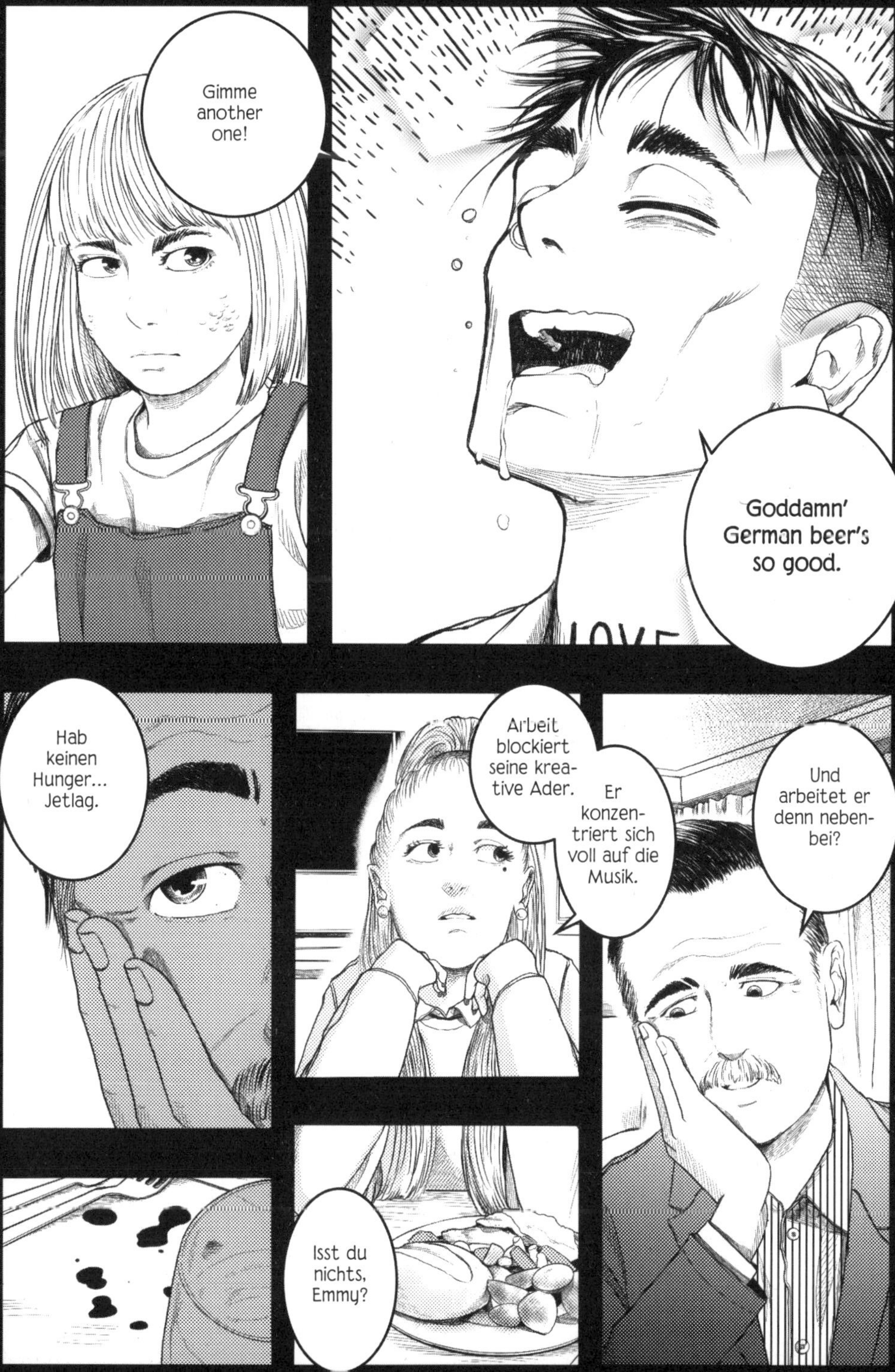
Goddamn' German beer's so good.
Gimme another one!
Und arbeitet er denn nebenbei?
Arbeit blockiert seine kreative Ader.
Er konzentriert sich voll auf die Musik.
Isst du nichts, Emmy?
Hab keinen Hunger... Jetlag.

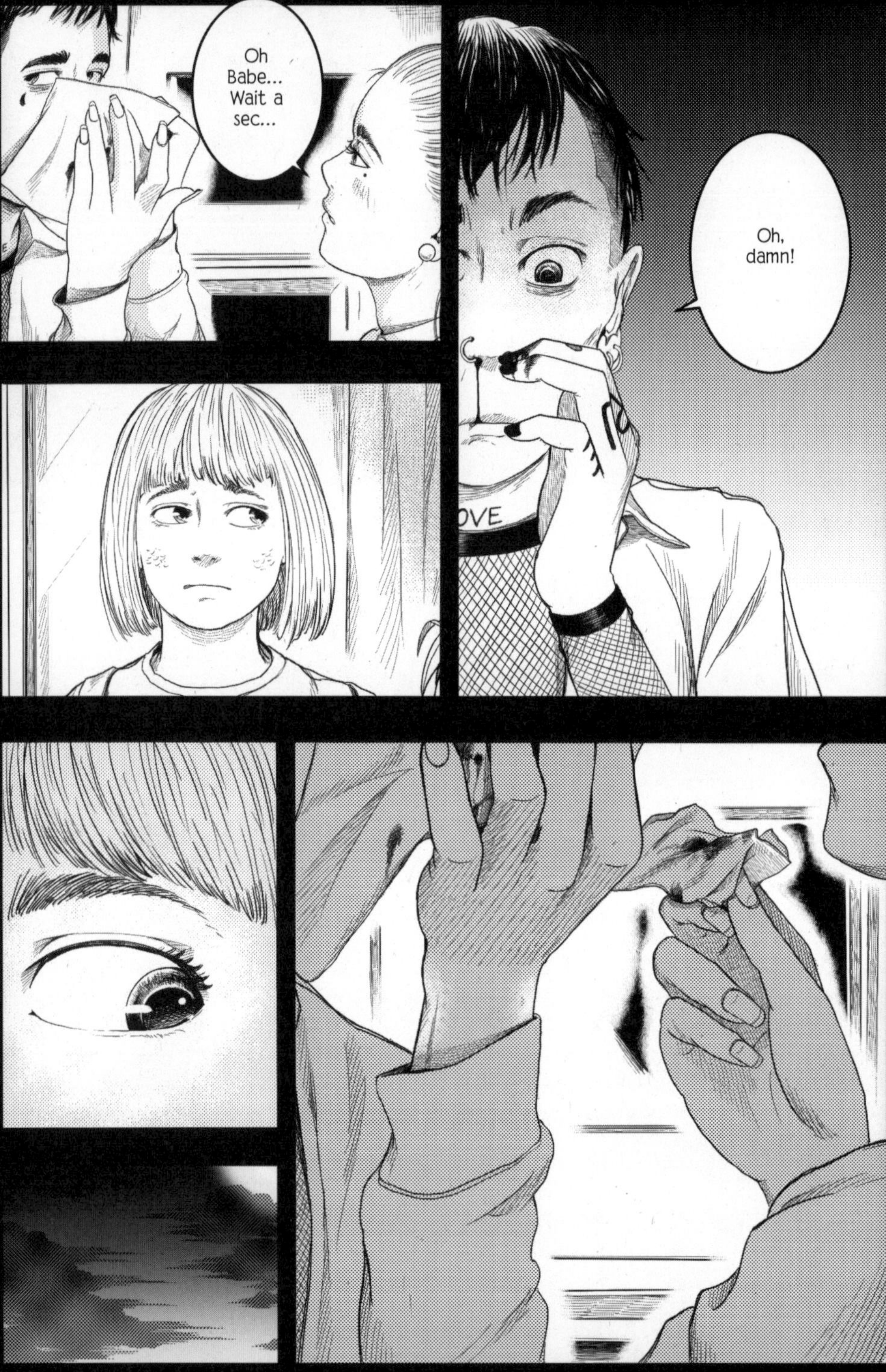
Oh Babe... Wait a sec...
Oh, damn!

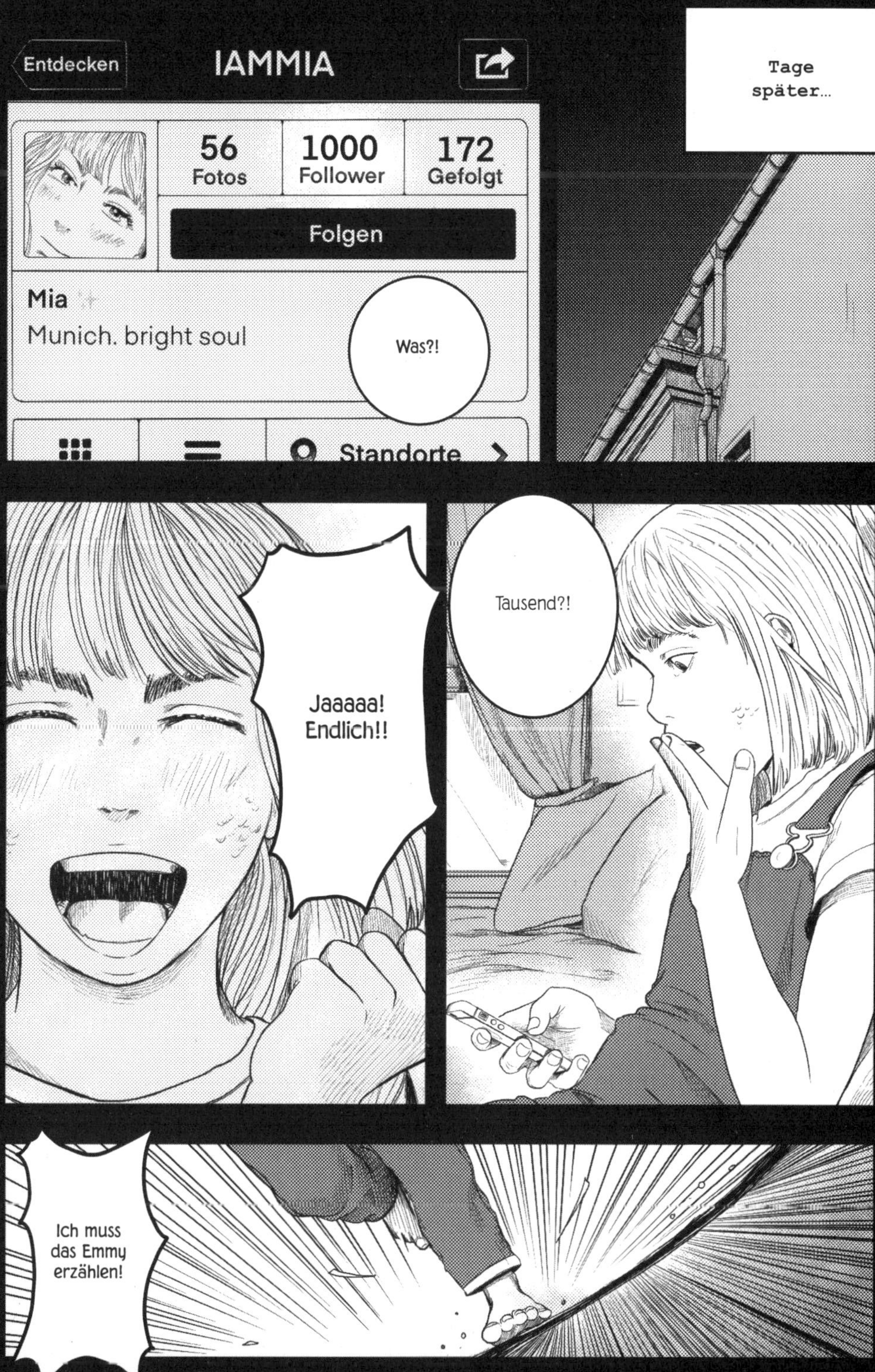
Entdecken
IAMMIA
56 Fotos
1000 Follower
172 Gefolgt
Folgen
Mia
Munich. bright soul
Standorte
Tage später…
Was?!
Tausend?!
Jaaaaa! Endlich!!
Ich muss das Emmy erzählen!

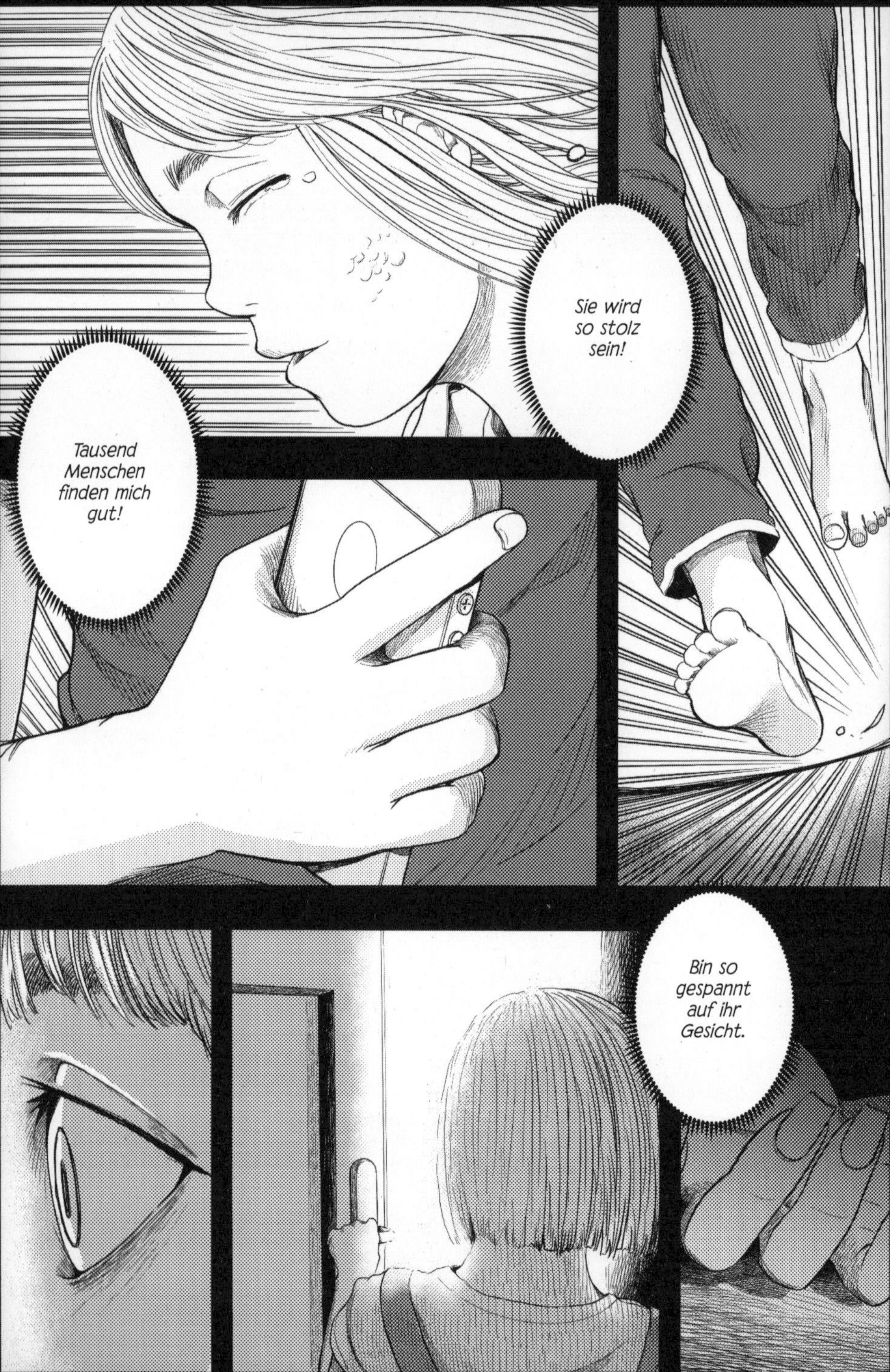
Sie wird so stolz sein!
Tausend Menschen finden mich gut!
Bin so gespannt auf ihr Gesicht.

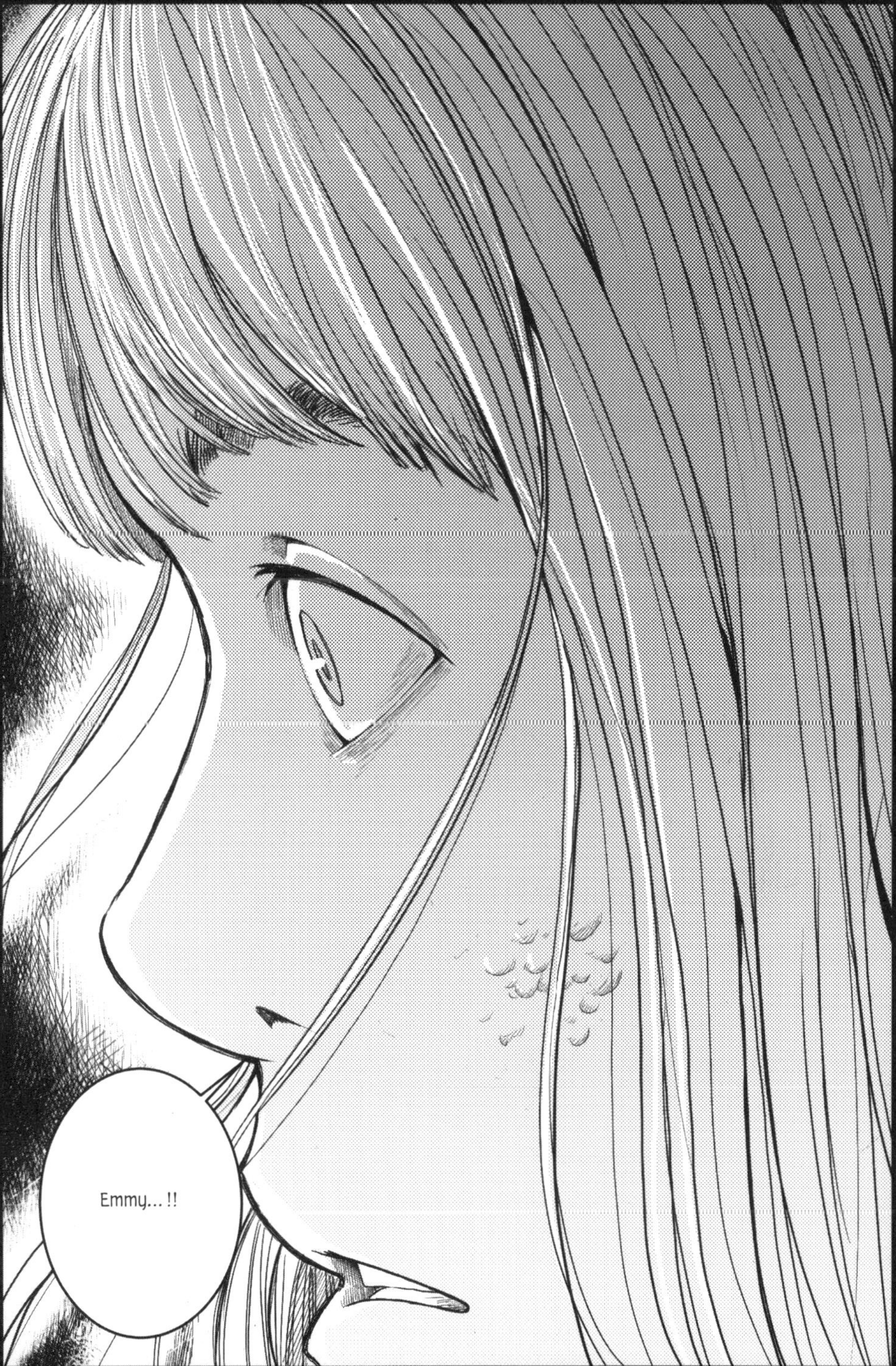
Emmy... !!

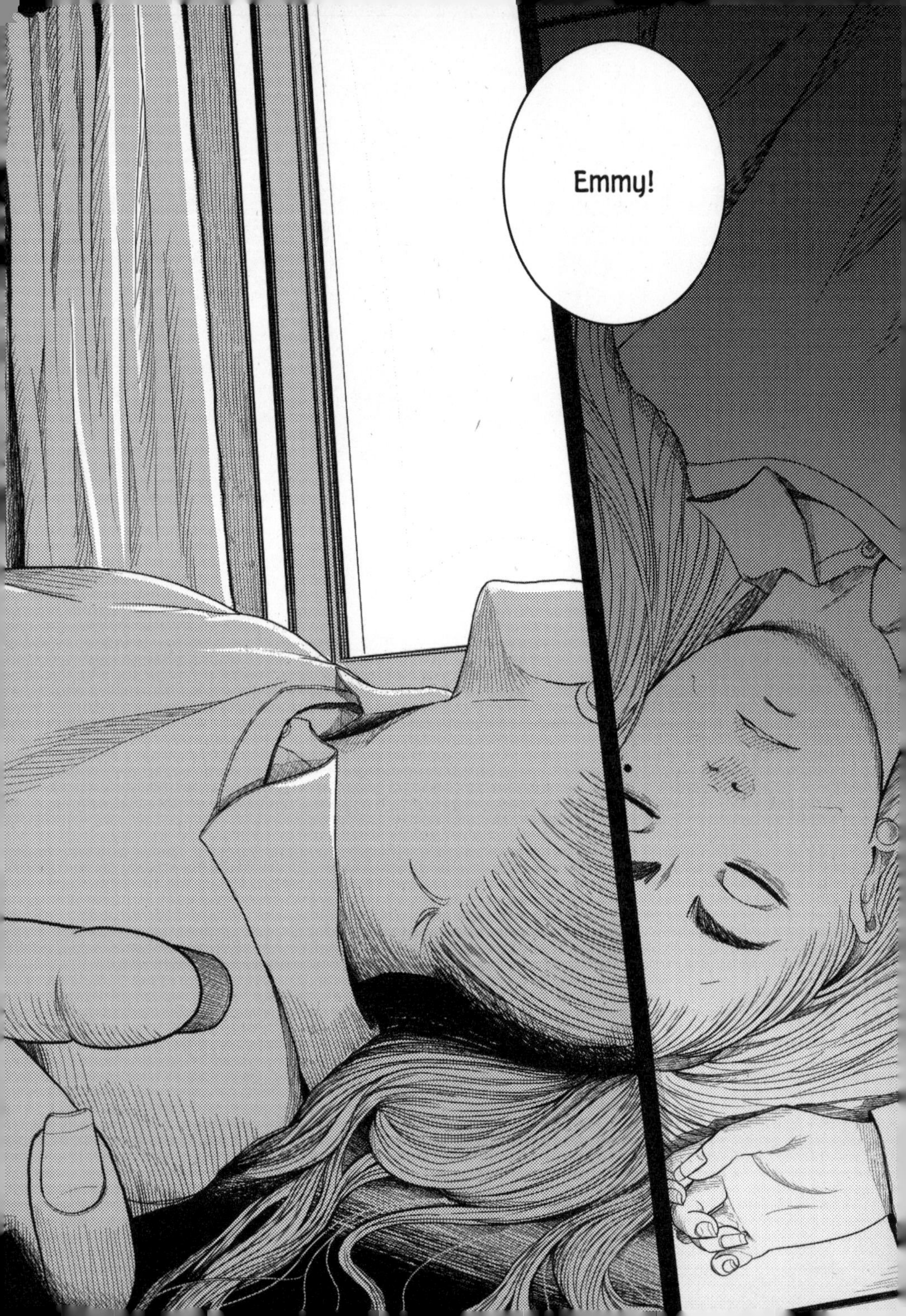
Emmy!

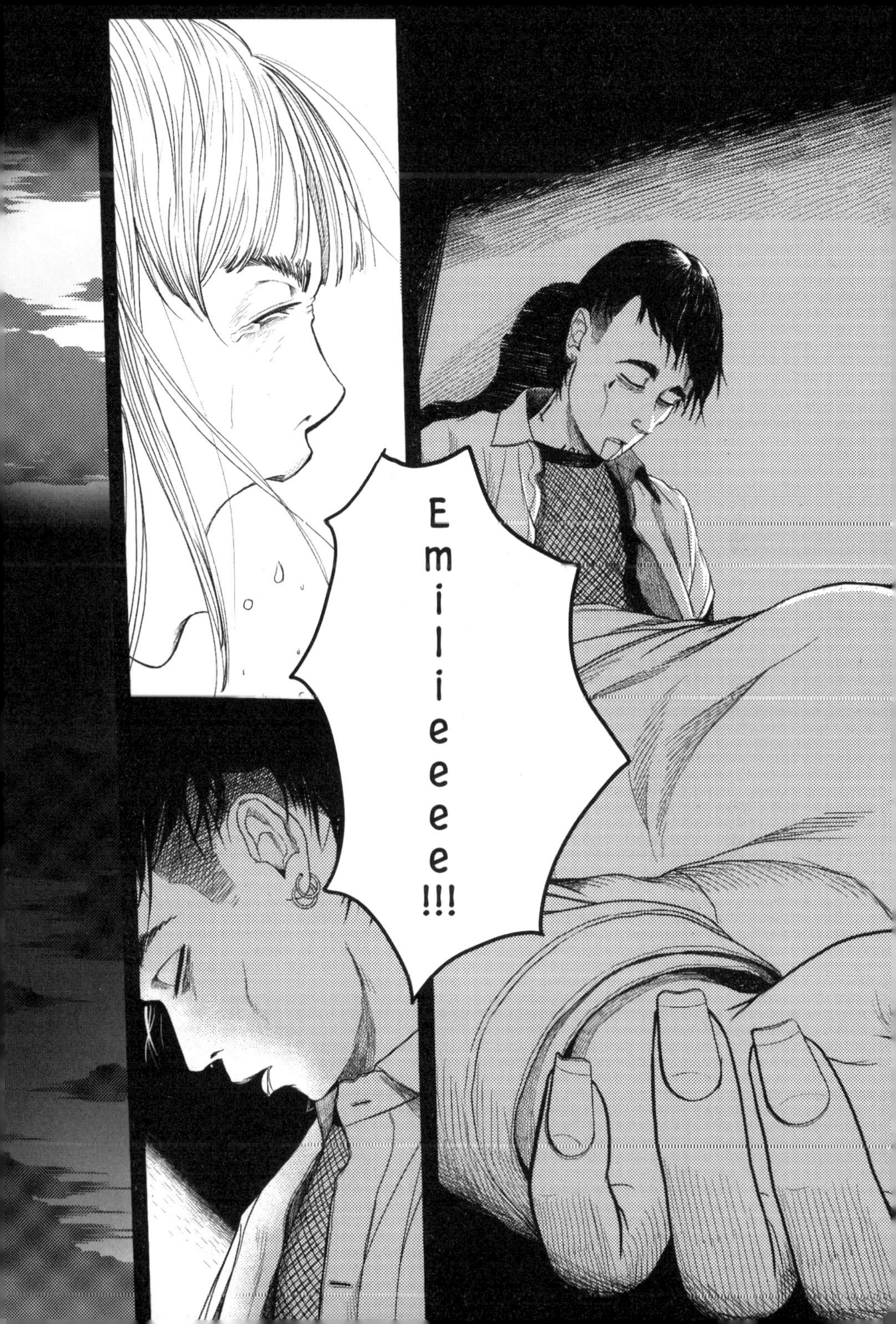
Emilieeee!!!

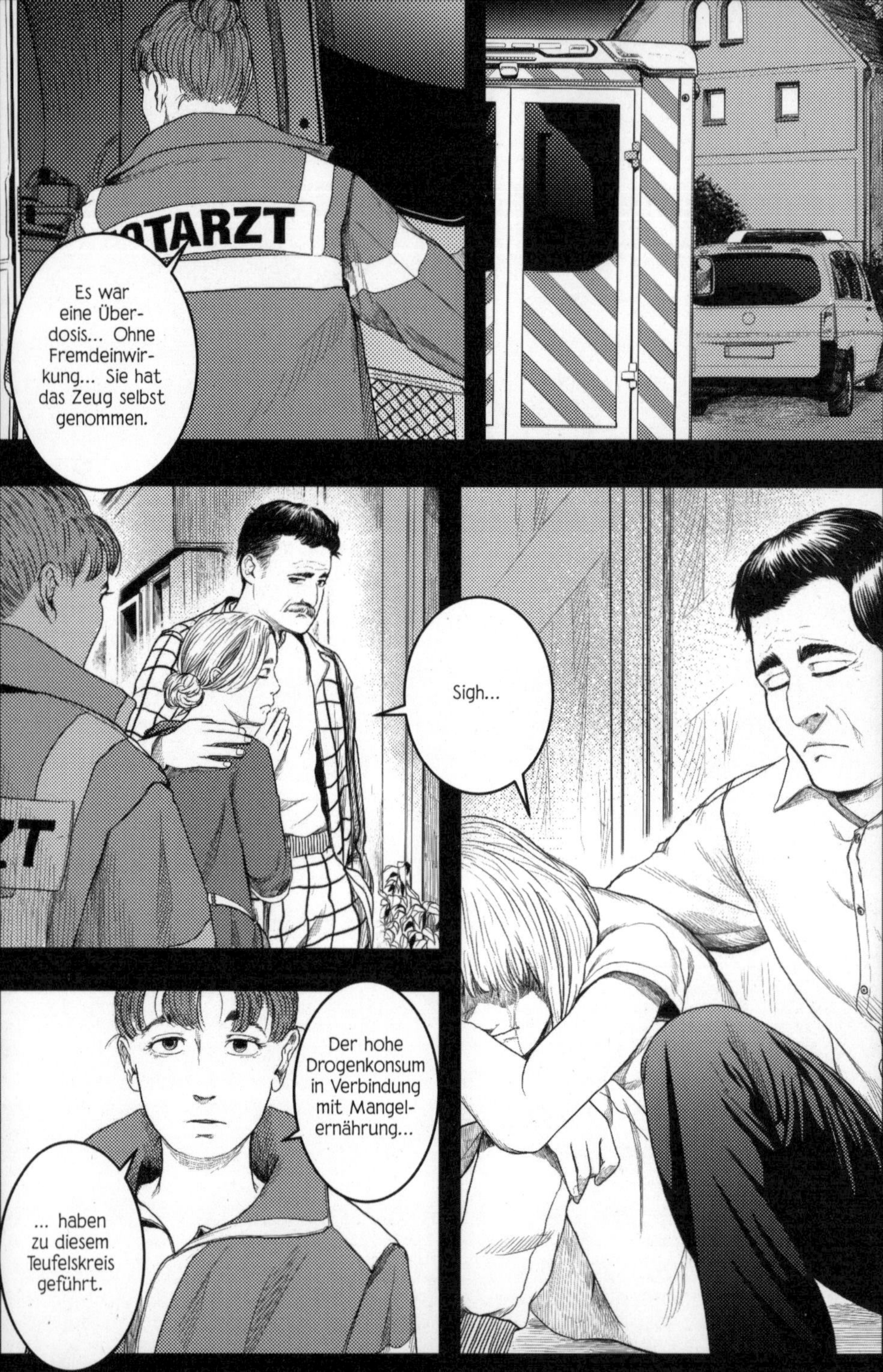
NOTARZT
Es war eine Überdosis... Ohne Fremdeinwirkung... Sie hat das Zeug selbst genommen.
Sigh...
Der hohe Drogenkonsum in Verbindung mit Mangelernährung...
... haben zu diesem Teufelskreis geführt.

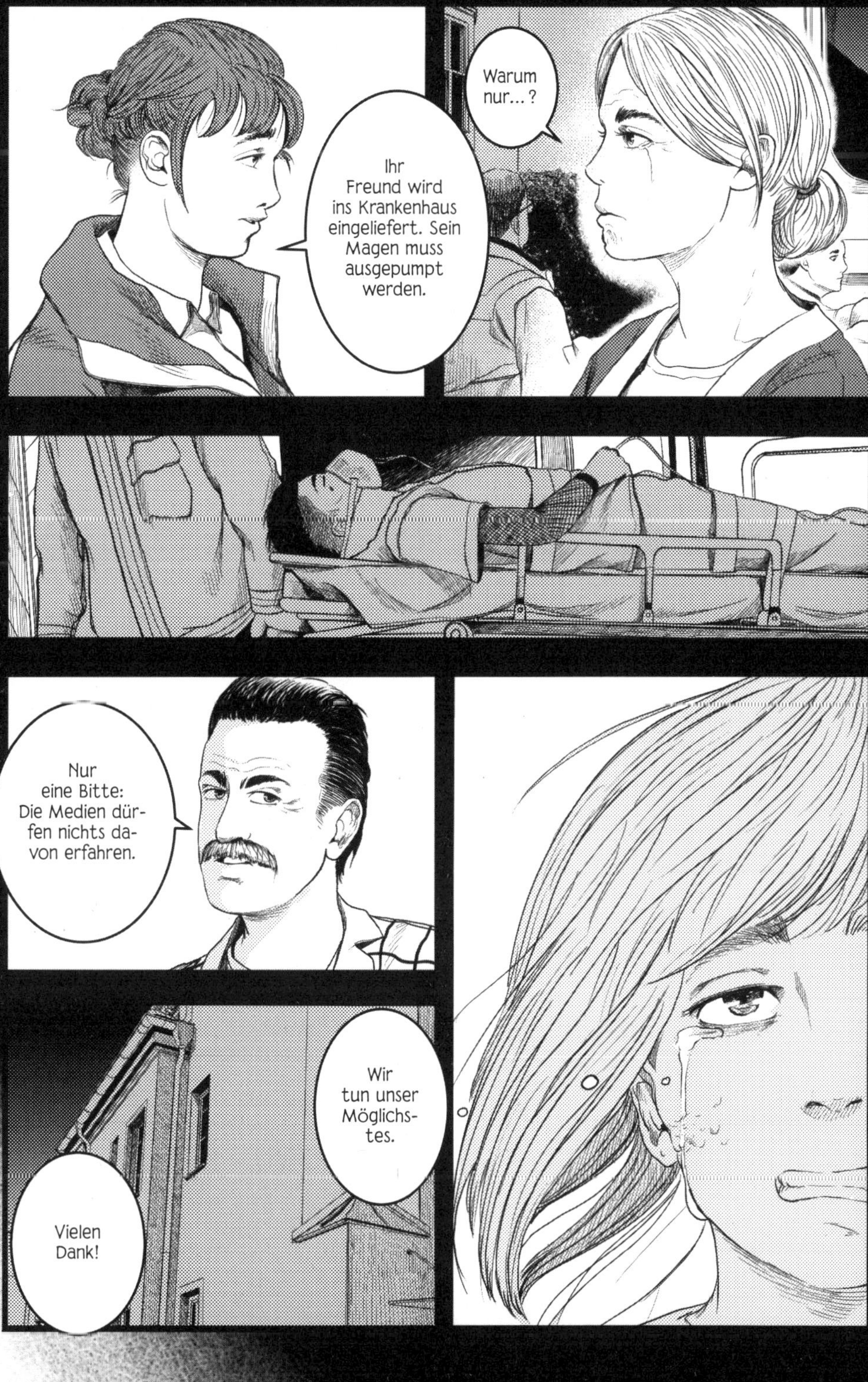
Warum nur…?
Ihr Freund wird ins Krankenhaus eingeliefert. Sein Magen muss ausgepumpt werden.
Nur eine Bitte: Die Medien dür-fen nichts da-von erfahren.
Wir tun unser Möglichs-tes.
Vielen Dank!

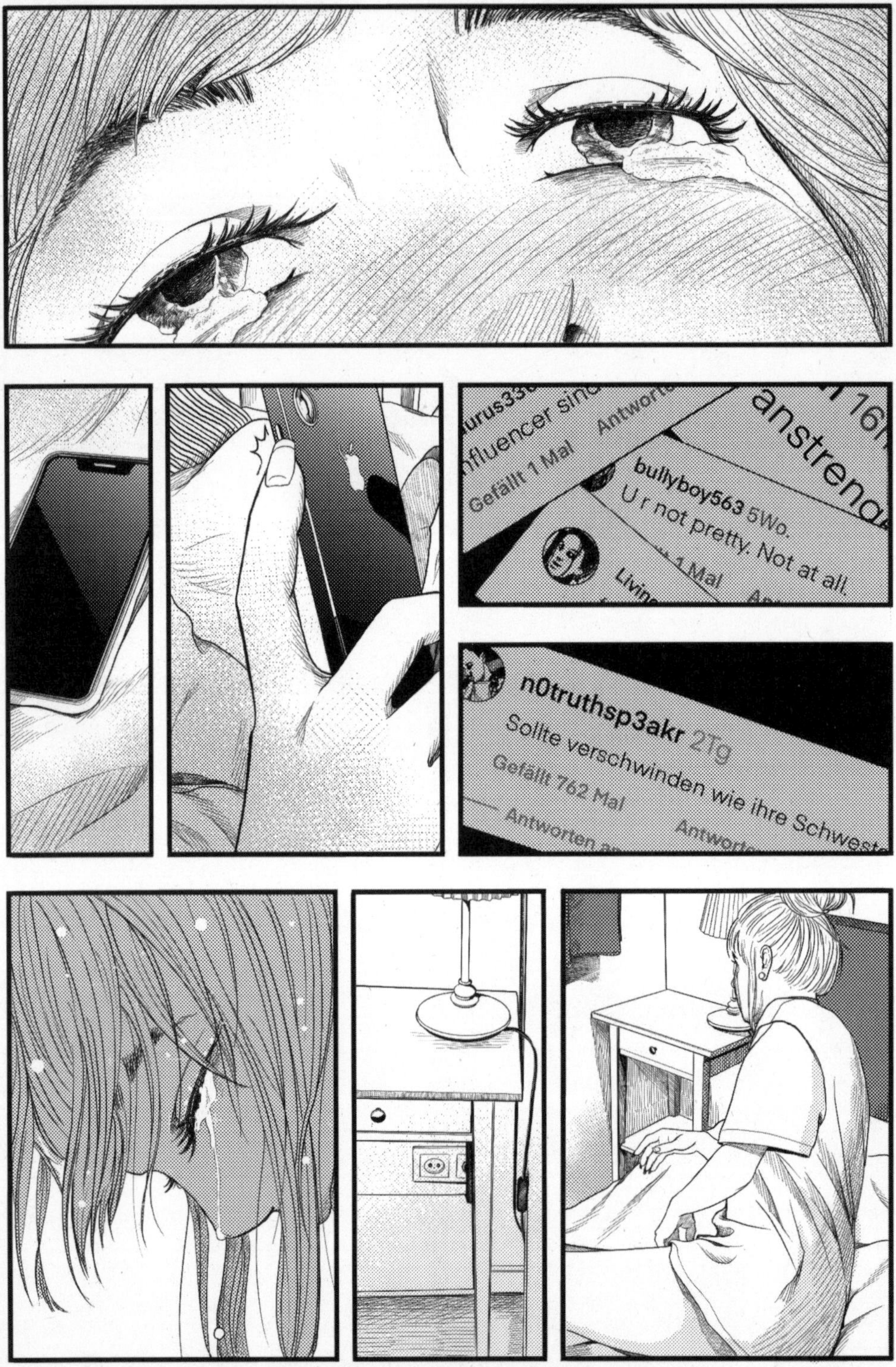
Gefällt 1 Mal
bullyboy563 5Wo.
U r not pretty. Not at all.
n0truthsp3akr 2Tg
Sollte verschwinden wie ihre Schwest
Gefällt 762 Mal

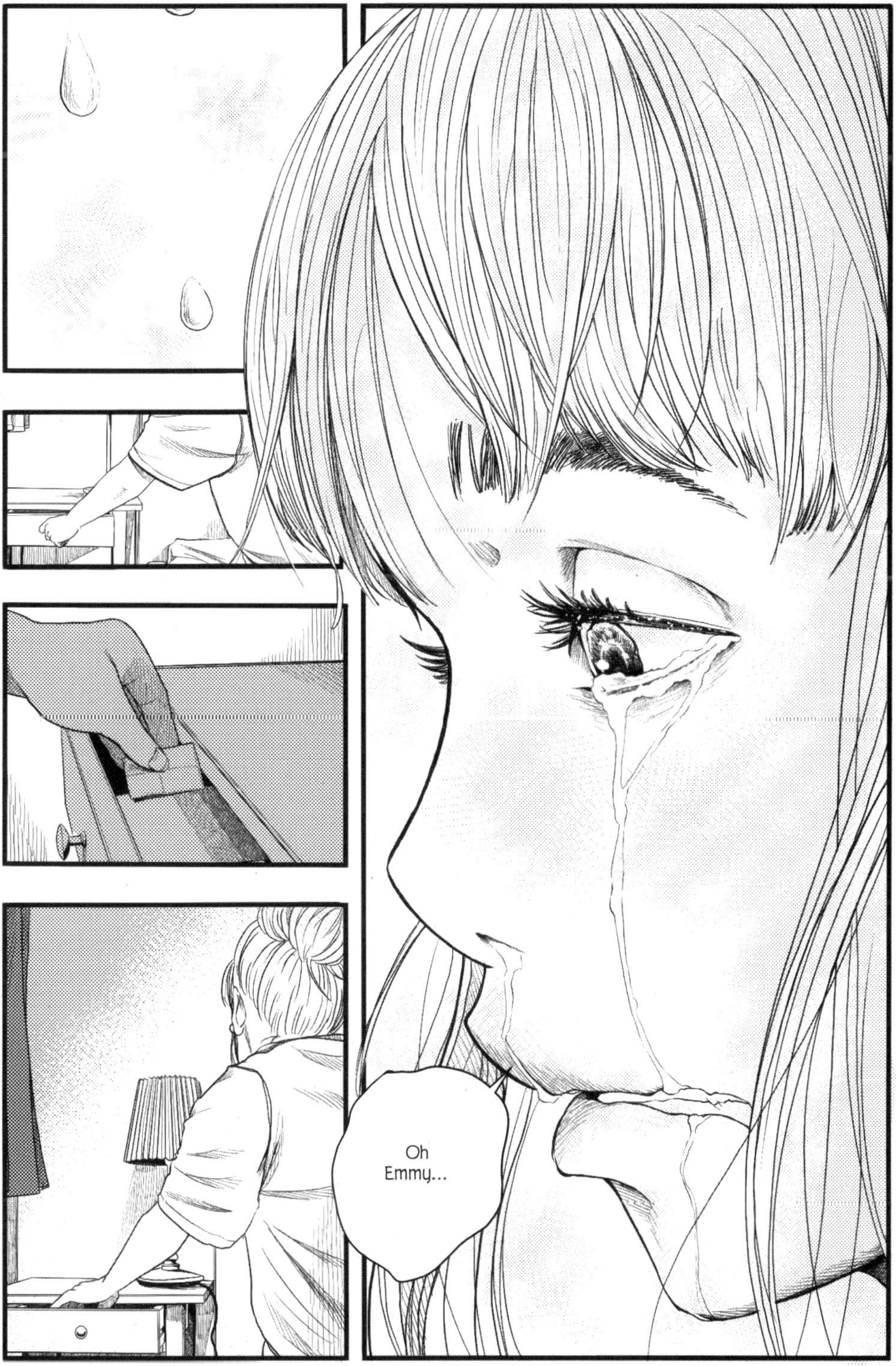
Oh
Emmy...

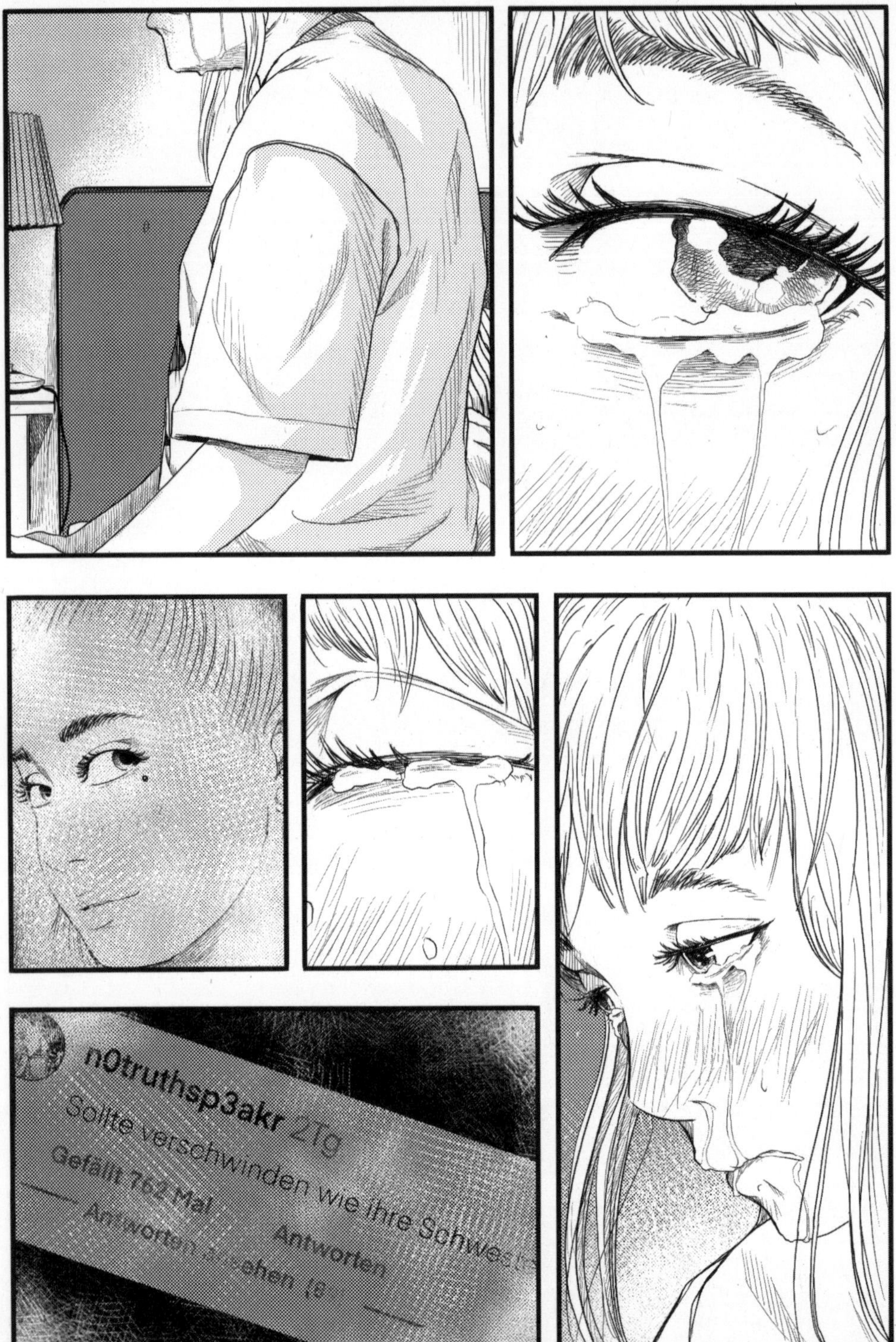
n0truthsp3akr 2Tg
Sollte verschwinden wie ihre Schwest
Gefällt 762 Mal
Antworten

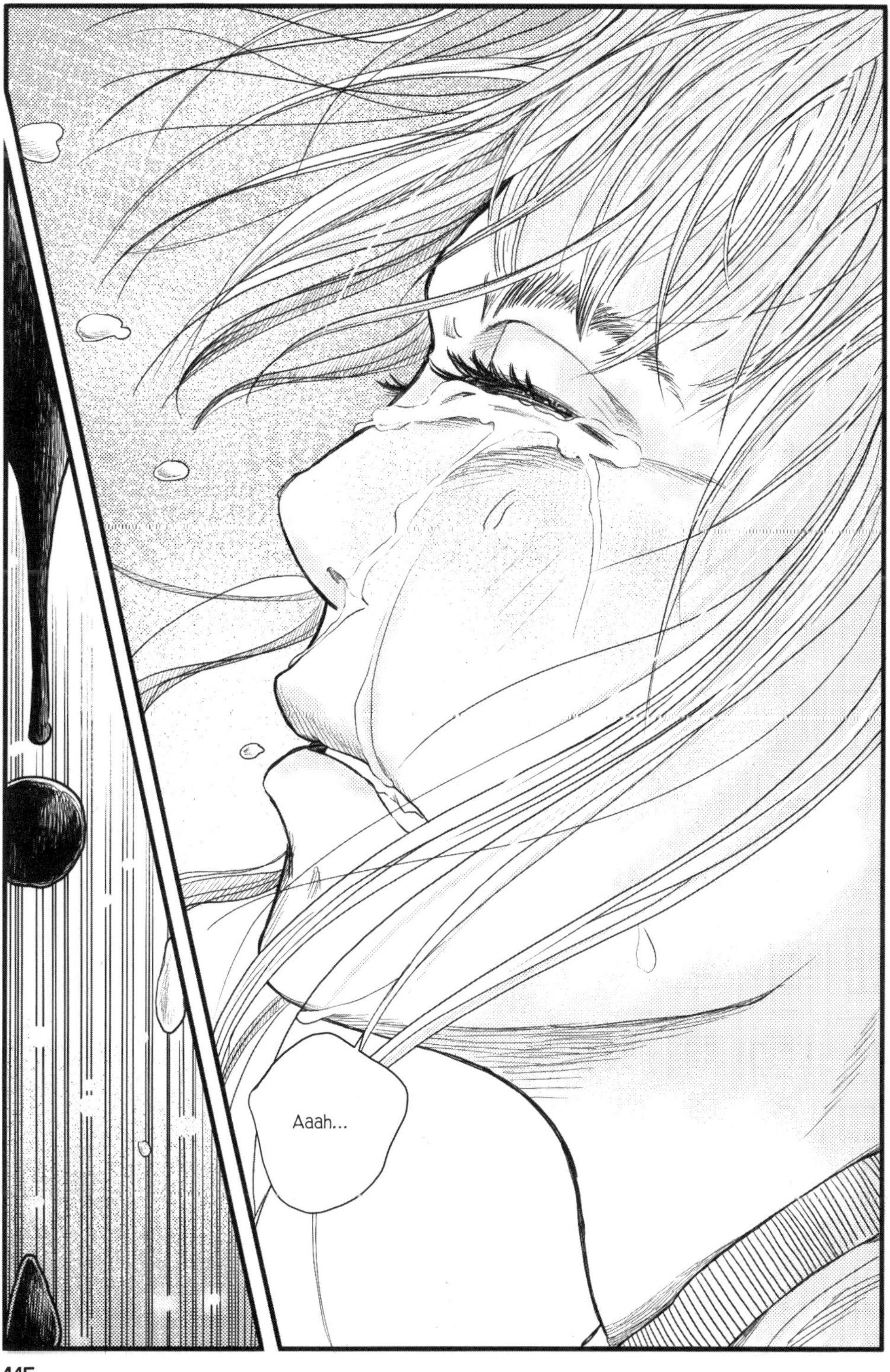
Aaah...

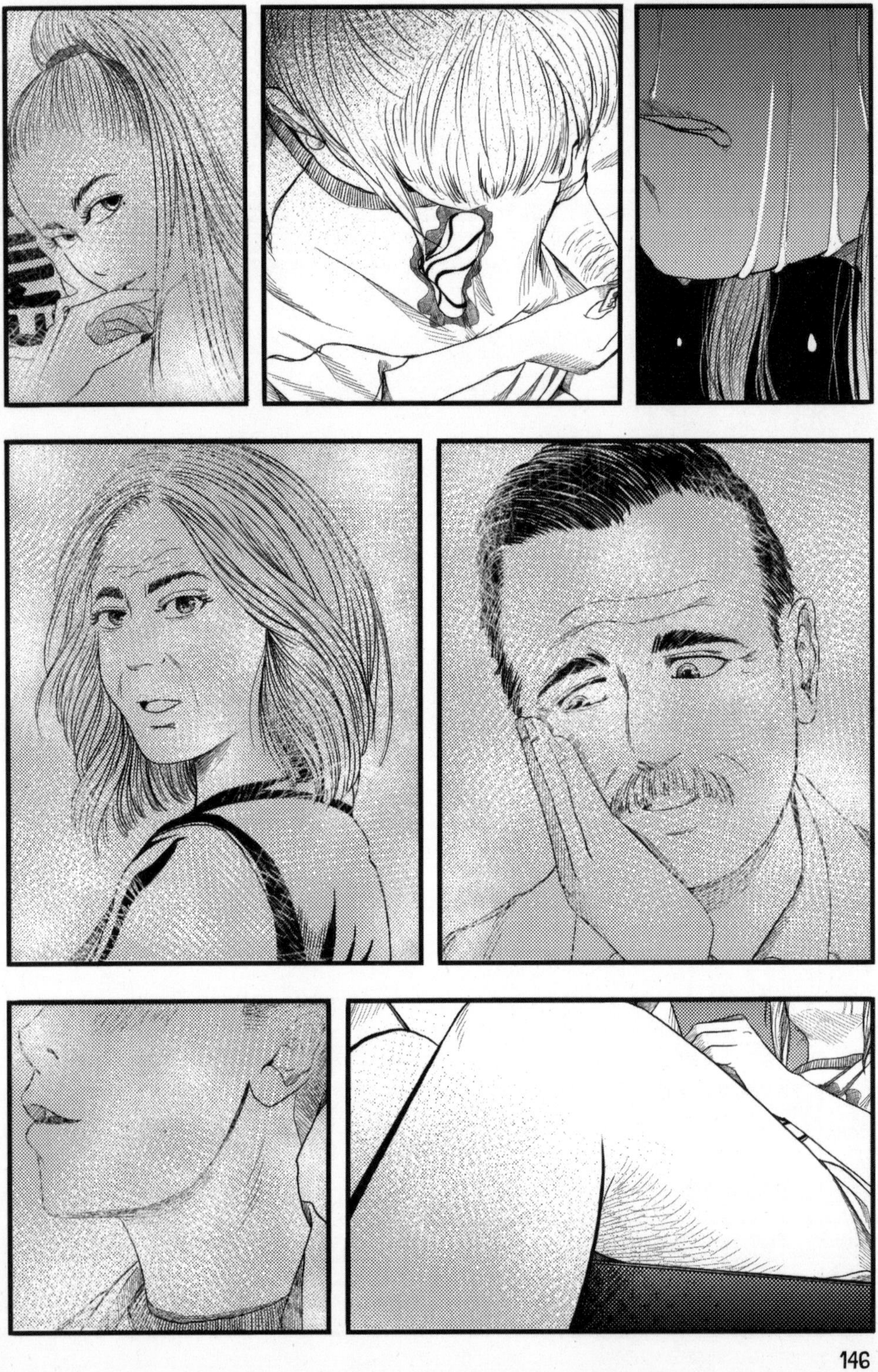

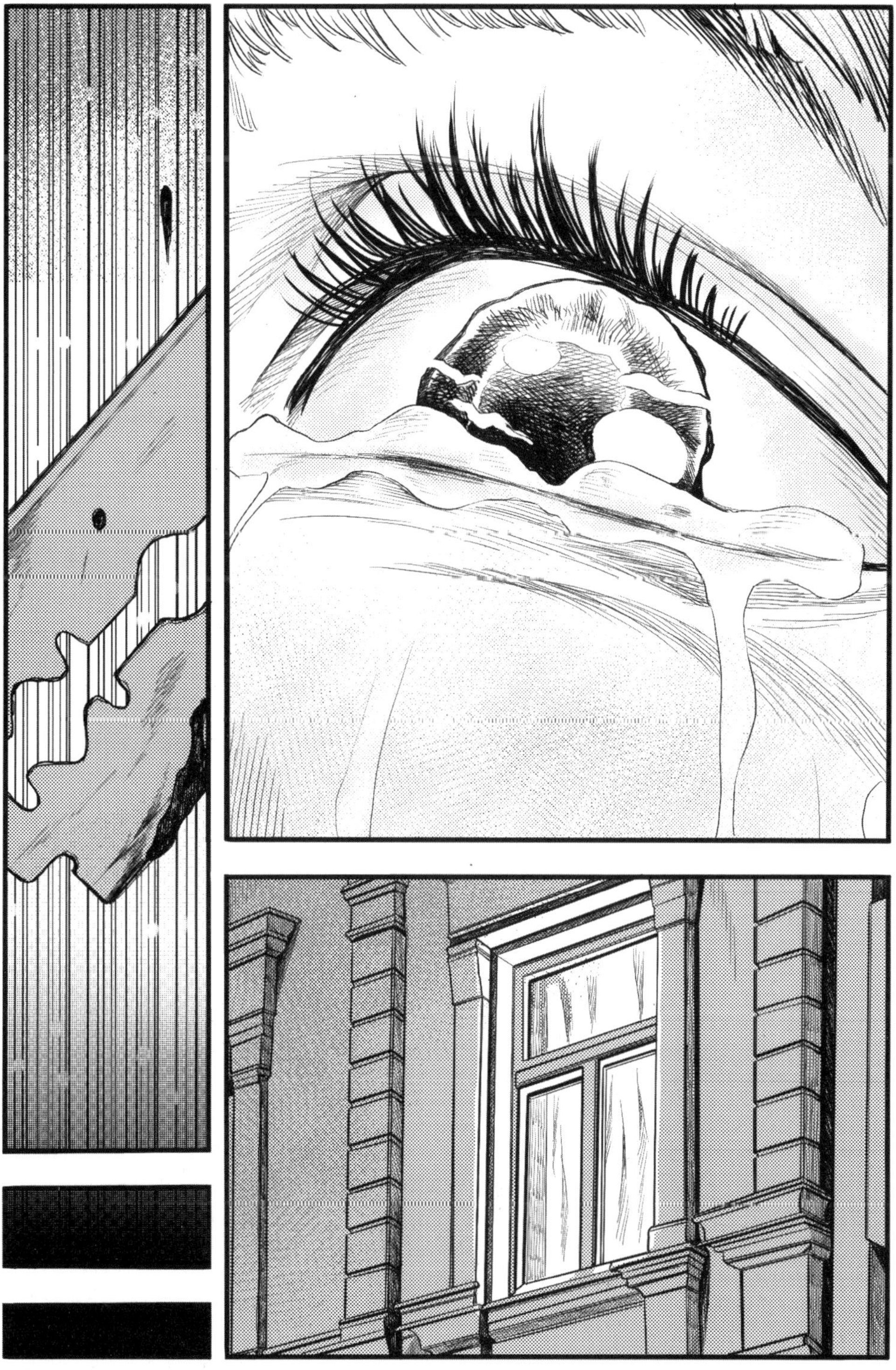

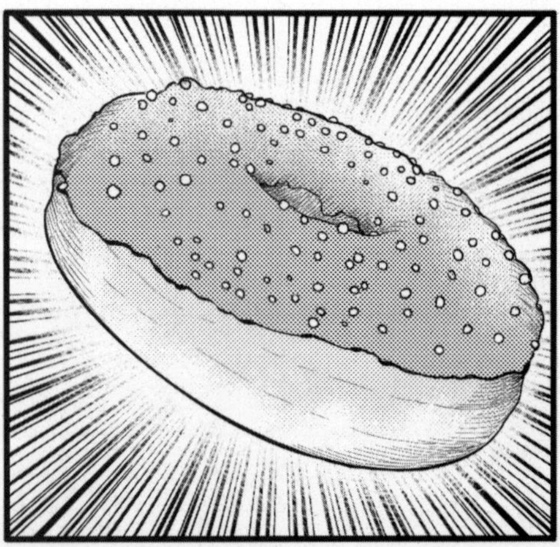

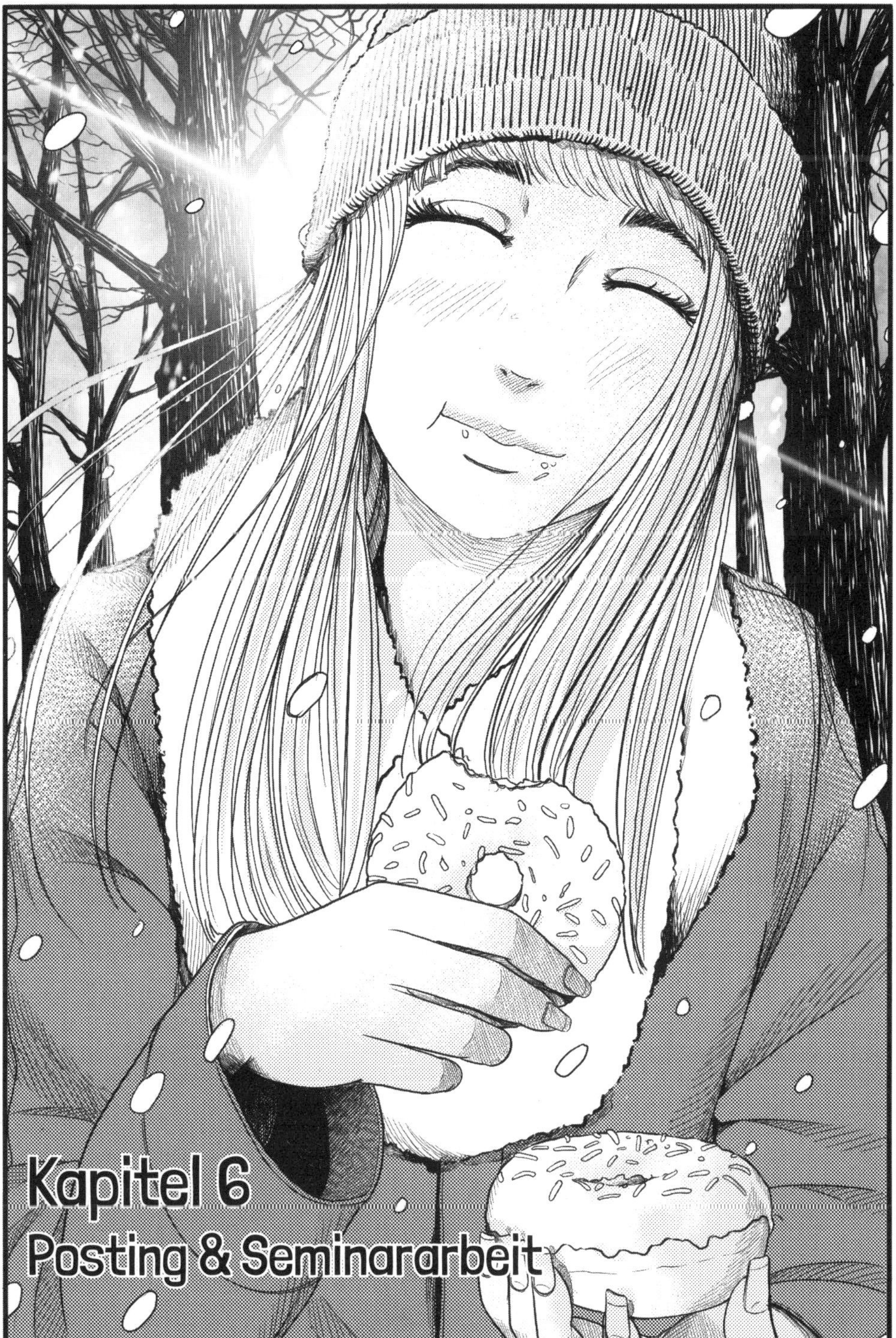
Kapitel 6
Posting & Seminararbeit

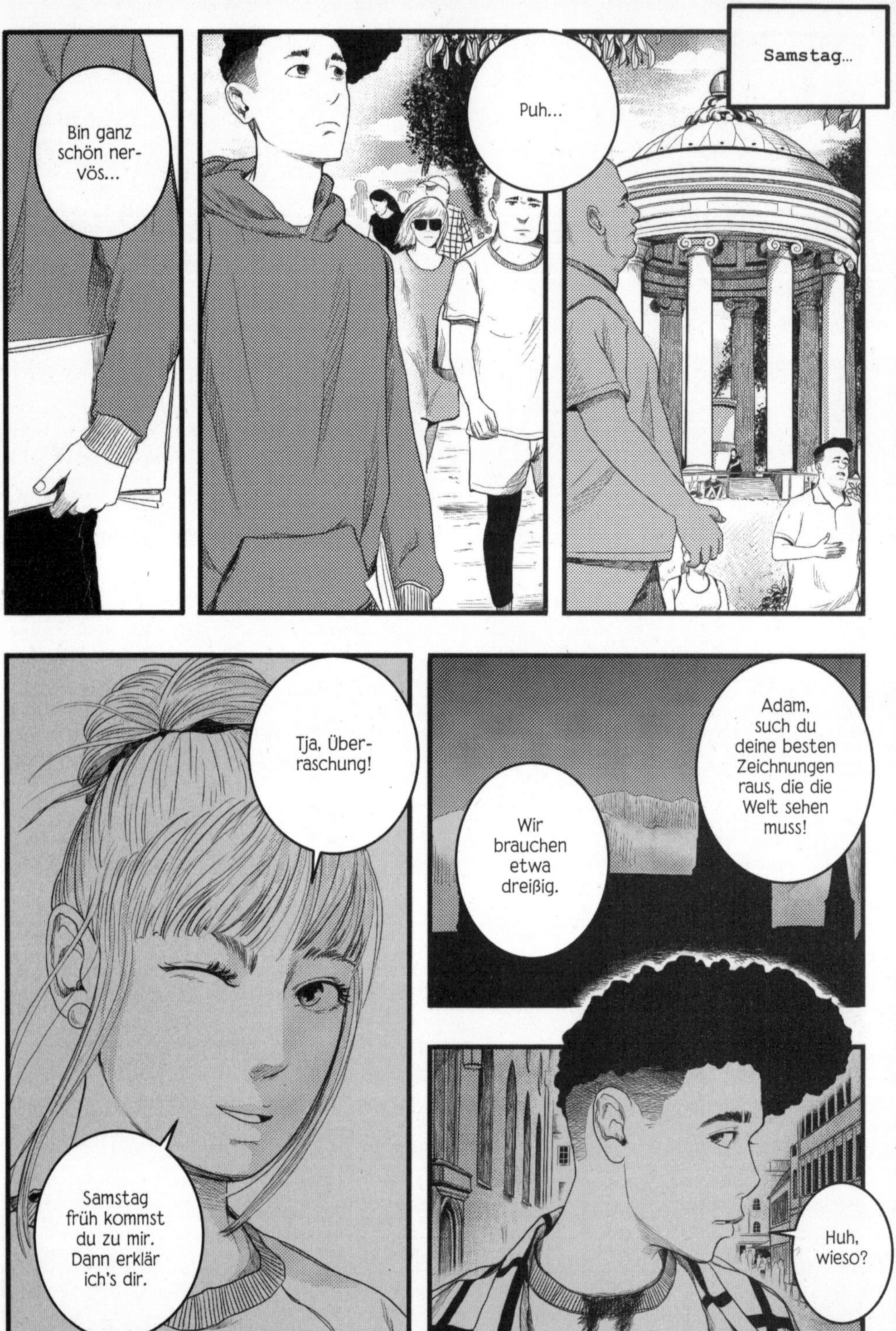
Samstag…
Bin ganz schön ner-vös…
Puh…
Tja, Über-raschung!
Samstag früh kommst du zu mir. Dann erklär ich's dir.
Adam, such du deine besten Zeichnungen raus, die die Welt sehen muss!
Wir brauchen etwa dreißig.
Huh, wieso?

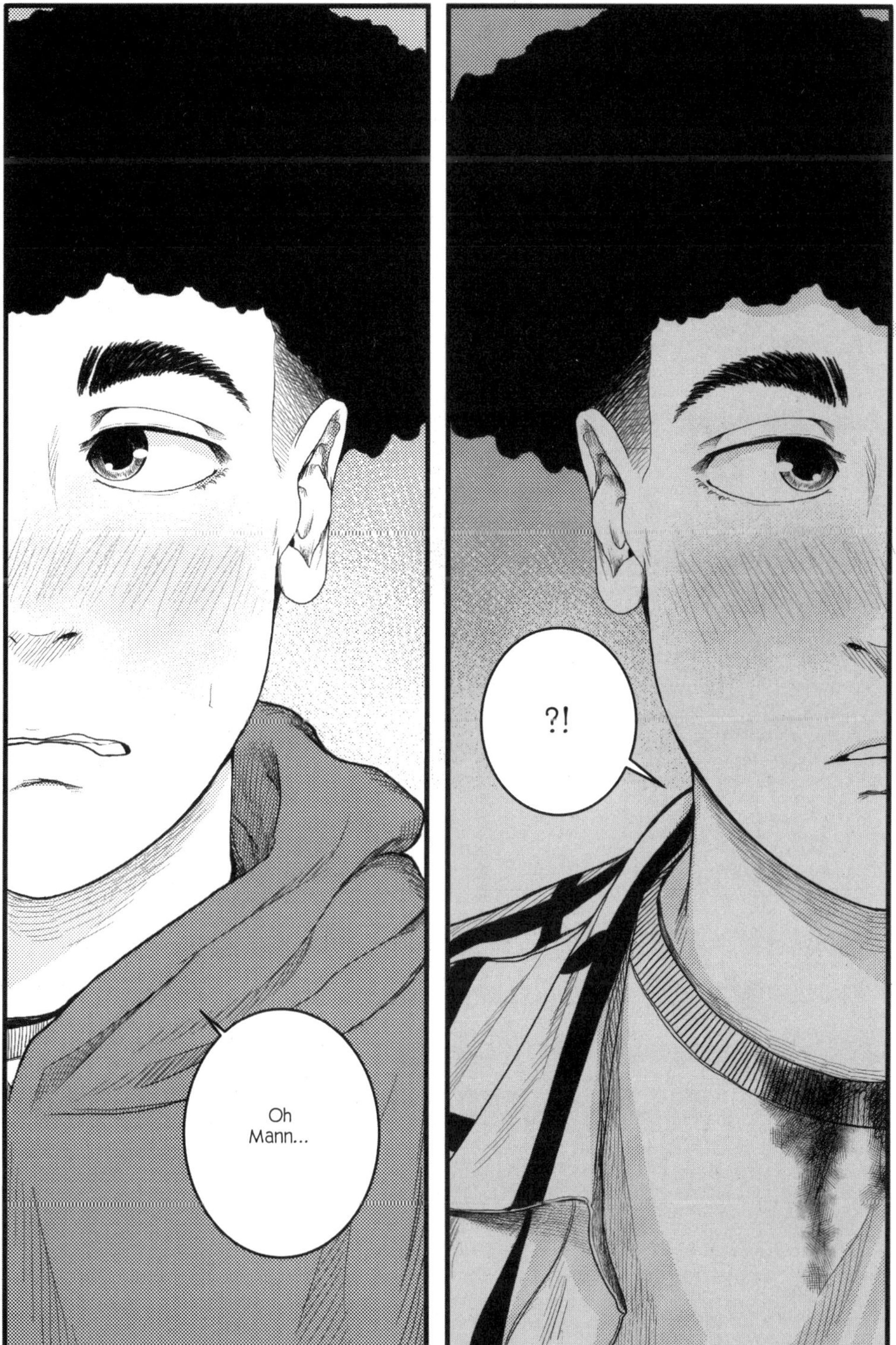
?!
Oh Mann…

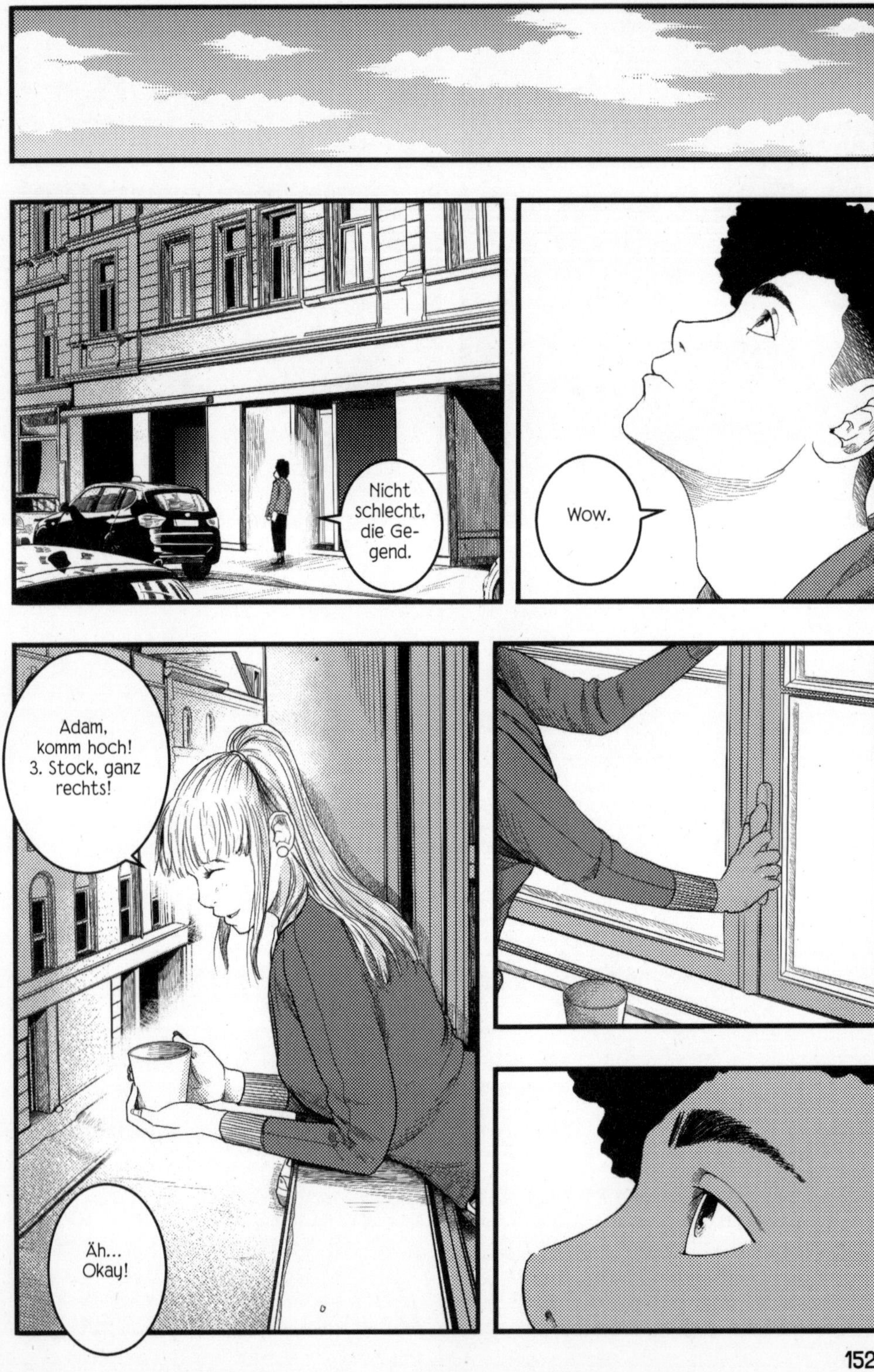
Nicht schlecht, die Gegend.
Wow.
Adam, komm hoch! 3. Stock, ganz rechts!
Äh... Okay!

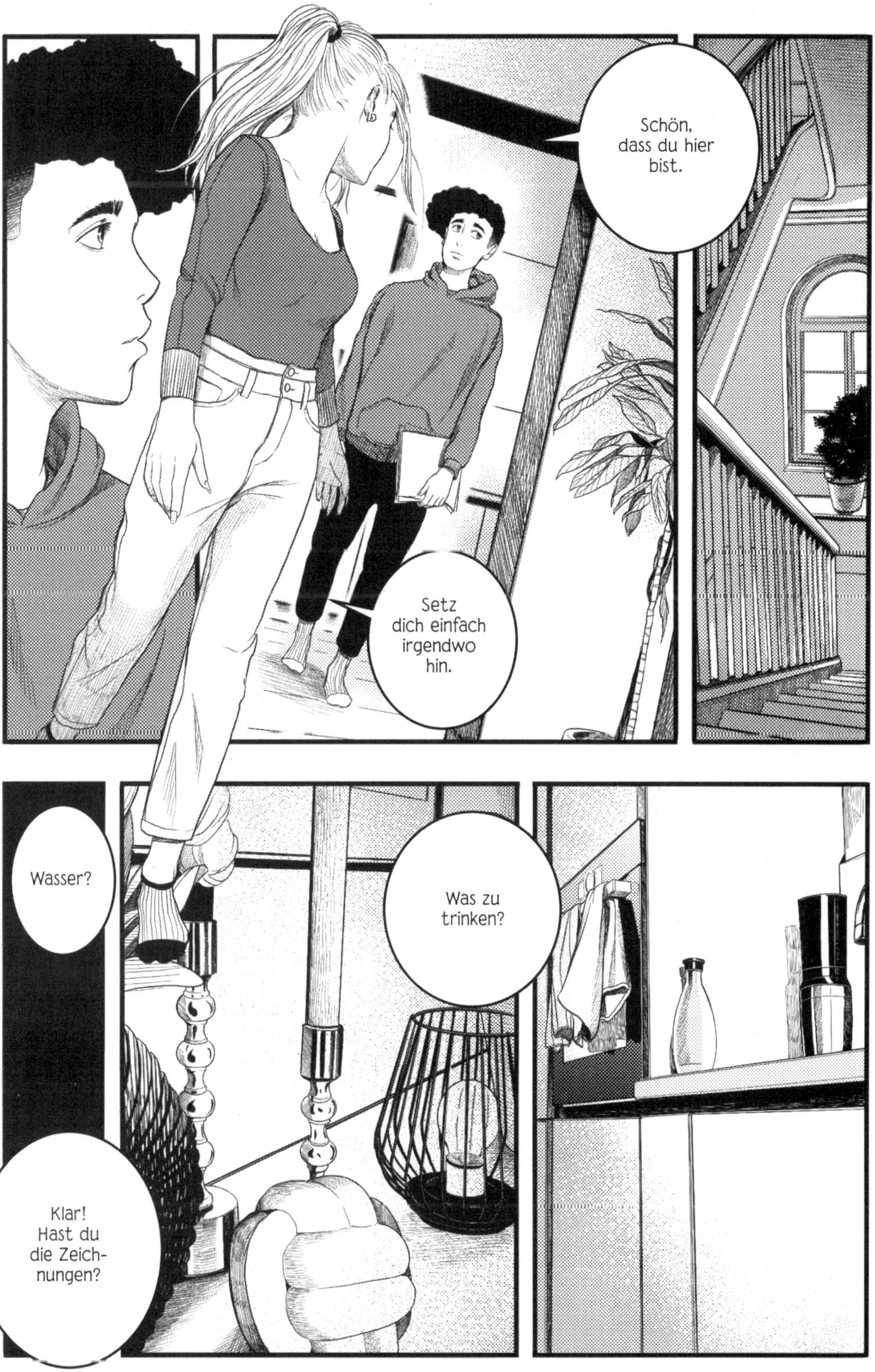
Schön, dass du hier bist.
Setz dich einfach irgendwo hin.
Was zu trinken?
Wasser?
Klar! Hast du die Zeich-nungen?

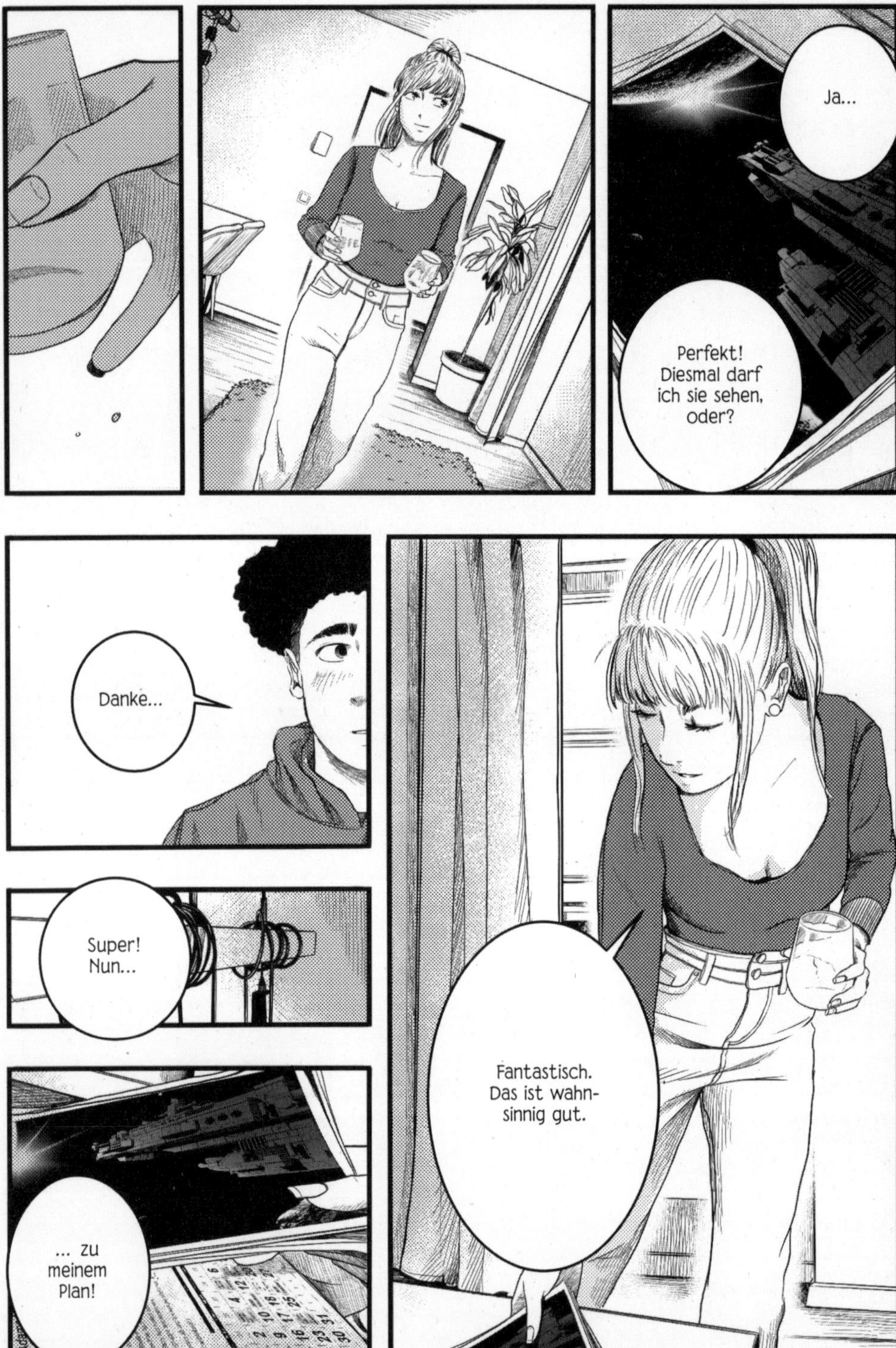
Ja...
Perfekt! Diesmal darf ich sie sehen, oder?
Fantastisch. Das ist wahnsinnig gut.
Danke...
Super! Nun...
... zu meinem Plan!

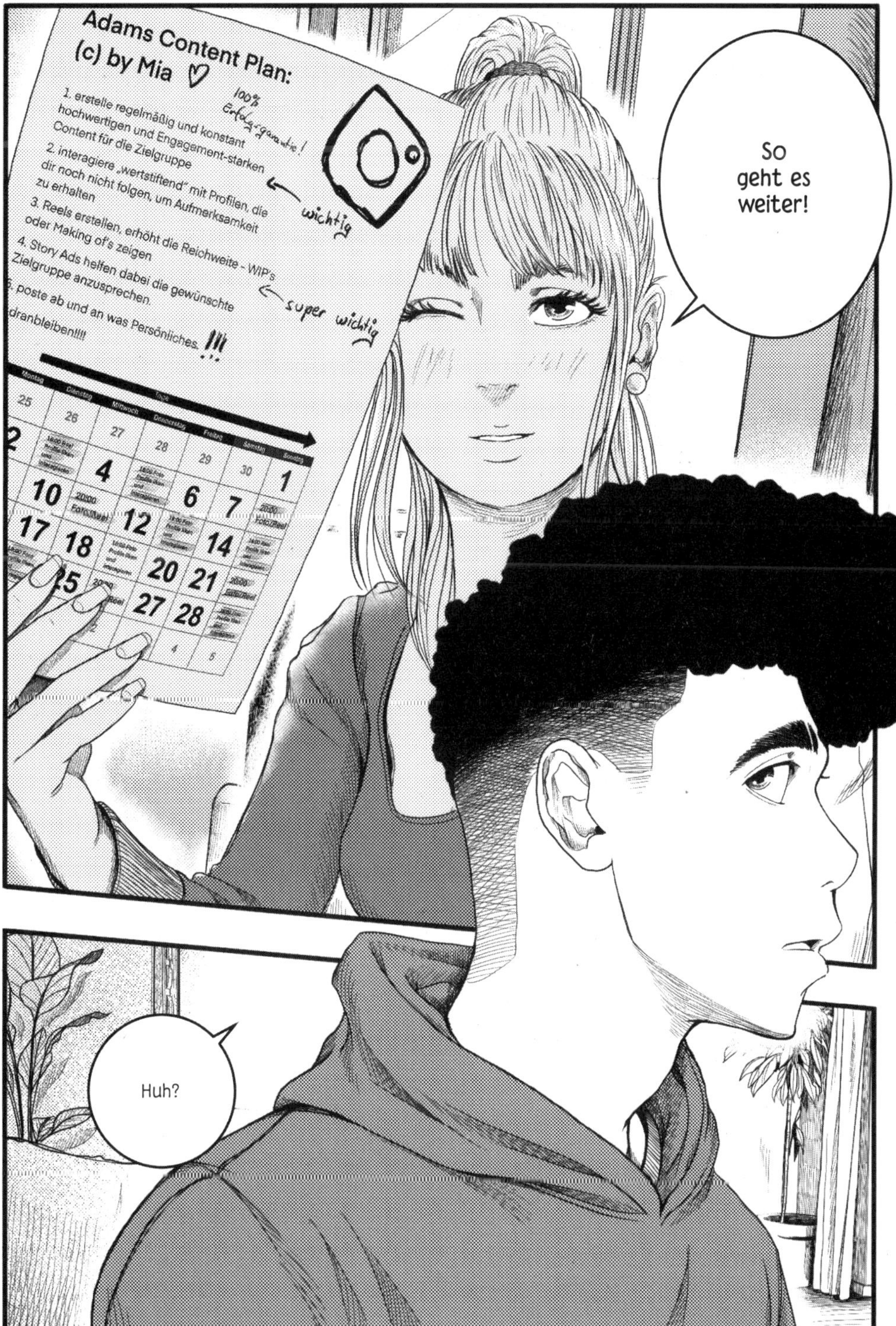
Adams Content Plan:
(c) by Mia
1. erstelle regelmäßig und konstant hochwertigen und Engagement-starken Content für die Zielgruppe
100% Erfolgsgarantie!
2. interagiere „wertstiftend“ mit Profilen, die dir noch nicht folgen, um Aufmerksamkeit zu erhalten
wichtig
3. Reels erstellen, erhöht die Reichweite - WIP's oder Making of's zeigen
4. Story Ads helfen dabei die gewünschte Zielgruppe anzusprechen.
super wichtig
poste ab und an was Persönliches. !!!
dranbleiben!!!
So geht es weiter!
Huh?

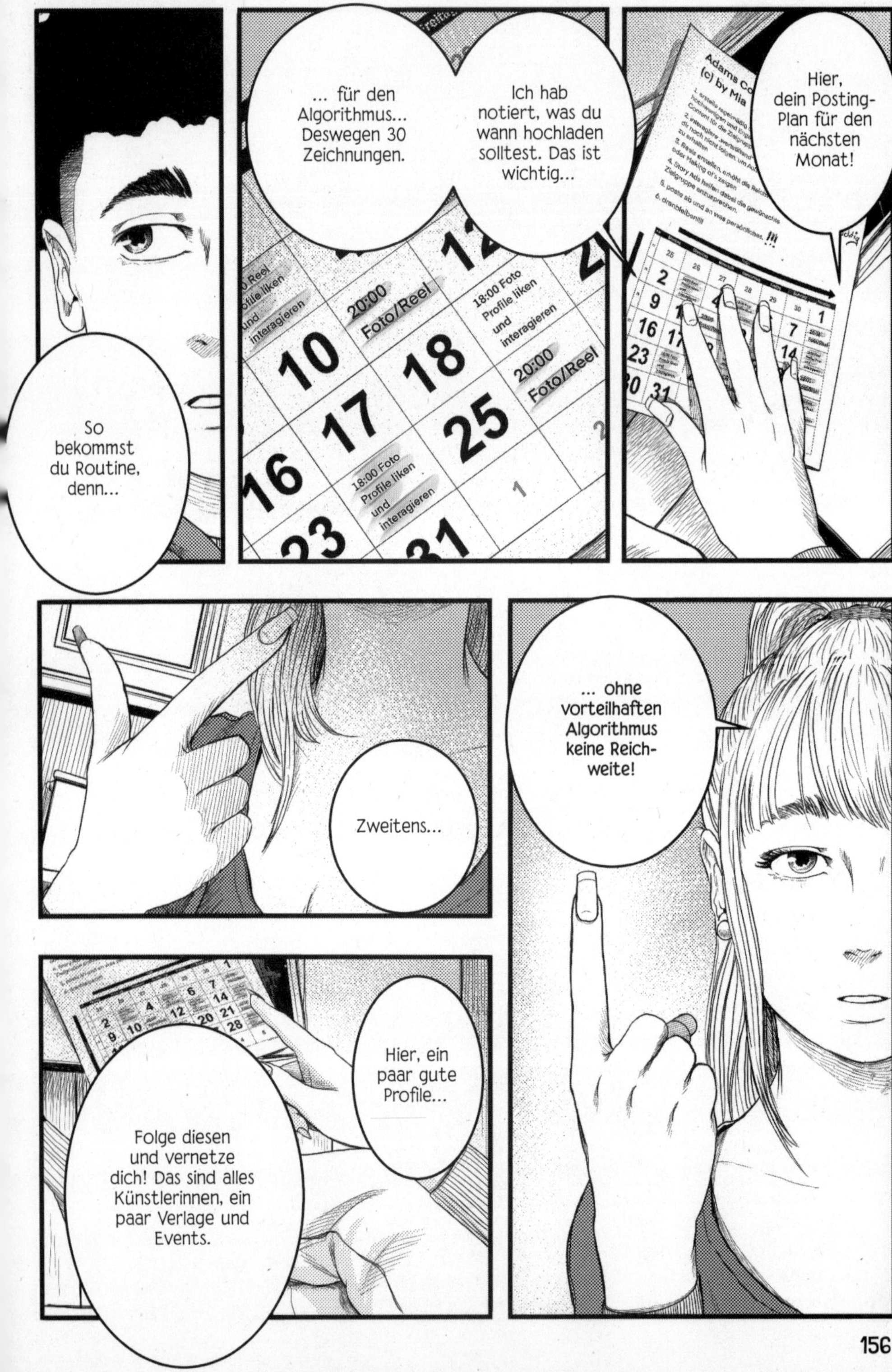
So bekommst du Routine, denn...
... für den Algorithmus... Deswegen 30 Zeichnungen.
Ich hab notiert, was du wann hochladen solltest. Das ist wichtig...
Hier, dein Posting-Plan für den nächsten Monat!
Zweitens...
... ohne vorteilhaften Algorithmus keine Reichweite!
Hier, ein paar gute Profile...
Folge diesen und vernetze dich! Das sind alles Künstlerinnen, ein paar Verlage und Events.

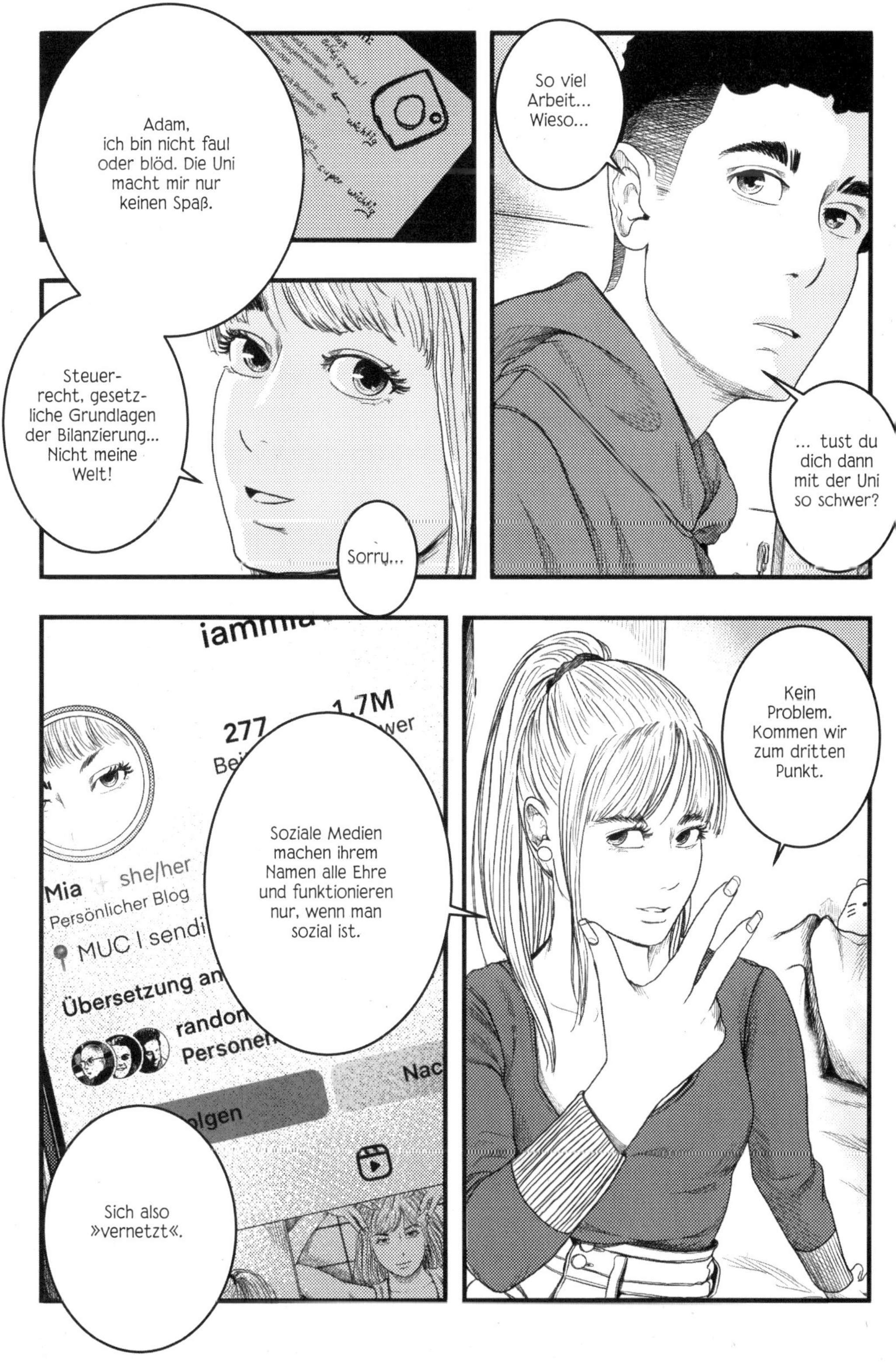
Adam, ich bin nicht faul oder blöd. Die Uni macht mir nur keinen Spaß.
Steuerrecht, gesetzliche Grundlagen der Bilanzierung... Nicht meine Welt!
Sorry...
So viel Arbeit... Wieso...
... tust du dich dann mit der Uni so schwer?
iammia
277
1,7M
Mia
she/her
Persönlicher Blog
MUC I sendi
Übersetzung an
Soziale Medien machen ihrem Namen alle Ehre und funktionieren nur, wenn man sozial ist.
Sich also »vernetzt«.
Kein Problem. Kommen wir zum dritten Punkt.

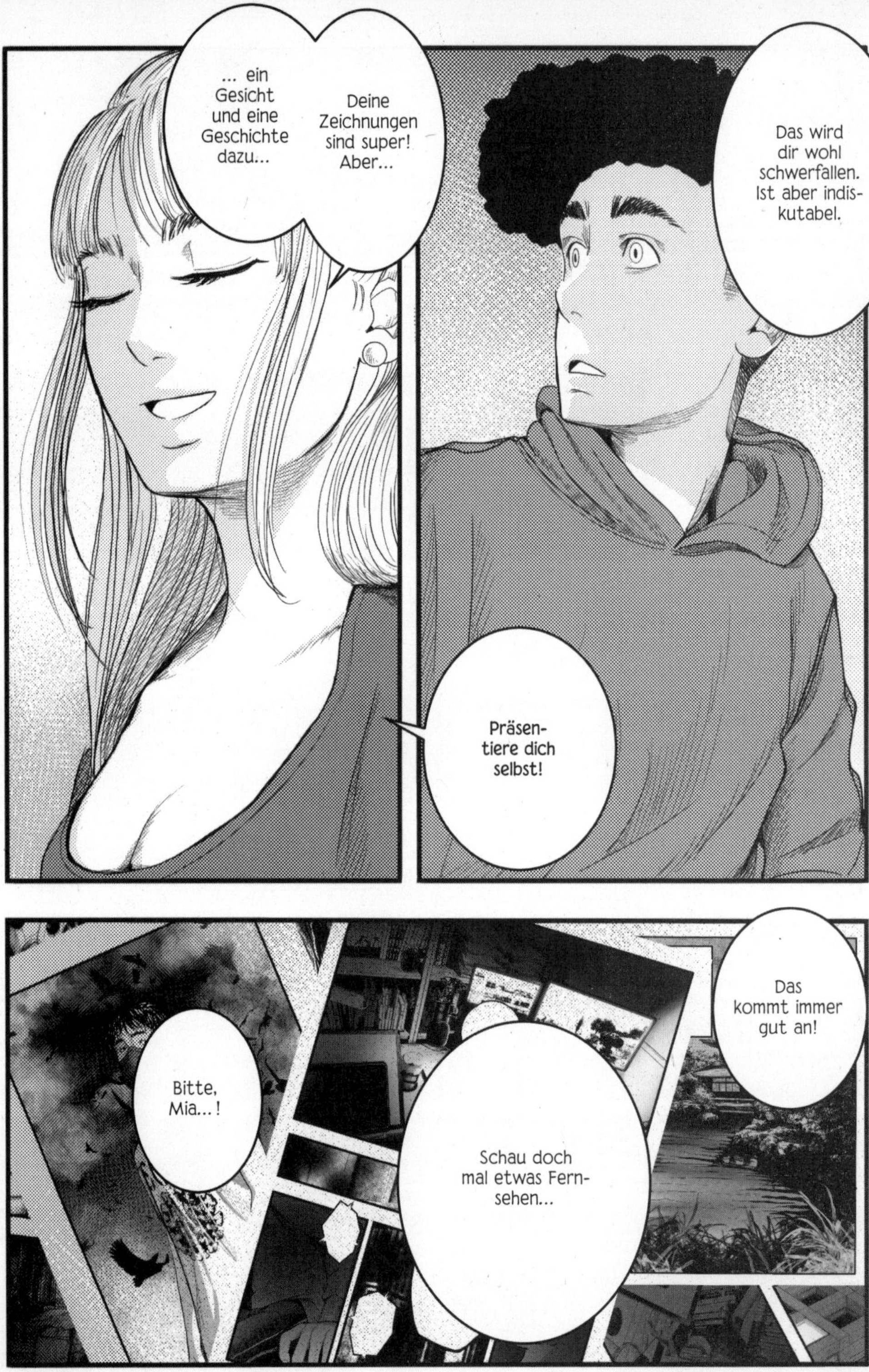
Das wird dir wohl schwerfallen. Ist aber indiskutabel.
Deine Zeichnungen sind super! Aber...
... ein Gesicht und eine Geschichte dazu...
Präsentiere dich selbst!
Das kommt immer gut an!
Schau doch mal etwas Fernsehen...
Bitte, Mia...!

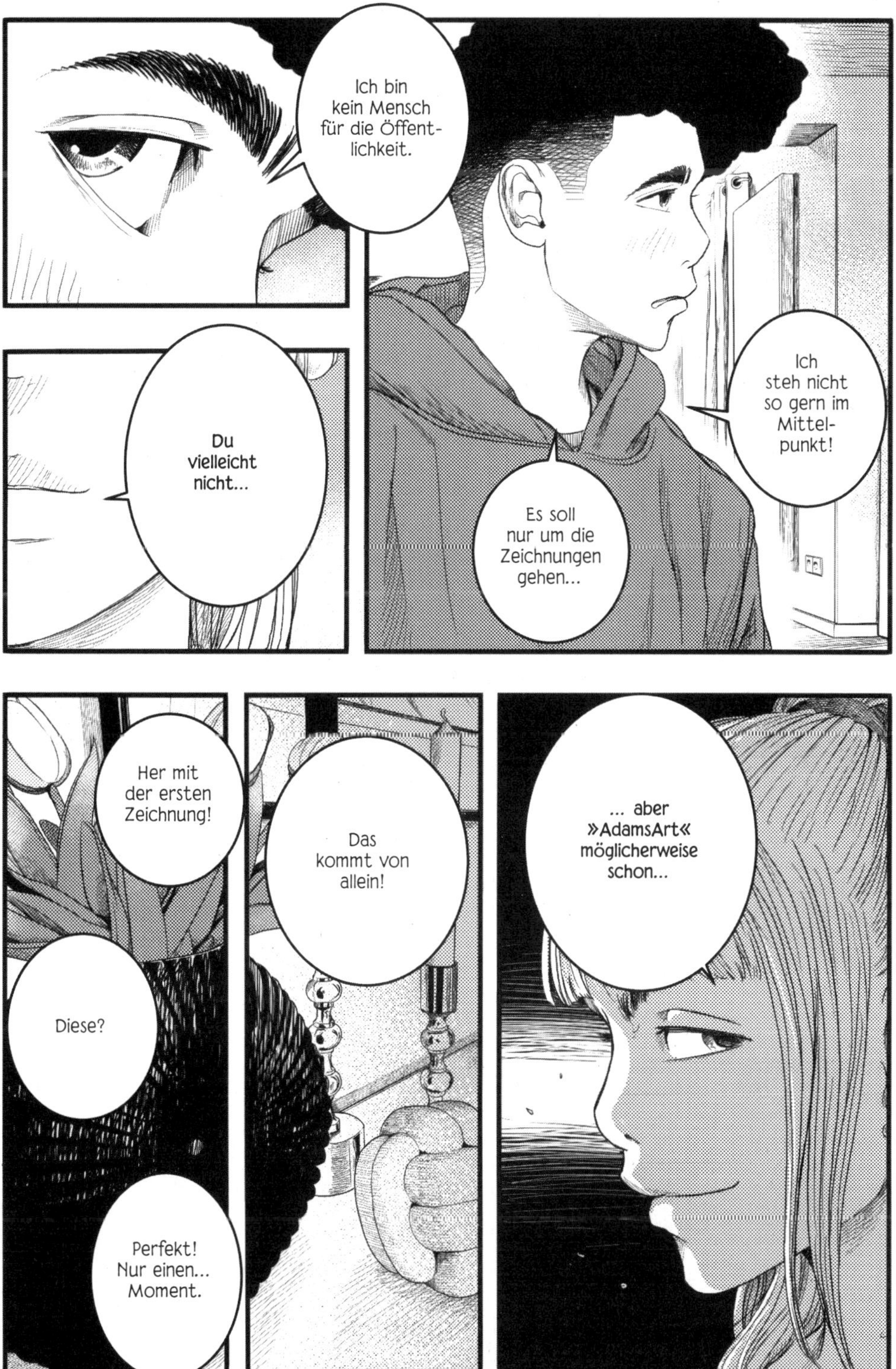
Ich bin kein Mensch für die Öffentlichkeit.
Ich steh nicht so gern im Mittelpunkt!
Es soll nur um die Zeichnungen gehen...
Du vielleicht nicht...
... aber »AdamsArt« möglicherweise schon...
Das kommt von allein!
Her mit der ersten Zeichnung!
Diese?
Perfekt! Nur einen... Moment.

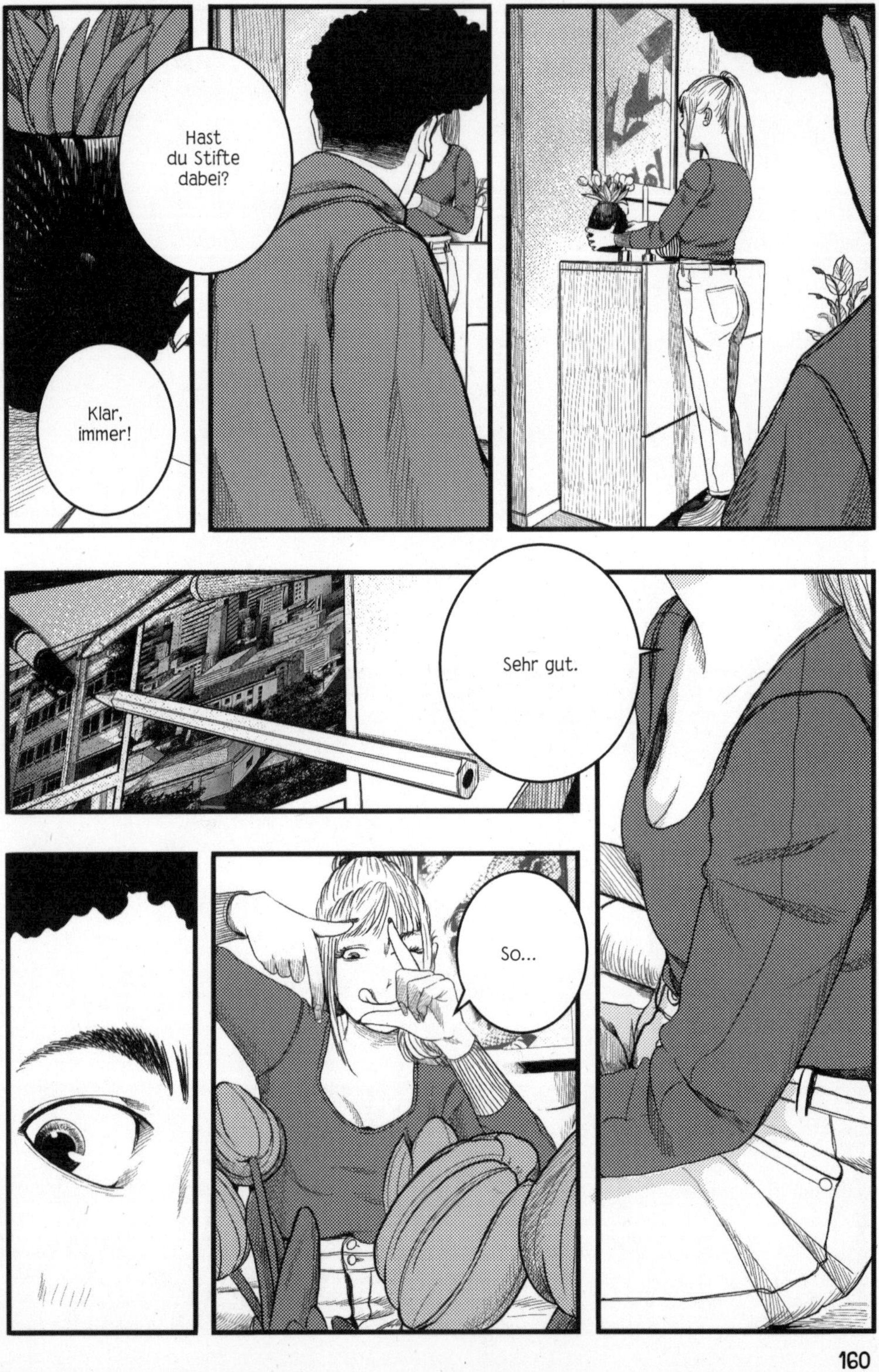
Hast du Stifte dabei?
Klar, immer!
Sehr gut.
So...

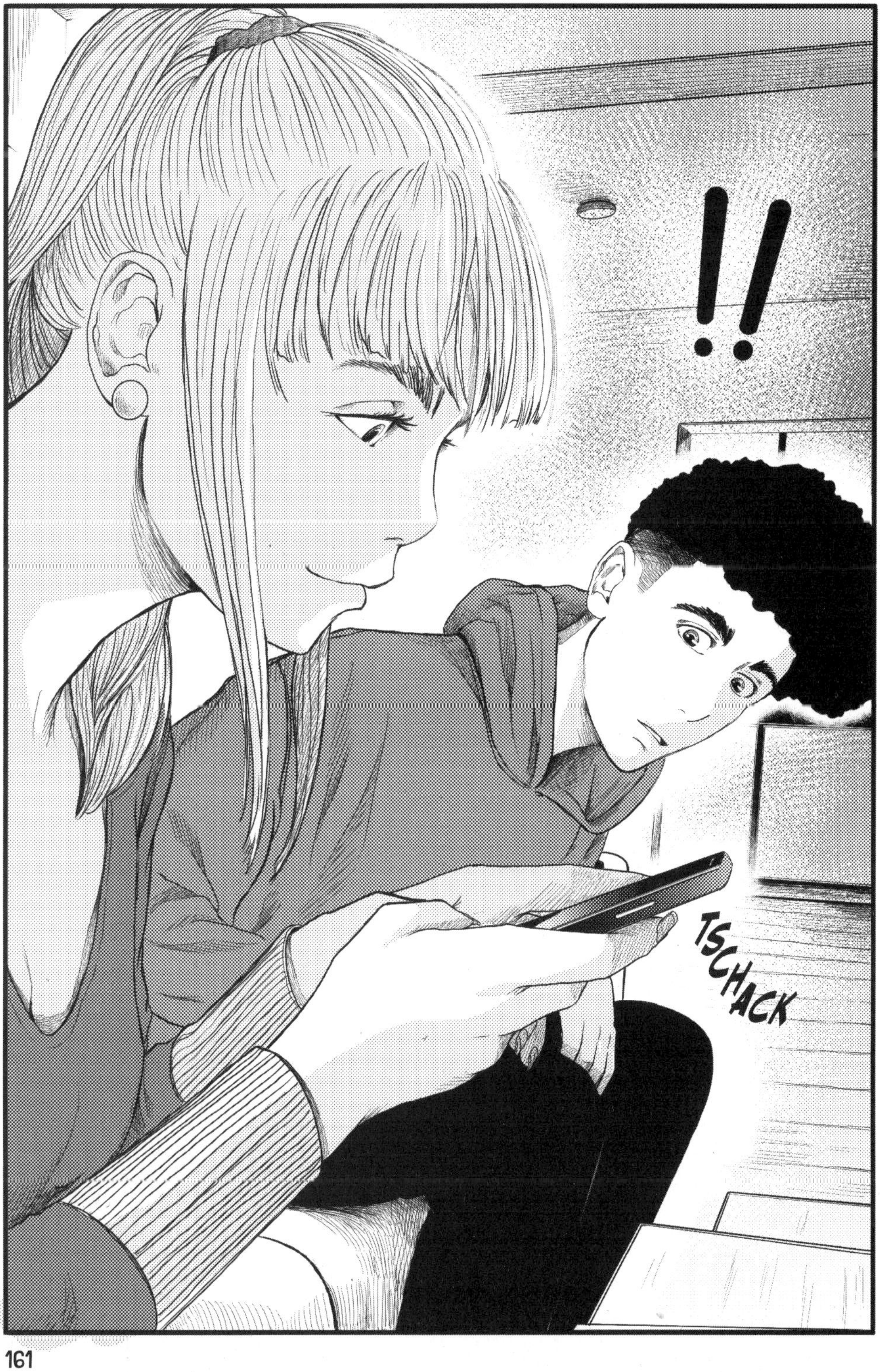
!!
TSCHACK

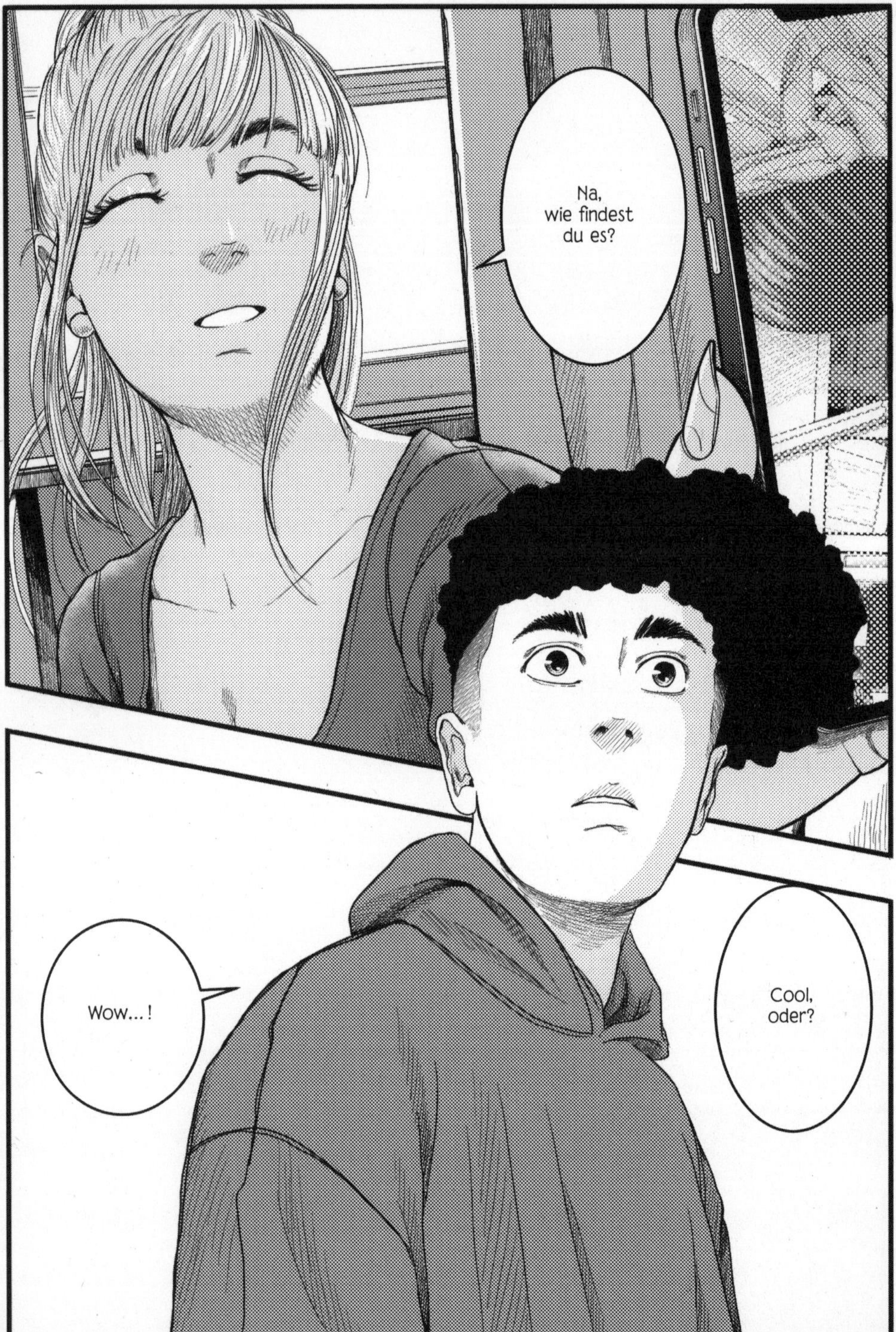
Na,
wie findest
du es?
Wow…!
Cool,
oder?

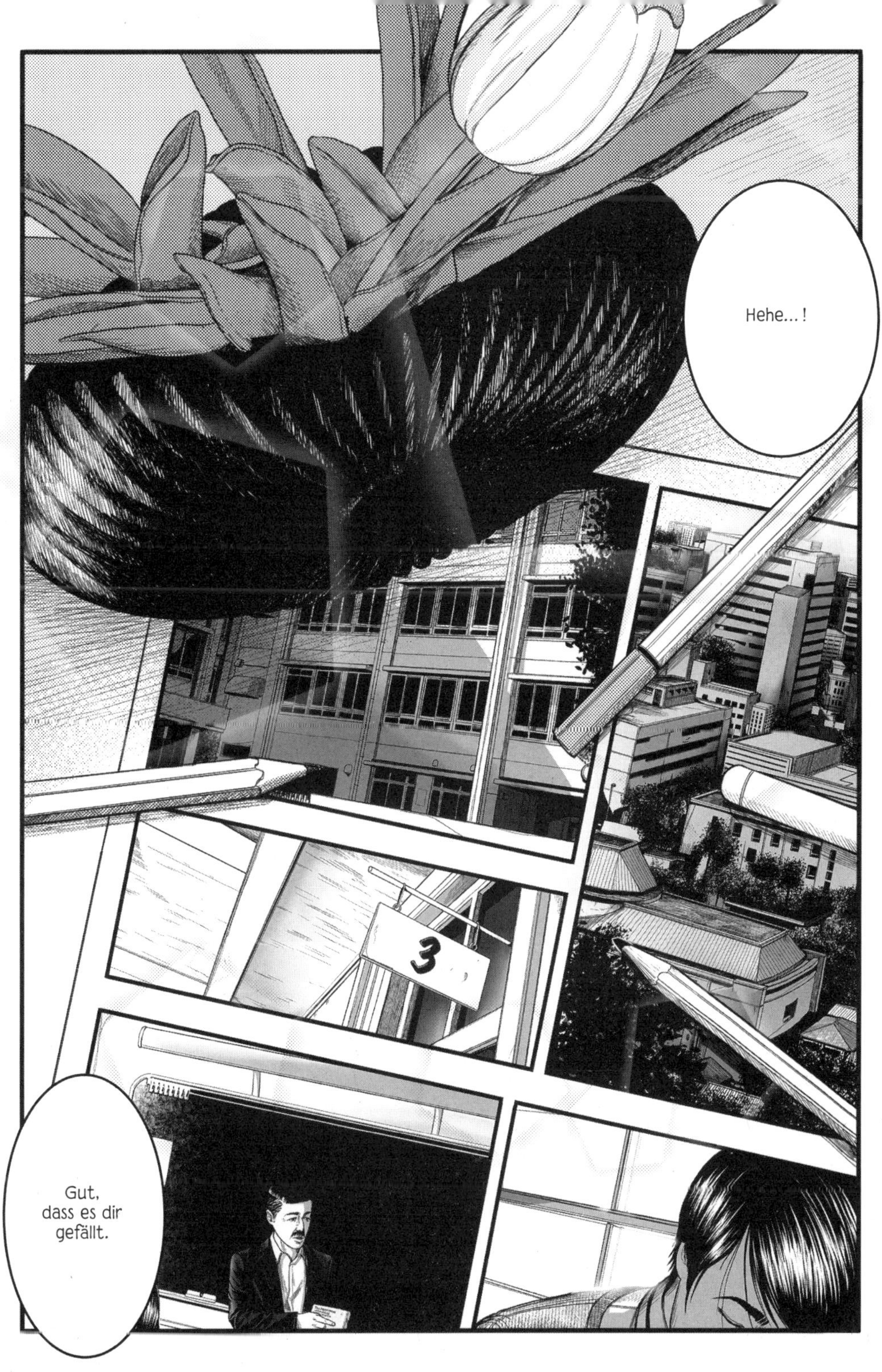
Hehe...!
Gut, dass es dir gefällt.

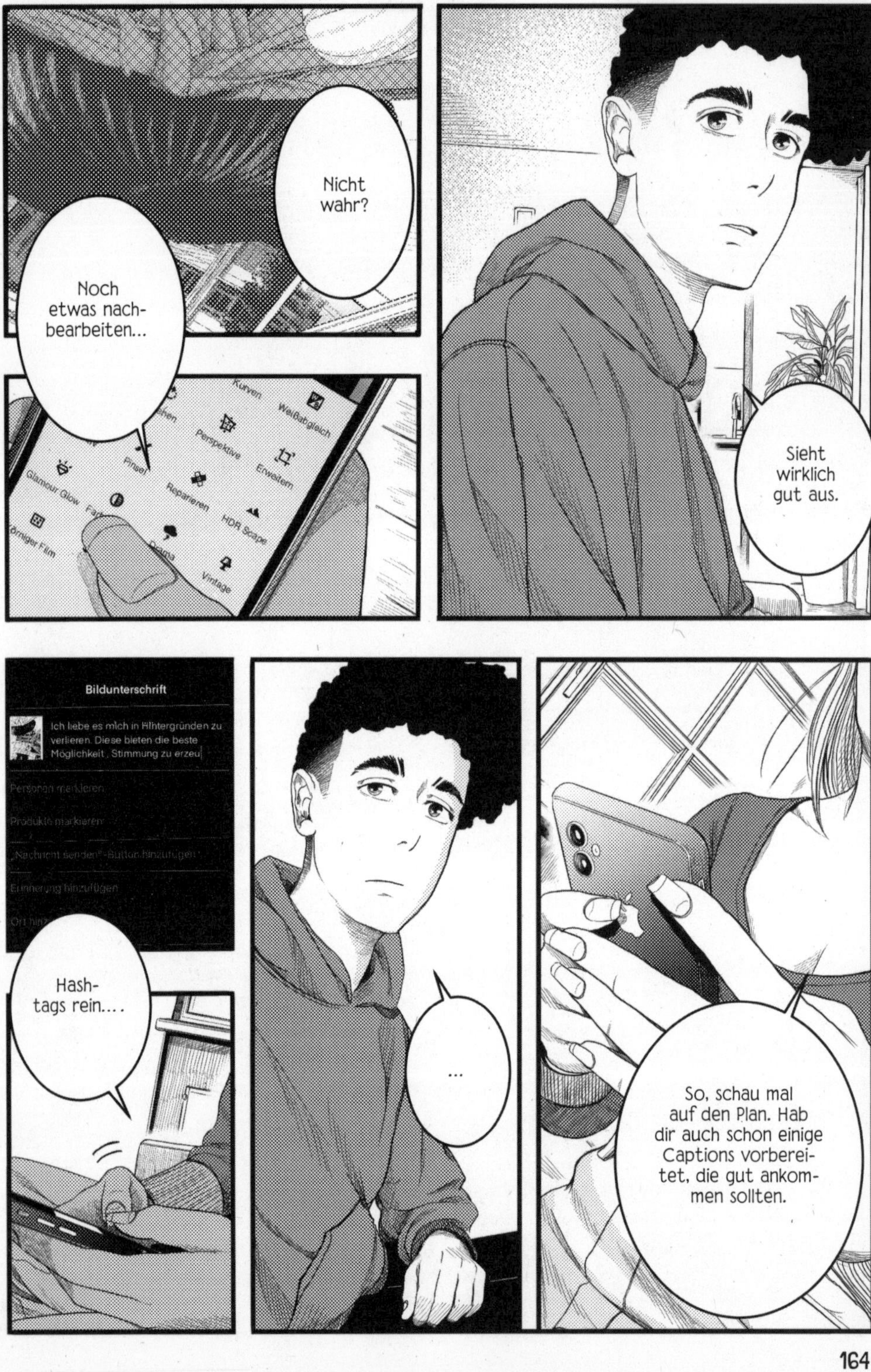
Nicht wahr?
Noch etwas nach-bearbeiten...
Kurven
Weißabgleich
Perspektive
Erweitern
Pinsel
Reparieren
Glamour Glow
HDR Scape
Vintage
Sieht wirklich gut aus.
Bildunterschrift
Ich liebe es mich in Hintergründen zu verlieren. Diese bieten die beste Möglichkeit , Stimmung zu erzeu
Hash-tags rein....
...
So, schau mal auf den Plan. Hab dir auch schon einige Captions vorberei-tet, die gut ankom-men sollten.

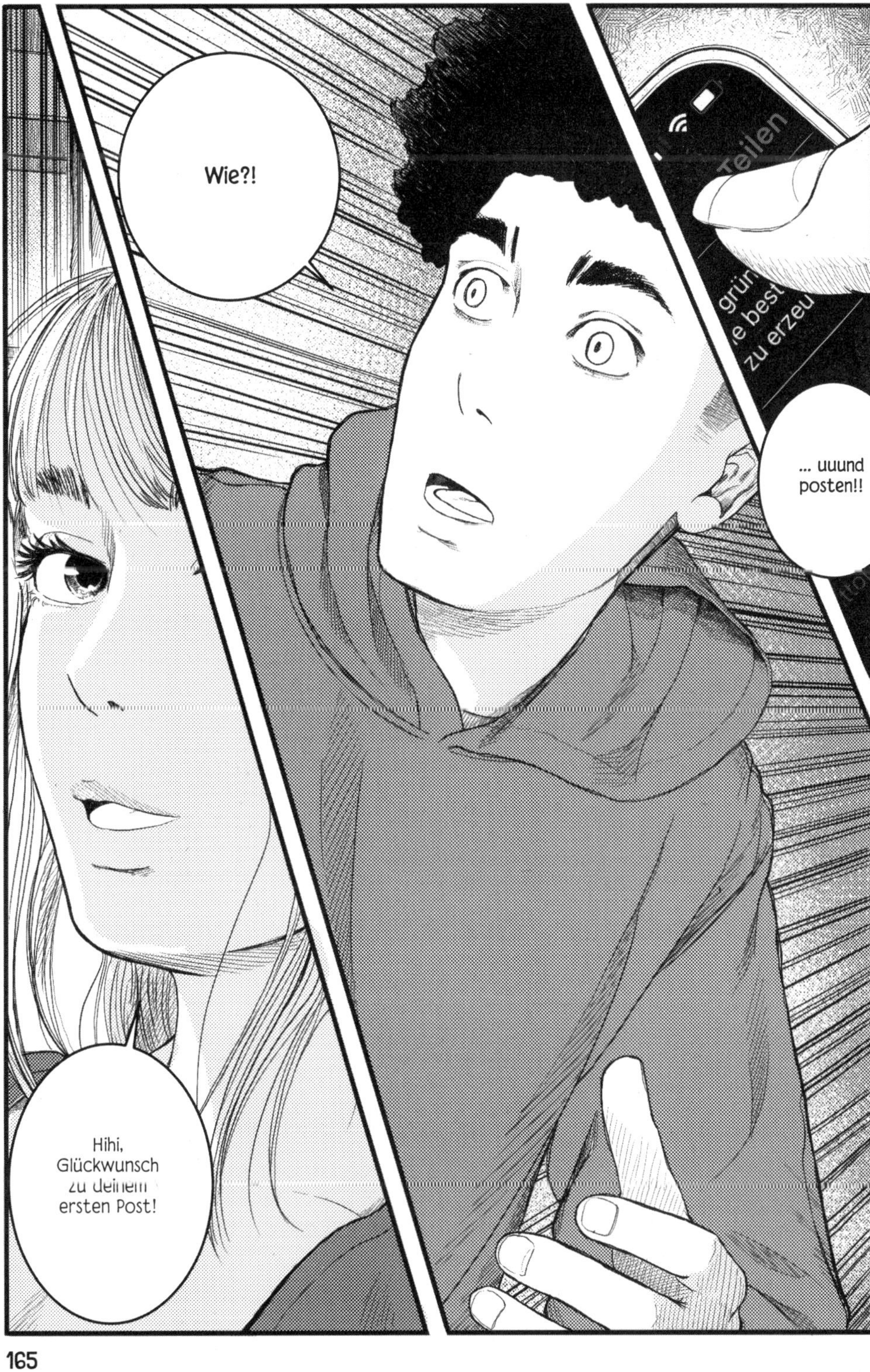
Teilen
... uuund posten!!
Wie?!
Hihi, Glückwunsch zu deinem ersten Post!

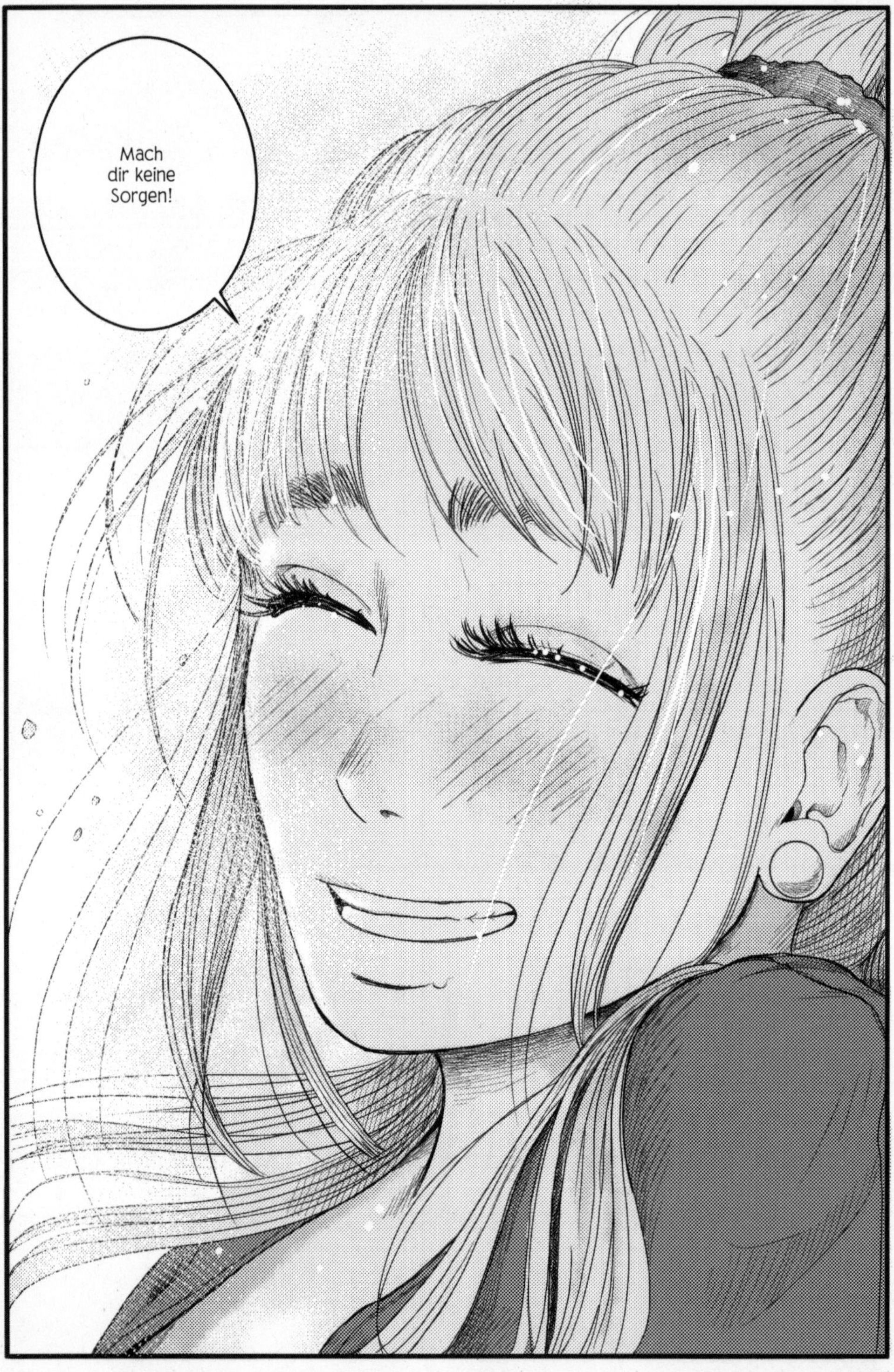
Mach dir keine Sorgen!

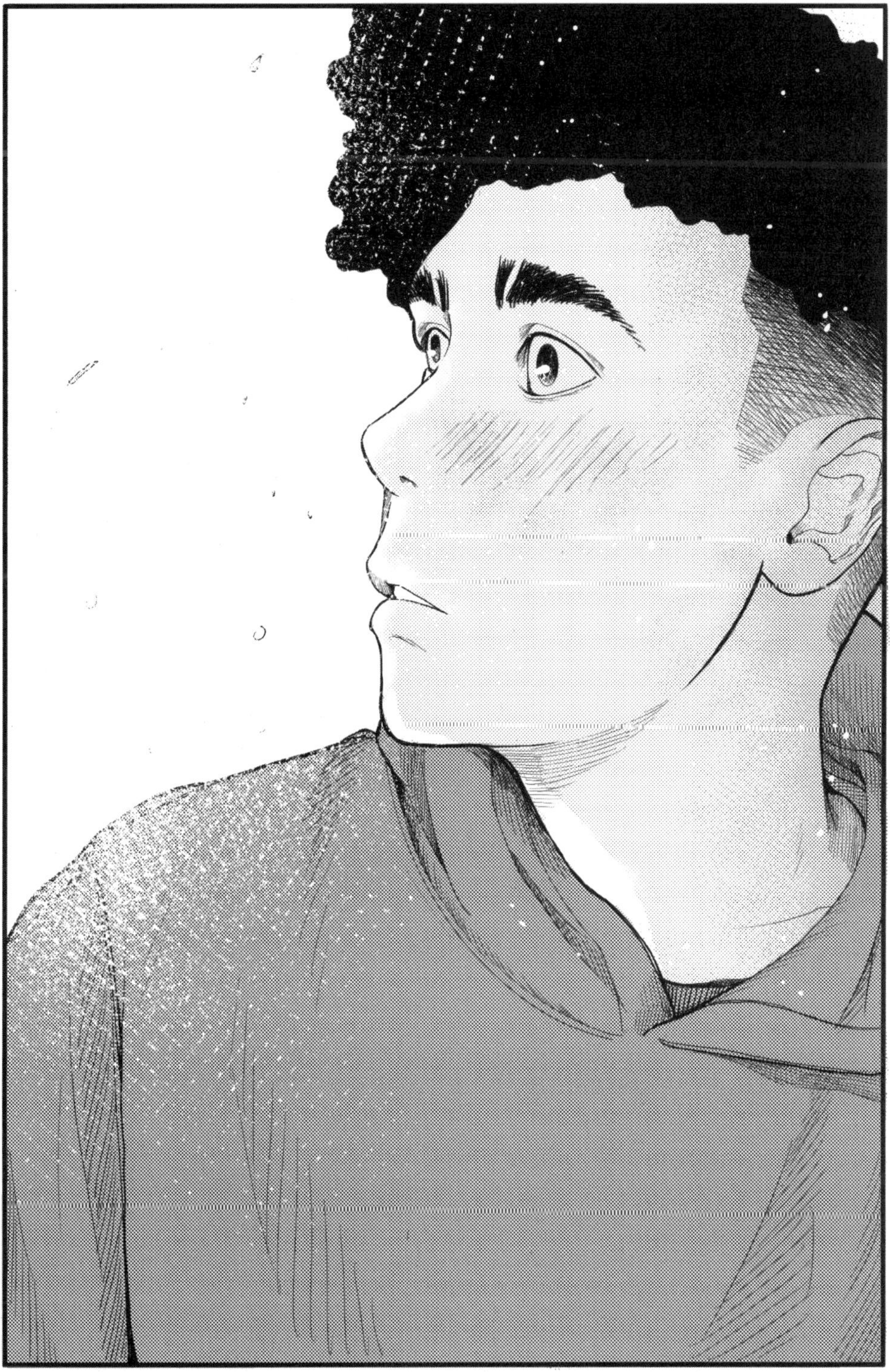

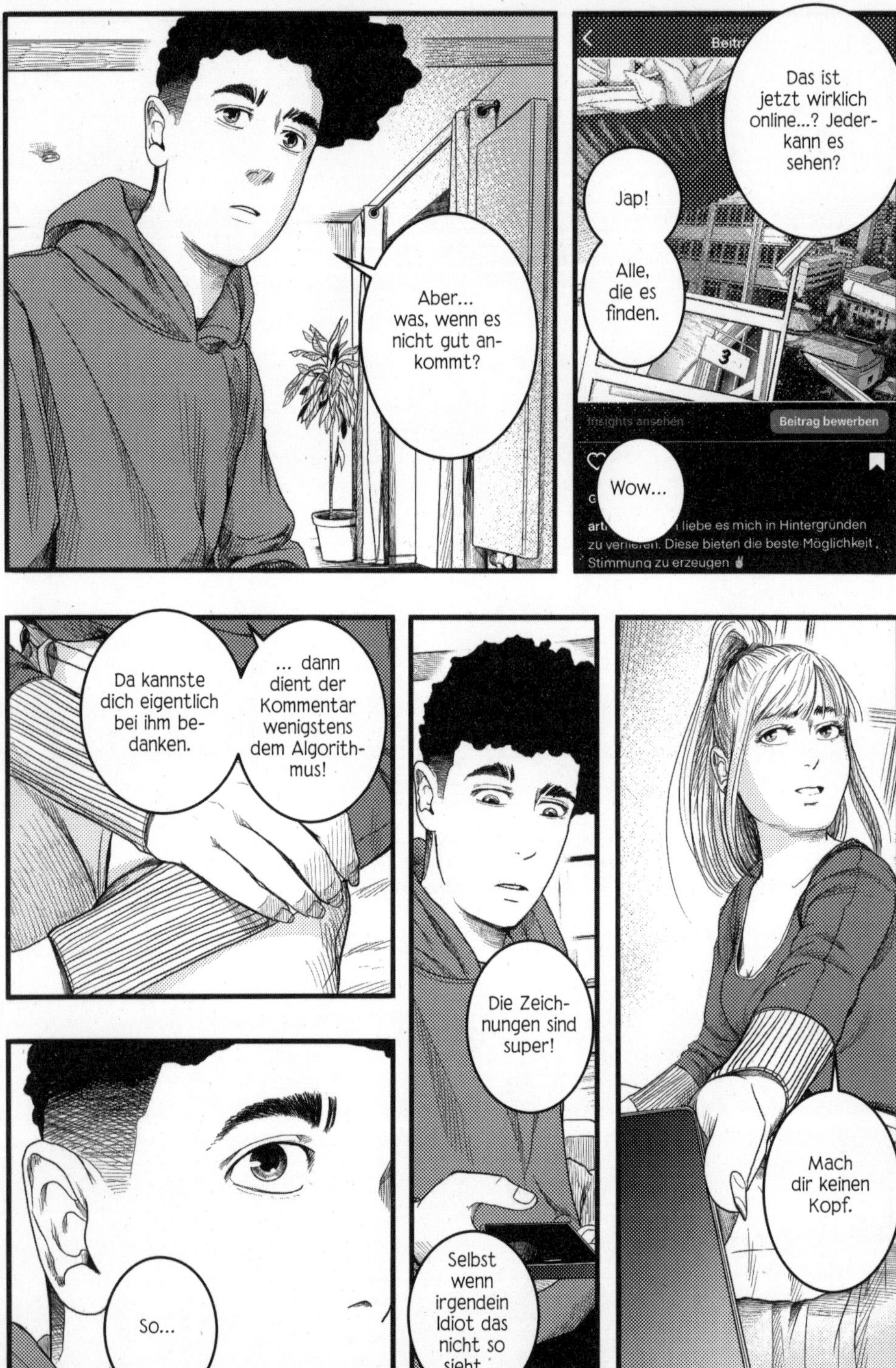
Aber... was, wenn es nicht gut ankommt?
Das ist jetzt wirklich online...? Jeder-kann es sehen?
Jap!
Alle, die es finden.
Beitrag bewerben
Wow...
liebe es mich in Hintergründen zu verlieren. Diese bieten die beste Möglichkeit, Stimmung zu erzeugen
Mach dir keinen Kopf.
Die Zeichnungen sind super!
Selbst wenn irgendein Idiot das nicht so sieht...
... dann dient der Kommentar wenigstens dem Algorithmus!
Da kannste dich eigentlich bei ihm bedanken.
So...

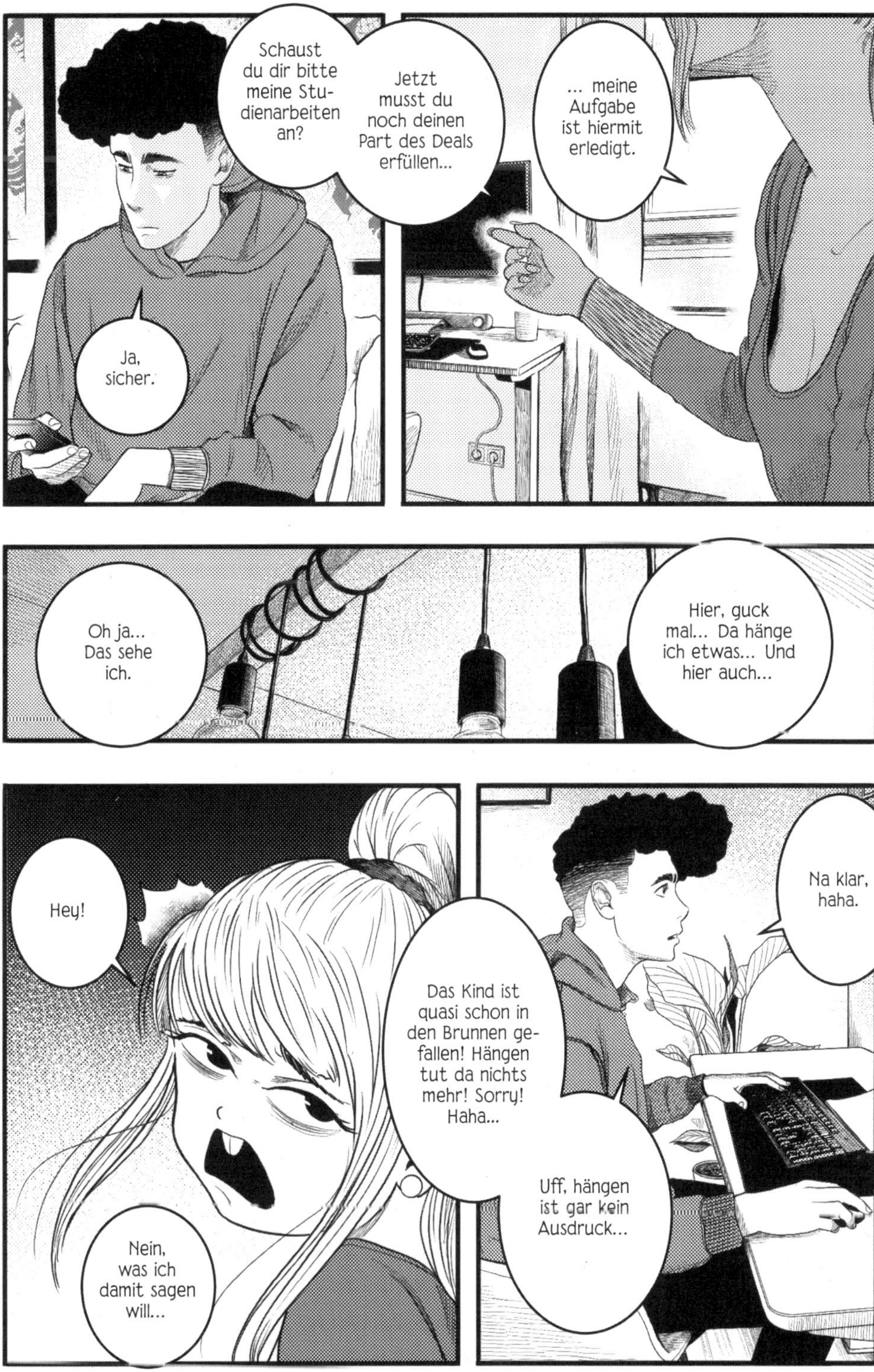
Schaust du dir bitte meine Studienarbeiten an?
Jetzt musst du noch deinen Part des Deals erfüllen...
... meine Aufgabe ist hiermit erledigt.
Ja, sicher.
Oh ja... Das sehe ich.
Hier, guck mal... Da hänge ich etwas... Und hier auch...
Hey!
Das Kind ist quasi schon in den Brunnen gefallen! Hängen tut da nichts mehr! Sorry! Haha...
Nein, was ich damit sagen will...
Na klar, haha.
Uff, hängen ist gar kein Ausdruck...

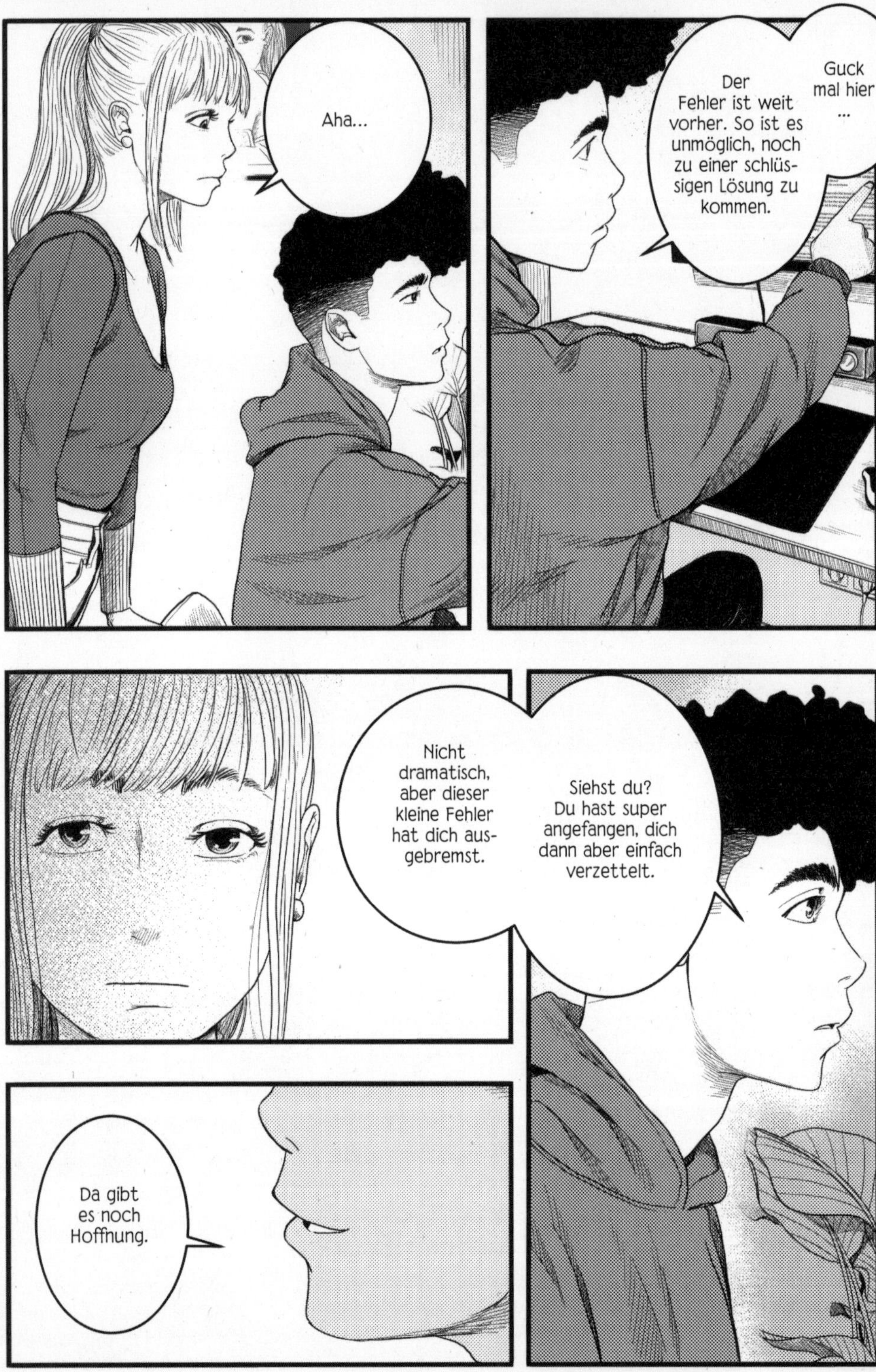

Guck mal hier ...
Der Fehler ist weit vorher. So ist es unmöglich, noch zu einer schlüssigen Lösung zu kommen.
Aha...
Siehst du? Du hast super angefangen, dich dann aber einfach verzettelt.
Nicht dramatisch, aber dieser kleine Fehler hat dich ausgebremst.
Da gibt es noch Hoffnung.

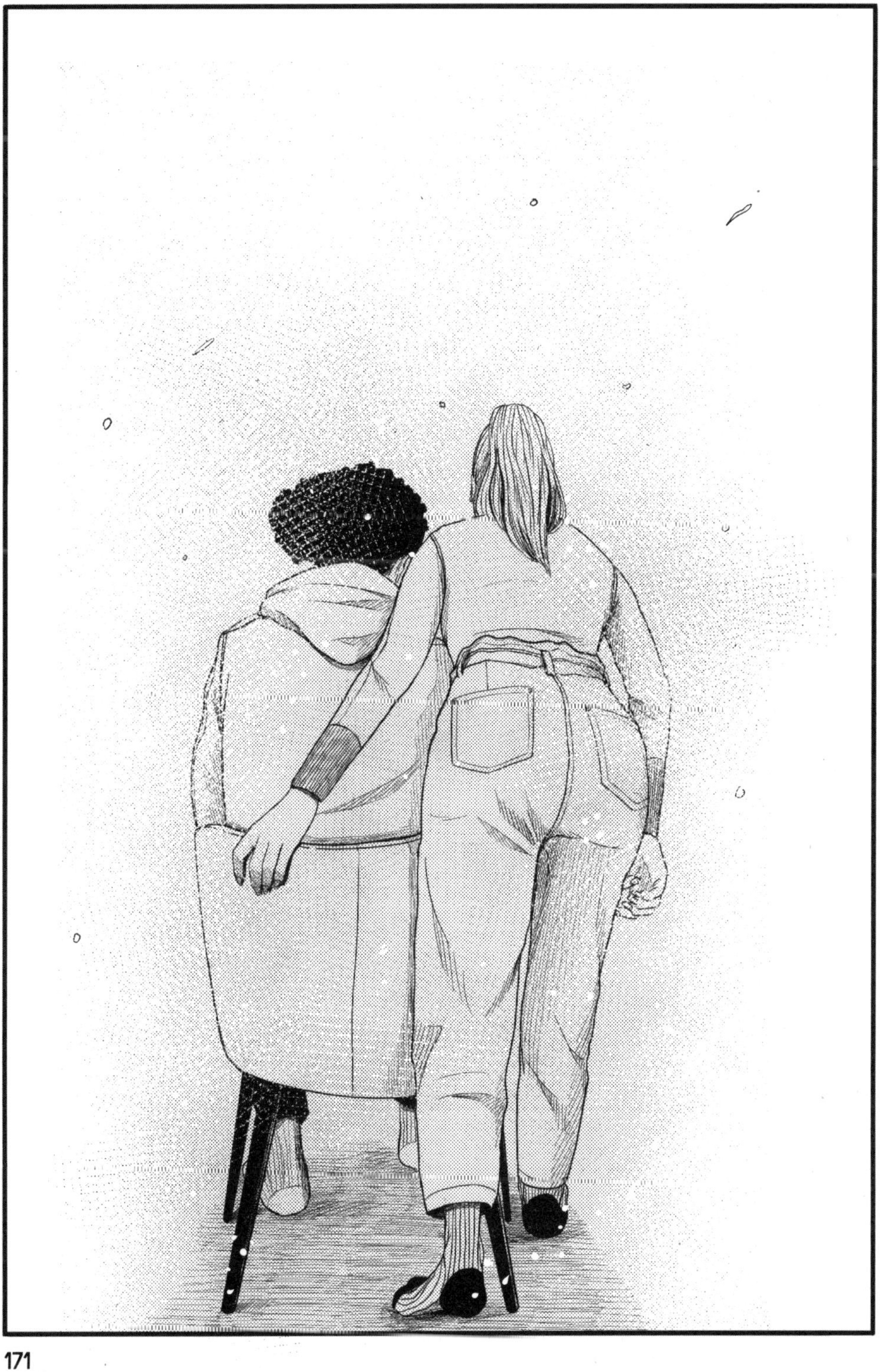

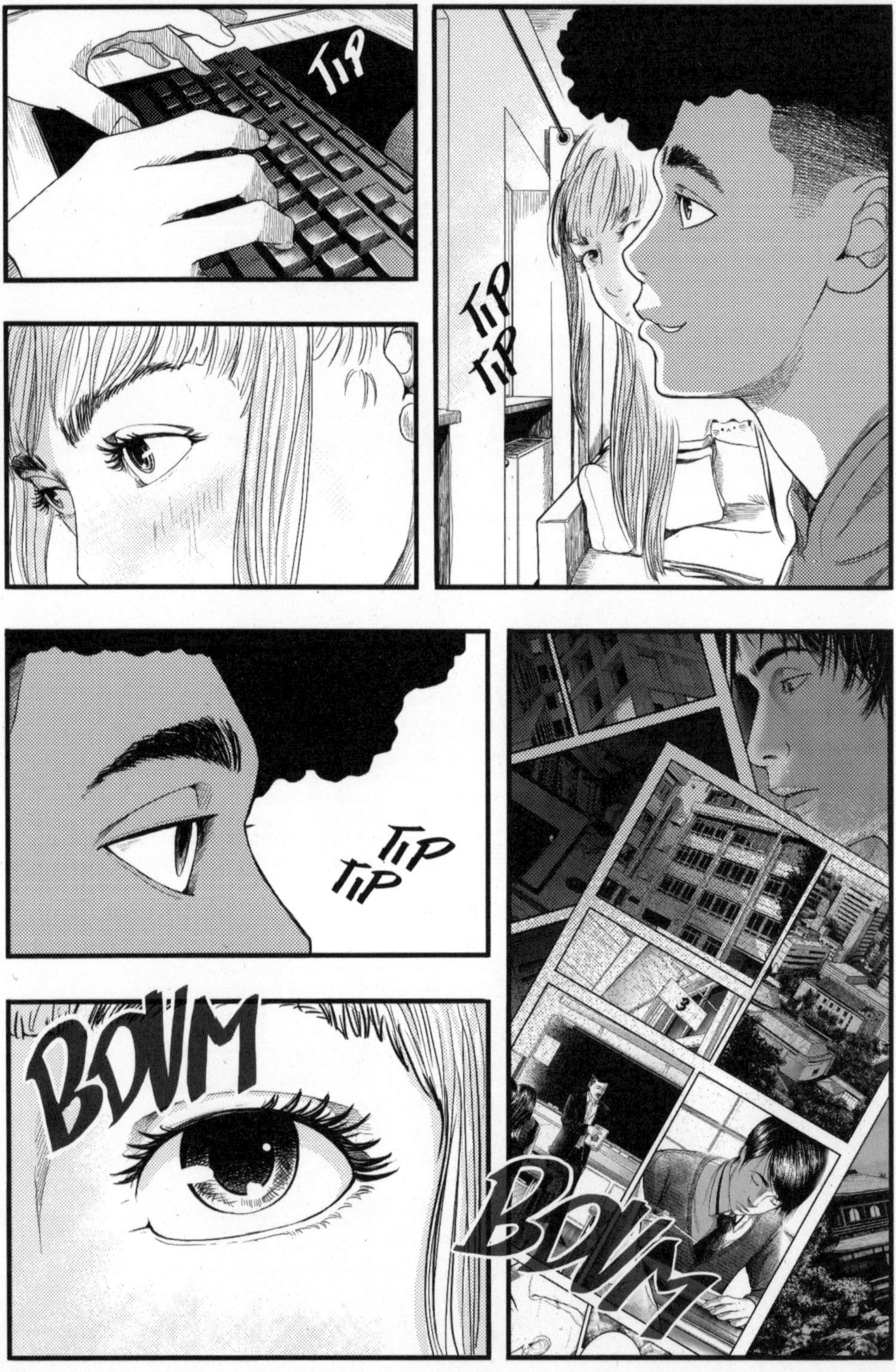
TIP
TIP
TIP
TIP
TIP
BOUM
BOUM

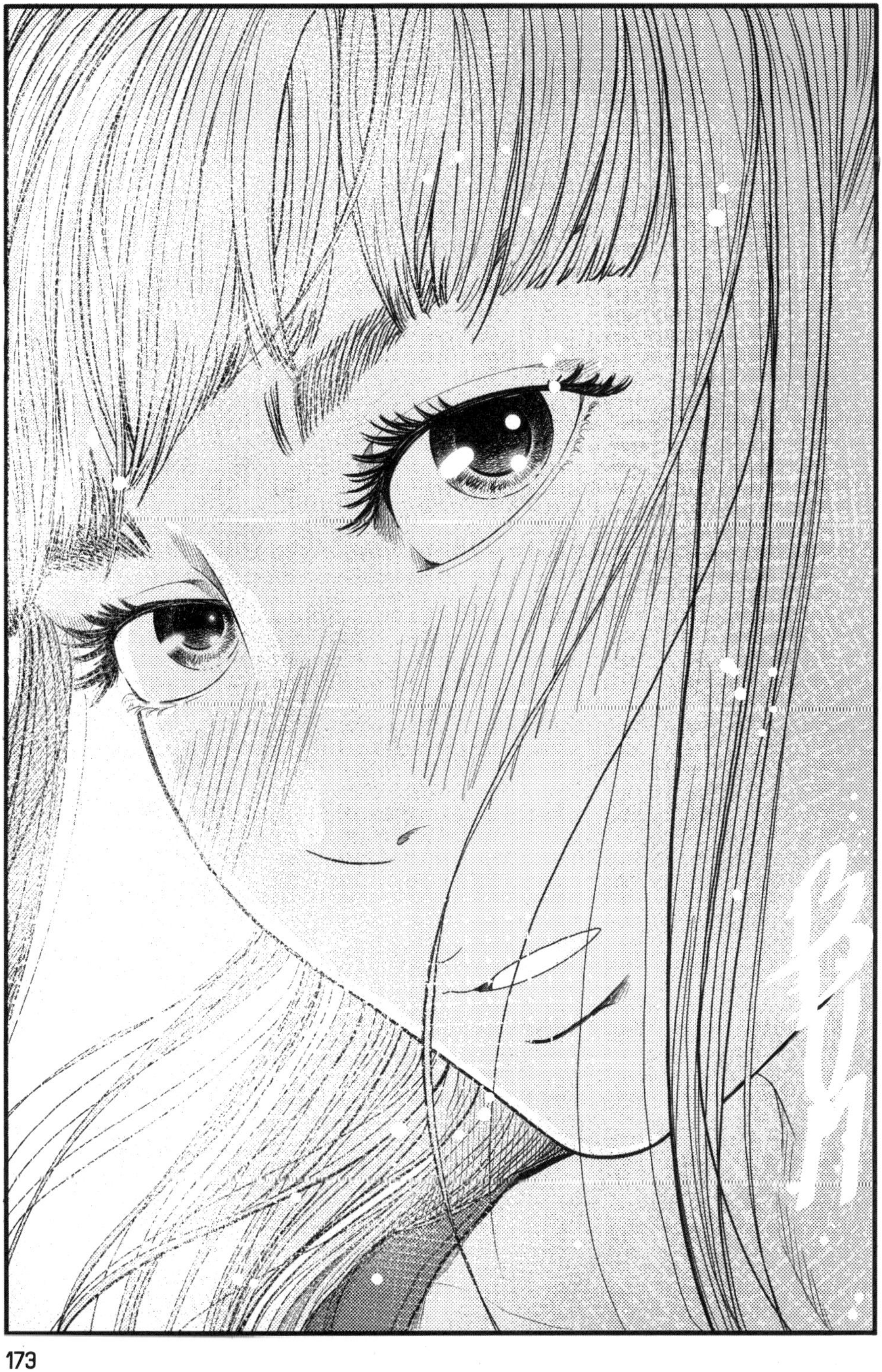

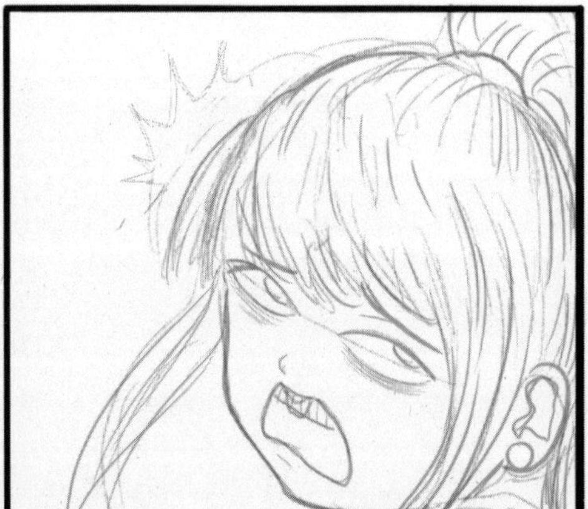

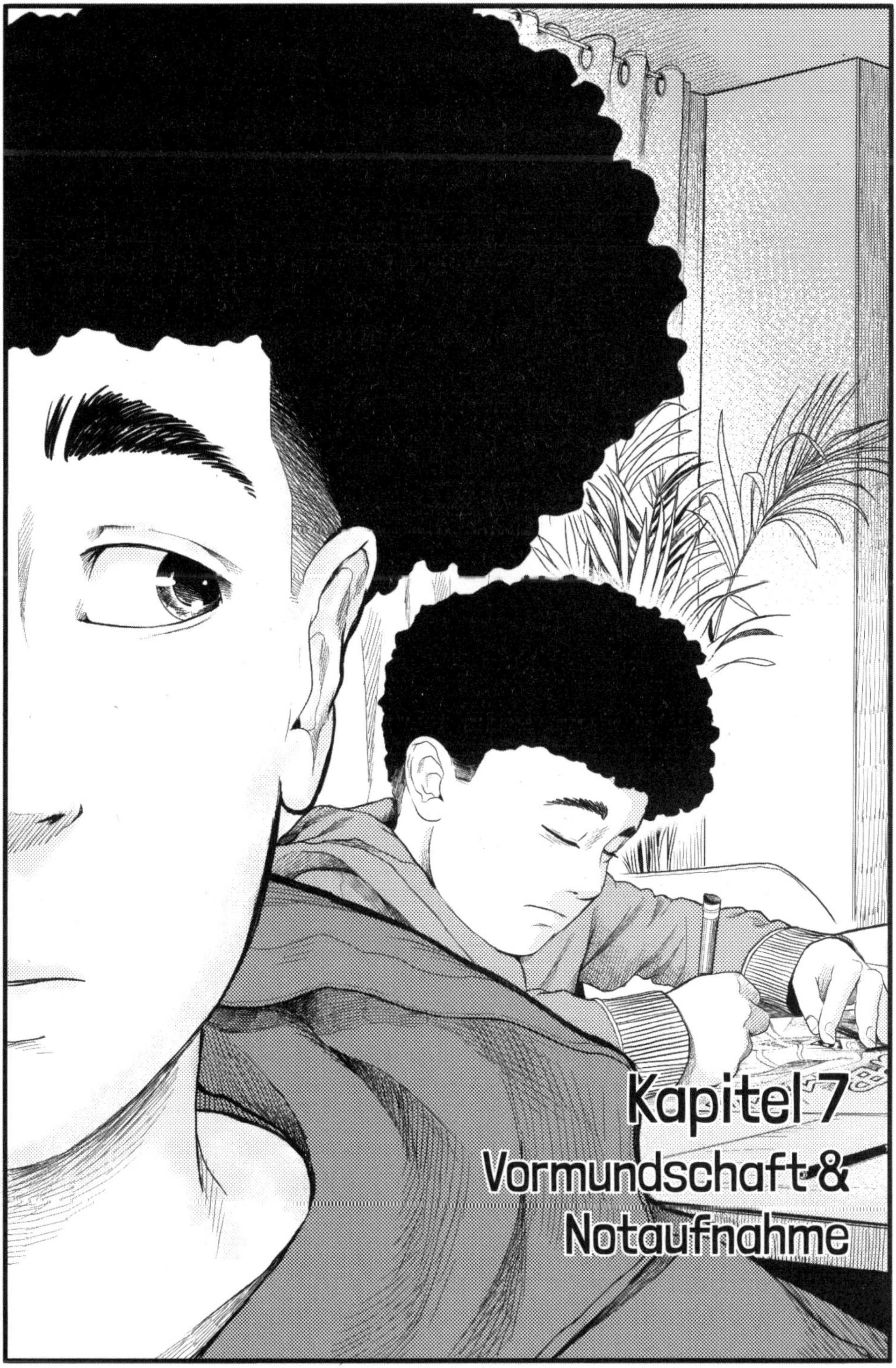
Kapitel 7
Vormundschaft &
Notaufnahme

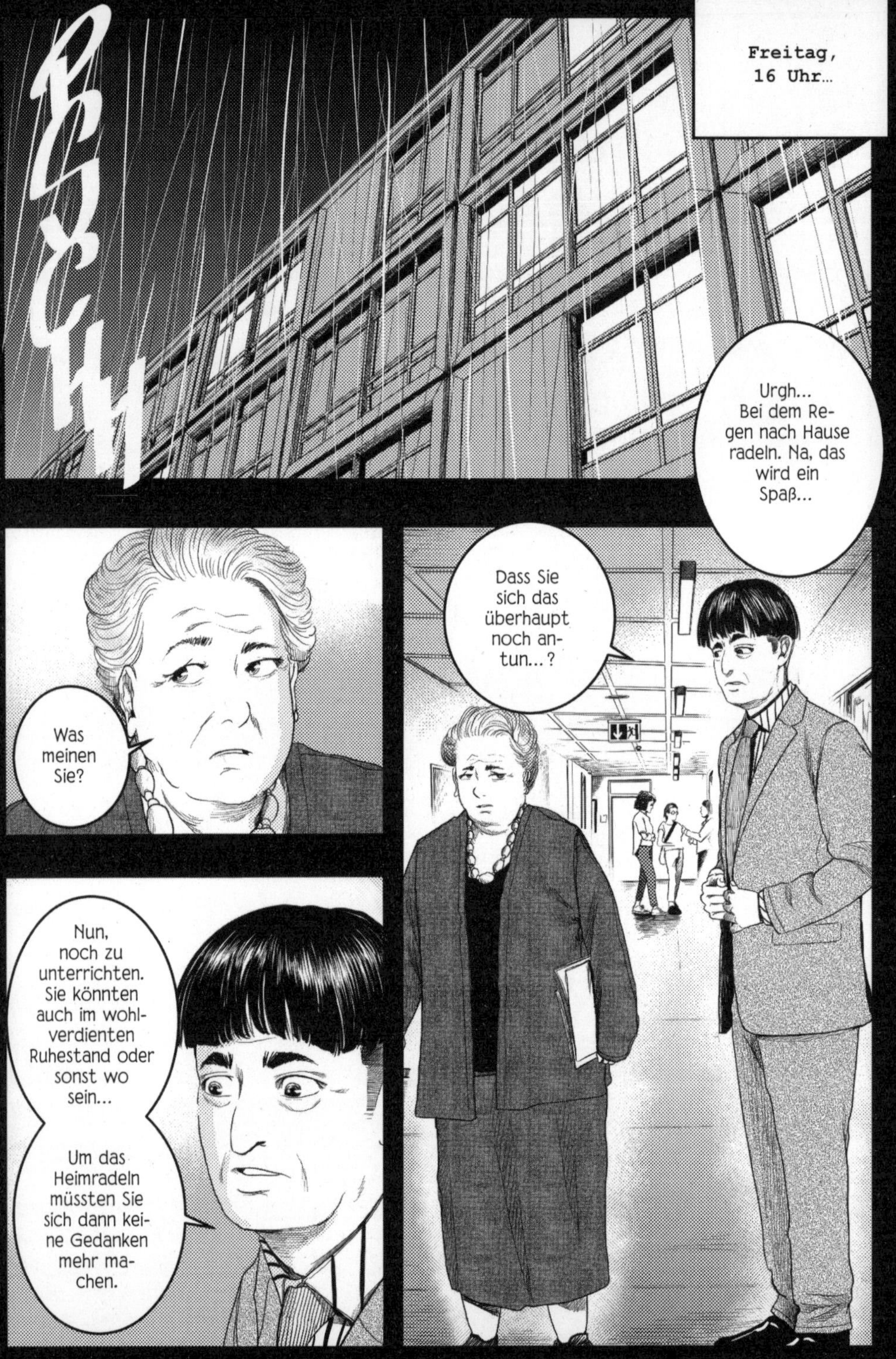
Freitag, 16 Uhr...
Urgh... Bei dem Regen nach Hause radeln. Na, das wird ein Spaß...
Dass Sie sich das überhaupt noch antun...?
Was meinen Sie?
Nun, noch zu unterrichten. Sie könnten auch im wohlverdienten Ruhestand oder sonst wo sein...
Um das Heimradeln müssten Sie sich dann keine Gedanken mehr machen.

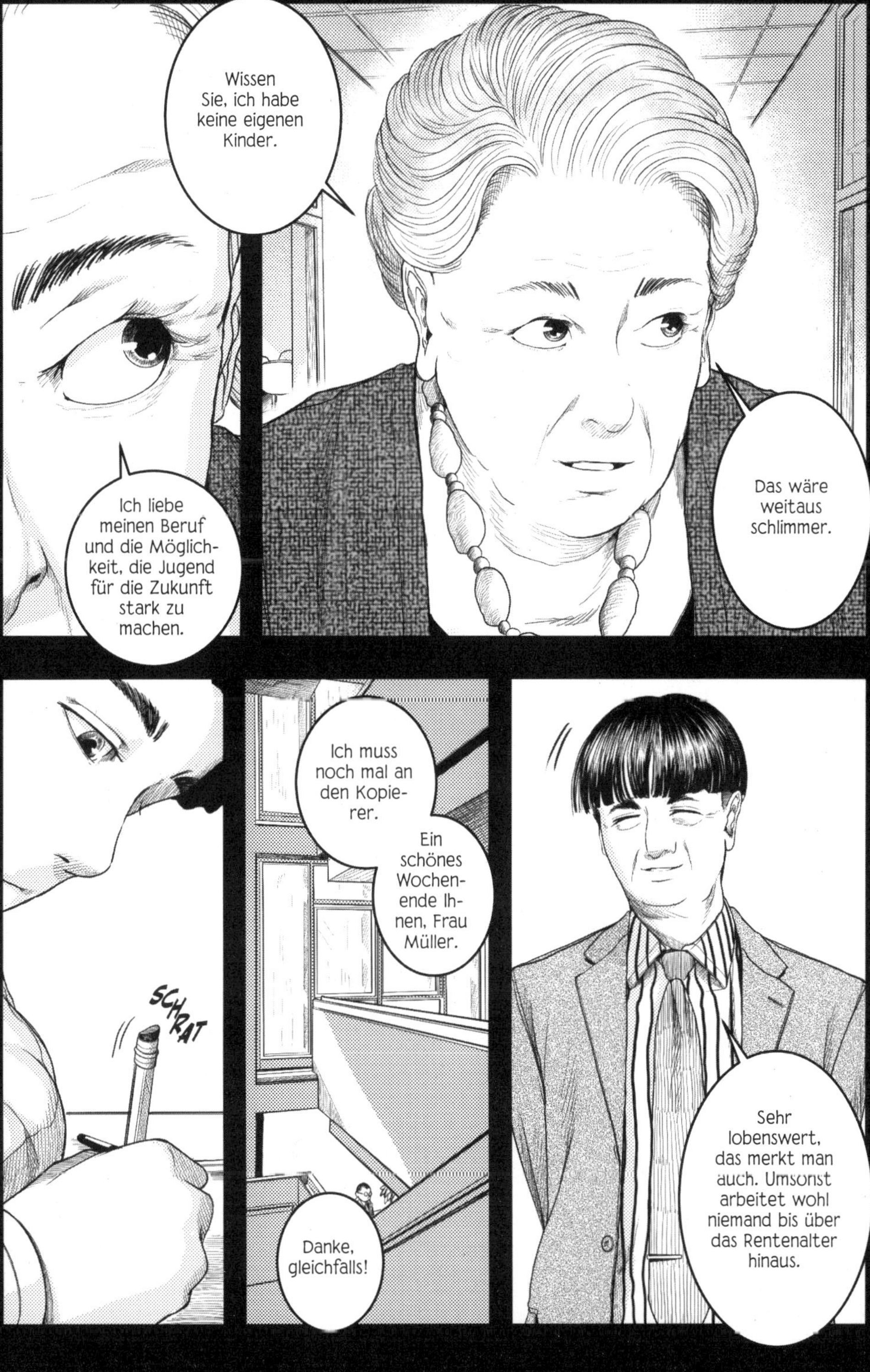
Wissen Sie, ich habe keine eigenen Kinder.
Das wäre weitaus schlimmer.
Ich liebe meinen Beruf und die Möglichkeit, die Jugend für die Zukunft stark zu machen.
Sehr lobenswert, das merkt man auch. Umsonst arbeitet wohl niemand bis über das Rentenalter hinaus.
Ich muss noch mal an den Kopierer.
Ein schönes Wochenende Ihnen, Frau Müller.
Danke, gleichfalls!
SCHRAT

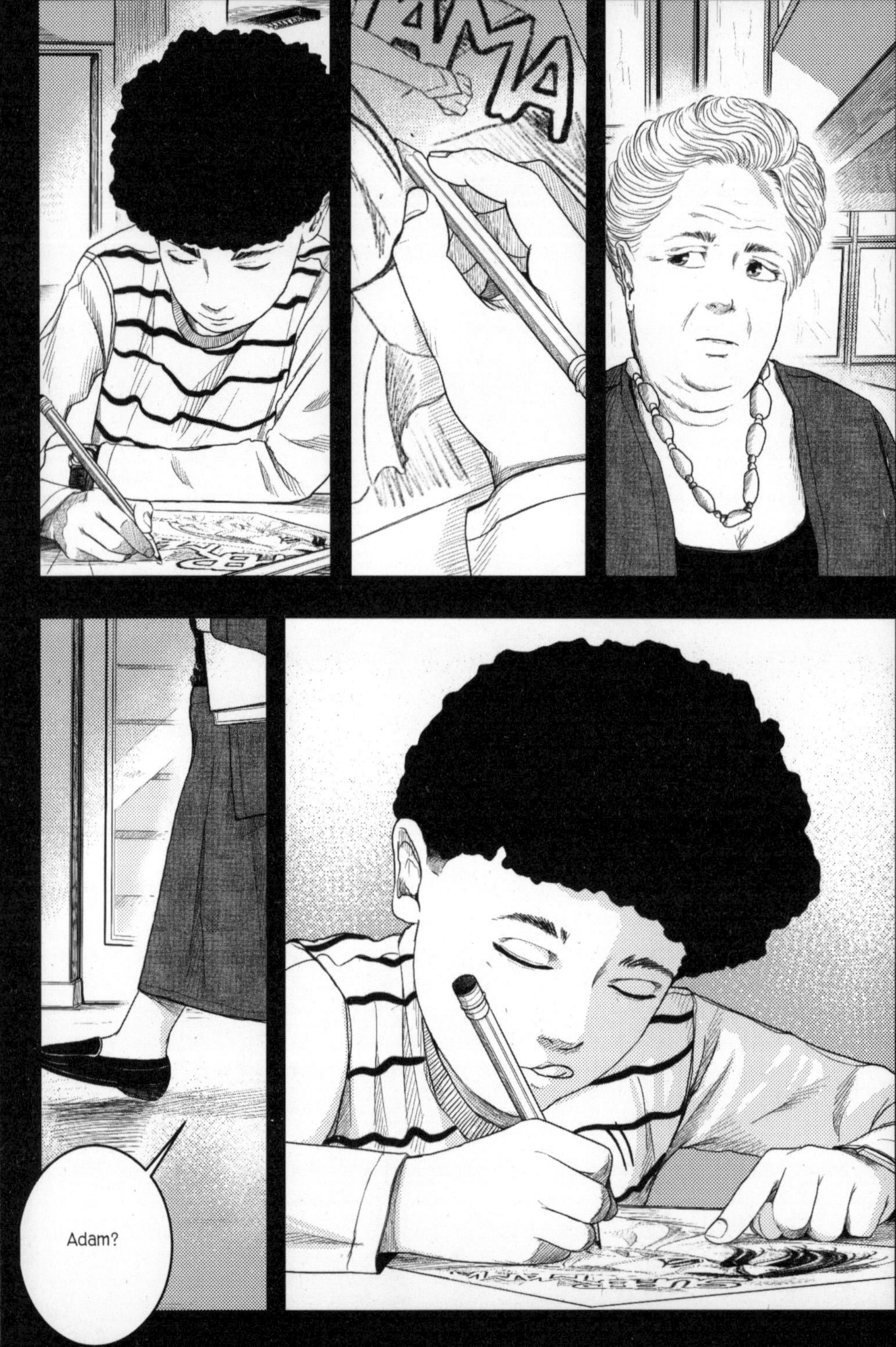
Adam?

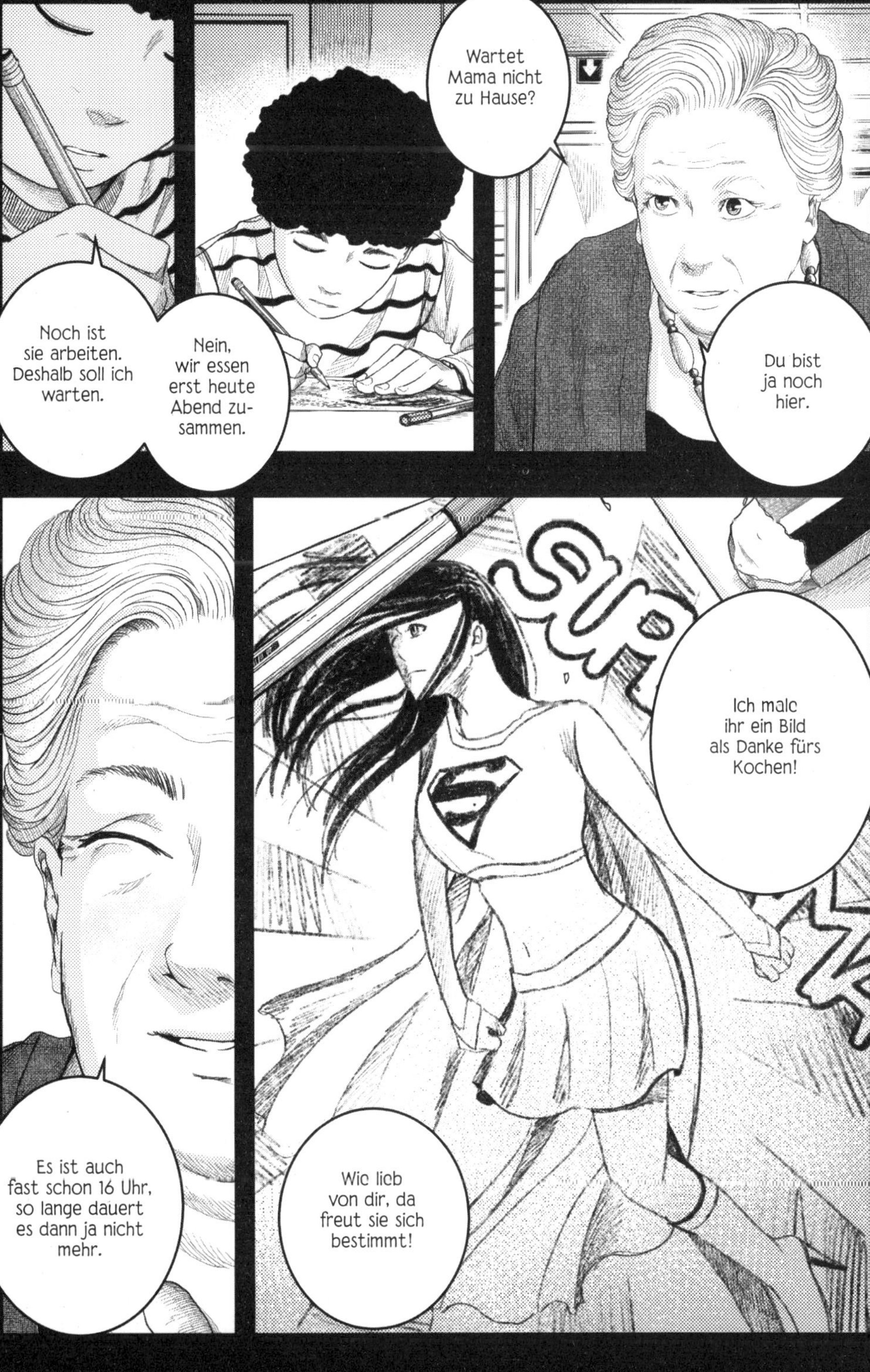

Du bist ja noch hier.
Wartet Mama nicht zu Hause?
Nein, wir essen erst heute Abend zusammen.
Noch ist sie arbeiten. Deshalb soll ich warten.
Ich male ihr ein Bild als Danke fürs Kochen!
Wie lieb von dir, da freut sie sich bestimmt!
Es ist auch fast schon 16 Uhr, so lange dauert es dann ja nicht mehr.

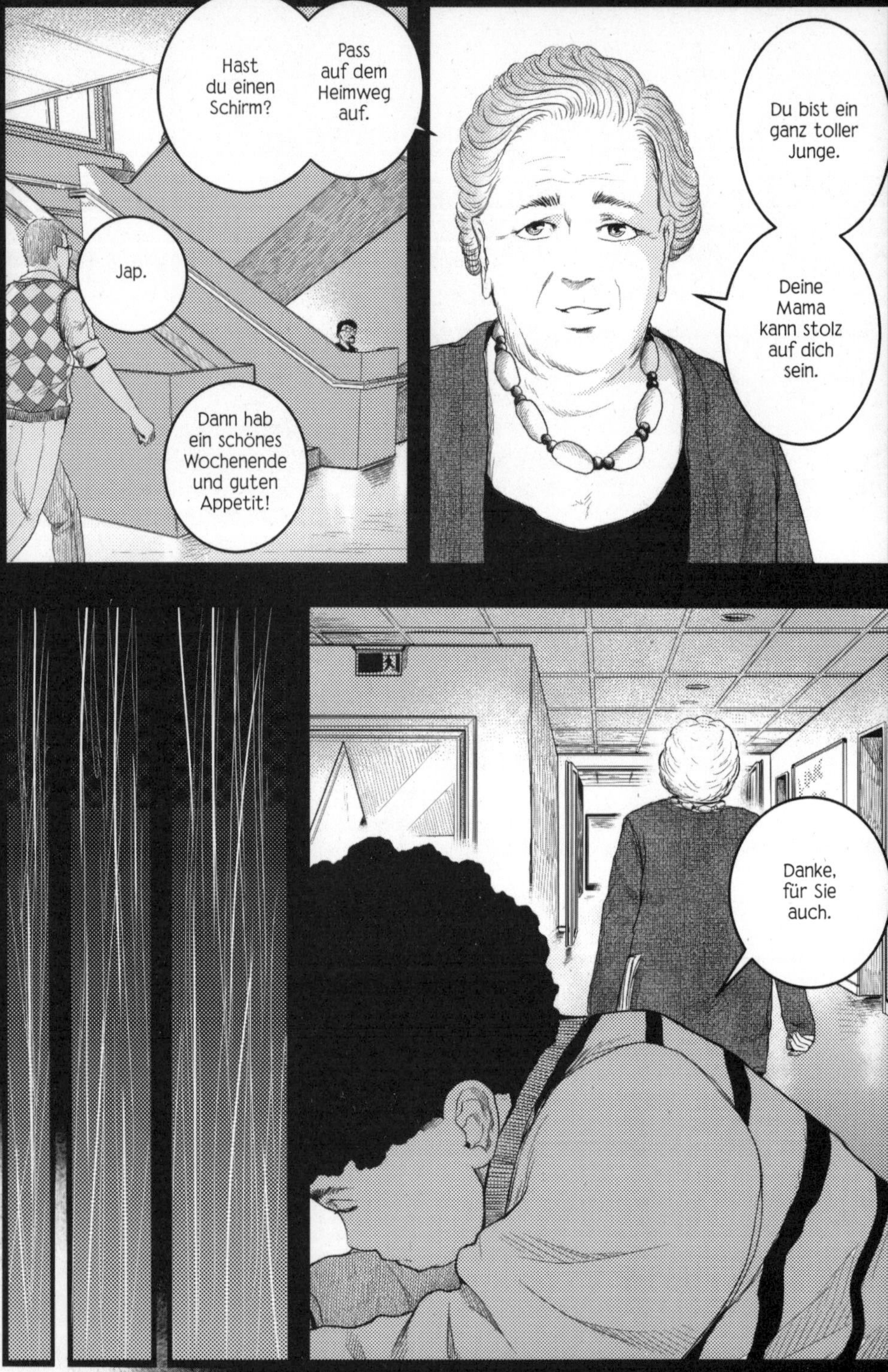
Du bist ein ganz toller Junge.
Deine Mama kann stolz auf dich sein.
Pass auf dem Heimweg auf.
Hast du einen Schirm?
Jap.
Dann hab ein schönes Wochenende und guten Appetit!
Danke, für Sie auch.

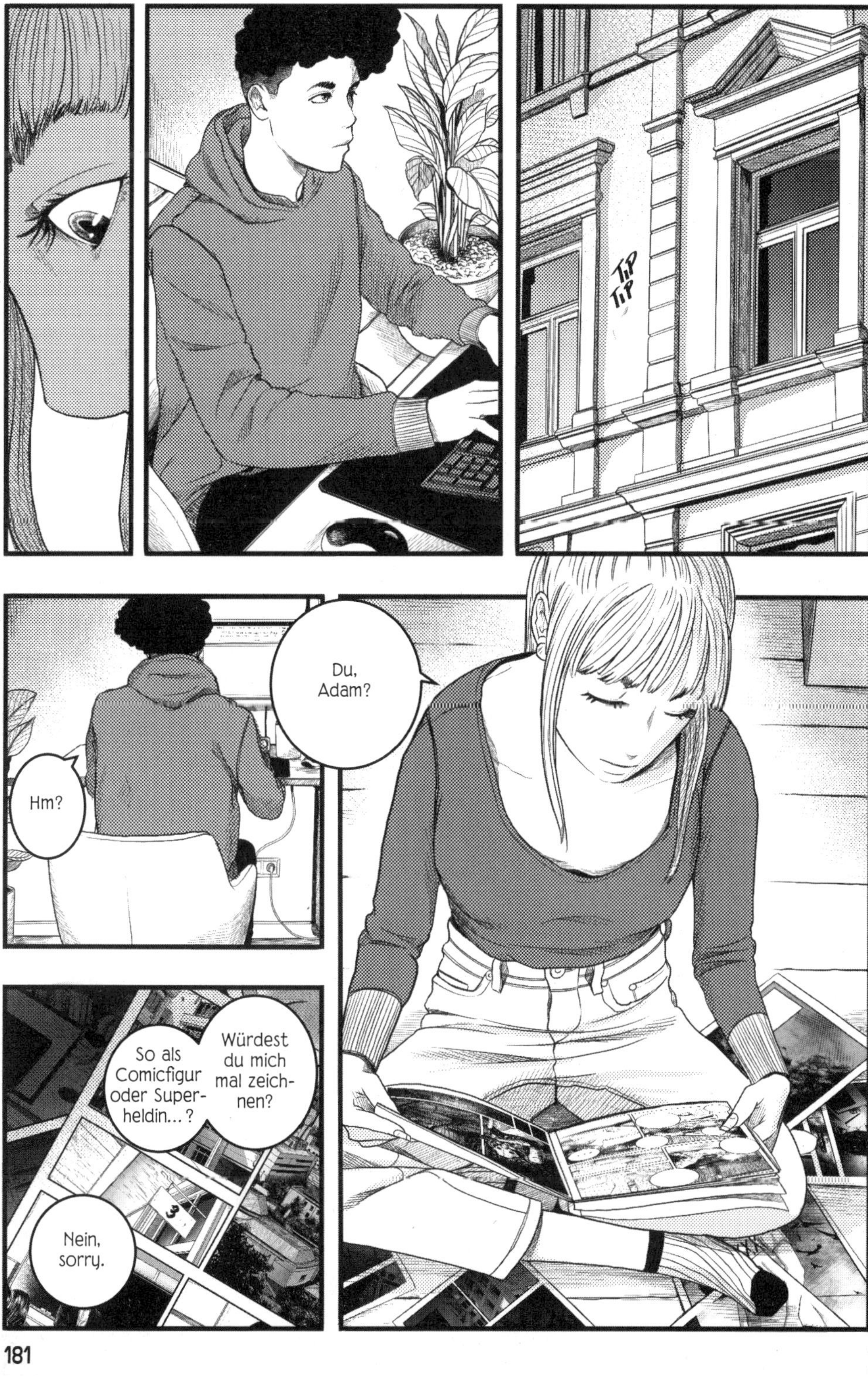
TIP TIP
Du, Adam?
Hm?
Würdest du mich mal zeich-nen?
So als Comicfigur oder Super-heldin...?
Nein, sorry.

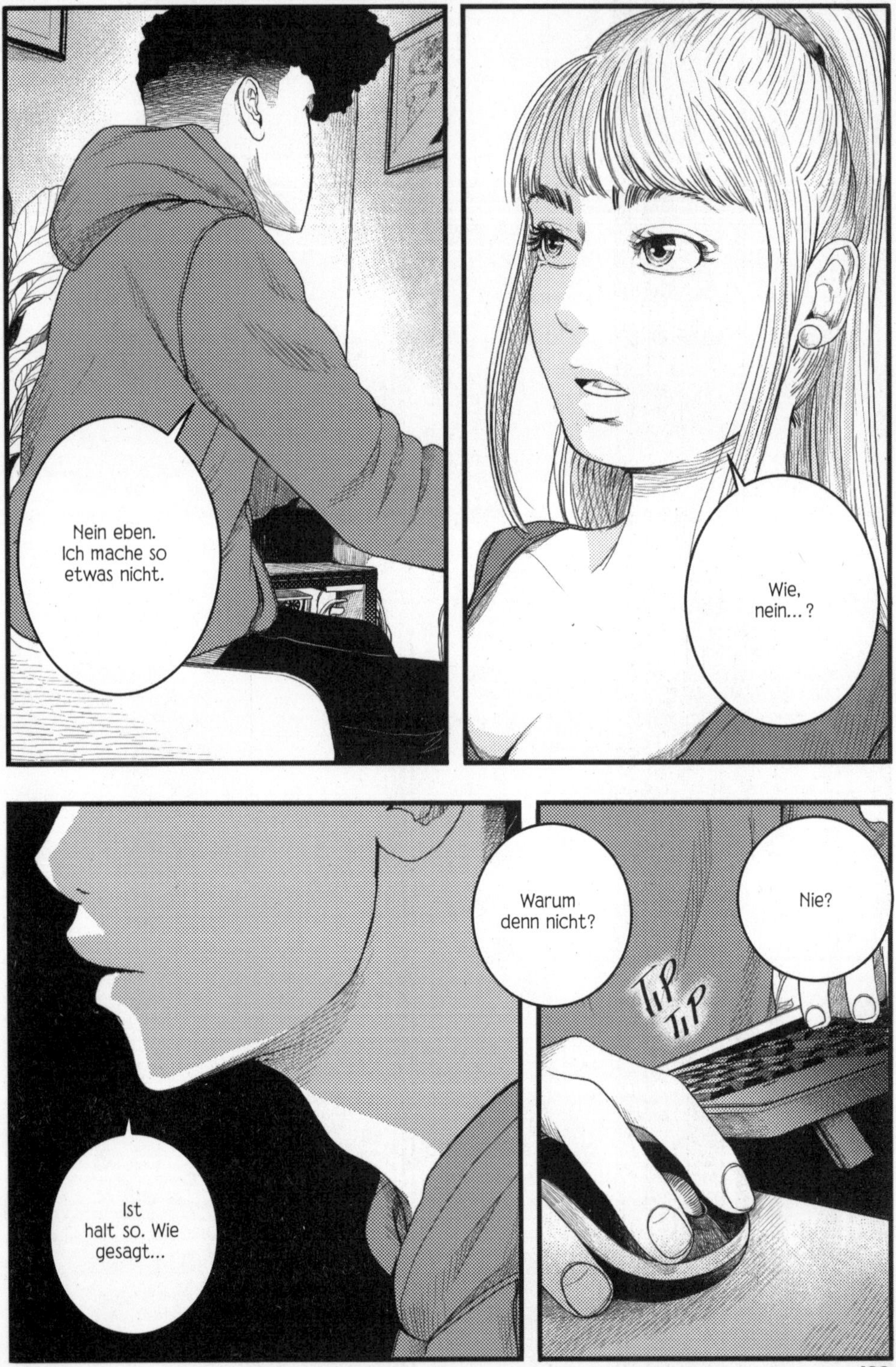
Wie, nein...?
Nein eben. Ich mache so etwas nicht.
Nie?
Warum denn nicht?
TIP TIP
Ist halt so. Wie gesagt...

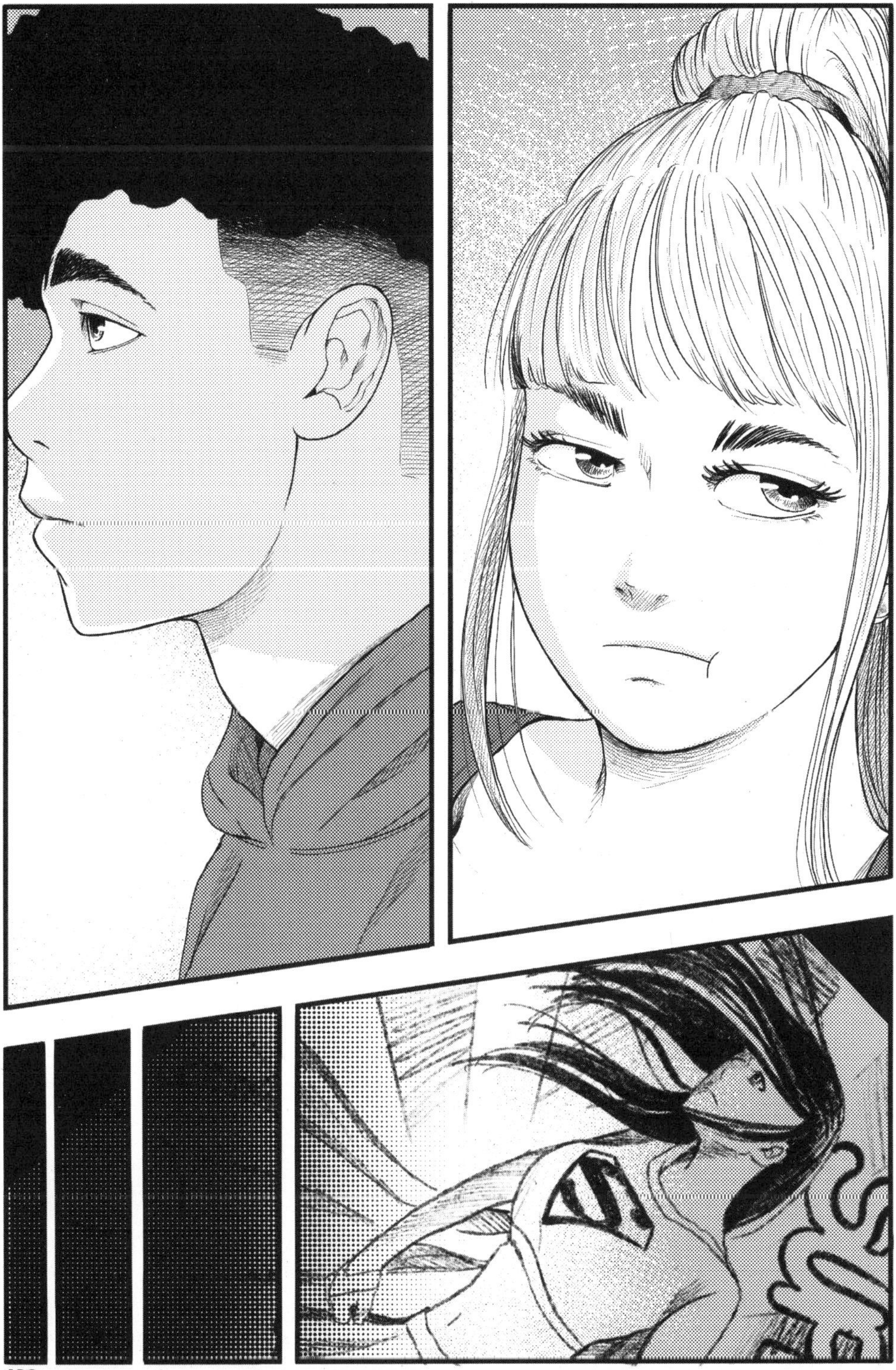

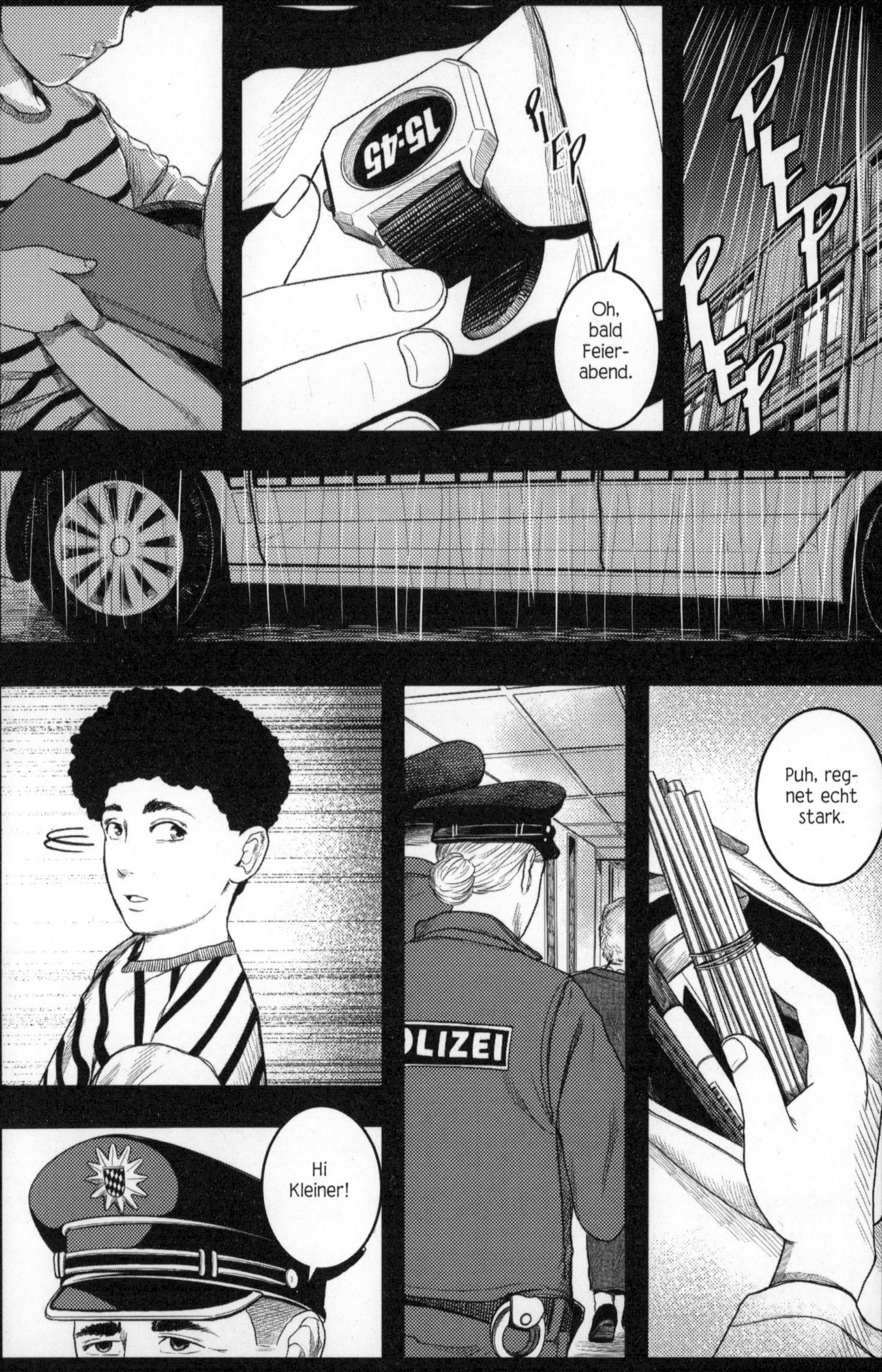
PIEP
PIEP
15:45
PIEP
Oh, bald Feier-abend.
Puh, reg-net echt stark.
OLIZEI
Hi Kleiner!

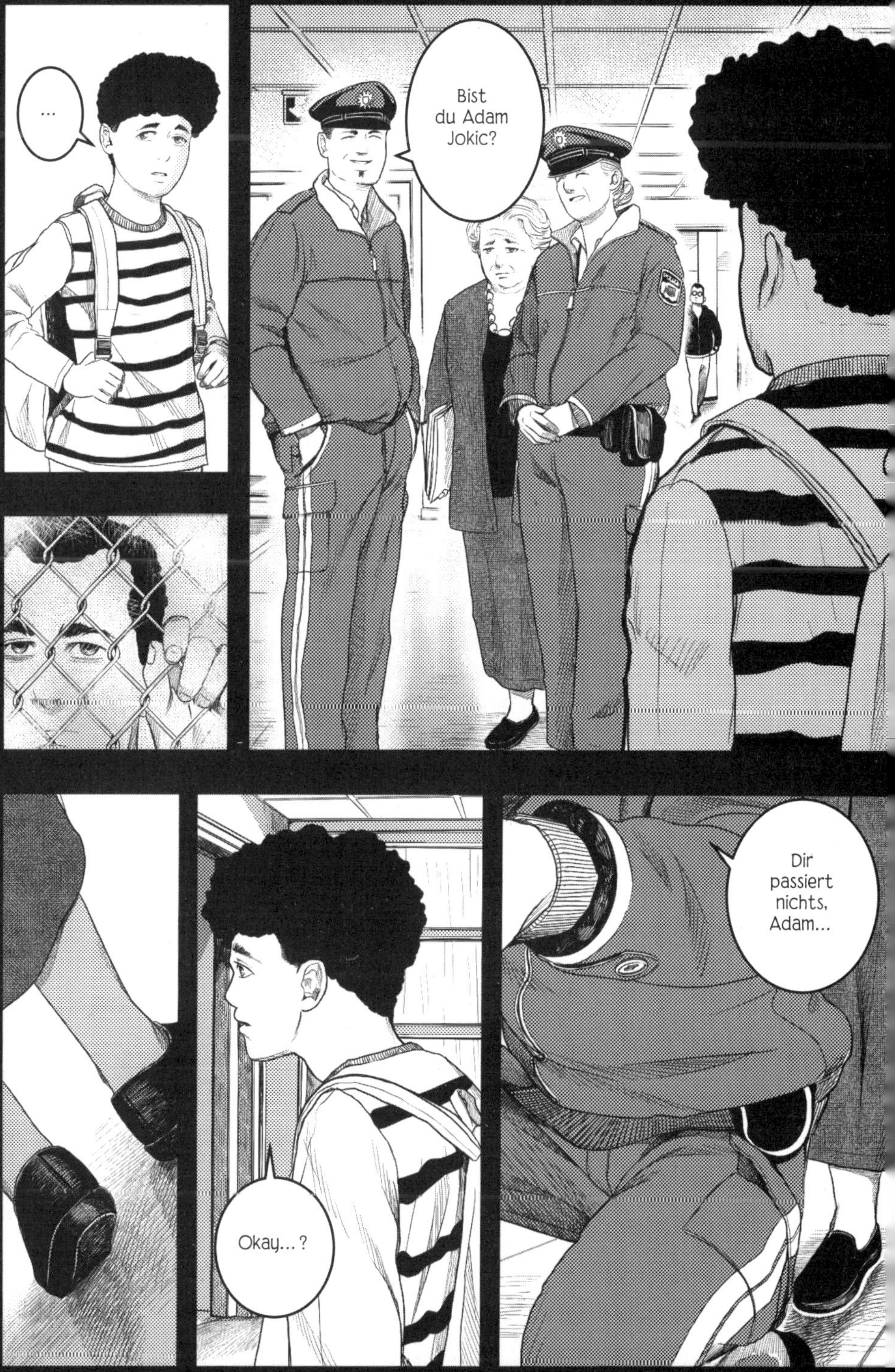
...
Bist du Adam Jokic?
Dir passiert nichts, Adam...
Okay...?

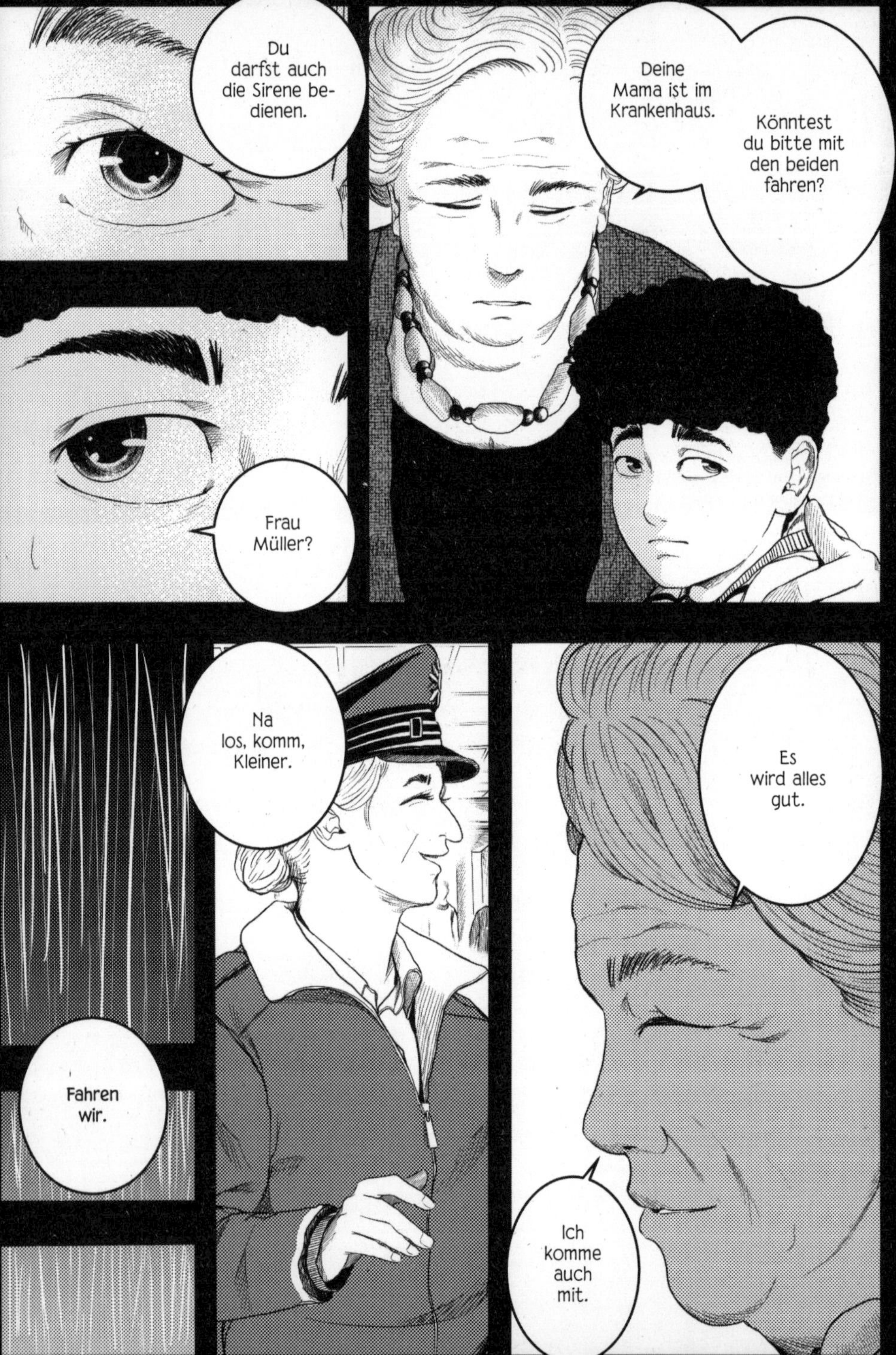
Du darfst auch die Sirene bedienen.
Deine Mama ist im Krankenhaus.
Könntest du bitte mit den beiden fahren?
Frau Müller?
Na los, komm, Kleiner.
Es wird alles gut.
Ich komme auch mit.
Fahren wir.

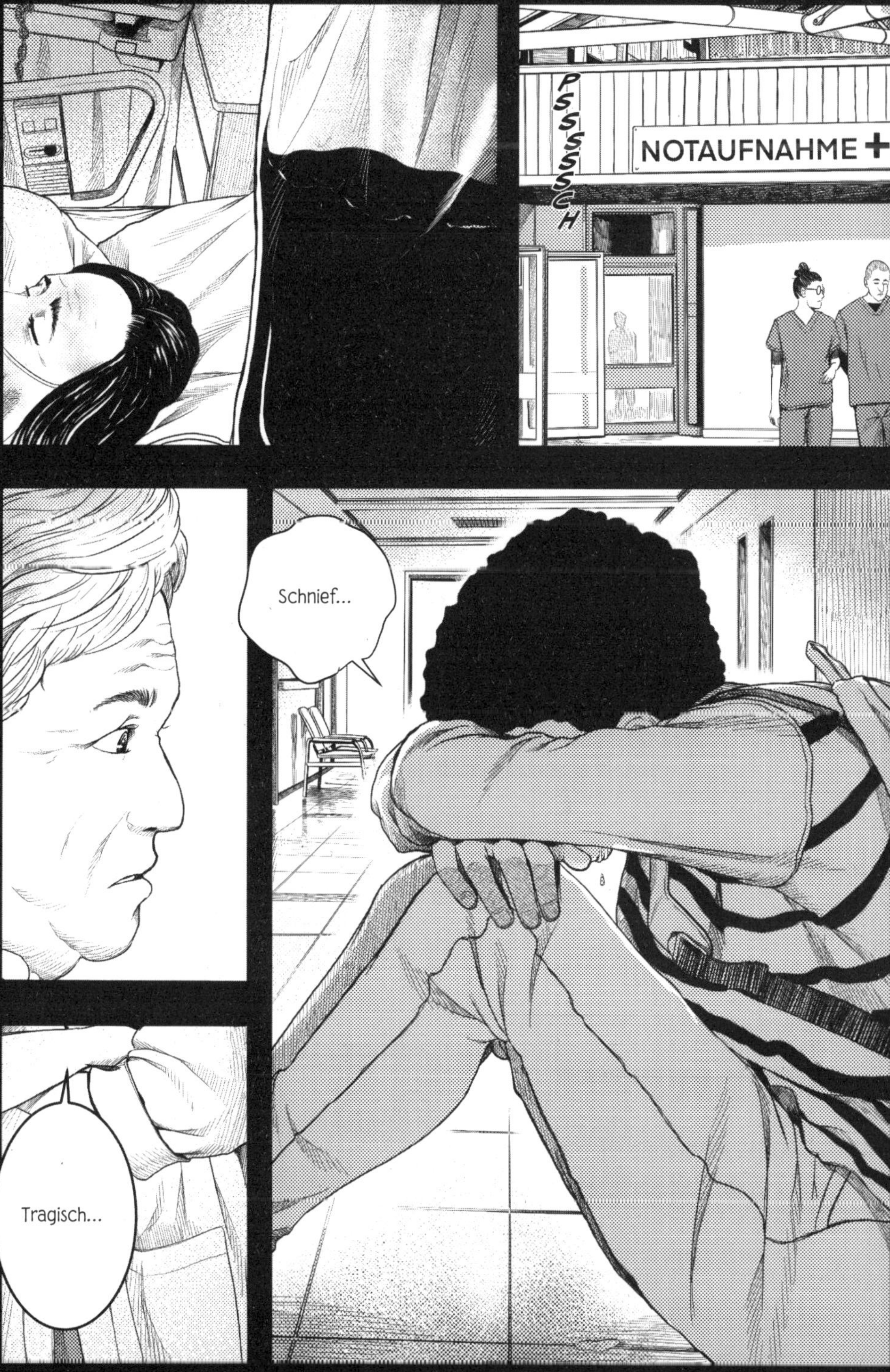
NOTAUFNAHME +
PSSSSSCH
Schnief...
Tragisch...

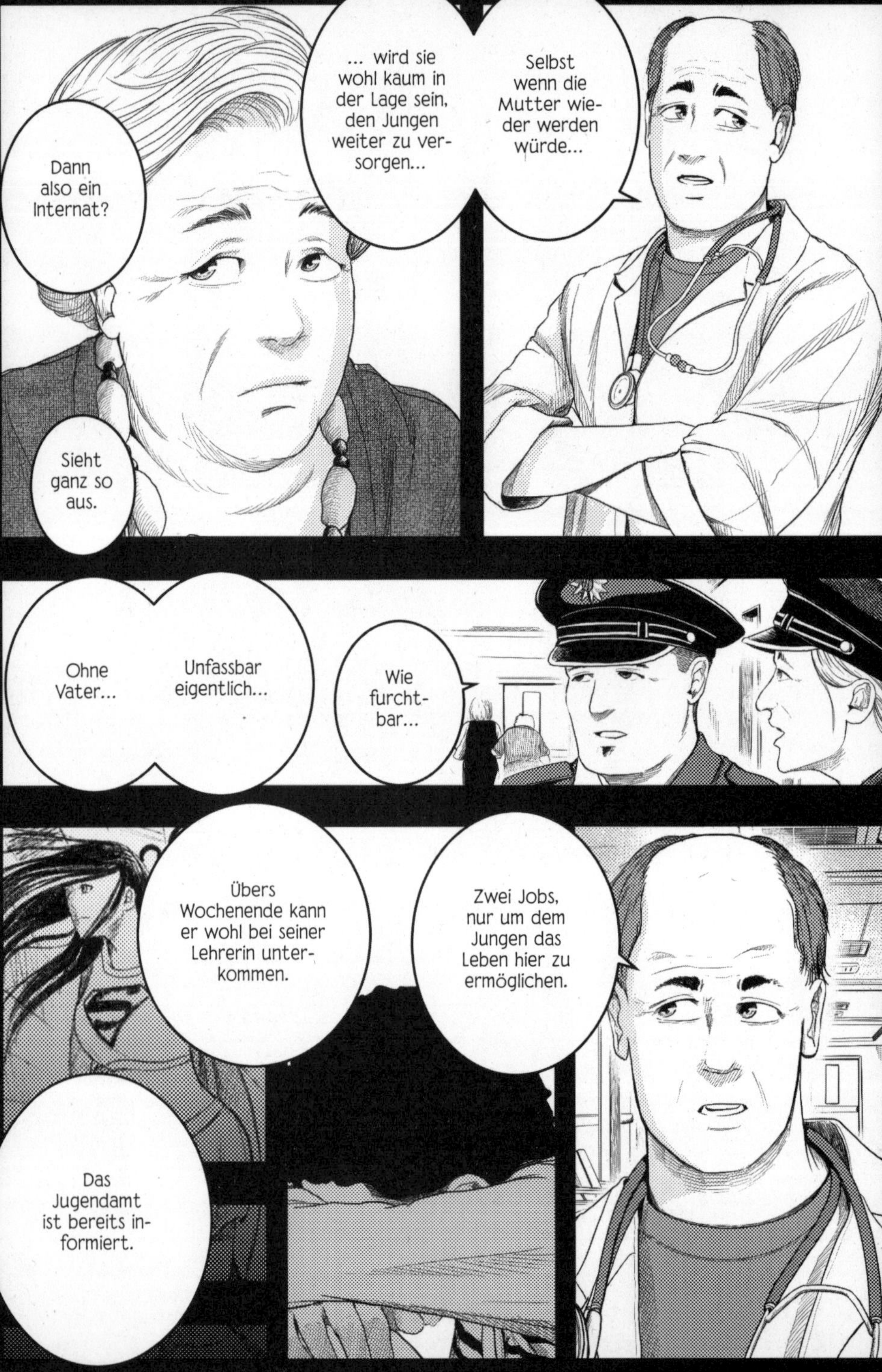
Selbst wenn die Mutter wieder werden würde...
... wird sie wohl kaum in der Lage sein, den Jungen weiter zu versorgen...
Dann also ein Internat?
Sieht ganz so aus.
Wie furchtbar...
Unfassbar eigentlich...
Ohne Vater...
Zwei Jobs, nur um dem Jungen das Leben hier zu ermöglichen.
Übers Wochenende kann er wohl bei seiner Lehrerin unterkommen.
Das Jugendamt ist bereits informiert.

Vormund, Pfleger, A

s 1626) sind beim Pflegekind in der
n im Jugendamt bei einer Fremdunter-
Hilfe zur Erziehung (§§27. 33. 34 SGB VIII).

Initiative des Jugendamtes Eltern bei einer Kin-
rliche Sorge entzogen wird, weil sie keine Hilfe nach
wollen oder können, wird ein Vormund (häufig ein-
gesetzt, der anstelle der Eltern rechtliche Entscheidungen
für das Kind treffen muss.

Personensorge („Alltagssorge", §1688 BGB) kann von an
zieher in Heimeinrichtungen, Pflegeeltern) ausgeübt we
dungen im Angelegenheiten des täglichen Lebens sind s
Entscheidungen,
ufig vorkommen und keine schwer abzuändernden Aus
Entwicklung eines Kindes haben. Die Pflegepersonen si
die Mitwirkungsrechte der Personensorgeberechtig
unehmen, wenn sie von diesen dazu beauftrag

n Angelegenheiten von erheblic
d können nur von Sorgeb
ndheitssorge (Impf
Kommunion,
Ausla

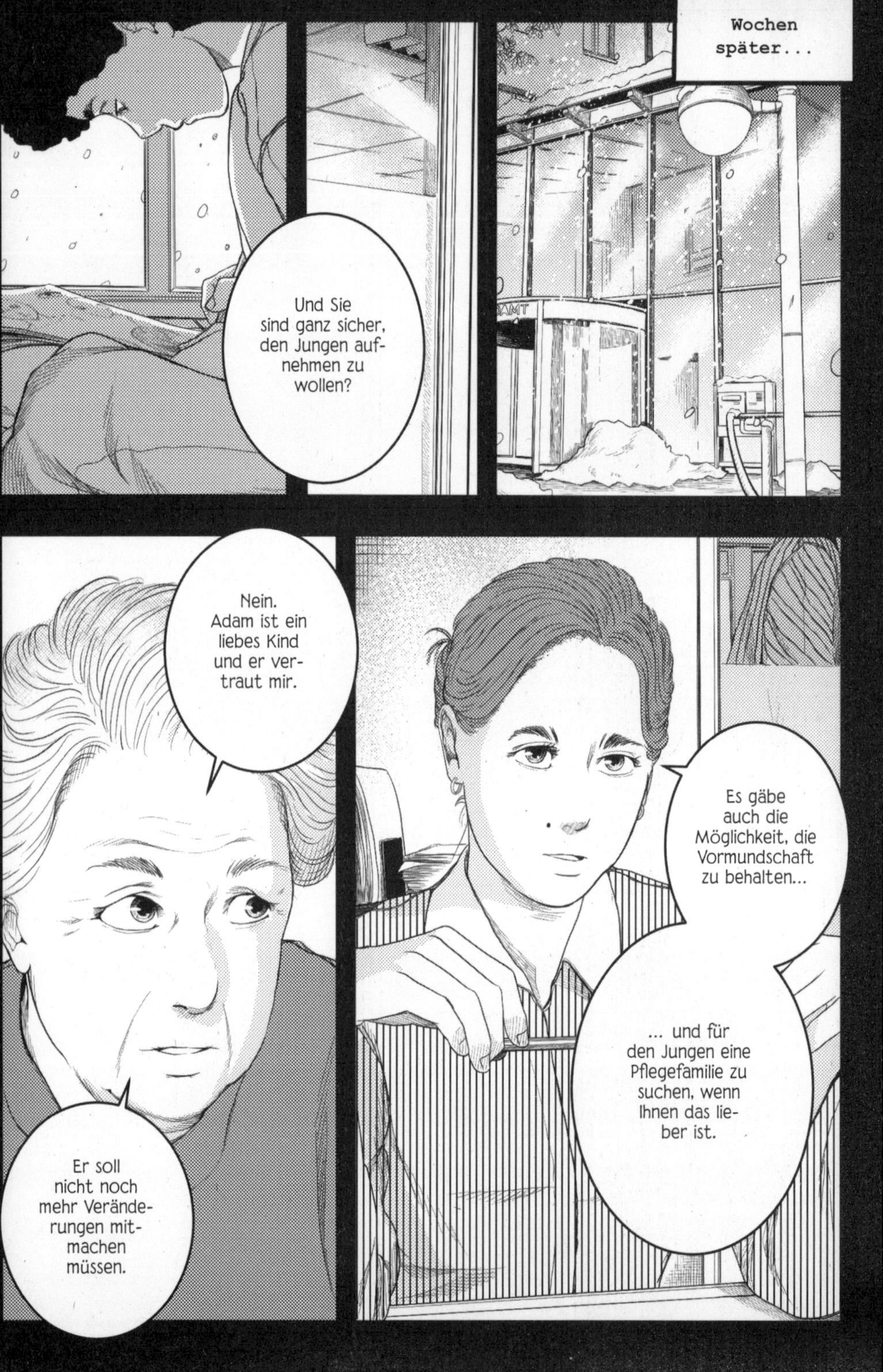
Wochen später...
Und Sie sind ganz sicher, den Jungen aufnehmen zu wollen?
Nein. Adam ist ein liebes Kind und er vertraut mir.
Er soll nicht noch mehr Veränderungen mitmachen müssen.
Es gäbe auch die Möglichkeit, die Vormundschaft zu behalten...
... und für den Jungen eine Pflegefamilie zu suchen, wenn Ihnen das lieber ist.

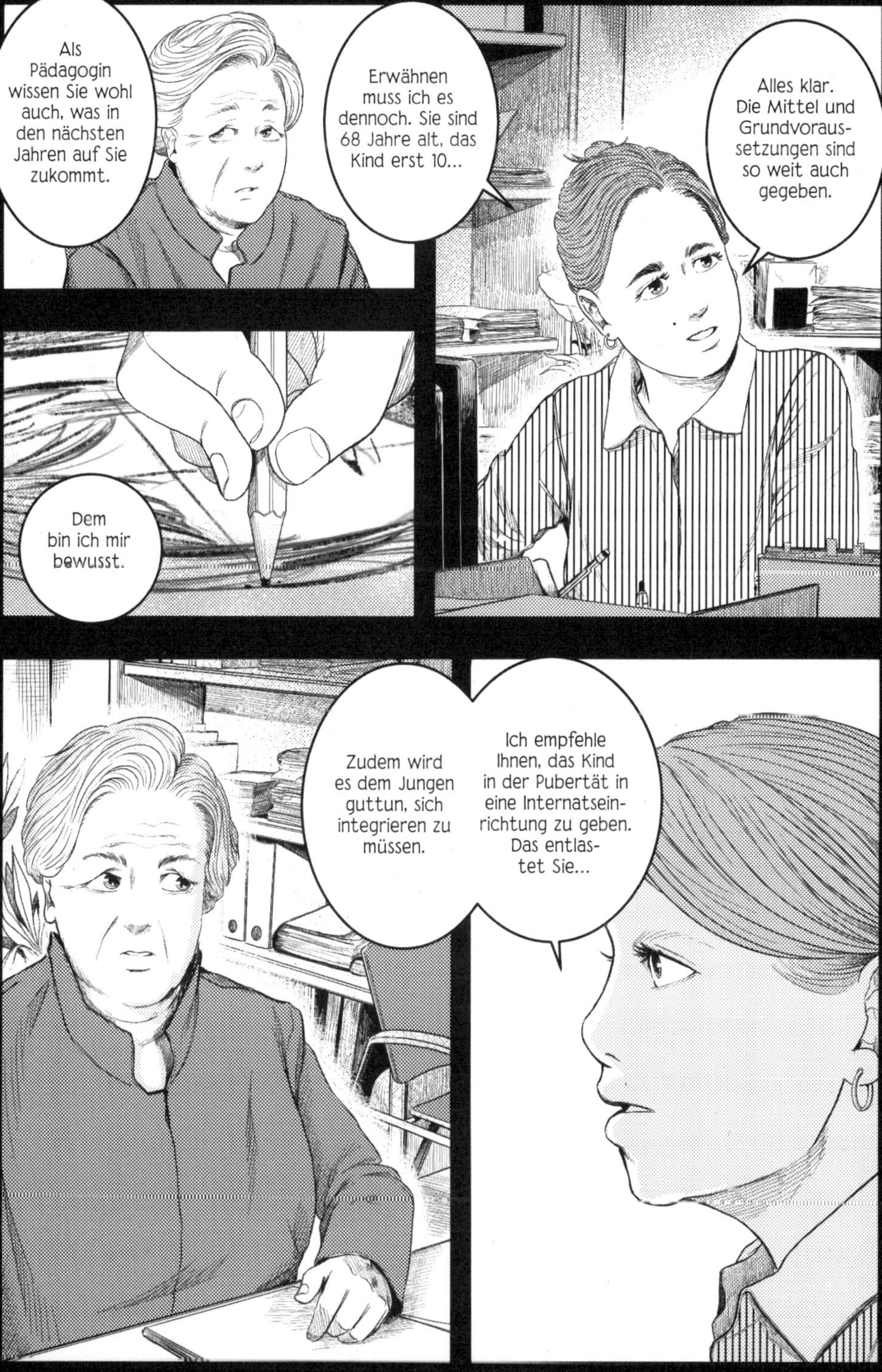
Als Pädagogin wissen Sie wohl auch, was in den nächsten Jahren auf Sie zukommt.
Erwähnen muss ich es dennoch. Sie sind 68 Jahre alt, das Kind erst 10...
Alles klar. Die Mittel und Grundvoraussetzungen sind so weit auch gegeben.
Dem bin ich mir bewusst.
Ich empfehle Ihnen, das Kind in der Pubertät in eine Internatseinrichtung zu geben. Das entlastet Sie...
Zudem wird es dem Jungen guttun, sich integrieren zu müssen.

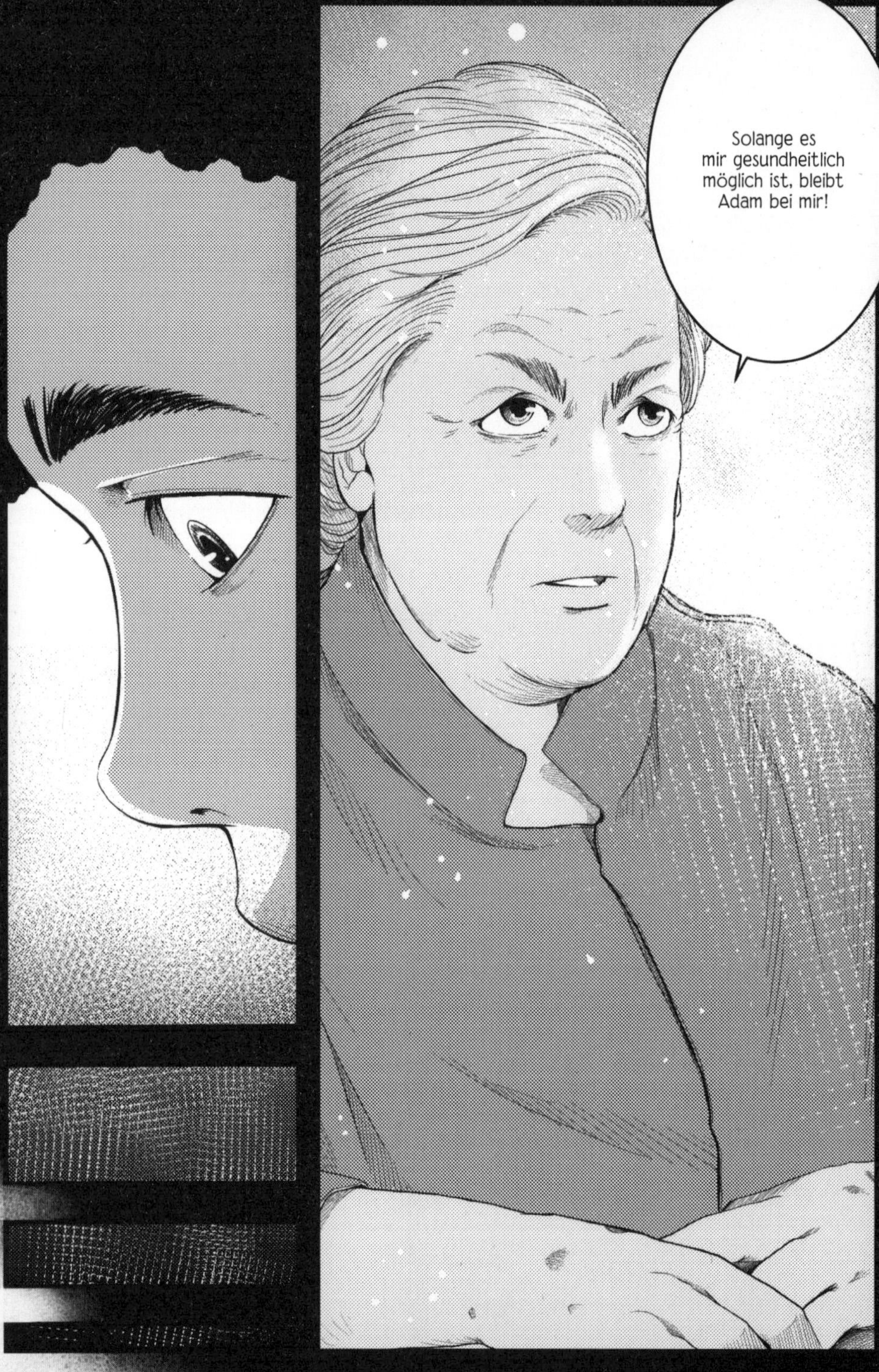
Solange es mir gesundheitlich möglich ist, bleibt Adam bei mir!

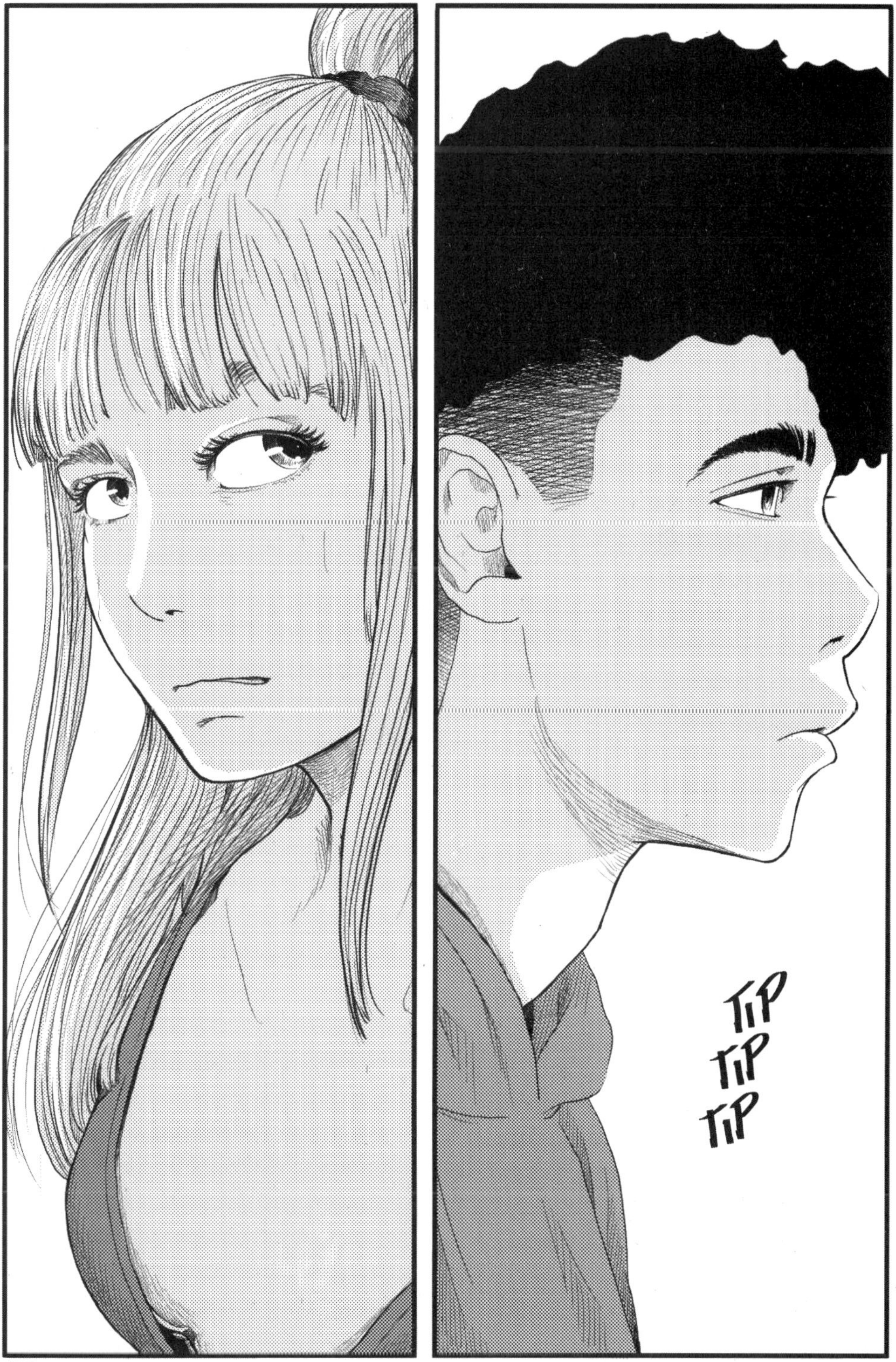
TIP
TIP
TIP

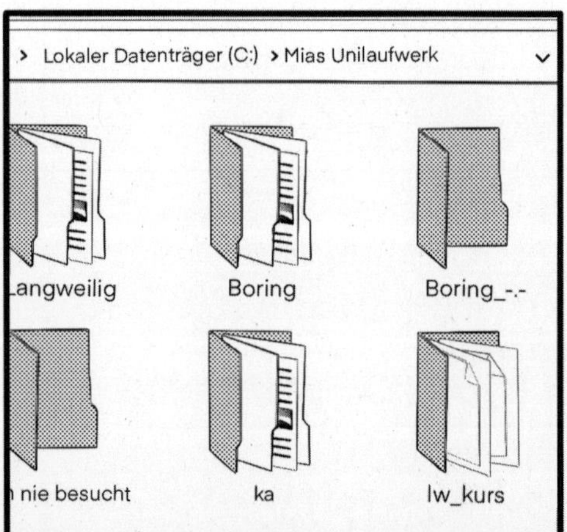

> Lokaler Datenträger (C:) > Mias Unilaufwerk
Langweilig
Boring
Boring_-.-
nie besucht
ka
lw_kurs

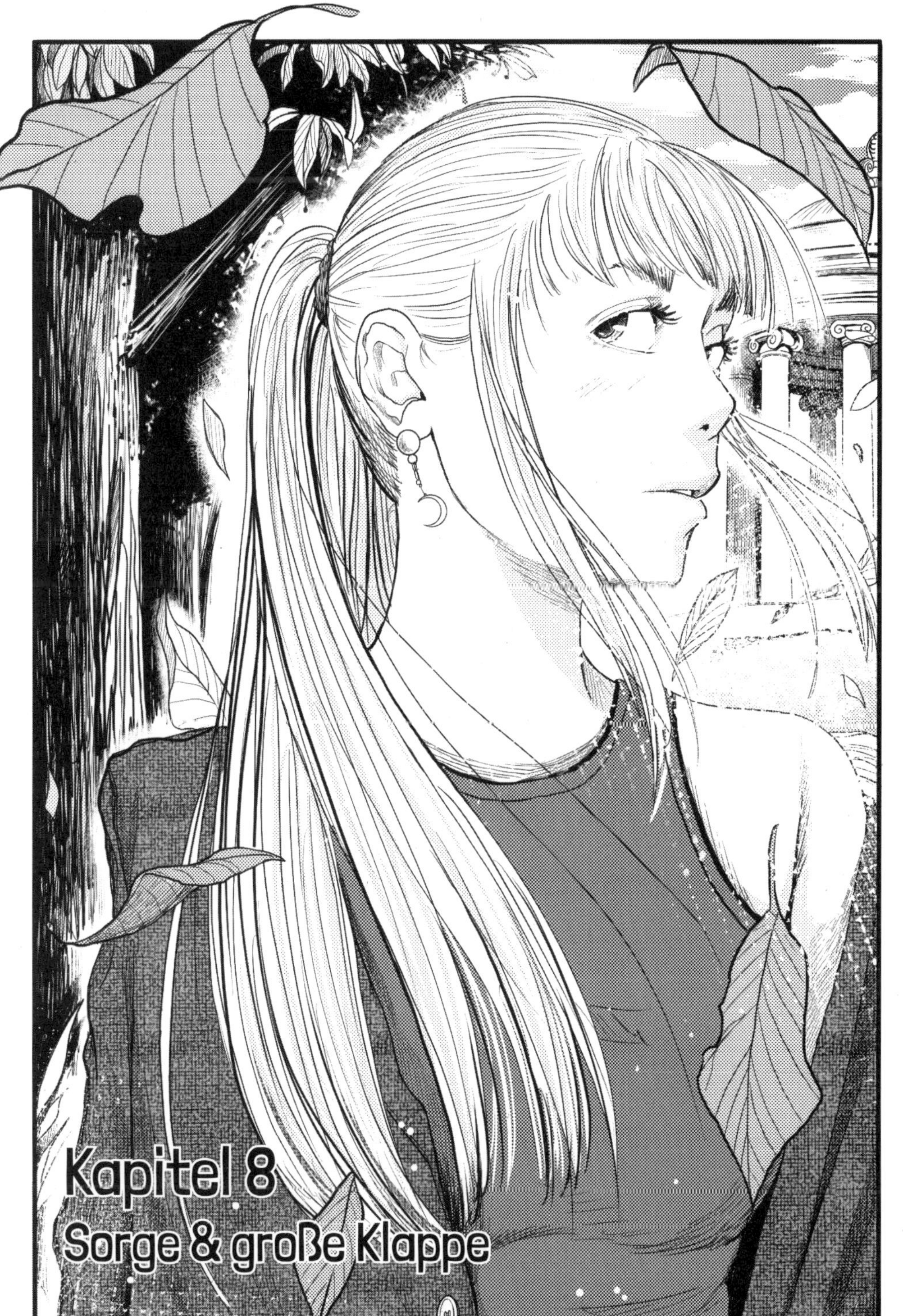
Kapitel 8
Sorge & große Klappe

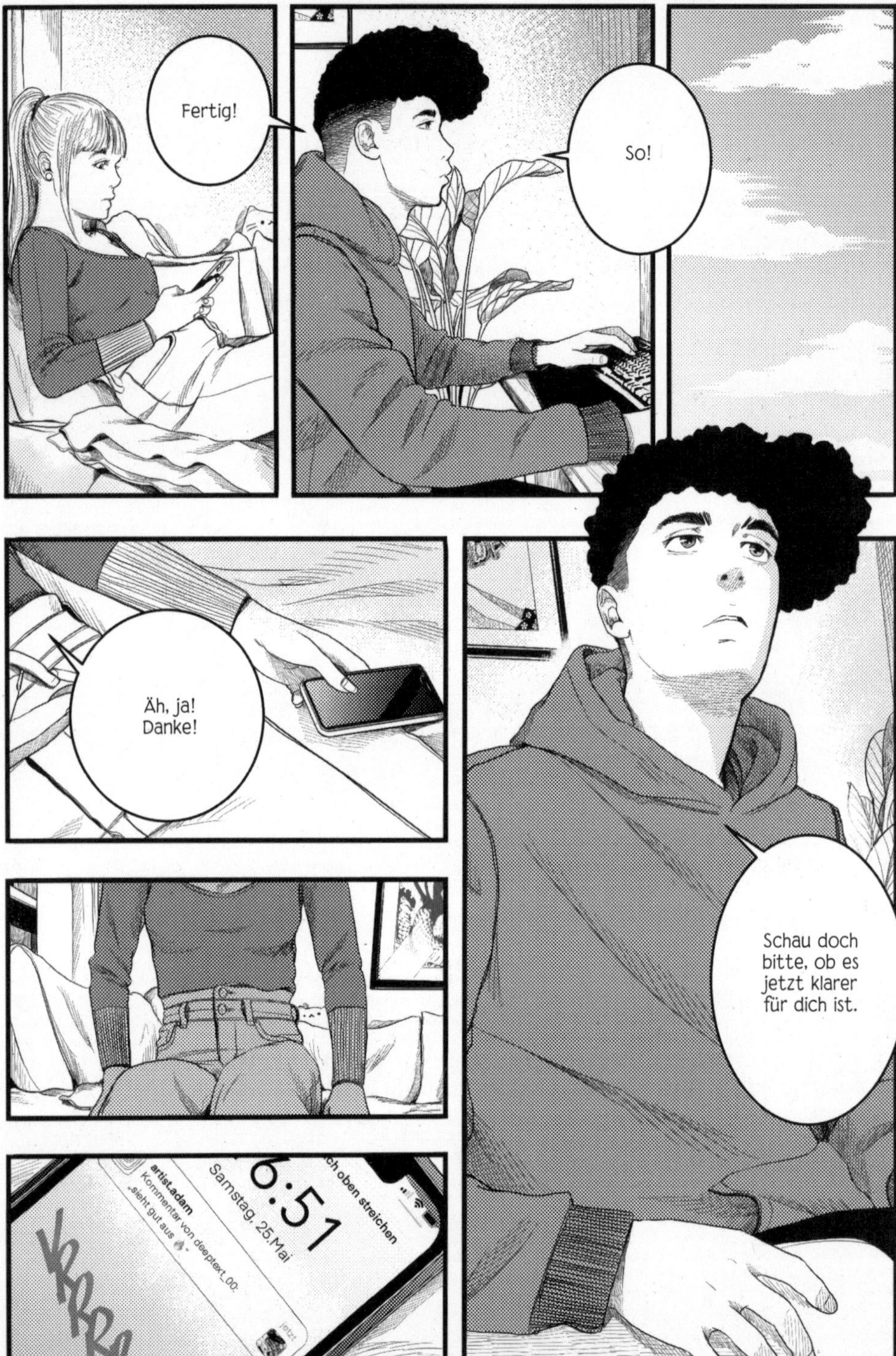
Fertig!
So!
Äh, ja! Danke!
Schau doch bitte, ob es jetzt klarer für dich ist.
Samstag, 25.Mai
artist.adam
Kommentar von deeptext_00:
„sieht gut aus"
jetzt
VRRR

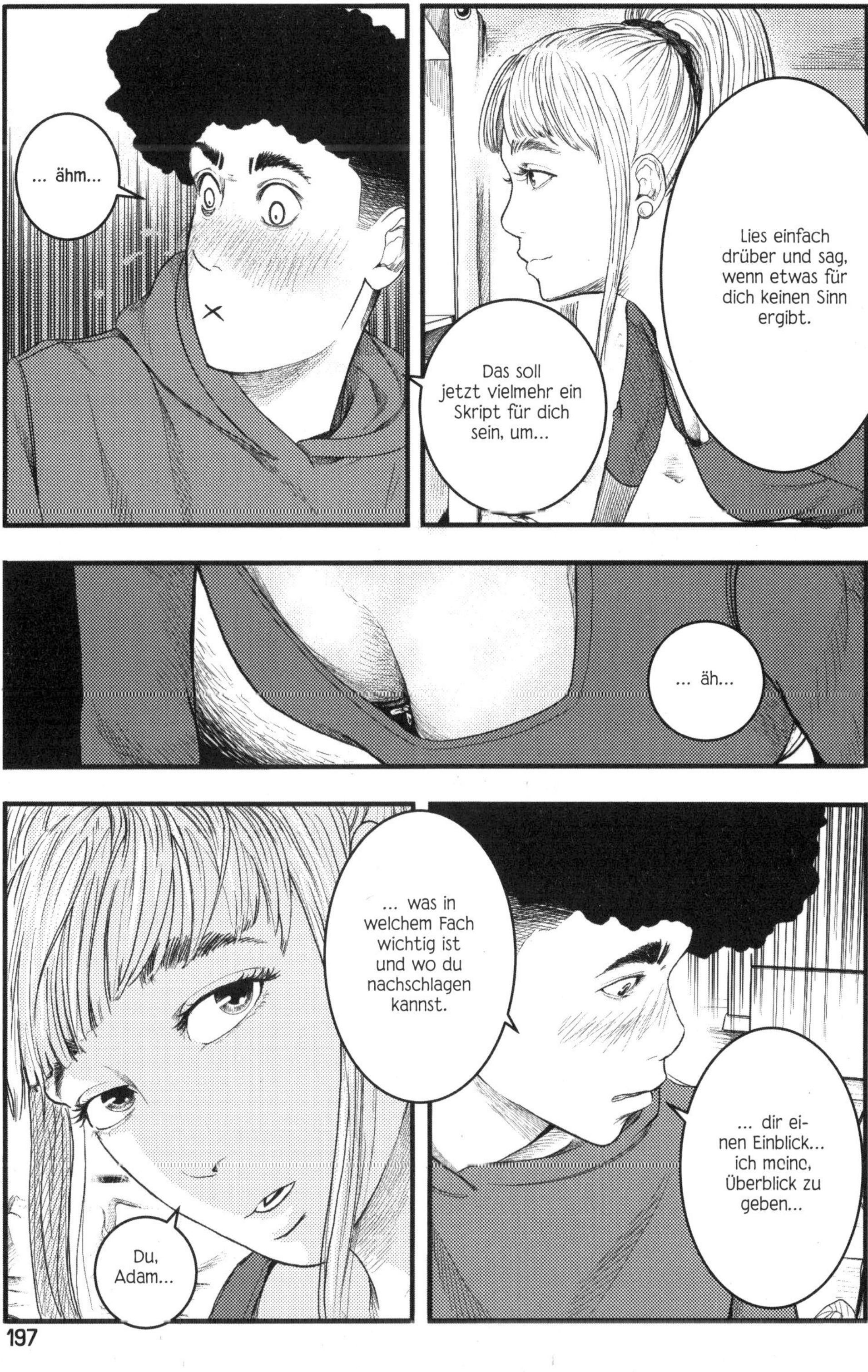
Lies einfach drüber und sag, wenn etwas für dich keinen Sinn ergibt.
Das soll jetzt vielmehr ein Skript für dich sein, um...
... ähm...
... äh...
... dir ei-nen Einblick... ich meine, Überblick zu geben...
... was in welchem Fach wichtig ist und wo du nachschlagen kannst.
Du, Adam...

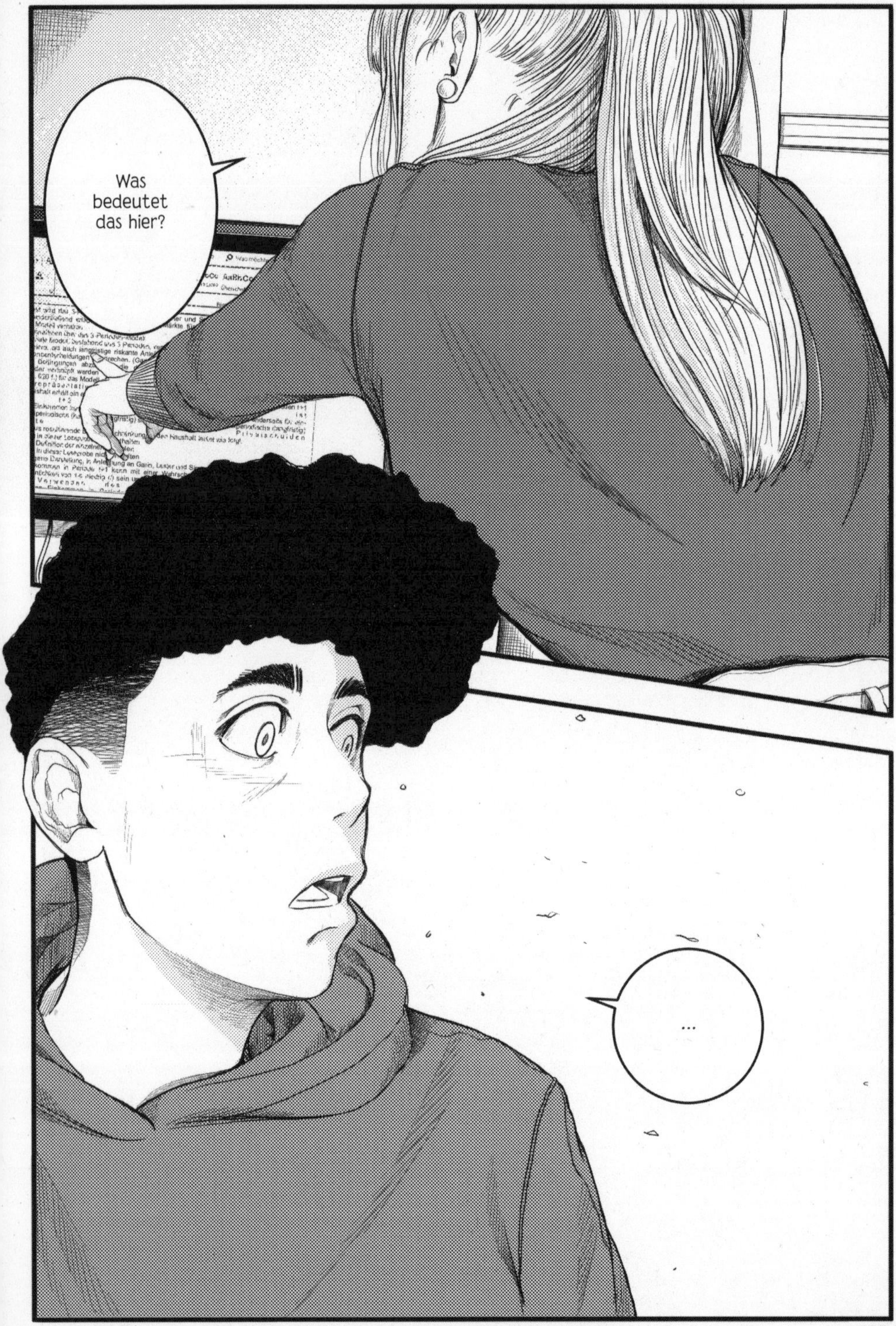
Was bedeutet das hier?
...

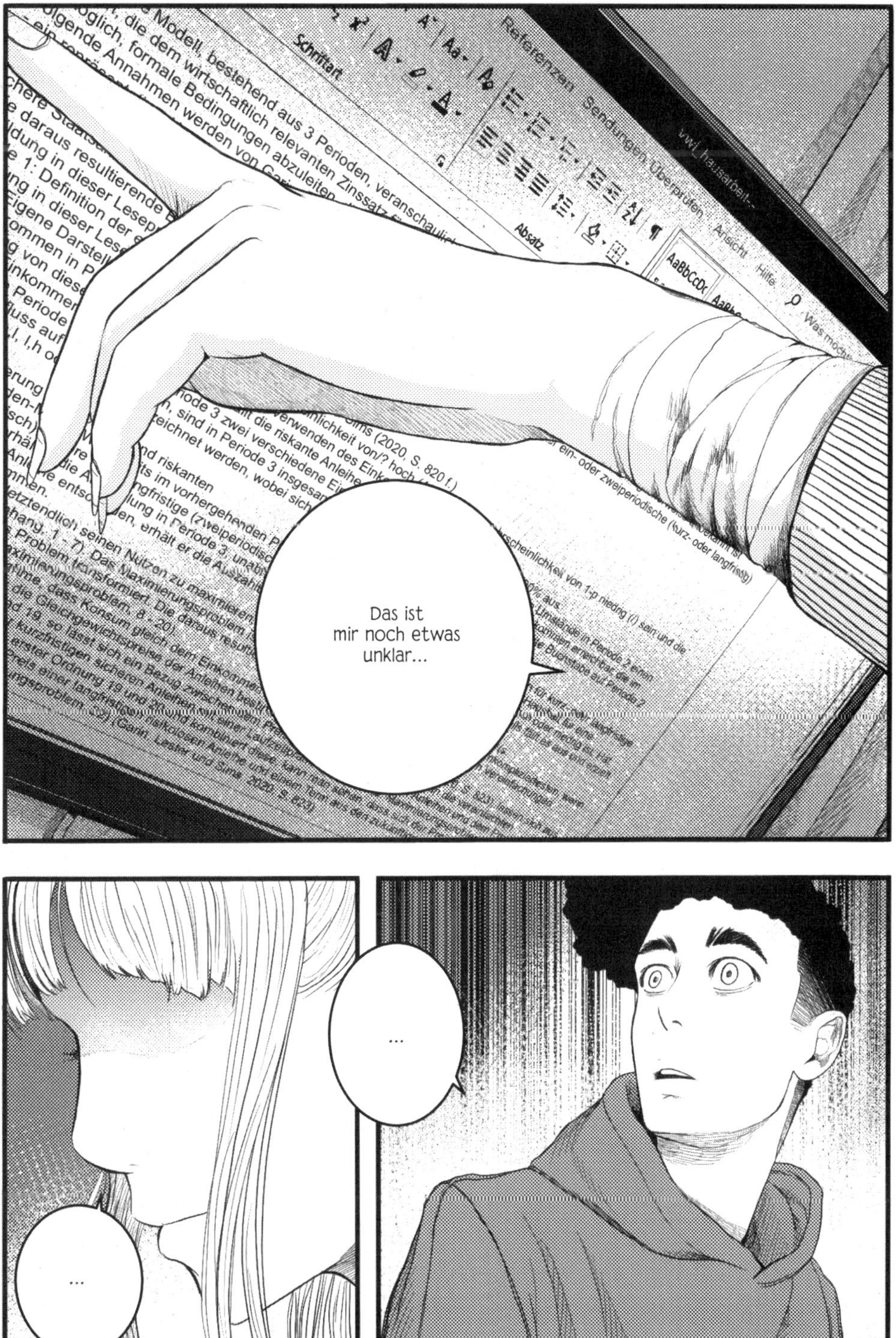
Das ist
mir noch etwas
unklar...
...
...

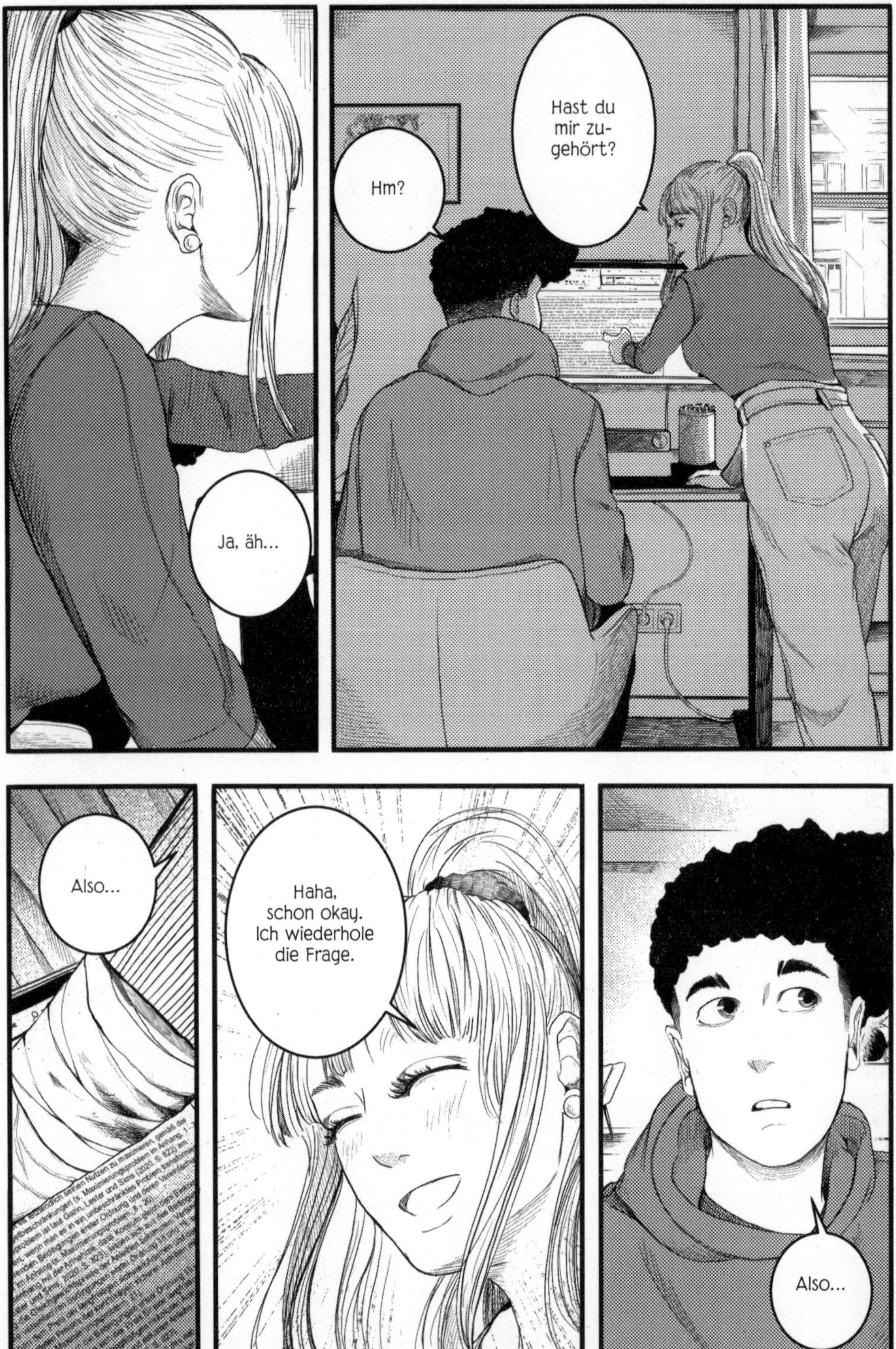
Hast du mir zugehört?
Hm?
Ja, äh...
Also...
Haha, schon okay. Ich wiederhole die Frage.
Also...

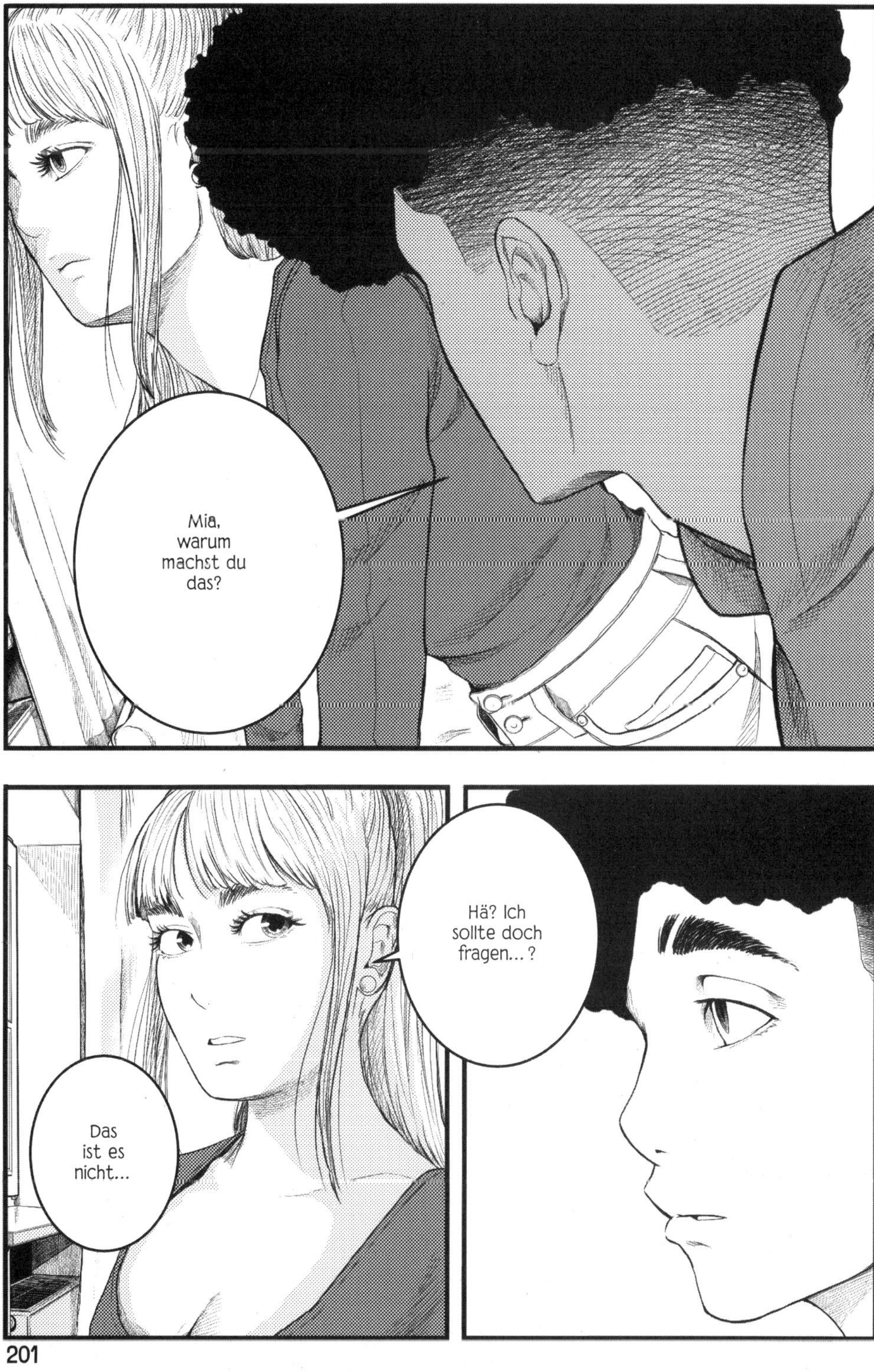
Mia, warum machst du das?
Hä? Ich sollte doch fragen...?
Das ist es nicht...

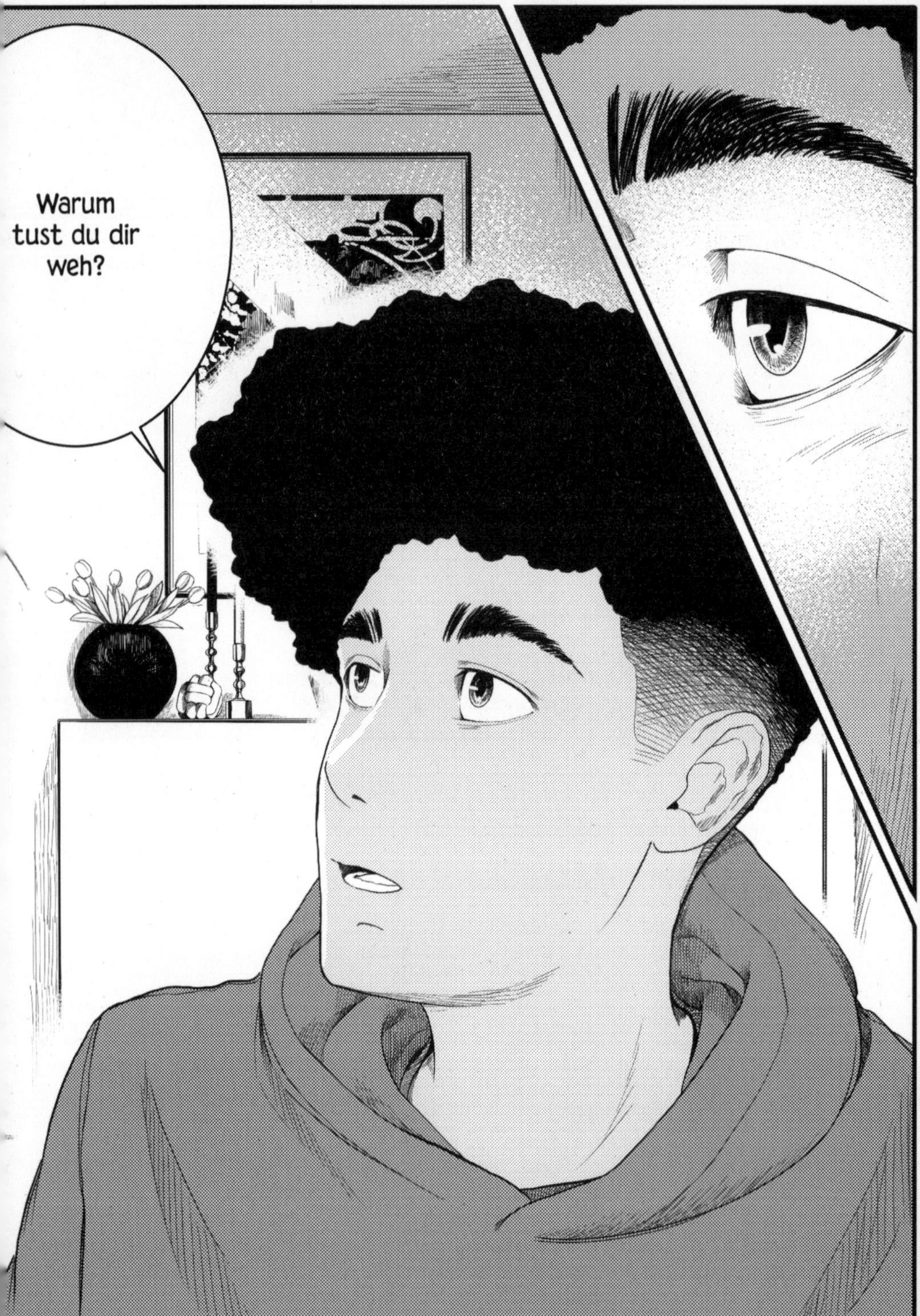
Warum tust du dir weh?

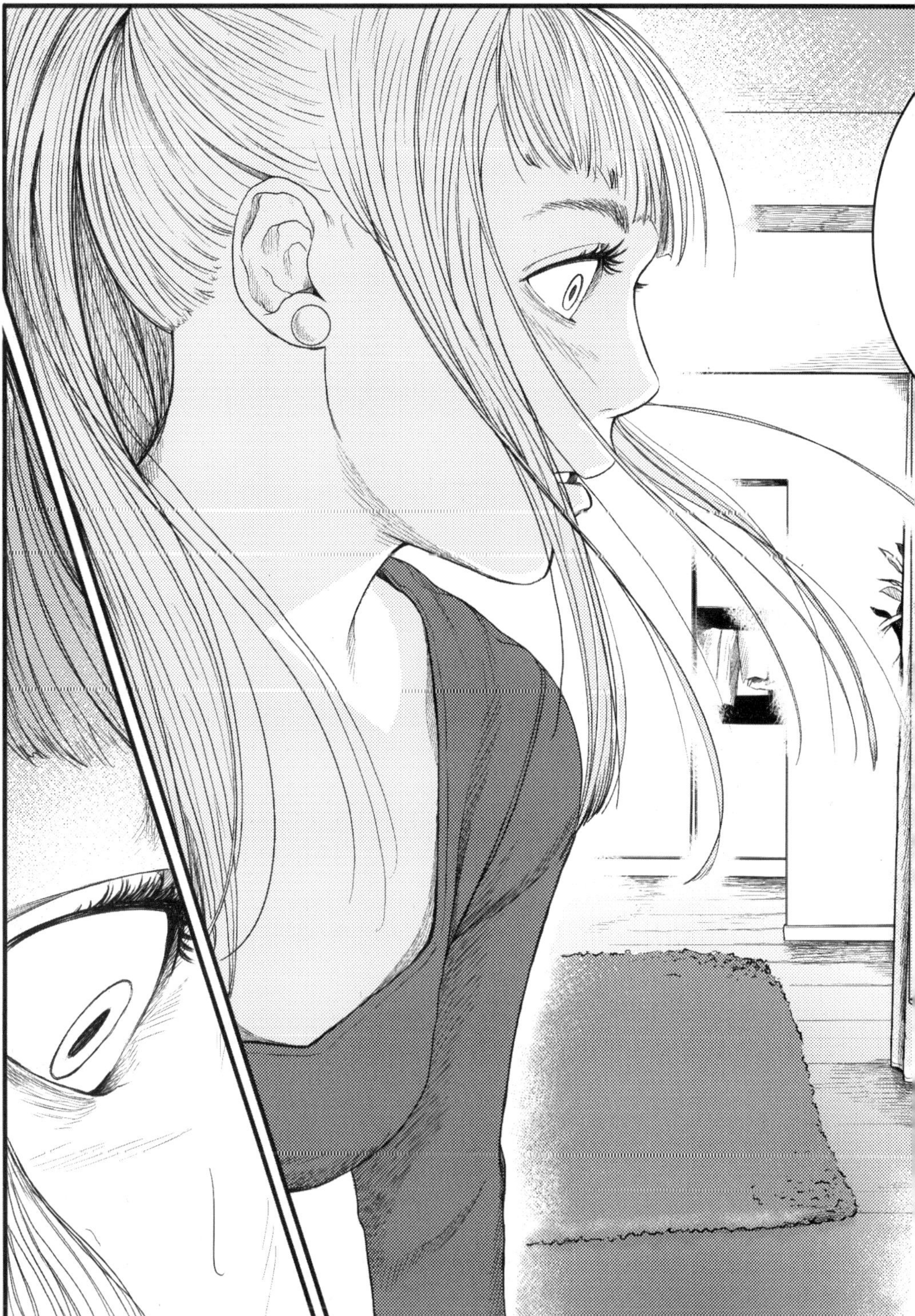

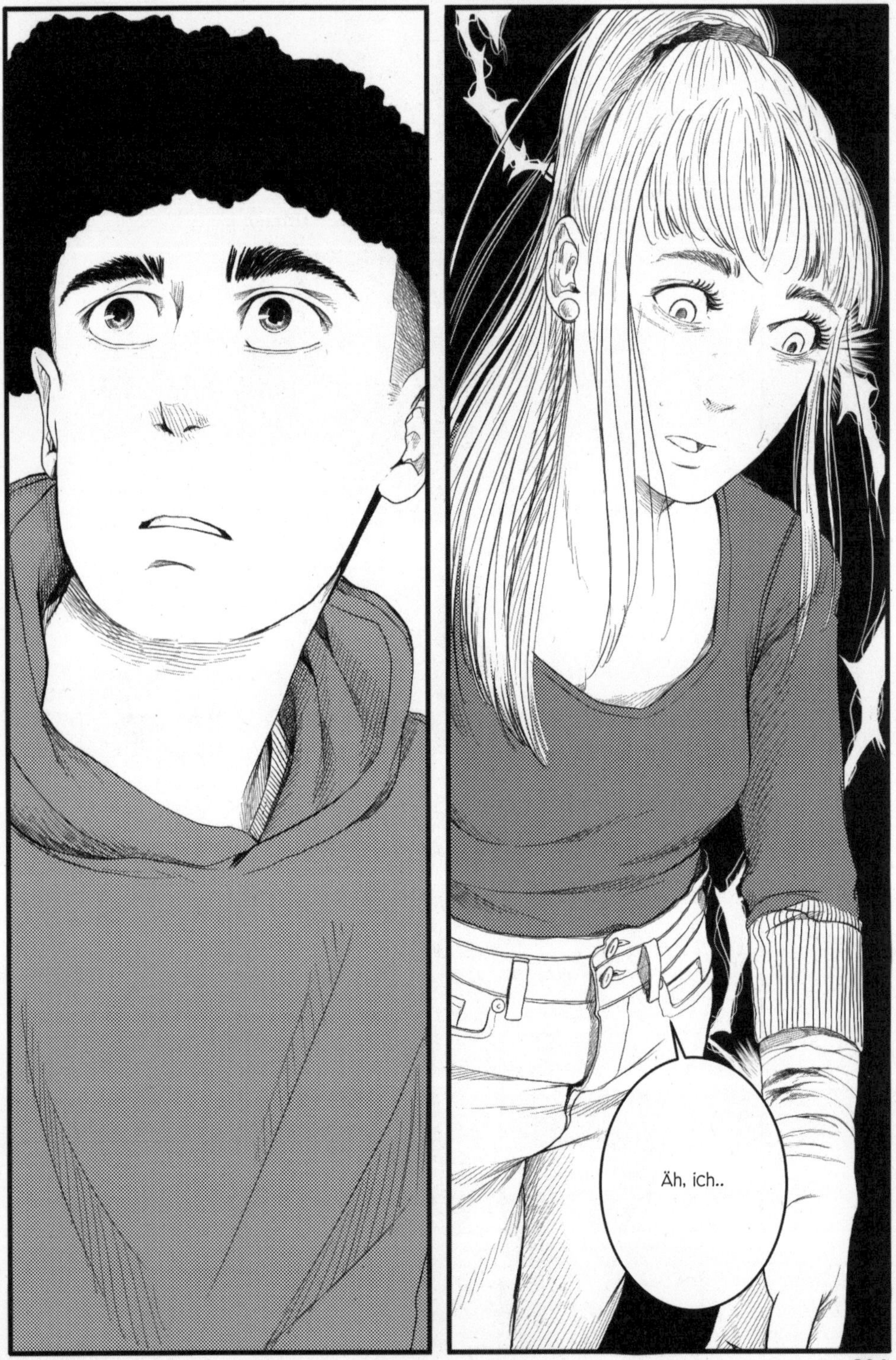
Äh, ich..

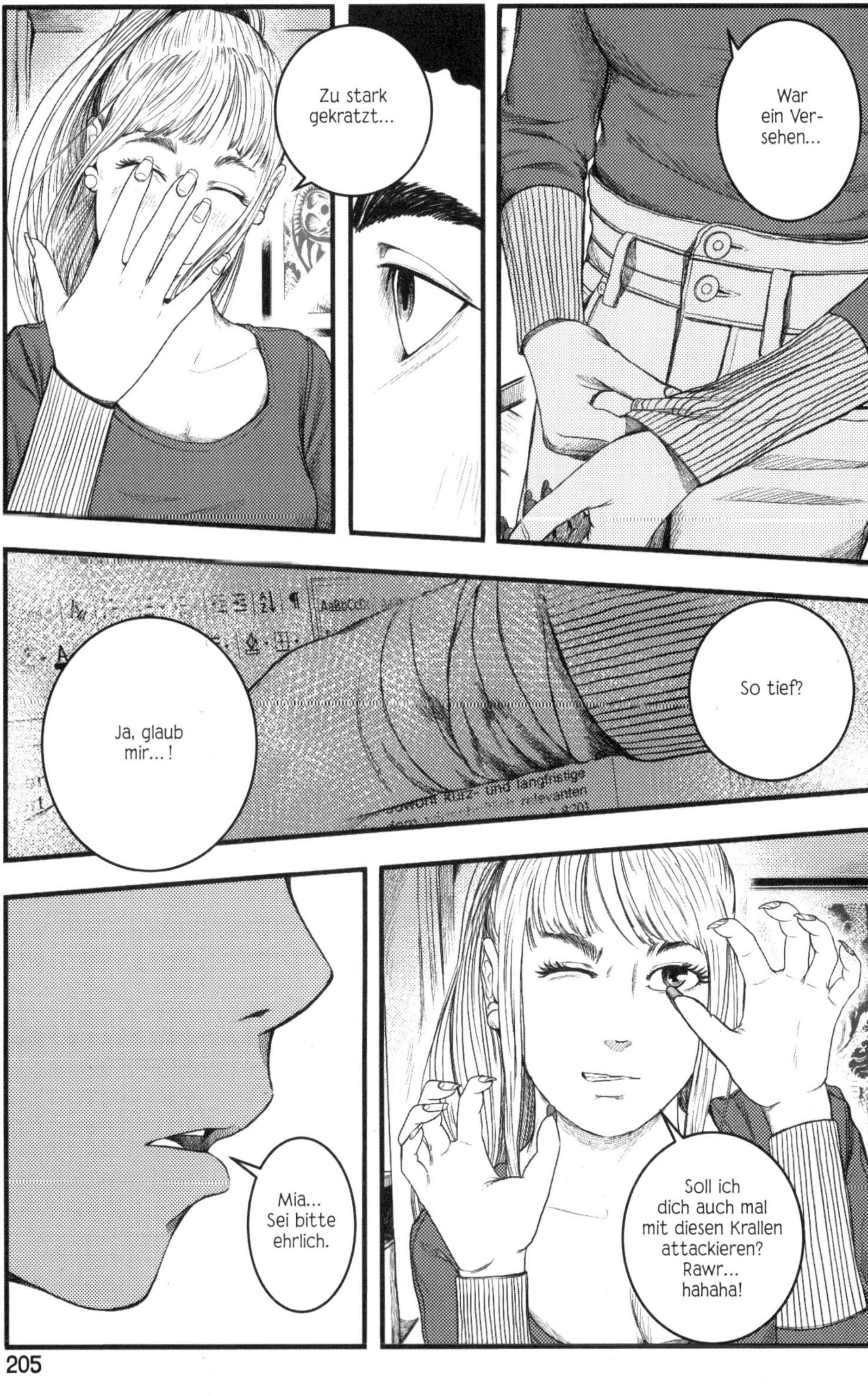
War ein Versehen...
Zu stark gekratzt...
So tief?
Ja, glaub mir...!
Soll ich dich auch mal mit diesen Krallen attackieren? Rawr... hahaha!
Mia... Sei bitte ehrlich.

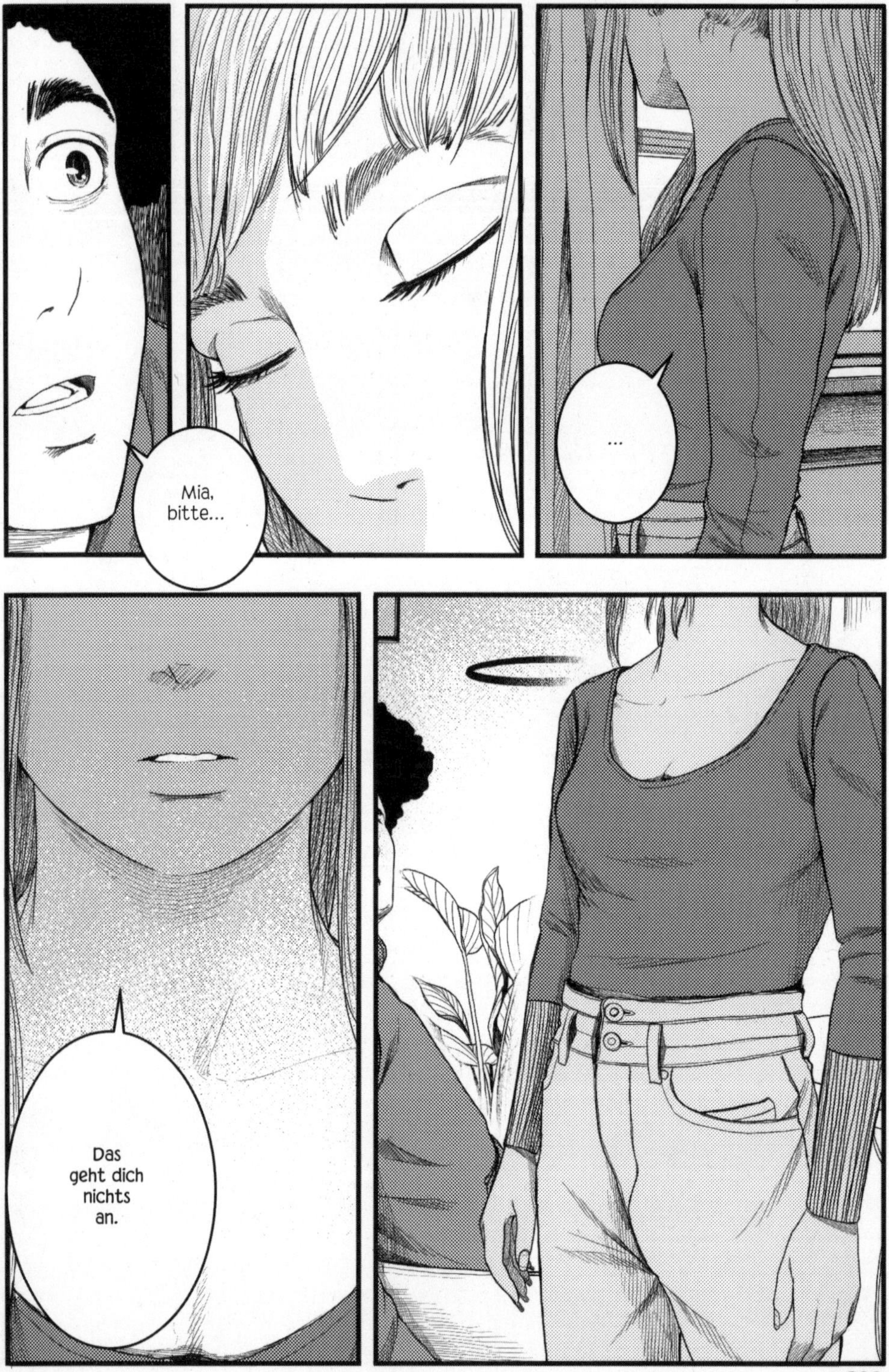
Mia, bitte...
...
Das geht dich nichts an.

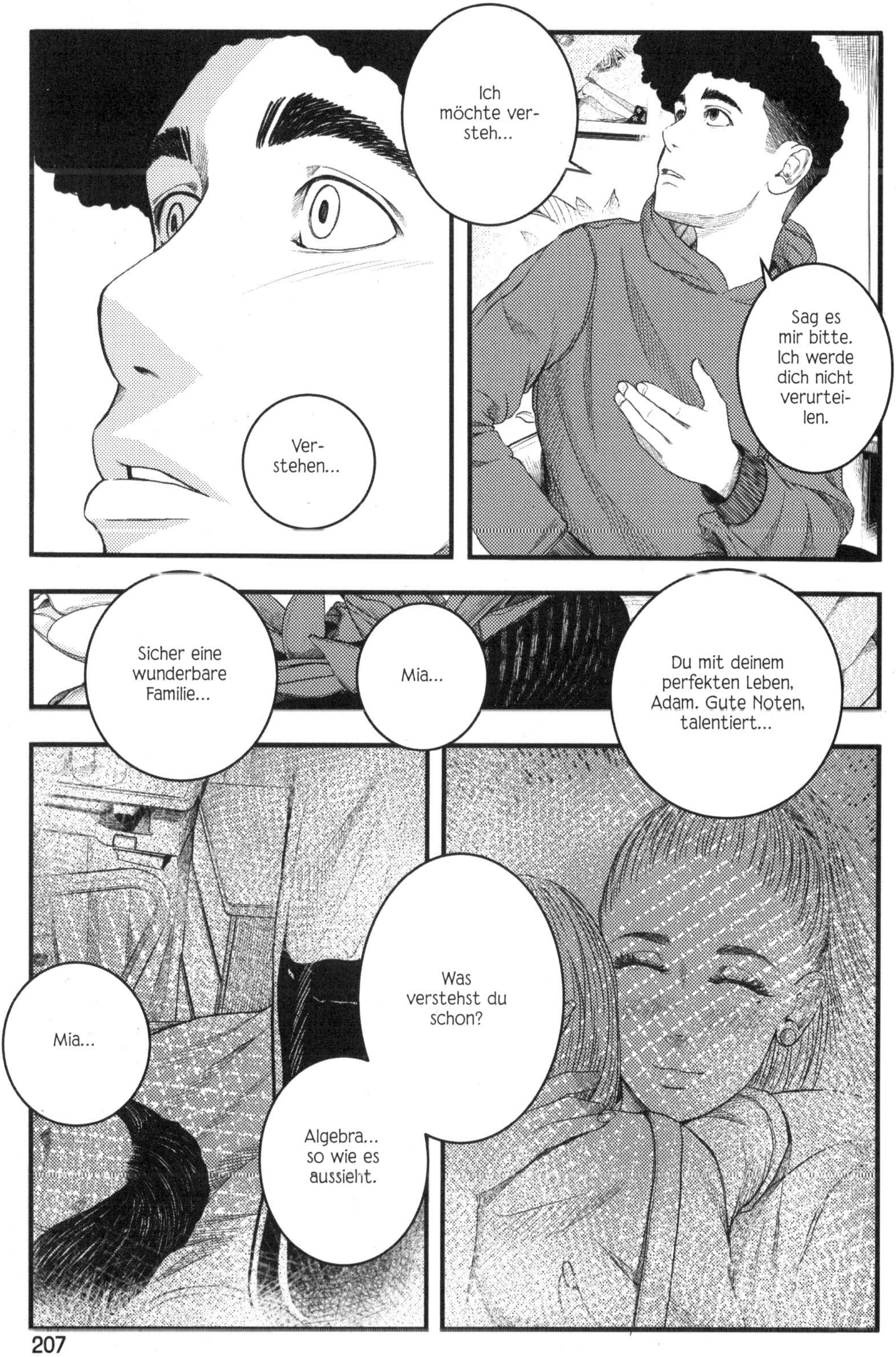
Ich möchte ver-steh...
Ver-stehen...
Sag es mir bitte. Ich werde dich nicht verurtei-len.
Du mit deinem perfekten Leben, Adam. Gute Noten, talentiert...
Mia...
Sicher eine wunderbare Familie...
Was verstehst du schon?
Algebra... so wie es aussieht.
Mia...

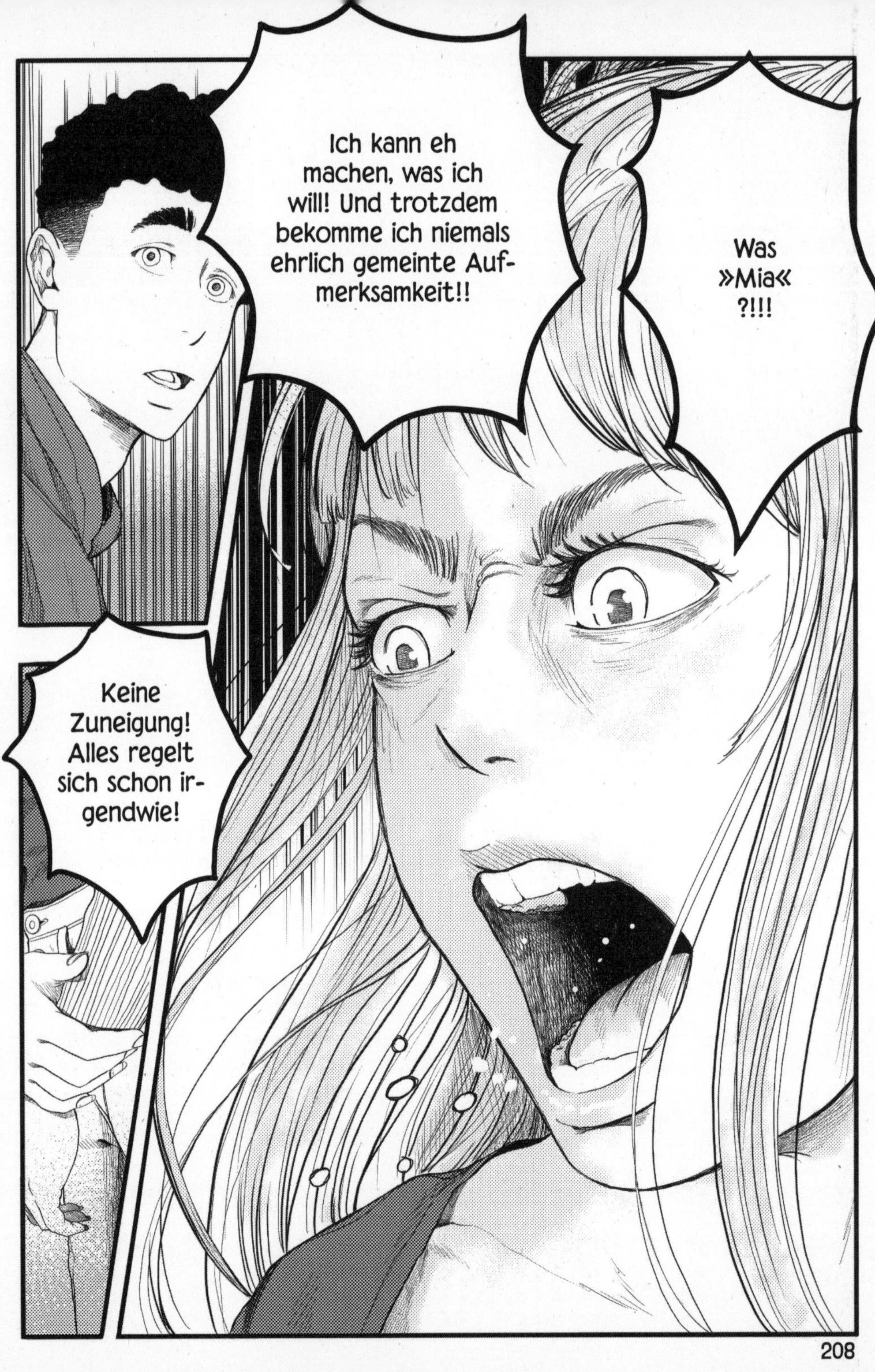
Was »Mia« ?!!!
Ich kann eh machen, was ich will! Und trotzdem bekomme ich niemals ehrlich gemeinte Auf-merksamkeit!!
Keine Zuneigung! Alles regelt sich schon ir-gendwie!

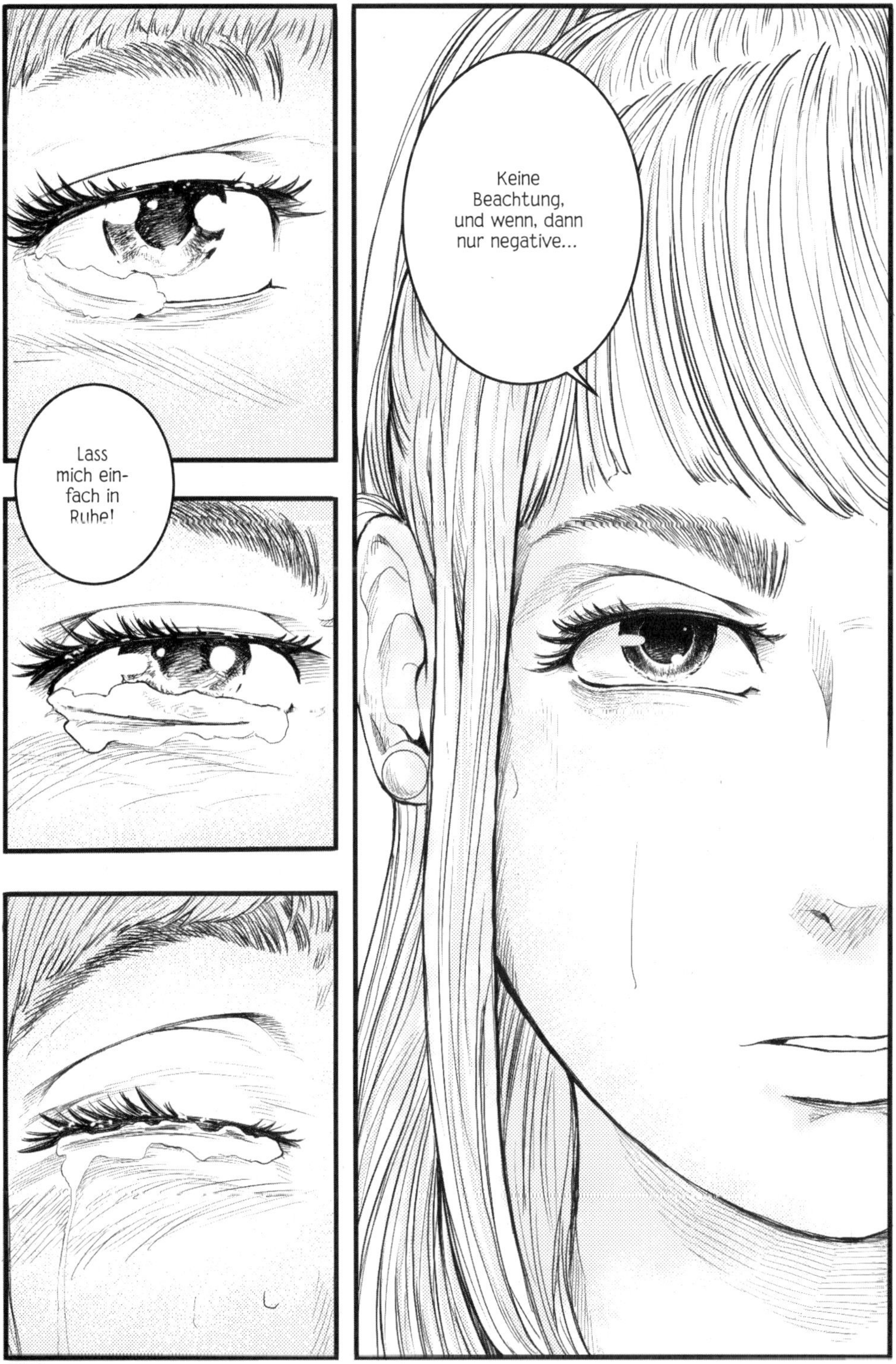
Keine Beachtung, und wenn, dann nur negative...
Lass mich ein-fach in Ruhe!

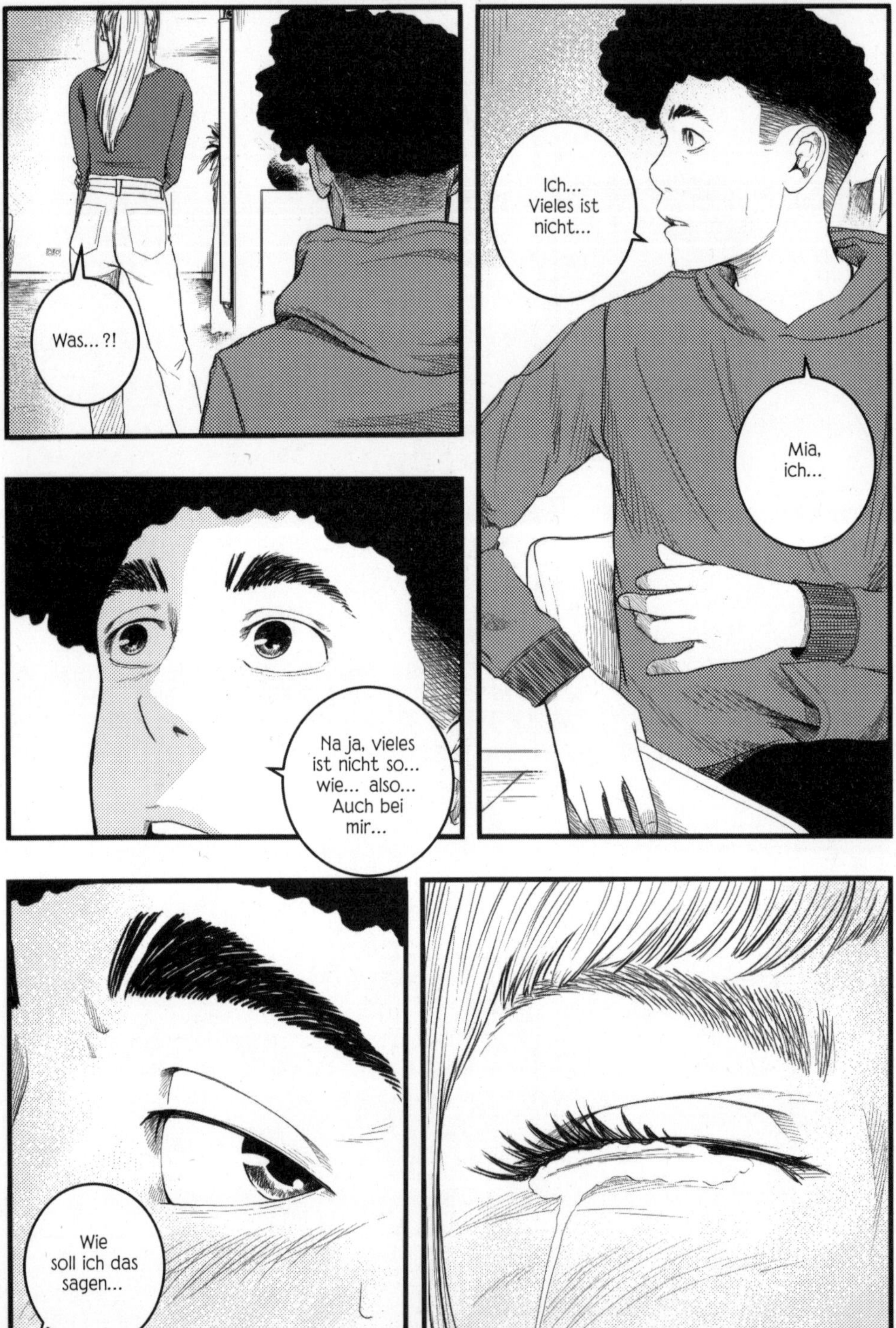
Was...?!
Ich... Vieles ist nicht...
Mia, ich...
Na ja, vieles ist nicht so... wie... also... Auch bei mir...
Wie soll ich das sagen...

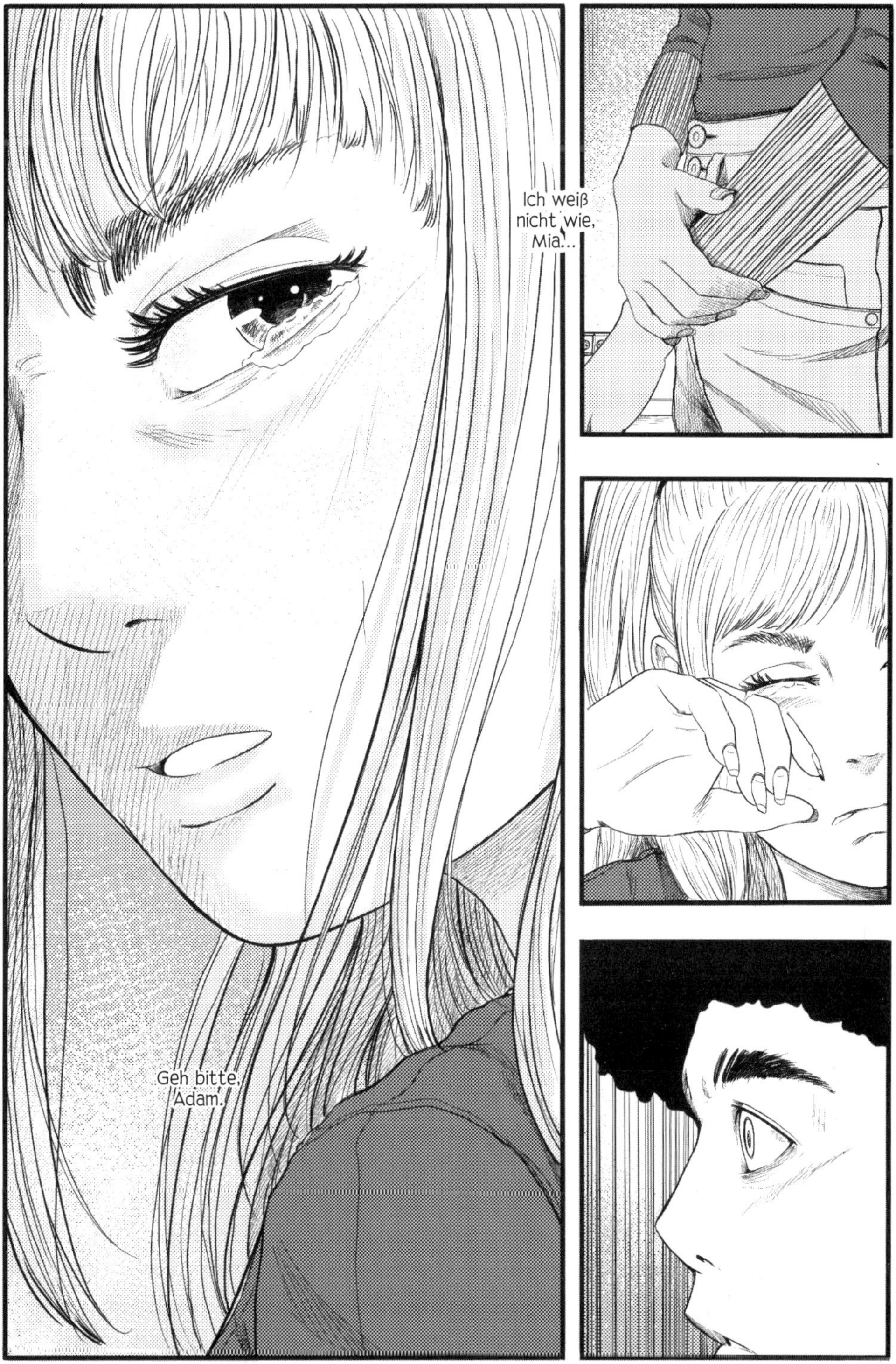
Ich weiß nicht wie, Mia...
Geh bitte, Adam.

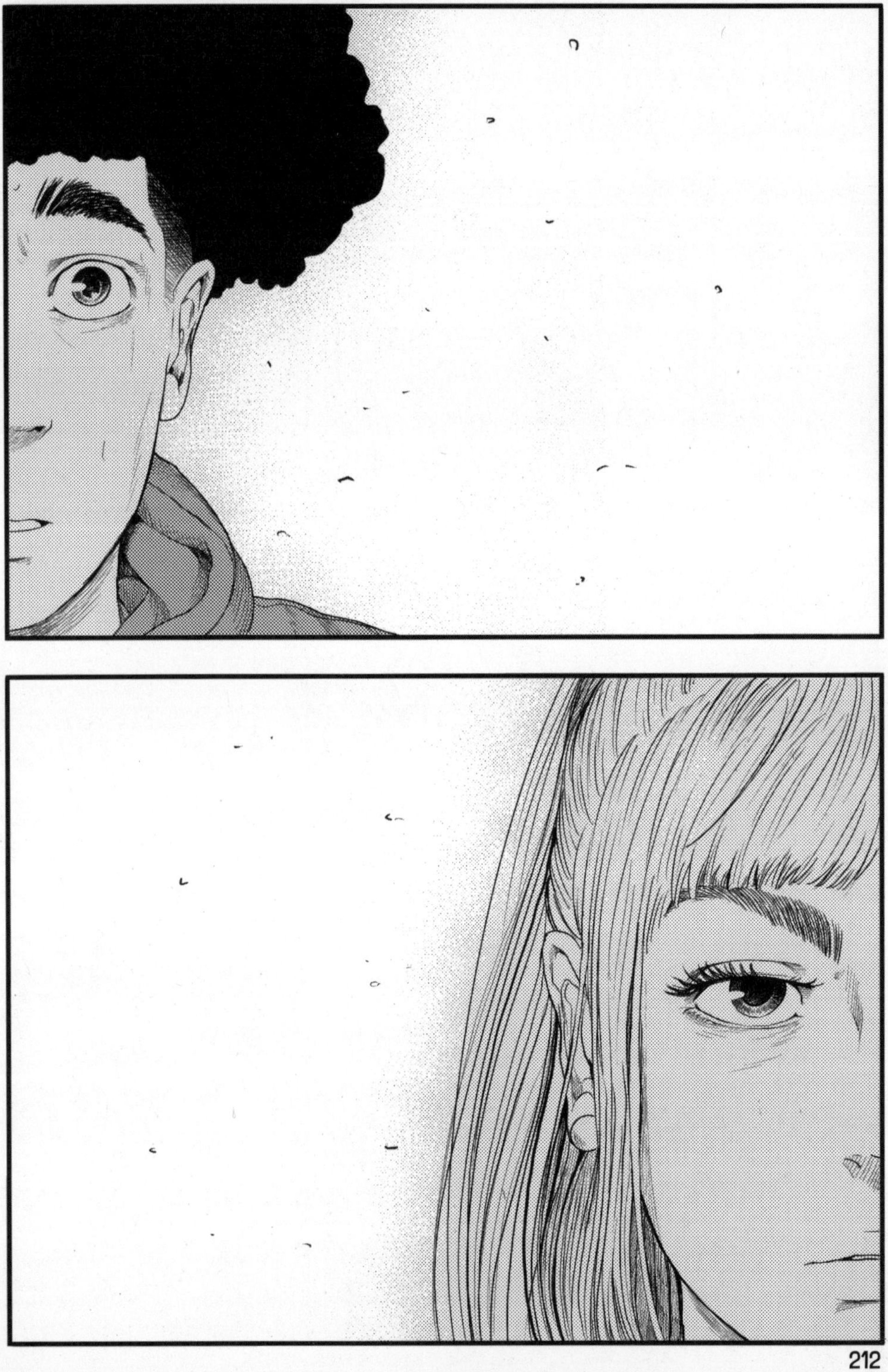

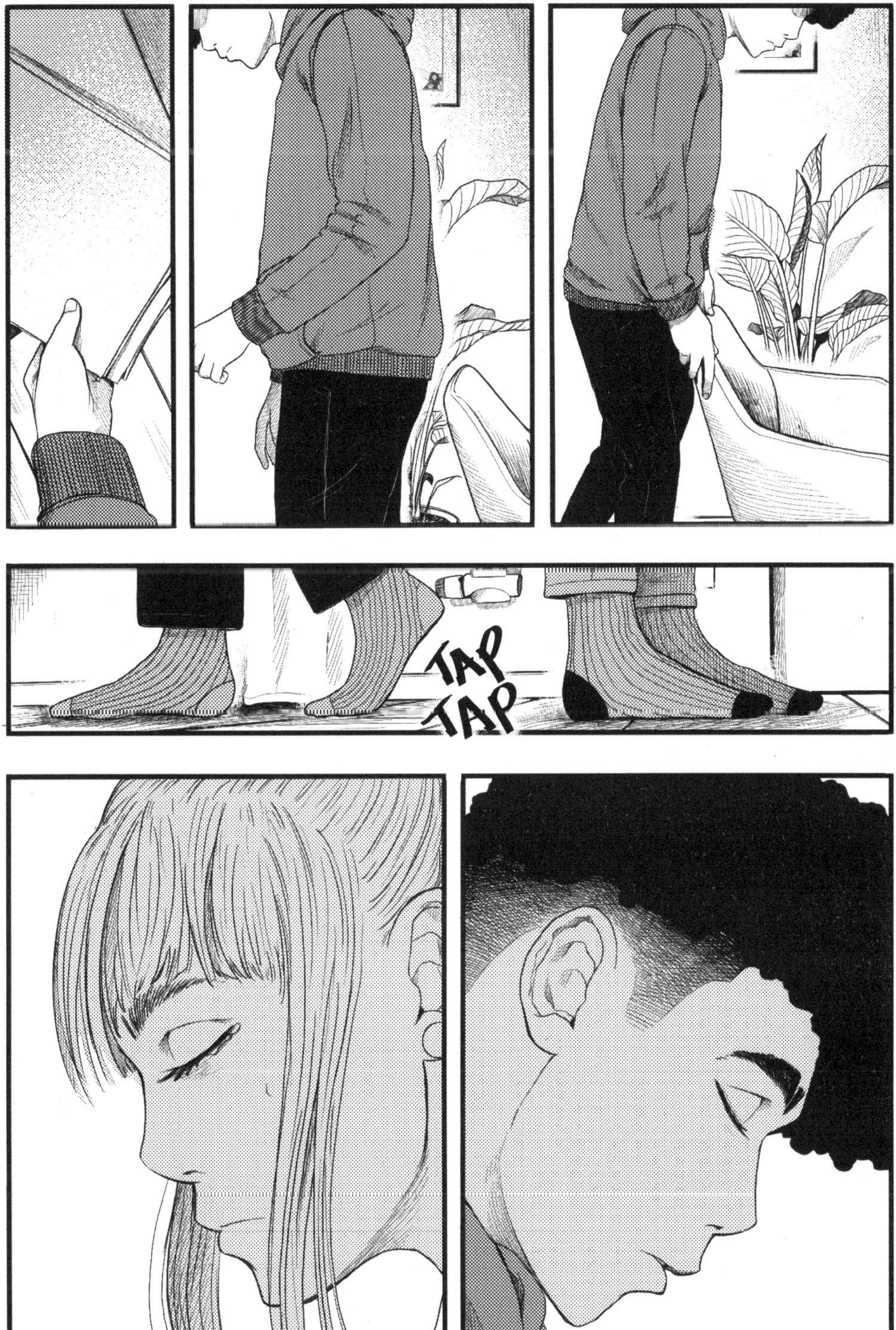
TAP
TAP

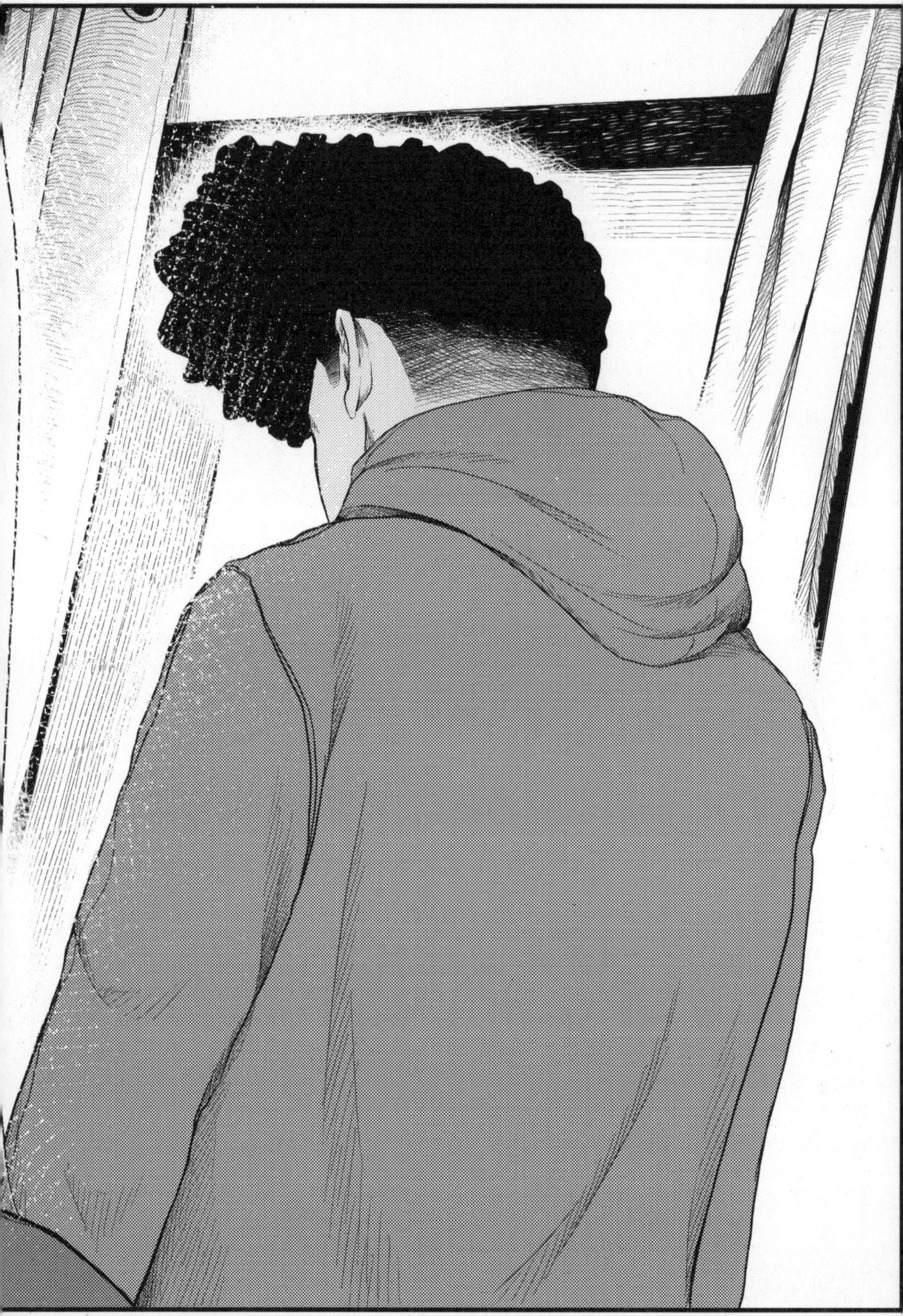

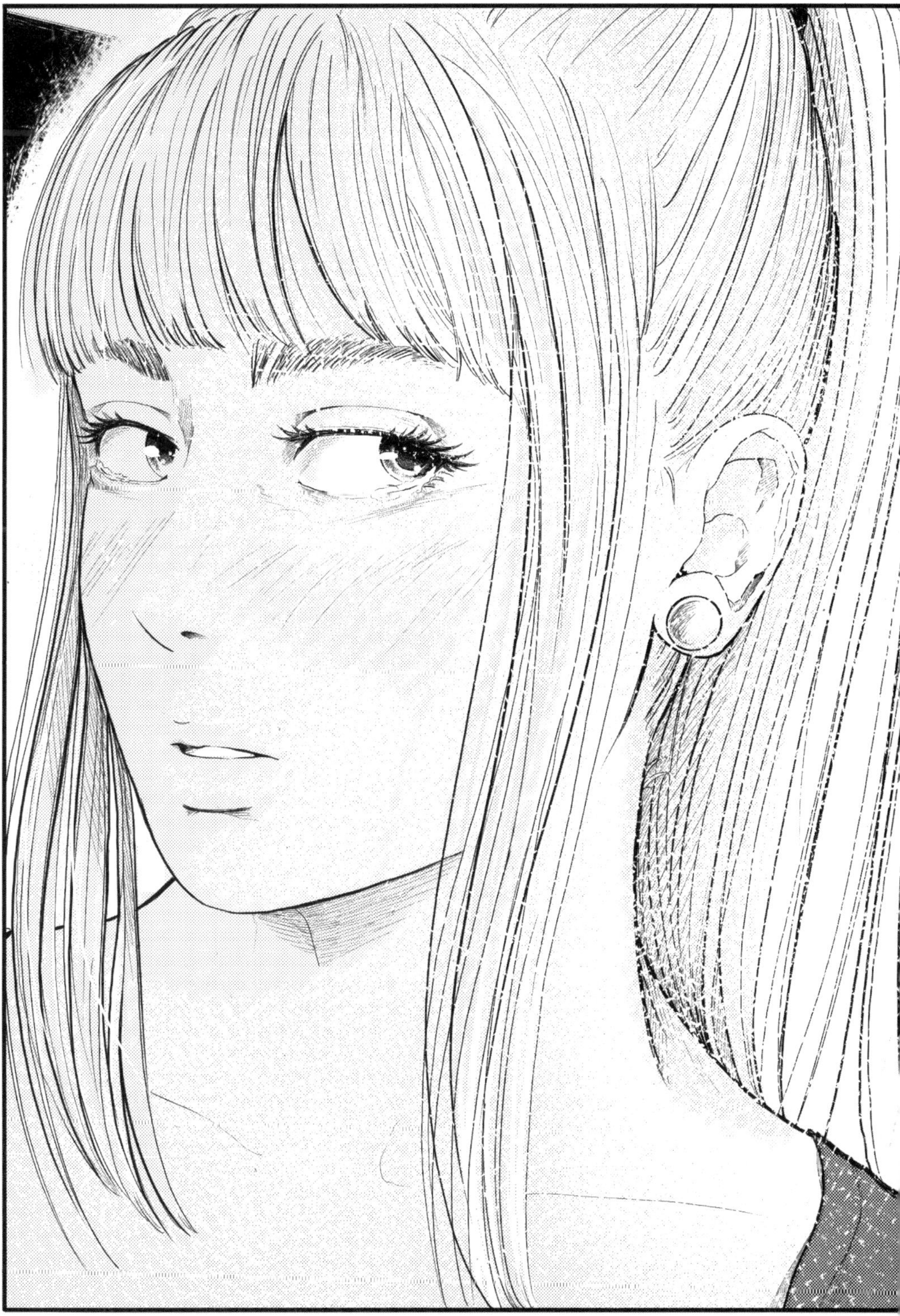

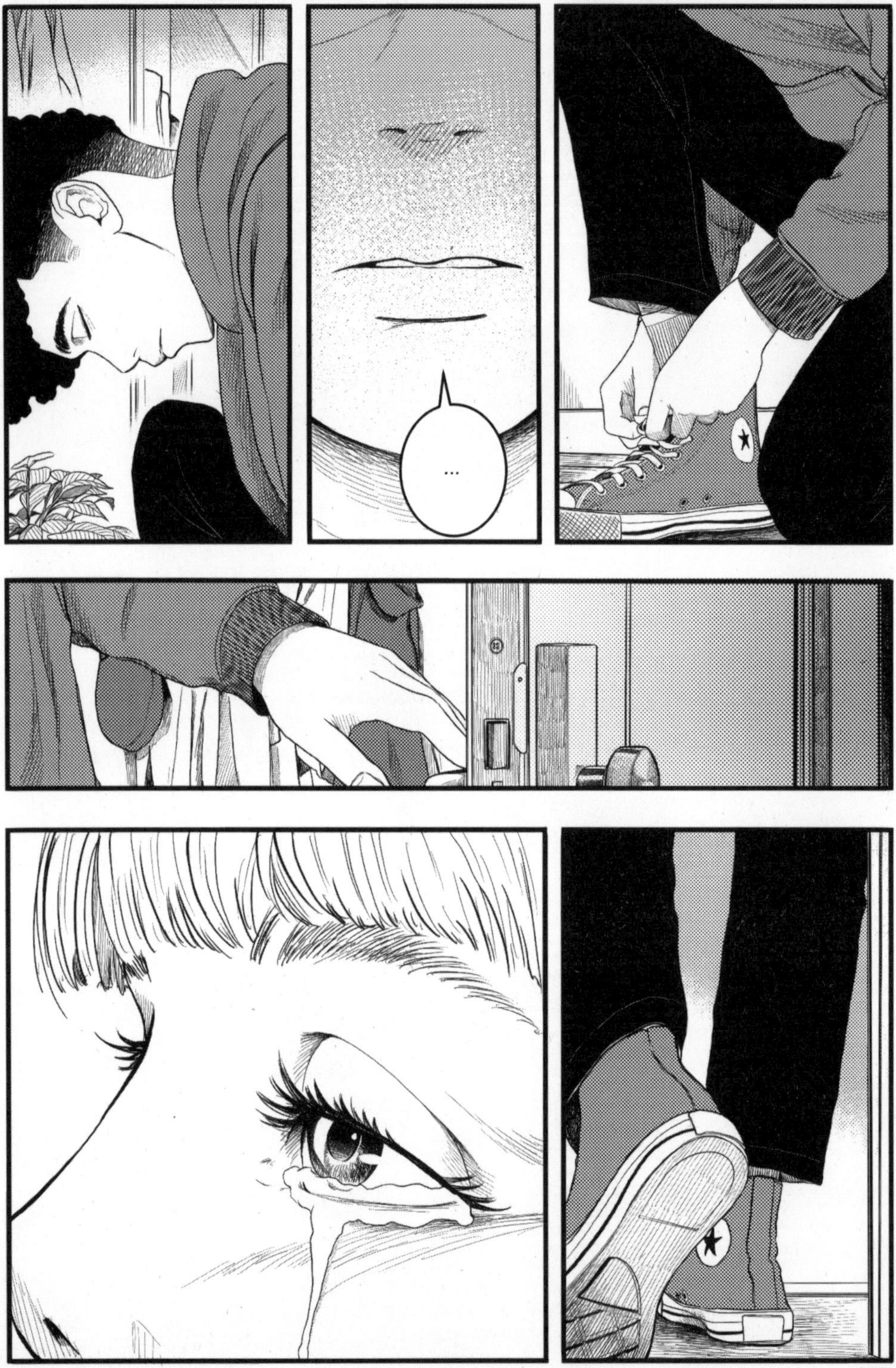

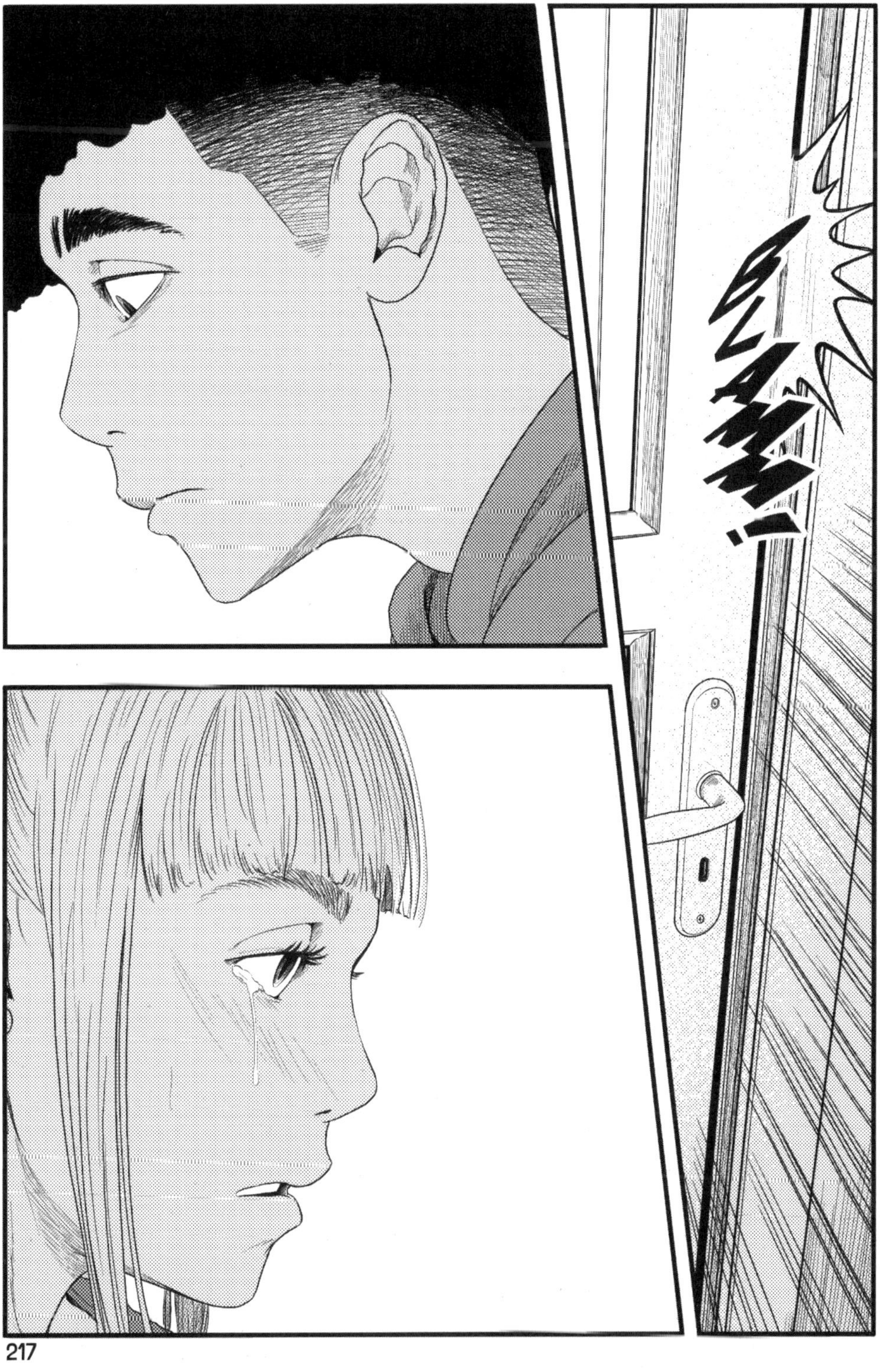
BLAMM!

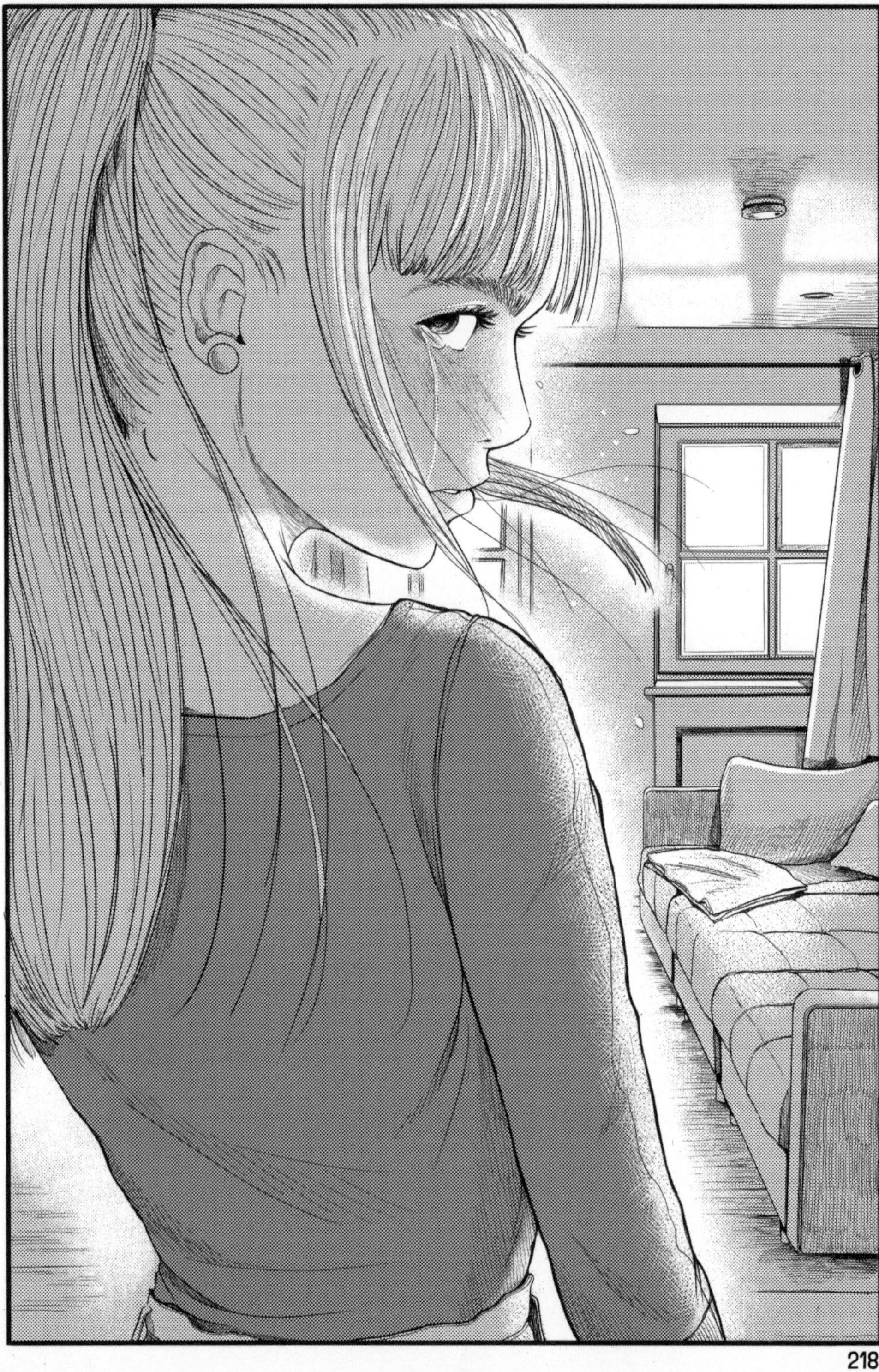

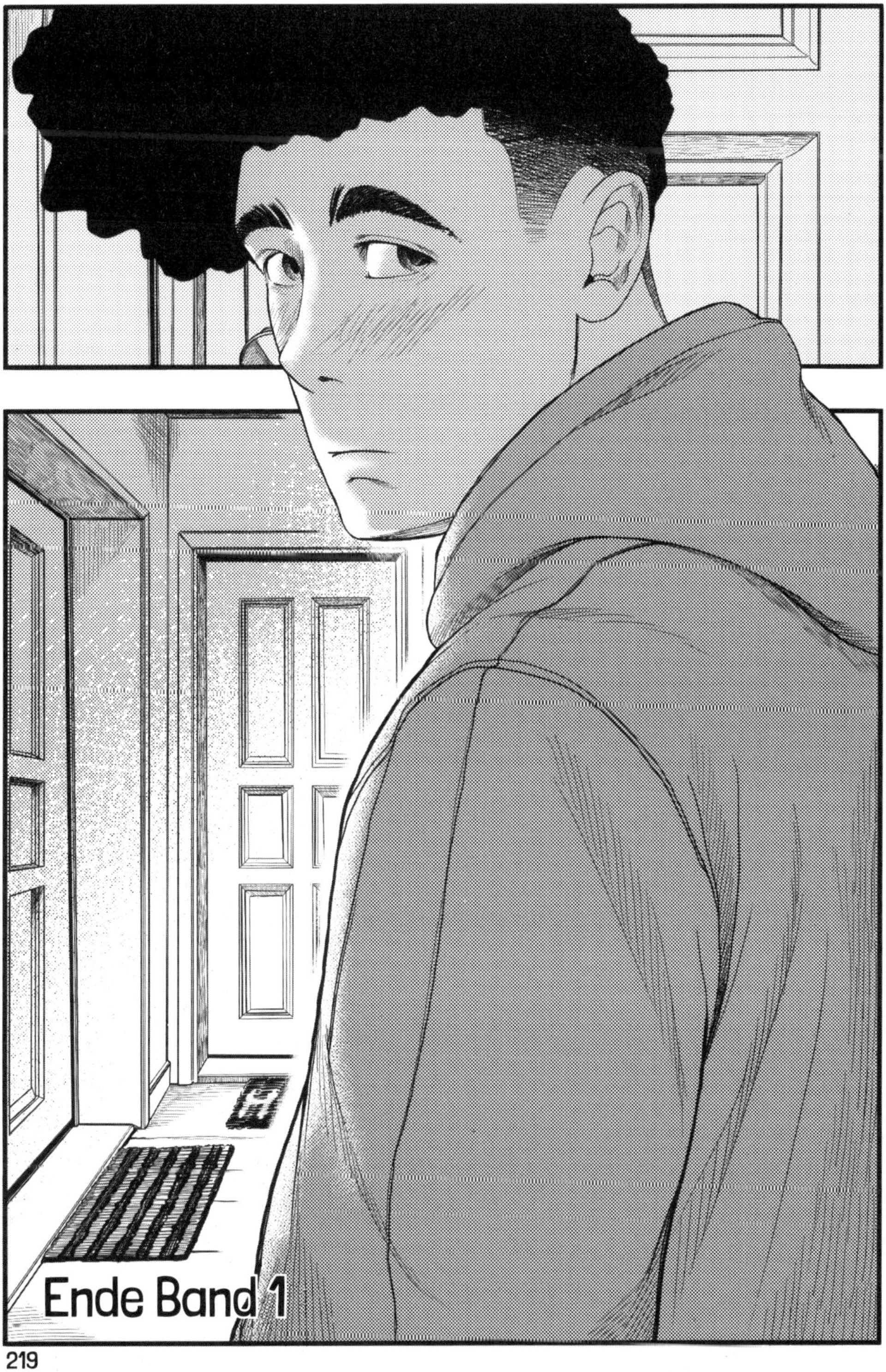
Ende Band 1

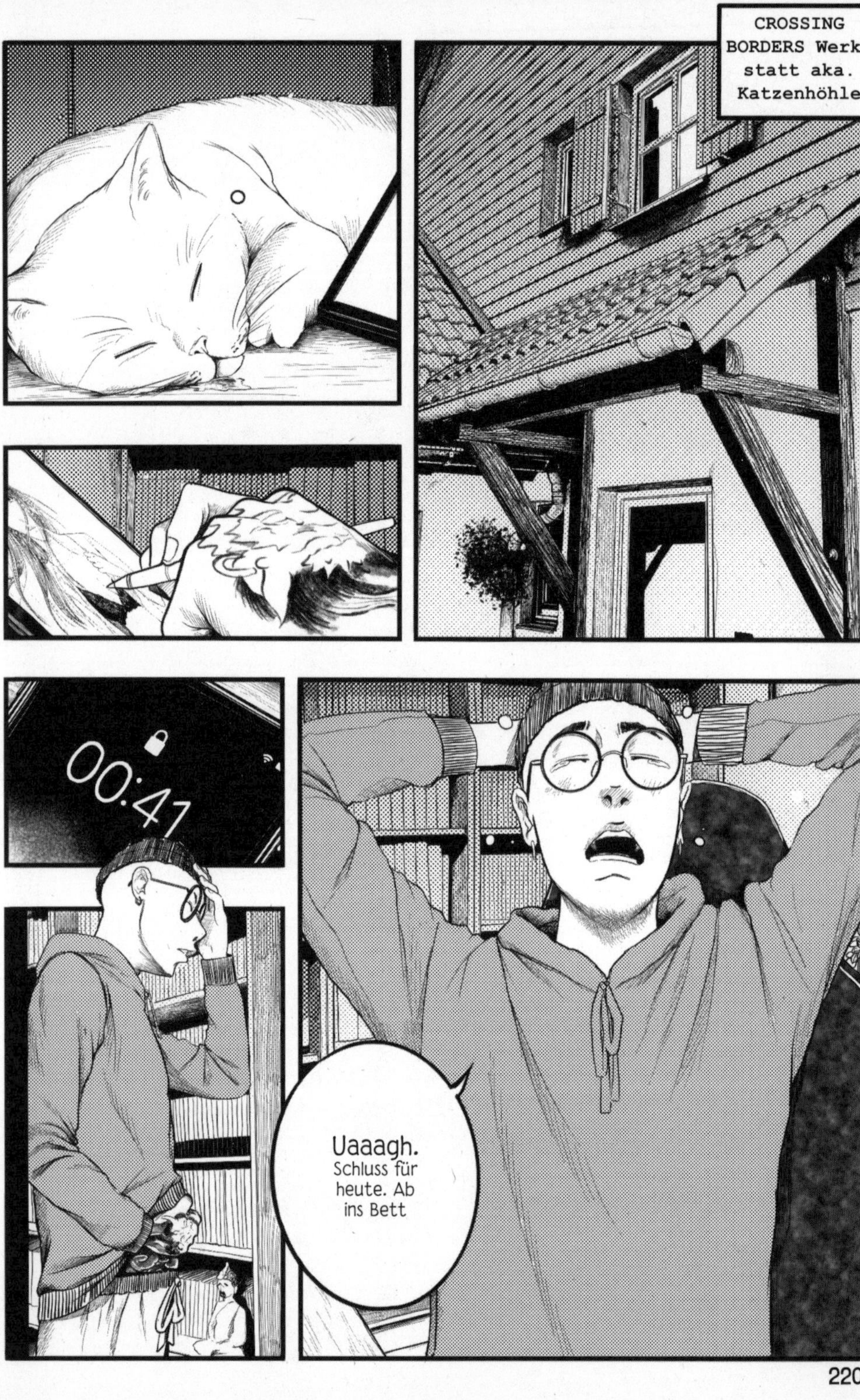
CROSSING BORDERS Werkstatt aka. Katzenhöhle
00:47
Uaaagh. Schluss für heute. Ab ins Bett

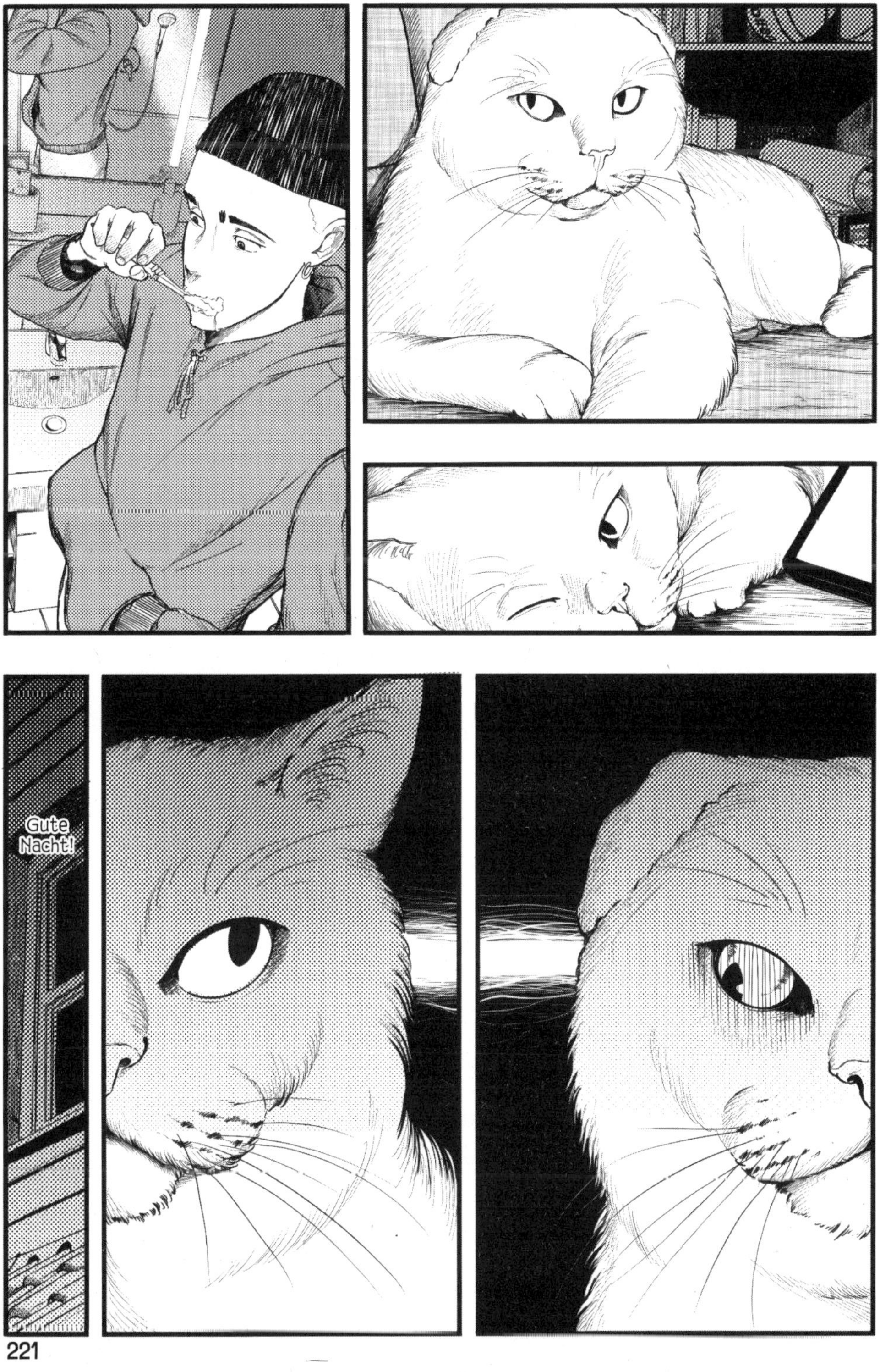
Gute Nacht!

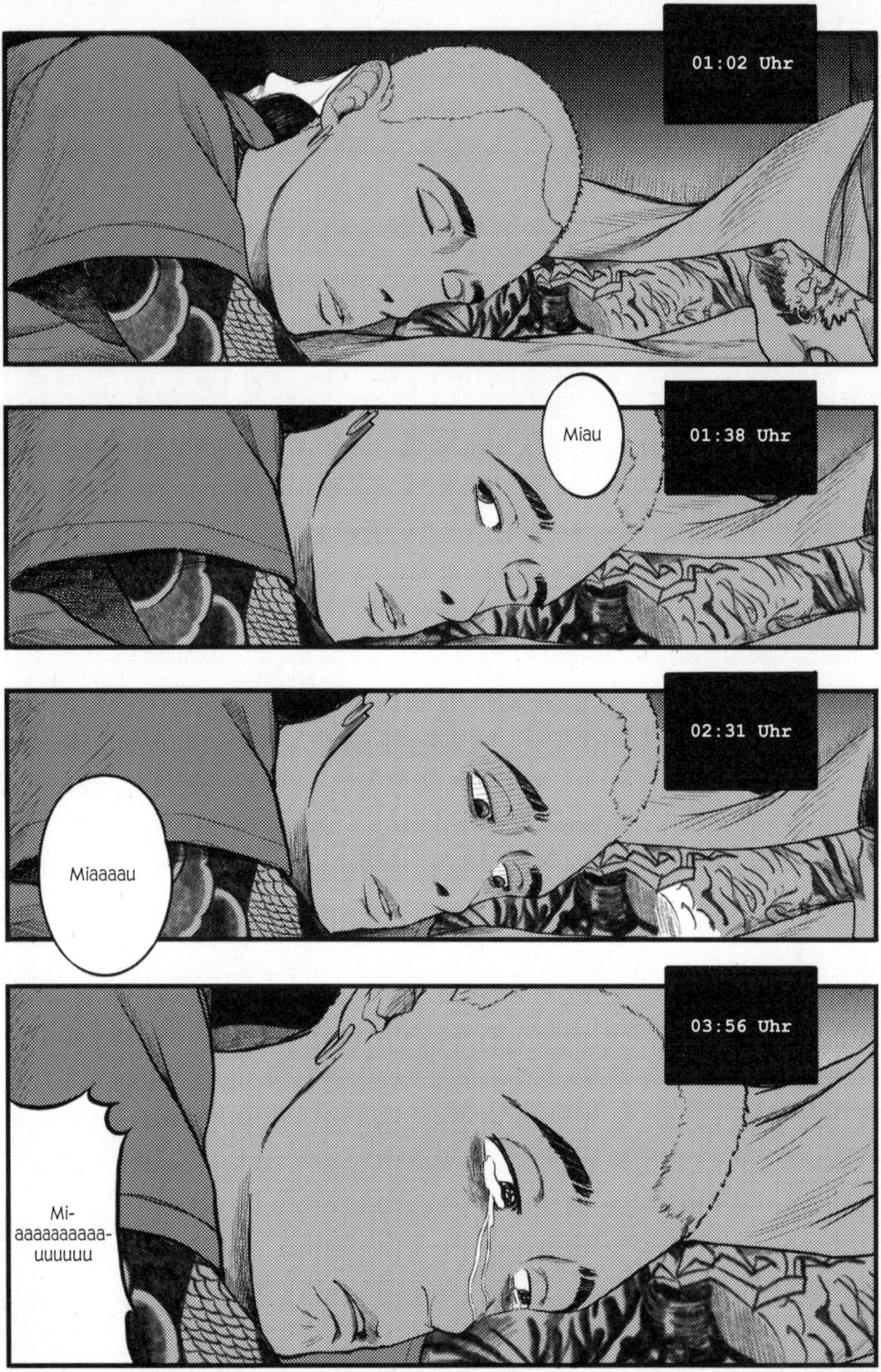
01:02 Uhr
01:38 Uhr
Miau
02:31 Uhr
Miaaaau
03:56 Uhr
Mi-
aaaaaaaaaa-
uuuuuu

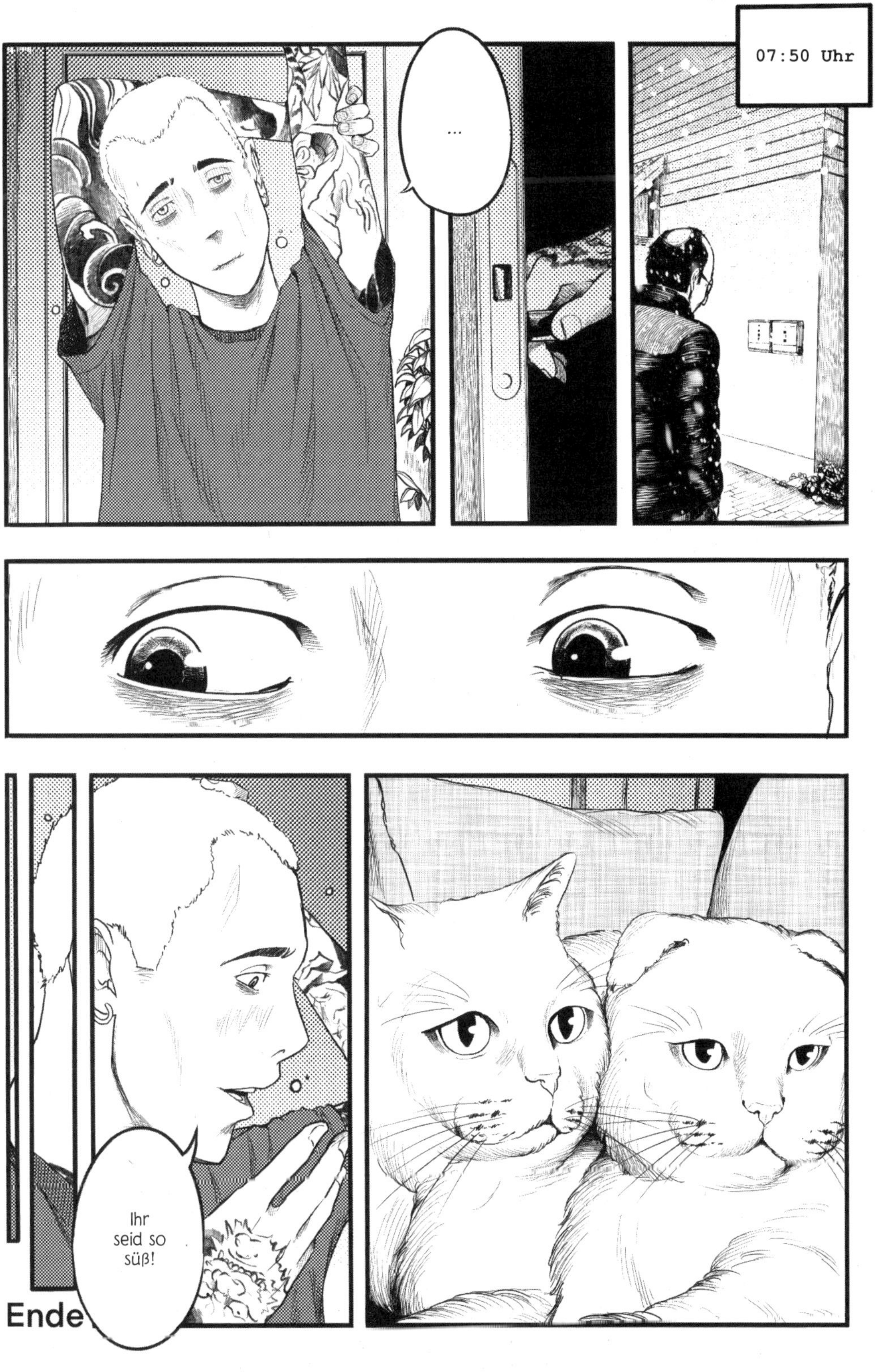
07:50 Uhr
...
Ihr seid so süß!
Ende

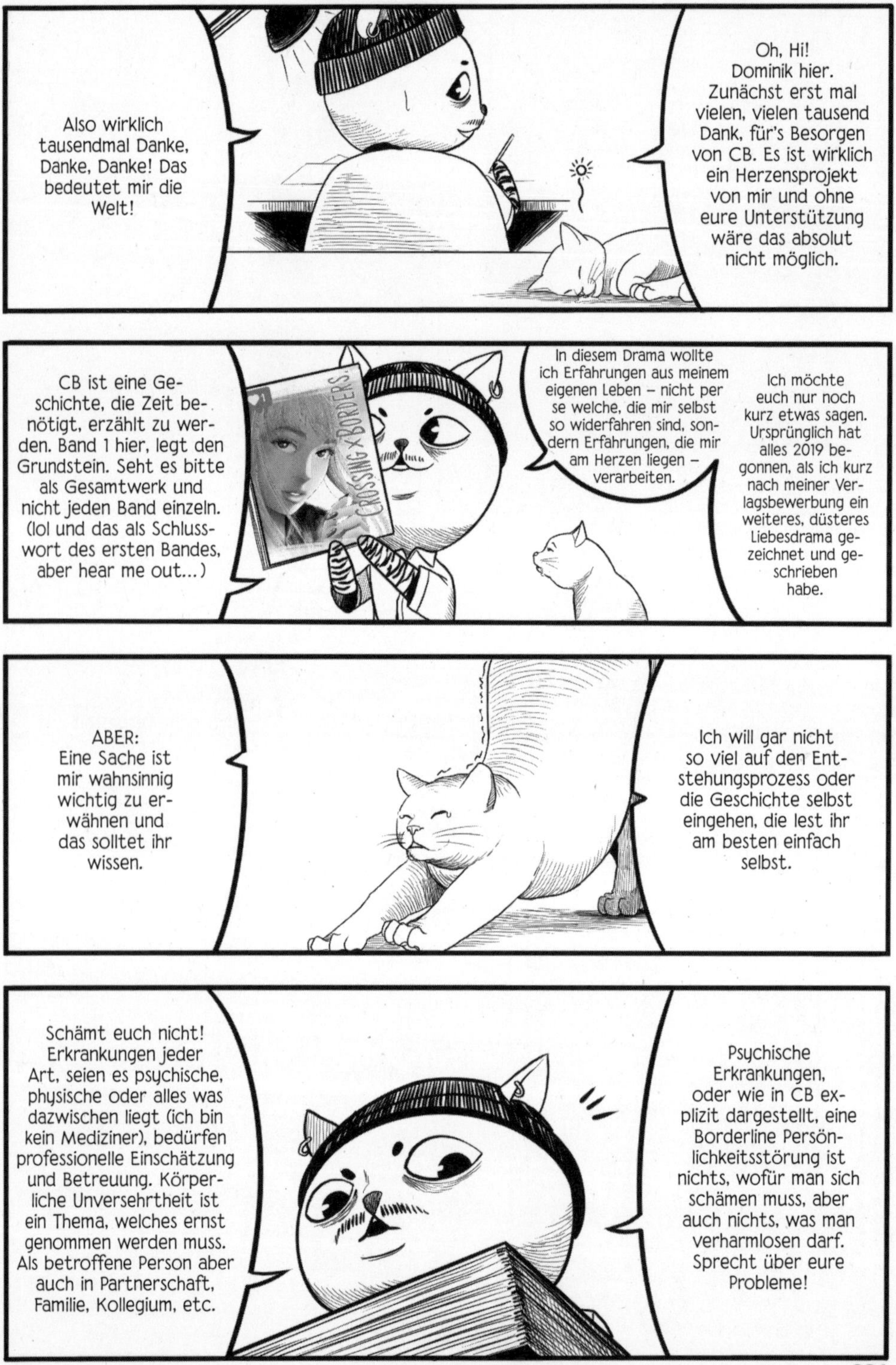
Oh, Hi! Dominik hier. Zunächst erst mal vielen, vielen tausend Dank, für's Besorgen von CB. Es ist wirklich ein Herzensprojekt von mir und ohne eure Unterstützung wäre das absolut nicht möglich.
Also wirklich tausendmal Danke, Danke, Danke! Das bedeutet mir die Welt!
Ich möchte euch nur noch kurz etwas sagen. Ursprünglich hat alles 2019 begonnen, als ich kurz nach meiner Verlagsbewerbung ein weiteres, düsteres Liebesdrama gezeichnet und geschrieben habe.
In diesem Drama wollte ich Erfahrungen aus meinem eigenen Leben – nicht per se welche, die mir selbst so widerfahren sind, sondern Erfahrungen, die mir am Herzen liegen – verarbeiten.
CROSSING x BORDERS
CB ist eine Geschichte, die Zeit benötigt, erzählt zu werden. Band 1 hier, legt den Grundstein. Seht es bitte als Gesamtwerk und nicht jeden Band einzeln. (lol und das als Schlusswort des ersten Bandes, aber hear me out...)
Ich will gar nicht so viel auf den Entstehungsprozess oder die Geschichte selbst eingehen, die lest ihr am besten einfach selbst.
ABER: Eine Sache ist mir wahnsinnig wichtig zu erwähnen und das solltet ihr wissen.
Psychische Erkrankungen, oder wie in CB explizit dargestellt, eine Borderline Persönlichkeitsstörung ist nichts, wofür man sich schämen muss, aber auch nichts, was man verharmlosen darf. Sprecht über eure Probleme!
Schämt euch nicht! Erkrankungen jeder Art, seien es psychische, physische oder alles was dazwischen liegt (ich bin kein Mediziner), bedürfen professionelle Einschätzung und Betreuung. Körperliche Unversehrtheit ist ein Thema, welches ernst genommen werden muss. Als betroffene Person aber auch in Partnerschaft, Familie, Kollegium, etc.

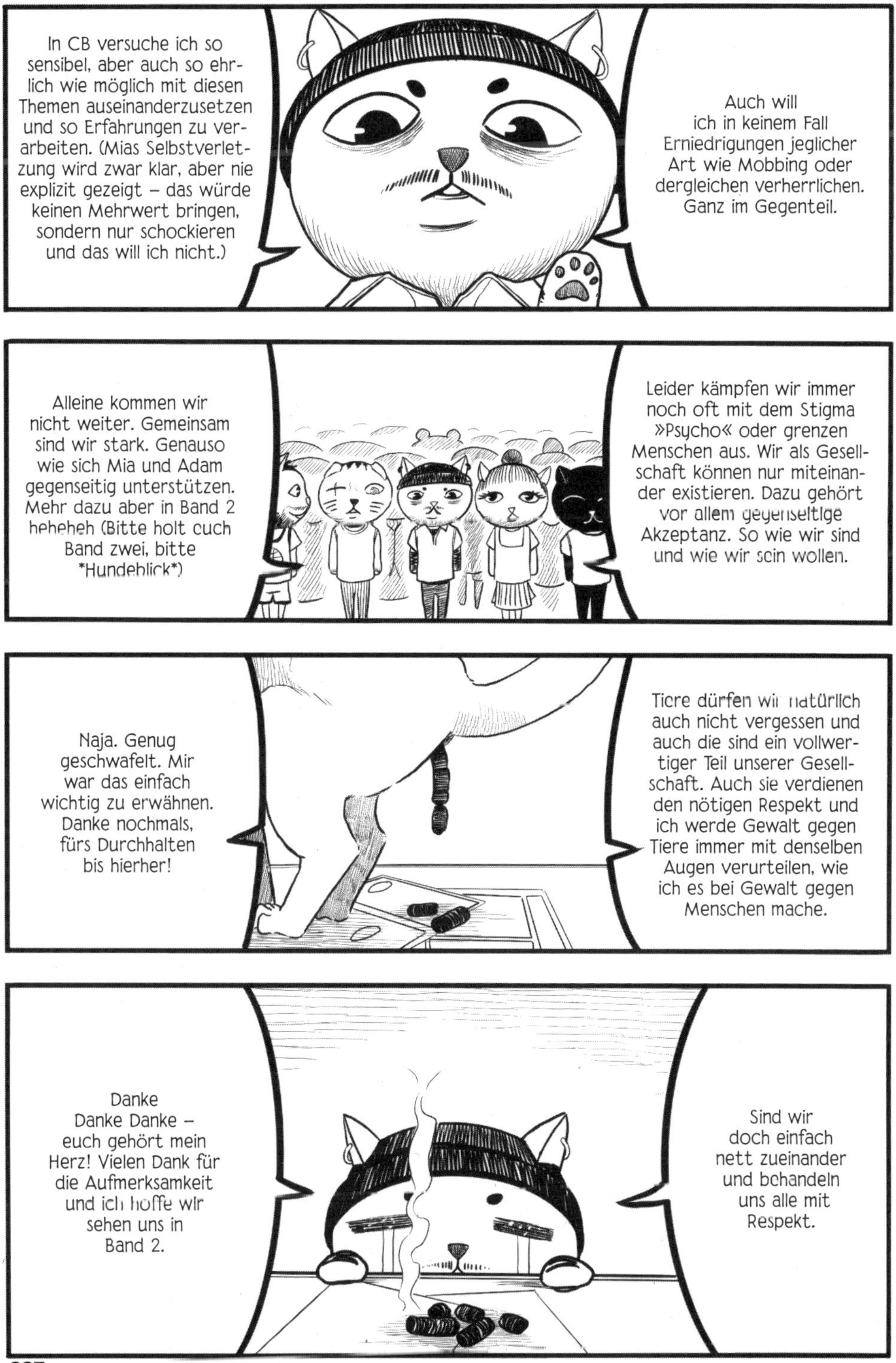
In CB versuche ich so sensibel, aber auch so ehrlich wie möglich mit diesen Themen auseinanderzusetzen und so Erfahrungen zu verarbeiten. (Mias Selbstverletzung wird zwar klar, aber nie explizit gezeigt – das würde keinen Mehrwert bringen, sondern nur schockieren und das will ich nicht.)
Auch will ich in keinem Fall Erniedrigungen jeglicher Art wie Mobbing oder dergleichen verherrlichen. Ganz im Gegenteil.
Alleine kommen wir nicht weiter. Gemeinsam sind wir stark. Genauso wie sich Mia und Adam gegenseitig unterstützen. Mehr dazu aber in Band 2 heheheh (Bitte holt euch Band zwei, bitte *Hundeblick*)
Leider kämpfen wir immer noch oft mit dem Stigma »Psycho« oder grenzen Menschen aus. Wir als Gesellschaft können nur miteinander existieren. Dazu gehört vor allem gegenseitige Akzeptanz. So wie wir sind und wie wir sein wollen.
Naja. Genug geschwafelt. Mir war das einfach wichtig zu erwähnen. Danke nochmals, fürs Durchhalten bis hierher!
Tiere dürfen wir natürlich auch nicht vergessen und auch die sind ein vollwertiger Teil unserer Gesellschaft. Auch sie verdienen den nötigen Respekt und ich werde Gewalt gegen Tiere immer mit denselben Augen verurteilen, wie ich es bei Gewalt gegen Menschen mache.
Danke Danke Danke – euch gehört mein Herz! Vielen Dank für die Aufmerksamkeit und ich hoffe wir sehen uns in Band 2.
Sind wir doch einfach nett zueinander und behandeln uns alle mit Respekt.

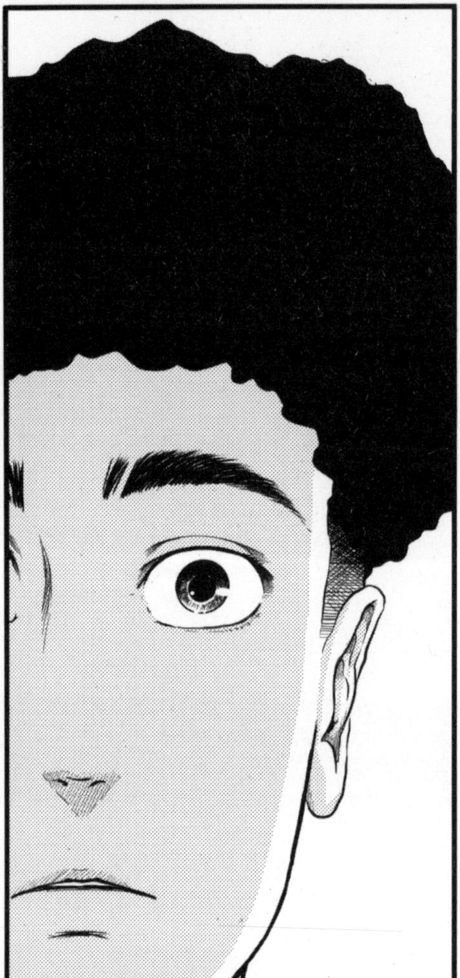

HALT!

Dies ist die letzte Seite von CROSSING × BORDERS. Es handelt sich um eine Serie im Japansichen Stil, und in Japan wird von »hinten« nach »vorne« umgeblättert von rechts nach links gelesen, wie in der Grafik gezeigt. Schlag den Manga also auf der anderen Seite auf und taucht ein in die Welt von Mia und Adam.

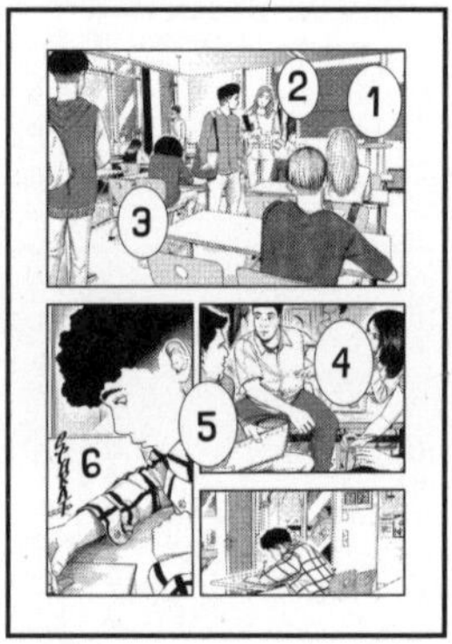

CARLSEN MANGA · © 2024 Carlsen Verlag GmbH, Völckerstraße 14–20, 22765 Hamburg
ORIGINALAUSGABE
CROSSING BORDERS 1 © Dominik Jell / Carlsen Verlag GmbH, Hamburg 2024
Redaktion: Anne Berling × Lettering & Produktionsmanagement: Björn Liebchen
Alle deutschen Rechte vorbehalten × ISBN 978-3-551-78179-6

FSC
www.fsc.org
MIX
Papier | Fördert gute Waldnutzung
FSC® C014496

Wir produzieren nachhaltig
- Klimaneutrales Produkt
- Papiere aus nachhaltigen und kontrollierten Quellen
- Hergestellt in Deutschland